OLHOS E OUVIDOS DOS EUA

ADIDOS TRABALHISTAS E OPERÁRIOS BRASILEIROS (1943/1952)

OLHOS E OUVIDOS DOS EUA

ADIDOS TRABALHISTAS E OPERÁRIOS BRASILEIROS (1943/1952)

Eduardo José Afonso

alameda

Edição: Haroldo Ceravolo Sereza
Projeto gráfico, diagramação e capa: Larissa Polix Barbosa
Revisão: Alexandra Colontini
Assistente acadêmica: Bruna Marques
Assistente editorial: Danielly de Jesus Teles
Imagem de capa: montagem com imagens e documentos presentes no caderno de imapgem presente na obra.

Este livro foi publicado com apoio da Fapesp, n° do processo 2015/16991-1

CIP-BRASIL. CATALOGAÇÃO NA PUBLICAÇÃO
SINDICATO NACIONAL DOS EDITORES DE LIVROS, RJ
A199o

    Afonso, Eduardo José
      Olhos e ouvidos dos EUA : adidos trabalhistas e operários brasileiros : 1943/1952 / Eduardo José Afonso. - 1. ed. - São Paulo : Alameda, 2016.
      342 p. : il.

      Apêndice
      Inclui bibliografia e índice
      ISBN 978-85-7939-435-5

      1. Estados Unidos - Relações - Brasil. 2. Brasil - Relações - Estados Unidos. 3. Sindicalismo - Brasil. 4. Sindicalismo - Estados Unidos. 5. Movimento trabalhista. I. Título.

16-38143   CDD: 327.81073
                       CDU: 327(81):(73)

ALAMEDA CASA EDITORIAL
Rua Treze de Maio, 353 – Bela Vista
CEP 01327-000 – São Paulo – SP
Tel. (11) 3012-2403
www.alamedaeditorial.com.br

Para

Suely, Carolina e Renata, os carinhos de
minha vida. A minha Mãe, que me permitiu
identificar conhecimento com liberdade

EUA, BRASIL E TRABALHO

Marcos Silva
(Depto. de História da FFLCH/USP)

Este livro apresenta densa pesquisa, realizada, principalmente, nos Estados Unidos, por Eduardo José Afonso, e que se vincula a seu grande interesse em trilhar a sinuosidade dos caminhos diplomáticos norte-americanos no Brasil em torno da questão do trabalho, no período que se estende do ano de 1943 a 1952 – final da Segunda Guerra Mundial e imediato pós-guerra, como se sabe.

O estudo, iniciado no Programa de Pós-Graduação em História Social da FFLCH/USP, sob minha orientação, abriga uma característica importante e original. Eduardo pesquisa elementos da Guerra Fria, que dividiu o mundo durante décadas. Seu esforço no sentido de conseguir abrir espaço nos arquivos dos EUA foi recompensado, pois sua estadia em Washington, trabalhando nos National Archives, permitiu perceber que ali poderiam ser encontrados significativos elementos, que dessem explicação para muitos encaminhamentos envolvendo Brasil e EUA no pós-Guerra.

Dedicando-se integralmente à análise da documentação diplomática secreta da embaixada dos EUA no Brasil, no período em questão, indo buscar, igualmente, no FBI, na Secretaria do Trabalho e nos arquivos da CIA dados que mostrassem o trabalho do Departamento de Estado, na interferência em assuntos internos do Brasil, Afonso, na consulta de aproximadamente 45 mil documentos, conseguiu remontar o quebra cabeças que é o intricado caminho desenvolvido pela máquina de Washington, usado, durante a Guerra Fria e, com nuances mais sutis, ainda hoje, nas conhecidas denúncias de Edward Snowden.

Eduardo, em sua pesquisa, dá destaque à figura chave dos Adidos Trabalhistas, que, escolhidos a dedo pelo Departamento de Estado norte-americano, num programa criado em 1943, eram enviados aos países de todo o mundo para produzirem relatórios sobre todos os eventos de interesse do governo de Washington no campo do trabalho.

No caso específico do Brasil, esses agentes, que não eram funcionários da Embaixada dos EUA, apresentavam-se aos representantes do governo como figuras diplomáticas e tinham circulação livre, inclusive no gabinete do presidente da república - na época, Getúlio Vargas, sucedido por Eurico Gaspar Dutra, com retorno posterior do mesmo Vargas ao cargo. Os Adidos frequentavam reuniões de sindicatos brasileiros e conheciam líderes importantes dentro do movimento operário nacional. Seu intuito não era apenas o de "controlar" o movimento operário, e sim, todos os movimentos sociais no Brasil que eventualmente pusessem em risco interesses estadunidenses.

A pesquisa nos arquivos norte-americanos revelou, também, que havia um projeto do Departamento de Estado para a criação de uma grande central sindical de toda a América, que faria contraponto às tentativas de independência do movimento operário que despontavam como elementos políticos importantes e aos grupos ligados ao Comunismo (quer dizer, à URSS), principalmente, na America Latina.

Afonso consegue reconstruir, através da análise dos documentos arquivados, como se dava o percurso da documentação, que saia do Brasil, sob os auspícios dos adidos, os Relatórios Secretos Mensais. Tais relatórios e documentos diversos chegavam a Washington (Departamento de Estado) e percorrendo um caminho que, além, de burocrático, era muito eficiente, mantinham o presidente dos EUA inteirado de tudo que acontecia em nosso pais, sob a batuta dos "policy makers", funcionários estratégicos do Departamento, pensavam ações políticas de interferência em nossos assuntos internos.

O livro de Eduardo, portanto, tem o grande mérito de abrir espaço para a problematização da produção historiográfica que faz referência à Guerra Fria e à problemática do trabalho na História do Brasil naquele período, filão que precisa ser mais estudado e que conhece inovadoras explorações nas páginas que se seguem.

INTRODUÇÃO

Este livro originou-se do trabalho de investigação realizado no programa de doutoramento que começou a brotar na pesquisa de meu mestrado. Naquela ocasião, procurando documentos secretos norte-americanos que estivessem relacionados ao controle sobre o Partido Comunista Brasileiro, durante a Segunda Guerra Mundial, encontrei menção aos Relatórios dos Adidos Trabalhistas ingleses e norte-americanos.[1]

Os relatórios desses representantes do mundo Anglo-Saxão, segundo os relatos de alguns artigos de revistas científicas, eram incrivelmente corretos e precisos, dando conta, mensalmente, de tudo que fizesse referência ao movimento operário brasileiro de então: o número de greves, no Brasil inteiro, o número de operários em termos gerais, por categoria e em cada estado; as categorias em greve, as mobilizações, as formações sindicais, as regiões onde a presença operária era maior, etc.

Procurando mais a fundo na historiografia análises e informações sobre o tema, grande foi a surpresa ao constatar que não havia nada sobre o período que descrevesse e decifrasse esses relatórios. Como o trabalho não fazia alusão direta ao movimento operário brasileiro, pois seu tema baseava-se na ação do PCB (Partido Comunista do Brasil) durante e após a Segunda Guerra[2], guardei tais referências e as parquíssimas fontes. Estas, no entanto,

---

1   Os arquivos, no Brasil, que guardam este material – os documentos dos Arquivos de Washington e do Foreign Office – são: O CEDEM – Centro de Documentação da UNESP, cópias de documentos secretos que dão conta da presença desses adidos, aqui no Brasil, durante a Segunda Guerra. Parte da documentação que trata da existência desses "assessores" também pode ser encontrada na UNICAMP, no Arquivo Edgard Leuenroth, No Arquivo Nacional (AN) e no Arquivo Histórico e Diplomático do Itamaraty (MHD), no Rio de Janeiro. O conjunto deste material somente pode ser encontrado no Foreign Office, em Londres, Inglaterra, e no NARA – The National Archives & Records Administration –, em Washington, EUA

2   AFONSO, Eduardo José. *O PCB e o poder*. Dissertação de Mestrado em História Social, apresentada na FFLCH/USP. São Paulo: digitado, 2004. ; *O PCB no Legislativo Paulista – 1947-1948*. Revista do Acervo Histórico da Assembleia Legislativa de São Paulo. v 3 , 1º semestre de 2005. pp.19-31. *Revolução, Democracia e Legalidade. A Cassação dos Comunistas na Assembleia Legislativa de São Paulo (1947/1948)*. Projeto História, n.33, São Paulo:PUC, dez.2006. p.289-297.

representam inestimável riqueza para se entender não só as nuances das relações Brasil-EUA-Grã-Bretanha, durante e após a Guerra, como também – o que me preocupava muito –, a ação dos trabalhadores organizados naquele período e os mecanismos institucionais, políticos e ideológicos usados para a limitação da referida ação.

É relativamente comum a presença de adidos culturais e militares nas embaixadas dos países. O adido, segundo o dicionário Aurélio, é aquela pessoa que não pertence aos quadros diplomáticos, designada para servir junto a uma legação ou embaixada como *representante de interesses específicos*: adido cultural, adido militar, adido de imprensa+[3] O envio desses "assessores de embaixada" independe de eventos especiais que envolvam os dois países – aquele que envia seu representante e aquele que os recebe –, eles quase sempre são encontrados em todos os lugares.

Como Aurélio Buarque de Holanda define, são assessores representantes de interesses específicos. Pergunta-se, então: Qual teria sido o interesse específico de ingleses, norte-americanos e franceses – estes últimos com uma participação relativamente menos expressiva – no envio de adidos trabalhistas para o Brasil, justamente naquele momento histórico? Sabemos que era aquele um período de grande participação popular e de mobilização da sociedade na luta contra o nazi-fascismo e a favor da nacionalidade. O que pretendiam esses "aliados" do governo Vargas aqui no Brasil?

A historiografia relativa a este tema é, ainda, muito pobre. Nada pode ser encontrado sobre a ação dos adidos trabalhistas no Brasil do pós-guerra, por exemplo, nos trabalhos de Edgar Carone, Boris Koval, Leôncio Basbaum, Everardo Dias, Hélio Silva, Moises Vinhas, Gildo Marçal Brandão, Leandro Konder, Hélio da Costa, Robert Levine, Ricardo Maranhão, João Quartim Moraes, Gerson Moura, Paulo Sergio Pinheiro, Leôncio Martins Rodrigues, Marco Aurélio Santana, Nelson Werneck Sodré, Thomas Skdimore, Francisco Weffort, enfim, grande número de historiadores e sociólogos que, apesar de descreverem o Brasil do pós-guerra ou a organização do movimento operário, não citam a presença dos adidos naquele período em nosso país.

---

3   FERREIRA, Aurélio Buarque de Holanda. *Novo Dicionário da Língua Portuguesa*. 1 ed., Rio de Janeiro: Nova Fronteira, s/d

O único historiador inglês[4] – brasilianista – que fazia referência, em seu trabalho, à presença, no Brasil, desses agentes durante e após a Segunda Guerra é Leslie Bethell[5], sem, no entanto, discutir a questão. Indica, simplesmente, que estiveram no Brasil no período e que enviavam relatórios para seus países.

Tendo em vista ser o tema inédito e com evidências que a pesquisa já esclareceu – a respeito de algumas questões referentes à forte ascendência norte-americana e inglesa sobre os países da América Latina, no segundo pós-guerra[6] –, entendo que este trabalho tenderá, também, a contribuir, para a elucidação de determinados caminhos trilhados pelo movimento operário a partir de desdobramentos da ação daqueles adidos e dos governos que representavam, desde aquele período, como também compreender a ação do governo brasileiro, com relação a essa participação operária e popular nos destinos políticos do Brasil de então. A ação dos EUA e da Grã-Bretanha será compreendida através de estratégias adotadas pelos dois países e evidenciadas pela documentação.[7] As fontes dão conta da estrutura montada em países Latino–americanos rumo ao referido controle do movimento operário.

O tema principal será alicerçado pela historiografia que trata dos assuntos correlatos a ele, ou seja, História do operariado; política brasileira durante e após a Segunda Guerra Mundial; participação popular e organização do operariado brasileiro no mesmo período ; relações diplomáticas de nosso país com os EUA de 1942 a 1952; história do PCB durante a guerra e na legalidade; além daquela que faz referência à questão da redemocratização no país.

---

4   A pesquisa nos Estados Unidos evidenciou a presença de alguns trabalhos de historiadores norte-americanos que também citam a presença dos Adidos, sem, no entanto, analisar seu papel. Trabalhos como o do historiador Cliff Welch. WELCH, Cliff. "Labor Internationalism: U.S. Involvement in Brazilian Unions, 1945-1965" IN: *Latin American Research Review*, v. 30, n. 2. (1995), pp. 61-89, e *United States Labor Policy and The Politics of "Ordem e Progresso" in Brazil, 1945-1950*. Tese de Mestrado, Universidade de Maryland, 1987.

5   BETHELL, Leslie. Brasil. IN: BETHELL, Leslie; ROXBOROUGH, Ian (org.). *América Latina entre a Segunda Guerra Mundial e a Guerra Fria*. Rio de Janeiro: Paz e Terra, 1996.

6   No caso brasileiro, a tutela que essas forças externas pretendiam exercer sobre o operariado, além da eliminação do PCB do jogo político nacional, como representante desse grupo.

7   Nos arquivos brasileiros foram lidos, aproximadamente, 10.000 documentos e nos norte-americanos, 40.000, sendo escolhidos, desse montante, aproximadamente 8.200 que compõem a base de nosso trabalho. Referimo-nos aqui, apenas à documentação, ou seja, as fontes primárias, sem contar com pesquisas em jornais, revistas, entrevistas etc.

Para a compreensão precisa do objeto de estudo dentro de um contexto brasileiro, foi necessário buscar as nuances, tanto do governo Vargas e depois Dutra, quanto localizá-lo no período de redemocratização brasileira no pós guerra. Elegi determinados autores que nos pareceram mais próximos em posturas teórico-metodológicas e no enfoque que dou ao trabalho.[8]

Como desenvolvo aqui estudo sobre a história da República Brasileira, particularmente a fase final do Estado Novo, reconheço a importância da análise de Roney Cytrynowicz. Para ele, o período 1942-1945 é *sui-generis* e não deve ser enquadrado dentro do período Vargas 1930-1945 sem destaque[9], com o que devemos concordar, pois, este momento foi, particularmente, pródigo em transformações. A Guerra, a atitude de Vargas, os interesses externos, tanto do Eixo quanto dos chamados Aliados, a mobilização popular, a formação de partidos etc.

Tais transformações, de certa maneira, fugiram tanto dos planos dos grupos dominantes – de não abrir mão de seu controle sobre o poder, evitando a participação popular –, como da posição adotada por nosso governante, que era a de tutela como alternativa de controle.

Foi a partir de 1939, desde o início do conflito na Europa, que novas transformações começaram a ocorrer no Brasil. O modelo político de concentração de poderes nas mãos do executivo começaria a ser questionado pela mobilização popular, que empurrava o Brasil para o combate ao nazi-fascismo. Aqui, encontramos tanto a massa trabalhadora, que mesmo limitada pelas leis de exceção da ditadura do Estado Novo, se mobilizava, como a classe média, que se organizava e formava comitês para combater as ditaduras europeias e o regime que imperava no Brasil.

Há neste contexto um jogo de forças que interessa estudar e esclarecer. Internamente, temos a mobilização popular versus o governo ditatorial de Vargas. Externamente, temos a formação de uma aliança entre EUA e

8 Antonio Mendes Almeida Jr., Maria Aparecida de Aquino, Leôncio Basbaum, Gregório Bezerra, Gildo Marçal Brandão, Paulo Brandi, Edgard Carone, Elias Chaves Neto, Edgard De Decca, Eduardo Dias, John Foster Dulles, Raymundo Faoro, Carlos Lacerda, Mauro Renault Leite, Robert M. Levine, Ricardo Maranhão, Antonio Carlos Mazzeo, João Quartim Moraes, Denis Moraes, Kazumi Munakata, Eliezer Pacheco, Ângela de Castro Gomes, Paulo Sergio Pinheiro, Pedro Estevam da Rocha Pomar, Dinarco Reis, Marcelo Ridenti, Hélio Silva e Aziz Simão, Thomas Skidmore, Gláucio Soares, Nelson Werneck Sodré, Paolo Spriano, Francisco Weffort, Carlos Alberto Vesentini e Moisés Vinhas.

9 CYTRYNOWICZ, Roney. *Guerra sem guerra : A mobilização e o cotidiano em São Paulo durante a Segunda Guerra Mundial*, São Paulo: Geração Editorial:EDUSP. 2000, p. 208.

URSS na luta contra o nazi-fascismo, o que, sem dúvida, provocaria mudanças no mundo todo. O que o mundo capitalista combatia antes da guerra não combateria agora – período da aliança – da mesma forma, a luta contra a organização operária, flagelo da burguesia, agora seria vista com benevolência.

Este período, que teve início por volta de 1942, trouxe reflexos tanto nas políticas internas dos países aliados como em suas relações externas. No caso específico do Brasil, temos Vargas sendo questionado em seu poder por setores da classe dominante e pelo poder norte-americano, o que o obrigou a fazer concessões, ao mesmo tempo em que encontramos a sociedade civil organizada pedindo a volta do "estado de direito" e formando partidos políticos.

Há uma luta dupla pela hegemonia que se dá interna e externamente. A luta interna, pela manutenção da hegemonia, foi perdida por Getúlio, deposto em novembro de 1945, e a luta pela hegemonia internacional foi conquistada pelos EUA.

Como se deram estas lutas? A historiografia sobre o tema é rica em descrevê-las. Identifica-se, porém, a existência de algumas lacunas explicativas que precisam ser esclarecidas e que dão a clara noção de como foi construída a estrutura que ligou o Brasil aos interesses da hegemonia norte-americana sobre a América Latina. A presença dos adidos trabalhistas no Brasil, no período da Guerra e após o conflito, é a peça que interessa para poder achar um fio da meada desta teia construída naquele momento, que nos envolveu na Guerra Fria e nos tornou presa da "liberdade".

É o estudo do motivo da presença desses *representantes de interesses específicos* – os adidos trabalhistas – e da produção de seus relatórios que permitiu avaliar como foi costurada a "camisa de força" do movimento operário e da mobilização popular e arquitetada a extinção do mais influente partido de esquerda nacional, o PCB.

O objetivo específico, portanto, é tomar a presença dos adidos trabalhistas ingleses e norte-americanos, no Brasil do pós Guerra para auferir de que maneira sua estada, aqui, ligou-se à construção de uma maior ascendência norte-americana sobre o Brasil a fim de lhe dar suporte para a efetivação de uma hegemonia mundial.

Dentro deste raciocínio, há três pontos que levam a uma intersecção. De um lado, o interesse das potências capitalistas pela hegemonia no mundo do imediato pós-guerra. De outro, a sociedade civil e o proletariado organizados e adquirindo consciência de sua capacidade de autodefesa e interferência na transformação do Brasil, em termos políticos, sociais e econômicos; e de outro, ainda, o poder interno dividido em duas facções. Aquela que desejava se manter onde estava, capitaneada por Getúlio Vargas, e a outra representada pelas frações dominantes alijadas do poder no Estado Novo e que queriam recuperar sua posição. É uma teia cujo fio da meada está na presença dos adidos trabalhistas no Brasil e sua referida ação.

Levanto, aqui, algumas dúvidas que pretendo sejam esclarecidas no decorrer deste trabalho e que servirão de guia:

Por que Getúlio Vargas, com sua política populista, as leis trabalhistas, a criação do PTB, e as ações de tutela do movimento operário, permitiu a entrada, no Brasil, de "agentes" norte-americanos, franceses e ingleses, para construir um quadro analítico do movimento operário brasileiro e rivalizar com seu controle sobre a massa trabalhadora?

De que maneira os governos norte-americano e inglês, principalmente, pretendiam, com a presença dos adidos trabalhistas, ter controle sobre o movimento operário brasileiro? Como esses relatórios mensais seriam usados de forma a impedir a livre organização dos trabalhadores?

Como setores da classe dominante brasileira, ávidos por retomarem seu posto, perdido ou diminuído pela "Revolução de 30", pretendiam usar a influência norte-americana e inglesa no Brasil, para retomar ou renovar e sufocar as manifestações populares, que poderiam por em risco seus planos?

Por fim, como a sociedade civil organizada e o operariado, junto com os partidos de esquerda, principalmente o PCB, lutariam contra a limitação das garantias já conquistadas até aquele momento? Havia consciência, por parte do proletariado e da sociedade civil, de que o governo norte-americano auxiliado pelo inglês, pretendia limitar sua liberdade e impedir sua organização?

A reconstrução dos elementos estruturais – forças políticas e econômicas externas e internas e a sociedade civil brasileira organizada – que identifico acima, e os conjunturais – a guerra mundial, o fascismo, a ditadura de Vargas, a atuação dos partidos de esquerda –, que estão igualmente assinalados, permitirão responder a essas questões.

Foi, principalmente, a análise da documentação coletada – nos arquivos do CEDEM, da UNICAMP , Arquivo do Estado (São Paulo) e no Arquivo Nacional, no Brasil, e no National Archives de Washington, Departamento de Estado e Departamento do Trabalho norte-americanos, além daqueles da grande central sindical americana AFL-CIO –, que permite responder a essas perguntas e avaliar a importância dos adidos trabalhistas e da ação dos governos inglês e norte-americano, no Brasil, do pós-guerra, na construção de sua hegemonia no mundo capitalista.

Esses relatórios são, portanto, como já aventado, fontes para se entender de que maneira tais ações serviram para limitar, direcionar ou cercear a ação do movimento operário nos destinos políticos e econômicos do Brasil de então.

Como a produção dos Monthly Labor Reports (Relatórios Mensais sobre o Trabalho) esteve vinculada diretamente ao movimento operário e sua organização, é importante inseri-los dentro da realidade desse mesmo movimento na época. Necessário, portanto, será levantar certos questionamentos com relação à classe operária brasileira, que serão trabalhados nos capítulos que se seguem.

É com este cuidado, alicerçado pela postura teórico-metodológica adotada por Thompson e Hobsbawm[10], que inicio este estudo. Ele parte de uma análise da teoria das classes sociais, tentando, em seguida, reconhecer a especificidade da classe operária brasileira, dentro do contexto histórico da instalação da indústria no Brasil. Entender a classe operária brasileira para avaliar, em seguida, se há relação ou não entre os relatórios dos adidos trabalhistas e o controle do operariado brasileiro.

Quando se fala em especificidade na história do operariado brasileiro, destacam-se aquelas que fazem referência à suposta "Revolução Industrial". Sabe-se que aqui não houve Revolução Industrial, o que tivemos no Brasil foi uma reforma do antigo sistema colonial – modelo baseado na existência de latifúndio monocultor, com mão de obra escrava cuja produção estava vol-

---

10   Os trabalhos de Eric Hobsbawm também são importantes diante da necessidade de se entender a história do movimento operário, seus caminhos e descaminhos, seu direcionamento por grupos ou partidos e sua luta pela independência – HOBSBAWM, Eric J. (org.) *História do Marxismo*. 12 volumes; Capitão Swing; *A Era do Capital; A Era dos Extremos; Os Trabalhadores. Estudos Sobre a História do Operariado; Mundos do Trabalho. Novos Estudos sobre a História Operária.*

tada ao exterior – para um modelo dependente de Indústria,[11] importando máquinas e copiando o modelo inglês. É a partir desse pressuposto que se deve iniciar esse estudo.

Três são os alicerces que vão localizar o trabalho dos adidos trabalhistas e sua influência no Brasil.

O primeiro deles é a classe operária. Se a Classe Operária Brasileira teve ou apresentava consciência de classe ou "consciência possível", como conceitua Lucien Goldmann[12], como não pôde se impor frente às limitações que foram criadas a seu desenvolvimento durante e após a guerra?

O segundo faz referência aos interesses externos no Brasil. Quais eram os interesses específicos, de norte-americanos e ingleses, e como estes mesmos interesses conseguiram lograr êxito, ou não, no Brasil, durante e após a Segunda Guerra Mundial?

O terceiro nos leva a analisar as disputas internas pelo poder e os mecanismos usados para conter a ação operária e social no Brasil do pós-guerra.

Estes questionamentos levantados acima, permitem, então, dividir o trabalho nos seguintes capítulos:

No primeiro, procurando contextualizar o período da criação do programa de Adidos Trabalhistas e tentando entender a dinâmica do Departamento de Estado norte-americano, busco – sempre a partir da análise da documentação, alicerçada pela historiografia – examinar tanto a estrutura do Departamento de Estado como sua nova política externa, desenvolvida, ainda, no período da Segunda Guerra Mundial assim como a definição das Agências de Serviço Secreto, o trabalho de inteligência e o lugar do Brasil dentro do projeto de luta pela hegemonia norte-americana.

O segundo capítulo foi reservado tanto para a análise dos Relatórios norte-americanos e documentação de suporte, quanto para a discussão do papel da AFL e CIO e o trabalho do Departamento de Estado, rumo ao en-

---

11 Foi no início do século XIX, mais precisamente em suas primeiras décadas que nossas fábricas começaram a ser montadas. Se no começo eram simples e pequenas, o que poderíamos chamar de fábricas, a partir de 1880 tornaram-se maiores e em grande quantidade, eram as indústrias. Muitos autores costumam chamar este período de "primeiro surto industrial". SIMONSEN, Roberto. *Evolução Industrial do Brasil e outros estudos.* São Paulo: Cia Editora Nacional,1973, p.16.

12 "O conceito fundamental em ciências históricas e sociais é o de consciência possível [...] Ao falar da consciência que a classe operária possui de sua unidade, Halbwachs admite a eventualidade dessa consciência ser não uma realidade, mas uma possibilidade" GOLDMANN, Lucien. *Ciências Humanas e Filosofia.* 2.ed., São Paulo: DIFEL, 1970, p.94.

volvimento norte-americano nos sindicatos e movimento operário brasileiro. Destaca-se, igualmente, nesse capítulo a ação (muitas vezes , ligadas ao trabalho de inteligência) de figuras ligadas ao movimento operário norte--americano, como: Joel Lovestone, Robert Jackson Alexander e Serafino Romualdi e seu plano de construção de uma central sindical, nos moldes Americanos, no Brasil.

Reservo o Terceiro Capítulo para analisar – sempre tendo os relatórios e a documentação como linha condutora – as relações do movimento operário brasileiro com o governo nacional e os interesses externos dentro deste contexto.

No quarto capítulo, avalio, principalmente através das fontes, as relações do governo brasileiro com o norte-americano em três tempos: nos "Primeiros" governos Vargas (1930/1945), durante o Governo Dutra (1946/1951) e, por fim, no último governo Vargas (1951/1954).

O último capítulo foi reservado para a reflexão sobre os projetos do Departamento de Estado norte-americano para a América Latina, no envio de seus adidos e seus resultados práticos.

Importa salientar, aqui, que a experiência de quatro meses e meio pesquisando em arquivos norte-americanos e a presença na Universidade de Maryland, como professor convidado, me permitiu, como considera Sergio Buarque, encurtar o abismo que existe entre os Estados Unidos e a América Latina, em especial o Brasil.

CAPÍTULO 1

SEGUNDA GUERRA E O PROGRAMA DE ADIDOS TRABALHISTAS

Origem do Departamento de Estado Americano e o mito do isolacionismo

A compreensão do papel do governo norte-americano e da ação do Departamento de Estado[1], na América Latina e, principalmente, no Brasil, durante a Segunda Guerra Mundial e após o conflito, deve ser buscada na origem de sua política externa.

Oficialmente, a organização de suas relações exteriores desenvolveu-se antes mesmo da independência. Já em 1775, as 13 colônias unidas no Congresso Continental estabeleceram um "Comitê da Correspondência Secreta" para "corresponder com os amigos"[2] e futuros aliados[3], para onde seriam enviados comissários. Geralmente, esses comissários ou eram homens públicos de destaque, como Benjamin Franklin e Thomas Jefferson, ou grandes comerciantes, como Thomas Barclay. Logo após a declaração de Independência, a palavra "Secreta" foi retirada, passando a chamar-se simplesmente Comitê para Assuntos Estrangeiros.[4]

---

1 *"O Departamento de Estado dos Estados Unidos, frequentemente denominado, apenas, de Departamento de Estado, é um departamento federal do poder executivo dos Estados Unidos, responsável pelas suas relações externas e equivalente aos ministérios do exterior de outras nações"* Definição oficial extraída da página do Departamento de Estado dos Estados Unidos. http://www.state.gov/aboutstate/

2 Aqui referiam-se aos aliados França e Espanha na luta contra os ingleses.

3 Tanto aqueles que já eram apenas parceiros comerciais como, também, países europeus como a Prússia, Rússia, Toscana e Países Baixos para onde foram enviados agentes que além de ajuda financeira, pediriam o reconhecimento da independência dos EUA. ALLEN, George V. "Colonial to Constitutional Diplomacy 1624-1789" IN: ESTES, Thomas S. e LIGHTNER JR., E. Allan. The Department of State, New York: Praeger Publishers, 1976, p.19.

4 *Idem.*

Foi por volta do ano de 1781, durante as conversações de paz, em Paris, que o Congresso Continental criou os artigos da Confederação. Dentre os vários artigos, constava a criação do Departamento de Assuntos Estrangeiros. O próprio governo Americano reconhece este momento como sendo o da origem do Departamento de Estado, precisamente no dia 10 de janeiro de 1781. A função de secretário de Estado, no entanto, só começou a se solidificar, quando James Madison, futuro presidente dos Estados Unidos[5], em 1789, propôs a criação do Departamento de Assunto Estrangeiros sob a liderança de um Secretário de Estado para os Assuntos Estrangeiros. George Washington indicou, então, sob o domínio da Constituição Americana, o primeiro secretário de Estado, Thomas Jefferson, no ano de 1790.

Como secretário, Jefferson estabeleceu uma divisão entre serviço diplomático, que estaria relacionado às questões das relações entre os EUA e os países estrangeiros, e o serviço consular, responsável pelos assuntos comerciais e de interesse dos EUA no exterior, assim como pelo atendimento das necessidades de cidadãos norte-americanos em terras estrangeiras.

Os chamados ministros[6] teriam sua função concentrada em duas responsabilidades importantes: relatar atividades significativas em seus países de residência e executar instruções diplomáticas formais transmitidas a eles pelo Departamento de Estado. Já por volta do ano de 1792, 16 consulados tinham sido criados, a maioria deles na Europa. Jefferson viu os consulados como uma fonte valiosa de inteligência. Emitindo uma circular aos cônsules, pediu-lhes que relatassem regularmente a "tal inteligência política e comercial que reputassem importantes para os interesses dos Estados Unidos." Mencionou, também, que atentassem para as notícias que envolvessem navios Americanos e principalmente "informação de todas as preparações militares e indicações da guerra, que pudessem ocorrer em seus portos."[7]

Thomas Jefferson, assim como Washington, concordava, desde a criação do Departamento de Estado, com que a melhor política para os Estados Unidos deveria ser a da neutralidade frente a conflitos externos e o seu isola-

5 James Madison foi o 4º. Presidente dos EUA e governou de 1809 a 1817.
6 Os representantes dos Estados Unidos no exterior eram chamados de ministros, porque embaixadores, na ocasião, eram representantes dos reis. A partir de 1893 o governo norte-americano optou por instalar, então, embaixadas nos principais países europeus, França, Grã-Bretanha, Itália e Alemanha, trocavam-se os termos "ministro" por embaixador e "legações" por embaixadas.
7 STUART, Grahan H. *The Department of State: A history of its organization, procedure, and Personnel*. New York: MacMillan,1949, p.17.

mento político. Jefferson, no discurso de sua posse, confirmou esta política propondo, paz, comércio e amizade honesta com todas as nações, conchavos e alianças com nenhuma.[8]

Esta tem sido a tônica da política externa Americana em vários momentos de sua história. Isolamento político e neutralidade frente a conflitos externos. Sabe-se, também, que, dependendo do interesse do governo norte-americano, esta postura se modifica. Assim, por exemplo, a Doutrina Monroe, que combatia as pretensões europeias na América a partir de 1823, apoiando o jogo das independências latino-americanas, mas que indiretamente colaborava para a organização dos novos governos nos moldes liberais republicanos. Apesar deste pretenso isolamento e da neutralidade, verifica-se, na medida em que o território norte-americano, apoiado no Destino Manifesto, vai se alargando, que este mecanismo se mostra como uma estratégia de conquista da hegemonia na América.

Esta realidade já vinha sendo sentida desde o final da Guerra de Secessão. Naquele período, mais precisamente, cinco anos após o conflito, o próprio Departamento de Estado era organizado de maneira que os Estados Unidos cumprissem um papel de presença política no mundo. Em decorrência do crescimento das missões externas e das representações norte-americanas em todo o globo, o antigo sistema de *bureaux* expandiu-se, foram criados dois escritórios diplomáticos e dois consulares com responsabilidades geográficas. O Primeiro Bureau Diplomático e o Primeiro Bureau Consular seriam responsáveis pelo relacionamento com a maior parte das nações europeias, mais China e Japão. O Segundo par de bureaux seria responsável pela comunicação com o chamado resto do mundo, ou seja, América Latina, região Mediterrânea, Rússia, Havaí e Libéria.[9]

A tática do isolamento, apesar de continuar descrita dentro dos cânones da política externa norte-americana como um ponto a ser defendido, mostrava-se cada vez mais, um discurso do que uma prática. A Guerra hispano-americana (1898) é um exemplo de que esta estratégia cumpria apenas uma função prática quando era necessário. À guisa de ajuda à resistência

---

8   First Inaugural Address, March 4, 1801. Presidential Speech Archive. Miller Center Public Affairs. University of Virginia.

9   NEVINS, Allan. *Hamilton Fish: the inner history of the Grant Administration*. New York: Dodd, Mead & Co., 1937, p.27.

cubana contra as pretensões espanholas de manter Cuba como sua colônia, os EUA entraram numa Guerra, que não era sua. Os resultados deste conflito foram muito favoráveis para os Estadunidenses. Foi a partir deste conflito que sua política externa começou a ganhar novos contornos.

Com o Tratado de Paris de 1898, os Estados Unidos, vencedor da guerra, recebeu da Espanha a ilha de Guam, Porto Rico, Filipinas: este tratado e a cessão desses territórios permitiu que a nação norte-americana estivesse presente fora de seu território e com *possessões* em Ásia e América Central. Destaca-se, aqui, também, no mesmo ano, a anexação do Havaí. Esta nova condição exigiu profundas mudanças na postura diplomática Americana, o Departamento de Estado teve que se adequar a essa outra realidade. Necessária teve de ser sua abertura para o mundo, já que a partir daquele momento os Estados Unidos começavam a se igualar às grandes nações do planeta.

De acordo com a tese da professora Julie Greene, foi com Theodore Roosevelt que os Estados Unidos começou a construir o Império da América. A Construção do Canal do Panamá, segundo ela, é uma evidência deste fato. "Thus the canal Project became a signal moment in the building of America's new empire".[10] A afirmação da professora Julie é corroborada pelos fatos que antecederam a saga da construção do canal, em 1904. Na feira de Minnesota, em 2 de setembro de 1901, mesmo antes de assumir a presidência da República, com a morte de McKinley, em discurso, Roosevelt já deixava antever sua política agressiva usando um slogan que daria nome à sua nova política externa, "fale com suavidade e tenha à mão um grande porrete": seria a chamada política do *Big Stick*.

Demonstrando preocupação com relação às pretensões europeias de intervir em países devedores na América Latina, Roosevelt elaborou o "Corolário Roosevelt", que como uma emenda à Doutrina Monroe, afirmava que os Estados Unidos proibiriam a intervenção europeia na América[11] e que "A insistência no erro, da parte de alguma nação Americana, poderia exigir a intervenção de outra nação civilizada", afirmava que a "fidelidade dos Estados Unidos à Doutrina nos leve ... a exercer um poder de polícia internacional".

---

10 GREENE, Julie. *The Canal Builders : Making América's Empire at the Panamá Canal*. New York:Penguin Press, 2009, p.9.

11 Afirmação feita em 20 de maio de 1904, no início de seu governo como presidente eleito.

Além desta política aberta de intervenção na América Latina conjugar-se-ia a ela a chamada Diplomacia do Dólar, ou seja, os Estados Unidos, defendendo seus interesses na região, fariam empréstimos às nações Americanas com intuito de estabelecer uma dependência desses países à economia norte-americana[12]. Esta política foi de maneira geral tão eficaz que perdura, guardando as devidas proporções e entendendo a crise norte-americana, até hoje.

Roosevelt passou a apoiar o desenvolvimento da indústria e do comércio promovendo a adoção de uma política econômica internacional agressiva de controle de mercados. Para tanto, deu forças a sua Marinha (U.S.Navy) e afirmava que os Estados Unidos precisavam conquistar seu lugar entre as grandes nações do mundo e que esta tarefa somente poderia ser cumprida por uma raça viril e forte.

Esta crença já tinha sido demonstrada em discurso proferido no Lincoln Club, em fevereiro de 1899, enquanto era governador de Nova York.

De posse de uma política externa que permitia aos Estados Unidos a intervenção em países Latino Americanos, Roosevelt promoveu uma guerra separatista na Colômbia[13] a fim de conseguir – com a separação de seu território em duas partes – a independência do Istmo do Panamá e construir um Canal na região, que ligasse o Pacífico ao Atlântico. Era, como afirma a professora Julie, o Império sendo construído. A política do *Big Stick* ainda deu forças aos Estados Unidos para invadir a República Dominicana (1905) e Cuba (1906), além de incentivar a fixação de empresas mineradoras na América Latina com interferências em países como o Brasil e Argentina.

As mudanças mais importantes ocorridas no Departamento de Estado, neste contexto, referem-se à reformulação, como não poderia deixar de ser, de seu departamento de relações exteriores, a partir de 1909, e da ênfase que

---

12 A Diplomacia do Dólar foi iniciada pelo sucessor de Roosevelt, Willian Howard Taft que governou os Estados Unidos de 1909 a 1913. Taft, assim se referia à política iniciada pelo seu Secretário de Estado, Philander C. Knox, "Se por um lado é verdade que nossa política estrangeira não deve se desviar do reto caminho da justiça, isso não exclui de nenhum modo uma atividade de intervenção para assegurar aos nossos comerciantes e aos nossos capitalistas investimentos e recursos que beneficiem ambas as partes". First Annual Message (December 07,1909). Presidential Speech Archive. Miller Center Public Affairs. University of Virginia.

13 O governo colombiano, por questões que envolviam soberania, não permitia a construção de um Canal que cortasse seu país, por companhias inglesas e norte-americanas.

o próprio presidente Roosevelt deu à profissionalização dos serviços estrangeiros. De acordo com o setor de história do Departamento de Estado.

Segundo a historiografia Americana, mesmo com as grandes mudanças promovidas no Departamento, a partir de 1909, os Estados Unidos e sua divisão de relações exteriores ainda não estavam preparados quando da ocorrência da Primeira Guerra Mundial. Voltando à política de isolamento durante o início do primeiro conflito mundial, cumpriram papel pouco destacado no cenário mundial. Papel apagado, segundo Estes e Lightner, do Secretário de Estado, Robert Lansing, e seus oficiais durante as conversações em Paris rumo ao Tratado de Versalhes.[14]

Provavelmente, pelo que se pode depreender dos despachos oficiais da época e do trabalho de análise de historiadores Americanos sobre este material, é que, neste momento, o Departamento de Estado perdeu, em parte, sua força, devido à centralização de poder em mãos do presidente Woodrow Wilson, que disputava com seus oponentes – representados , principalmente, por grupo forte dos Republicanos no Senado – novos rumos da política externa estadunidense. Os Senadores , opondo-se à política de Wilson com relação à participação dos Estados Unidos na Liga das Nações, entendiam diferentemente as táticas que o país deveria adotar, em direção à *Política de Portas Abertas*, ou seja, a estratégia do governo Americano com relação à nova política externa.

Importa frisar que, mesmo propondo os *14 pontos* com a criação da Liga das Nações, instituição à qual os EUA não aderiu, Wilson cumpriu um papel, diferente daquele que propunha para a Europa. Na América Latina, Wilson autorizou intervenções militares na Nicarágua (1912), no Panamá (1912), no México (1914) e no Haiti (1915). E na Rússia, em 1918, auxiliou as forças antibolchevics a fim de derrotar a Revolução de 1917. Segundo William Appleman Willians, Wilson, adotando os argumentos de Adam Smith de que a economia era dirigida pelas leis naturais, permitiu aos "americanos tornarem-se muito propensos a definir seus rivais como homens não naturais"[15] Lembremos, apesar desta crença, que Woodrow Wilson foi o segundo[16] presidente Americano a ganhar o Premio Nobel da Paz, em 1919.

---

14   ESTES, Thomas S. e LIGHTNER JR., E. Allan. The Department of State,...1976. Op.Cit. p. 34.

15   WILLIAMS, William Appleman. *The tragedy of american diplomacy*. New York: WW Norton & Company, 2009, p.94.

16   O primeiro presidente a ser agraciado com o premio Nobel da Paz foi Theodore Roosevelt em 1906, por

Terminada a Primeira Guerra Mundial, o cenário que se abria era de grandes perspectivas para os Estados Unidos. O teatro da guerra havia sido a Europa, que, destruída, tentava se recuperar. O território norte-americano não tinha sofrido nenhum ataque , os Estados Unidos entraram na guerra quase em seu final, o que foi favorável, tanto em termos sociais, porque poucos norte-americanos haviam morrido no conflito, quanto em termos econômicos, pois, além dos países europeus terem de contar com a ajuda econômica norte-americana para sua recuperação, ainda eram grandes consumidores de produtos estadunidenses, já que seus parques industriais haviam sido destruídos.

Esse panorama novo, mais uma vez, exigiria transformações da política externa norte-americana e logicamente do Departamento de Estado. Como as relações econômicas, para os Estados Unidos, ganharam importância vital na década de 1920, o deputado John Jacob Rogers propôs o chamado *Foreign Service Act*, ou Rogers Act, aprovado em 24 de Maio de 1924. Tal lei punha em prática a mais fundamental reforma jamais realizada em todo o sistema de relações internacionais dos Estados Unidos. Uniformizou todo o regulamento, estabelecendo, por exemplo, que houvesse intercâmbio, quando necessário, entre agências diplomáticas e consulares. Criou a primeira escala de salário uniformes e deslocou recursos para treinamento de pessoal de carreira, além de permitir que funcionários graduados e com grande potencial permanecessem na ativa, mesmo em período de aposentadoria. Com esta lei, o Serviço Diplomático Americano tornou-se profissional.[17]

Apesar de todo o esforço do governo norte-americano em tornar seu Departamento de Estado mais eficiente e competente para lutar por seus interesses no exterior e do papel do presidente Hoover em defender uma política externa baseada num sistema que privilegiasse a expansão econômica, via estratégia da *Política de Portas Abertas* – em 1927 criam-se os serviços do comércio exterior e o serviço de Agricultura Estrangeiro, em 1930 –, o período entre guerras foi, particularmente, um momento difícil em termos de cumprimento de metas. As limitações surgidas com a Grande Depressão, na década de 1930 nos EUA, fizeram com que, segundo estudiosos do período, o Departamento de Estado estagnasse, voltando aos níveis do século XIX.[18]

propor o tratado de paz para a guerra Russo-Japonesa.
17   STUART, Grahan H. *The Department of State...*1949. Op.Cit. p. 261.
18   *Idem.*

É necessário destacar uma questão relevante, para a compreensão dos caminhos que levaram o Departamento de Estado a apresentar as características que descrevi e que justificarão este histórico. Como vimos, desde o principio, a política externa norte-americana, sempre foi pautada pela defesa não só dos interesses políticos, mas, e principalmente, daqueles concernentes à economia.

Como nos sinaliza William Appleman, desde Theodore Roosevelt e Herbert Croly (assessor presidencial), o governo norte-americano já desenvolvia papel predominante na promoção de organização interna com estabilidade econômica do sistema, mas foi com Herbert Hoover que se deu mais atenção à racionalização da economia através do apoio às associações comerciais e aos grandes negócios americanos. Hoover defendia, também, a crença de que era preciso enfatizar a expansão do mercado externo a fim de manter a prosperidade interna.

Necessário destacar, aqui, que Hoover deixou de dar apoio aos grandes sindicatos norte-americanos, acreditando que, se o fizesse, o movimento operário ganharia força e repetiria o que havia ocorrido na Rússia. O engano se deu devido ao desconhecimento de Hoover da realidade do trabalhador norte-americano. Ao contrário dos países europeus, onde os sindicatos combatiam a grande burguesia, nos Estados Unidos, o operariado e seus sindicatos, apoiavam uma política de expansão.

Durante o período entre guerras, principalmente, devido à Grande Depressão, os Estados Unidos adotou taticamente, mais um vez, a estratégia do isolacionismo. Apesar de não ter mudado sua política externa nem suas posições com relação às questões referentes à expansão do mercado externo e o sistema corporativo americano, mantinha-se, devido aos problemas econômicos, a perspectiva de restabelecimento e desenvolvimento futuro.[19]

Apesar das criticas feitas à gestão de Herbert Hoover, seus sucessores, mais precisamente Franklin Delano Roosevelt e seu Secretário de Estado Cordell Hull, adotaram certos aspectos daquela política, ou seja, deram grande apoio ao desenvolvimento dos negócios externos norte-americanos, validando essa estratégia de política externa.

---

19 Memorandum "The Foreign Service of The United States" do Assistente de Secretário de Estado G.Howland Shaw em 22/04/1944. Record Group (RG)59, 120.1/4-1144 – CDF 1940-44 Box 240, Department of State, U.S. National Archives (A partir de agora citado como Decimal File (DF) ou Central Decimal File (CDF) – (CDF ou DF, DS/USNA) após o número de referência.

O Departamento de Estado Americano
e a nova política externa.

Quando o secretário de Estado Cordell Hull assumiu seu posto, teria afirmado que o Departamento havia estagnado, retornando à passividade do século XIX. Até 1933, de acordo com suas palavras, o Departamento de Estado tinha cumprido papel secundário, situação que deveria ser modificada daquele momento em diante.[20]

A tônica dada por Hull em sua posse representava o novo projeto de política externa pretendida por Roosevelt. A partir daquele momento, os Estados Unidos adotariam nova postura em seu relacionamento com o mundo.[21]

De um lado, tínhamos o projeto de retomada do desenvolvimento econômico com o New Deal e de outro, o receio de que novas tendências que surgiam na Europa, como o nazi-fascismo e sua política de desenvolvimento de um capitalismo nacional, nublassem os planos americanos da *Política de Portas Abertas*. Lembremos, por exemplo, que a ascensão de Hitler, como chanceler, na Alemanha se deu em Janeiro de 1933.

A Política da Boa Vizinhança foi um programa desenvolvido pelo governo de Roosevelt para conquistar a simpatia da América Latina e combater as forças do Eixo nessa região. Os Estados Unidos queriam, a partir daquele momento, ter boas relações com seus vizinhos e precisavam do apoio desses para manter seu desenvolvimento econômico. Esta estratégia ligava-se ao fato de que os Estados Unidos temiam – diante do perigo de novos conflitos que se avizinhavam no cenário do mundo – a instabilidade dos mercados mundiais. O Secretario de Estado Cordell Hull, na Conferência dos Estados Americanos, realizada no mês de Dezembro de 1933, assim se referia à nova política do Departamento de Estado: "Nenhum país tem o direito de interferir nos assuntos internos ou externos do outro".

---

20 STUART, Grahan H. *The Department of State*. 1949. Op.Cit., p.309.

21 Em seu discurso de posse, no dia 04 de março de 1933, Roosevelt afirmava: "No campo da política mundial eu dedicarei esta nação à política da boa vizinhança – uma vizinhança que resulte do respeito mútuo e, devido a isso, respeite o direito dos outros – uma vizinhança que respeite suas obrigações e respeite a santidade dos seus acordos para com todas os seus vizinhos do mundo inteiro". Este discurso é significativo, na medida em que deixa antever as novas preocupações do Estados Unidos nesses anos 1930. (First Inaugural Address, Franklin Delano Roosevelt. Washington DC. 4 Mar, 1933. Presidential Speech Archive. Miller Center Public Affairs. University of Virginia).

A política econômica, mais uma vez, pautava a política externa. Hull defendia ao mesmo tempo a necessidade de renovar a imagem dos Estados Unidos junto a seus vizinhos e o *programa de comércio recíproco*. A tática deste último era baseada na redução de tarifas para certos produtos estrangeiros que entrassem nos Estados Unidos, em troca de reduções tarifárias para produtos norte-americanos que entrassem em países estrangeiros. O Secretário de Estado advogava, há muito, a grande expansão norte-americana em mercados da América Latina – contra o alcance do capitalismo japonês, alemão e italiano –, com a influência complementar sobre as regiões que apresentavam recursos de matéria-prima.

Para que o programa de comércio recíproco desse certo, era preciso mudar a relação que os Estados Unidos sempre tiveram com a América Latina. Reforçando as palavras de seu secretário, na Conferência dos Estados Americanos, o presidente Roosevelt, ainda naquele ano, reiterava a ideia: "a definitiva política dos Estados Unidos, daqui para a frente é de oposição à intervenções armadas."[22]

Abraçando uma política que se afastava da impopular intervenção militar, o governo Americano adotava outros métodos para manter sua influência sobre a América Latina, como, por exemplo, o apoio a lideres locais fortes, a assessoria e o treinamento das guardas nacionais, penetração cultural e econômica além da defesa do Pan-Americanismo.

Entre 1935 a 1939, o governo norte-americano, mais uma vez, diante da possibilidade de novos conflitos armados, passou a adotar a política de neutralidade. Havia grupos, no Senado[23] dos Estados Unidos, que ainda defendiam a ideia do isolacionismo e da não interferência em assuntos estrangeiros. Esses grupos, representados por senadores republicanos, oposição portanto ao governo de Roosevelt, democrata, forçaram no Congresso os *Neutrality Acts*. Apesar das posições contrárias ao projeto de lei, tanto da opinião pública, que defendia o fim do isolacionismo por entender que a ideia de segurança coletiva e da união a organismos internacionais era a melhor defesa para a América, quanto de Roosevelt e Cordell Hull, que eram críticos a essas propostas do Senado, porque temiam a limitação de

---

22 NIXON, Edgar Burkhardt. (edit) *Franklin D. Roosevelt and foreign affairs*: v. I, Cambridge: Belknap Press of Harvard University Press, 1969, p. 559-60.

23 Senadores Republicanos como Willian Edgar Borah, Gerar P.Nye, Robert M. La Follette Jr., e Arthur Vandenberg.

auxílio que os EUA pudessem dar a seus aliados, a Lei, mesmo sem maioria no Senado, foi assinada por Roosevelt, que não queria perder o apoio dos Estados do Sul favoráveis ao Neutrality Act, pois a eleição presidencial de 1936 estava próxima.[24]

Quatro foram os *Neutrality Acts*, que, em linhas gerais, proibiam as indústrias de armamentos americanas de embarcar munições para países em guerra e propunha embargos aos países beligerantes. Os atos de neutralidade não conseguiram seu objetivo preliminar que era manter os Estados Unidos fora da guerra. Essas leis não estabeleciam a separação entre agressores e agredidos, o que, em parte dificultava o auxílio que o governo norte-americano desejava dar à Grã-Bretanha.

Em 1938, o Secretário Hull reforma, mais uma vez, o Departamento de Estado, reorganizando as seções latino-americanas, fundindo a divisão de assuntos latino-americanos e mexicanos na Divisão de Repúblicas Americanas. Este é mais um sinal da importância que o Departamento de Estado passou a dar aos países da América Latina.

Quando da invasão alemã à Polônia, em 01 de Setembro de 1939, os Estados Unidos, apelando para os atos de Neutralidade, se declarou neutro, porém, o presidente Roosevelt conseguiu, do Congresso, autorização para suspender a lei do embargo, o que deu a ele a possibilidade de abrir caminho para o futuro *Lend-Lease Act*. Esta Lei, assinada em 11 março 1941, permitia aos Estados Unidos vender, emprestar ou dar material de guerra às nações aliadas – em alguns casos – em troca, também, da montagem de bases americanas nesses países.[25] A partir da assinatura do Lend-Lease, a pretensa neutralidade norte-americana chegava ao fim. Estava dado o primeiro passo para que a Nação Americana se fizesse hegemônica no mundo.[26]

---

24   DIVINE, Robert Alexander. *The reluctant belligerent: American Entry into World War II*, 2d ed. Nova York: Knopf, 1979.

25   Comentário sobre a assinatura e a importância do Lend-Lease no Memorandum "The Foreign Service of The United States" do Assistente de Secretário de Estado G.Howland Shaw, de 22/04/1944, p. 5 - 120.1/4-1144 – Box 240 - 1940-44 , CDF,DS/USNA.

26   Segundo a versão oficial do Departamento de Estado, "a inegável ameaça do Eixo – Alemanha Nazista e seus parceiros Itália e Japão – forçaram os Estados Unidos a adotar uma política intervencionista. Apesar da atitude oficial de neutralidade, o Presidente Franklin D. Roosevelt autorizou a venda de destróieres para a Grã-Bretanha em troca do arrendamento de algumas bases no Atlântico Ocidental e o auxílio econômico para o Reino Unido e a União Soviética através do Lend-Lease Act de 1941." (Office of the Historian: Department History: Short History of the Department of State, p.43).

Diplomacia em tempo de Guerra: o trabalho de inteligência e a definição das Agências de Serviço Secreto. Os Estados Unidos entraram na guerra quando os japoneses atacaram Pearl

Harbour, no dia 07 de dezembro de 1941. Naquela ocasião, o Departamento de Estado enfrentou novas responsabilidades e desafios, que foram identificados como: evacuar cidadãos americanos de áreas de combate, assessorar países beligerantes na troca de prisioneiros de guerra, manter ligação com a Cruz Vermelha Internacional no trato com refugiados, assessorar e coordenar atividades das várias agências, criadas para mobilizar a nação para a Guerra Total. É importante ressaltar, no entanto, que o Departamento de Estado, naquele momento, montou, também, um sistema complexo e eficiente de inteligência e comunicação internacional.

A análise das fontes, ou seja, da documentação secreta norte-americana – produzida durante a Segunda Guerra e imediatamente após –, evidencia a preocupação do governo americano também com a ação de resposta dos soviéticos[27], após a invasão da URSS, pelos nazistas, em junho de 1941. Mesmo apoiando tal iniciativa, pois se tratava da derrota do nazismo no mundo, o Departamento de Estado acelerou a construção das bases para uma hegemonia no Hemisfério Ocidental, o que já vinha fazendo com relação à influência nazi-fascista na América.

A edificação dessas bases contou não só com o trabalho dos Adidos Trabalhistas[28], mas também, com a ação da Office of Strategic Services (O.S.S.)[29], do FBI (Federal Bureau of Investigation) e também do OCIAA (Office of the Coodinator of Inter-American Affairs).[30]

---

27   Apesar de apoiar a ação dos soviéticos, contra os nazistas, o governo norte-americano já reconhecia a força militar destes na Europa e sua possível preponderância nessa área.

28   Durante e após a 2ª Guerra Mundial, as Embaixadas dos EUA, da Grã-Bretanha e da França contavam, no Brasil e em muitas partes do mundo, com *adidos trabalhistas*, que, "controlando a situação", em nome de seus governos, apresentavam relatórios mensais, com informações detalhadas, que levantavam desde o número de trabalhadores empregados, sindicatos organizados, leis trabalhistas, ocorrência de greves e até a ação dos partidos de esquerda dentro de sindicatos, fábricas e reuniões.

29   O Office of Strategic Services foi a agência de inteligência que antecedeu a CIA.

30   "A agência criada em 1940, sob o nome de Office for the Coordination of Comerce and Cultural Relations between the American Republics, que em 1941 mudou seu nome para Office of the Coordinator of Inter-Américan Affairs e, em 1944, passou a chamar-se Office of Inter-American Affairs, foi extinta pelo presidente Harry Truman, em maio de 1946"(TOTA,2000:190)

O.S.S.

O serviço de inteligência norte-americano, antes da criação do O.S.S.[31], esteve, quase sempre, ligado ao departamento de assuntos estrangeiros, ou melhor, ao Departamento de Estado e às forças Armadas (The Office of Naval Intelligence [ONI] e o War Department's Military Intelligence Division, conhecido como G-2). O novo quadro mundial de beligerância, nos anos 1930, levou o presidente Franklin Delano Roosevelt a realinhar o serviço de inteligência, escolhendo o advogado e militar Willian J. Donavan como COI (Coordinator of Information). Criada em julho de 1941 e ligada, diretamente à Casa Branca, esta agência tinha como missão coletar informações e dados para municiar o Presidente a estabelecer diretrizes rumo a garantir a segurança nacional.

A historiografia norte-americana é quase unânime em afirmar a competência do O.S.S.[32] em questões de inteligência e contra-espionagem, apontando, também, que esta agência, diferentemente da maioria das existentes nos Estados Unidos, tinha uma dotação orçamentária maior do que as outras, o que lhe dava condições favoráveis. Mesmo com toda esta estrutura, segundo os próprios historiadores, a agência não foi capaz de descobrir os planos japoneses de ataque a Pearl Harbour, como afirma Michael Warner historiador da CIA.[33]

Iniciada a Guerra, após o 7 de dezembro, a COI, devido a desavenças ocorridas entre outras agências, principalmente com o FBI, passou a fazer parte do Joint Chiefs of Staff (JCS). Roosevelt, entretanto, quis manter o serviço de informação estrangeira do COI fora do controle militar e por isso criou o *Escritório dos Serviços Estratégicos* (O.S.S.) em 13 junho 1942. O OSS conseguiu desenvolver um aparato de contra-espionagem no exterior, mas não teve autorização para operar no Hemisfério Ocidental, que já estava reservado para

---

31 A O.S.S. foi criada em 13 de junho de 1942 , pelo decreto Presidencial militar, por ordem do presidente Franklin Delano Roosevelt, e extinta pelo presidente Truman em 20/09/1945.

32 Ver: AGEE, Philip. *Inside the company: CIA Diary*, New York: Bantam Books, 1976. ; ALDRICH, Richard J. *Intelligence and the war against Japan: Britain, America and the Politics of Secret Service*. Cambridge: Cambridge University Press, 2000. ; BANK, Aaron. *From OSS to Green Berets: The birth of special forces*. Novato, CA: Presidio, 1986. ; BENSON, Robert Louis. "*A hHstory of US Communications Intelligence during World War II: policy and administration*" Series IV (World War II) Volume 8, National Security Agency Center for Cryptologic History, 1997. ; DUNLOP, Richard. *Donovan: America's Master Spy* . Chicago: Rand McNally, 1982. ; SMITH, Richard Harris. *OSS: The secret history of America's first central intelligence agency*. Berkeley: University of California Press, 1972.

33 WARNER, Michael. *The Office of Strategic Services: America's First Intelligence Agency*. Washington, D.C.: Central Intelligence Agency, 2001.

o FBI e o Escritório do Coordenador dos Assuntos inter-Americanos (OCIAA), Nelson Rockefeller.[34] O Serviço de espionagem britânico[35] deu subsídios aos agentes do OSS e o Coordenador Donavan, com o intuito de tornar mais profissional o trabalho de inteligência, criou um setor de "Pesquisa e Análise" (Research & Analysis – R&A), que contou com um grupo de historiadores, geógrafos, economistas, cientistas sociais, psicólogos, antropólogos e diplomatas. Figuras como Arthur Schlesinger, Jr., Walt W. Rostow, Edward Shils, Herbert Marcuse, H. Stuart Hughes, Gordon Craig, Crane Brinton, John King Fairbank, Sherman Kent e Ralph Bunche, que fizeram parte do R&A, produziram estudos e relatórios importantes para o *esforço de guerra*.[36]

Adotando a prática de espionagem durante a Segunda Guerra Mundial, o O.S.S. tinha a função de coletar, analisar informações estratégicas requeridas pelas forças armadas e preparar operações especiais, além de suprir os *Policy-Makers* de Washington com fatos e estimativas sem, no entanto, ter jurisdição sobre atividades de inteligências estrangeiras.[37]

O FBI

O FBI, outra agência muito ativa durante a guerra – cuja função tornou-se a de atividade de inteligência estrangeira –, tem sua origem, nos Estados Unidos, no período de governo de Theodore Roosevelt, mais precisamente, a 26 de julho de 1908, quando o então procurador geral dos Estados Unidos, Charles Joseph Bonaparte[38], a pedido do Chefe do Departamento de Justiça, criou a *Special Agent Force*, mais tarde conhecida como Bureau of Investigation (BOI). Segundo o setor de história do FBI[39], considera-se o BOI como a semente do que viria a ser o FBI no ano de 1935.

Durante a Primeira Guerra Mundial, o Congresso dos Estados Unidos promulgou a *Espionage Act* (15 de junho de 1917). Esta lei proibia a espionagem e condenava atos de deslealdade à pátria Americana. O BOI ganhou,

---

34   *Idem*, p.6.

35   JAKUB, Jay. Spies and saboteurs: anglo-american collaboration and rivalry in human intelligence collection and special operations, 1940-45 (New York: St. Martin's, 1999).

36   KATZ, Barry M. *Foreign Intelligence: Research and Analysis in the Office of Strategic Services, 1942-1945*. Cambridge: Harvard University Press, 1989.

37   ALSOP, Stewart and BRADEN, Thomas Sub Rosa: The OSS and American Espionage. New York: Reynal & Hitchcock, 1946.

38   Sobrinho-neto de Napoleão Bonaparte.

39   *Timeline of FBI History*. Federal Bureau of Investigation.

então, grande habilidade no trato com a espionagem e subversão durante a guerra. Em agosto de 1921, John Edgar Hoover[40] foi nomeado Diretor Assistente do BOI. Ele será a figura mais importante do FBI por 48 anos.

No ano de 1932, o BOI ganhou status federal, tornando-se USBOI (United States Bureau of Investigation). Em 1933, ligado ao *Prohibition Bureau*, agência Federal de Execução Legal, órgão responsável pela aplicação da Lei Seca, tornou-se DOI (Division of Investigation). Finalmente, no dia 01 de julho de 1935, o DOI tornou-se FBI (Federal Bureau of Investigation).

O presidente Roosevelt, convocou, então, no ano de 1936, J. Edgar Hoover para desenvolver plano especial de combate a atividades nazistas e comunistas nos Estados Unidos. Após obter autorização do Departamento de Estado, Hoover iniciou seu plano, que não se restringiu, apenas, ao território norte-americano.

Em 1939, com o país preparando-se para a guerra, o presidente Franklin Delano Roosevelt propõe a união de esforços entre o FBI, o *Departamento de Serviço de Inteligência Militar de Guerra*, o (MID), e o *Bureau de Inteligência Naval* (ONI) a fim de que investigassem ações de espionagem, sabotagem e atividades subversivas. Um ano antes da entrada dos Estados Unidos na Guerra, o FBI criava o *Special Intelligence Service* (SIS) e passava a desenvolver serviço de espionagem no Hemisfério Ocidental , principalmente na América Latina. Sua função era – através do serviço de inteligência – prevenir e combater espionagem, sabotagem e propaganda do Eixo contra os Estados Unidos e seus aliados. Agentes especiais ocuparam postos, no Canadá, na Europa e na América Latina.

O intento era proporcionar com esses programas de auxilio às polícias, um mecanismo para a penetração dos Estados Unidos em países estrangeiros através de seus sistemas policiais, tornando as polícias estrangeiras apêndices da política externa dos Estados Unidos.[41]

O OCIAA

O papel do OCIAA é importante nos planos dos EUA para a América Latina. Ele cumpriu a função de articulador das novas relações diplomáticas

---

40   John Edgar Hoover foi Chefe do FBI de 1924 a 1972.
41   *Ibidem*, p.3.

entre os Estados Unidos e os países latino-americanos, a partir de 1940[42]. A organização dessa *agência*, no entanto, respeitou uma estratégia. A pedido de Roosevelt e com a participação direta do Departamento de Estado, o campo de ação do OCIAA foi preparado antes de sua criação, na década de 1930, a fim de combater *"influências estranhas à América"* – posição, mais uma vez alicerçada na Doutrina Monroe –, o Departamento de Estado patrocinou uma campanha de maneira a estreitar os laços de amizade e ajuda mútua entre os Estados Americanos. Defendendo os argumentos de democracia, fidelidade às instituições republicanas e igualdade entre os Estados, além da garantia ao respeito pela soberania nacional entre os países Americanos, propunha a união das Américas. Várias Conferências foram organizadas com este intuito, estreitando os laços de *amizade* entre os povos americanos e reforçando os ideais do pan-americanismo, expediente já usado anteriormente pelo governo americano[43].

Em 1936, na Conferência Interamericana de Consolidação da Paz, em Buenos Aires, foram estabelecidos acordos de ajuda militar mútua. Qualquer ameaça feita a uma nação americana deveria ser rebatida em conjunto. Em 1938, no Peru, a Conferência de Lima discutiu e ampliou o mecanismo de consultas, criado em 1936. Tratava-se de agilizar uma resposta conjunta dos países latino-americanos no caso de ataque ou ameaça externa. No ano seguinte, no Panamá, ocorreu a I Reunião de Consultas das Repúblicas Americanas, quando o governo dos Estados Unidos propôs a neutralidade das Américas frente ao conflito na Europa. Em 1940, entretanto, após a ocupação da França e do Blitzkrieg na Europa, convoca-se a II Reunião de

---

42 Invasão da Dinamarca pelos nazistas.

43 Influenciado pelo "Zollverein" alemão o Secretário de Estado Norte-americano James G.Blaine propôs em 1881 uma Conferência Interamericana – defendendo a ideia de que era chegada a hora dos EUA estabelecerem a liderança diplomática no Continente e que a América Latina deveria ser o mercado lógico para a expansão industrial Americana – a fim de determinar uma unidade alfandegária para os países da América. A primeira Conferência, no entanto, só foi organizada pelos Estados Unidos, em 1889 e 1890. Realizada em Washington, tinha como intuito o estabelecimento de normas fiscais-aduaneiras entre os países latino-americanos e a paz no continente. Propunha a unidade de comunicação entre os portos, uniformidade de pesos e medidas, adoção de medidas sanitárias. O Congresso Americano, encampando as ideais de Blaine, havia sugerido esta conferência de maneira a garantir o bom desenvolvimento comercial entre os Estados Unidos e seus vizinhos. Apesar da proposta de unificação alfandegária não ter sido acordada entre todos, determinou-se a criação da International Bureau of American Republics, nominada, logo em seguida como Pan American Union e mais tarde OAS (Organization of American States), OEA (Organização dos Estados Americanos) STUART, Grahan H. The Department of State.1949. Op.Cit. p.158 e MARTI, José. *Inside the Monster*. Philip S. Foner ed. Nova York: Monthly Review Press, 1975, p. 29-30.

Consulta de Ministros de Relações Exteriores em Julho, em Havana, quando se determinou a necessária reação de todos os membros a qualquer tentativa de um Estado não-americano de violação da soberania das Américas.

Em janeiro de 1942, um mês depois da entrada dos Estados Unidos na Guerra, convoca-se, no Rio de Janeiro, a III Reunião de Consulta de Ministros de Relações Exteriores, também chamada Conferência dos Chanceleres, na qual o governo americano procurou assegurar que todos os países rompessem relações diplomáticas com o Eixo. Apesar de não ter conseguido a unanimidade, sua *política de boa vizinhança* garantiu a hegemonia norte-americana nas Américas.

A *política da boa vizinhança* passava a ser a nova estratégia – tanto de combate à influência do Eixo na região quanto de aproximação com os países latino-americanos. Nova tática seria abraçada, não mais a de combater os movimentos de cunho nacionalista, mas de adequar a política externa americana a eles. Argumentavam, os *policy-makers*, que não só seu país, mas as Américas precisavam ganhar força, não apenas econômica como militar e política. O OCIAA cumpriria parte desta ação.

A agência *Office for Coordination of Commercial and Cultural Relations between the Americas* (OCCCRA)[44], criada em 16/08/1940 pelo Conselho de Defesa Nacional dos Estados Unidos e presidida por Nelson A. Rockfeller, tinha como objetivo cumprir os planos da política externa dos EUA, nos campos político e econômico, e desenvolver as relações de aproximação com a América Latina, via atividades culturais que estivessem ligadas às comunicações.

O OCCCRA, mais tarde OCIAA, era formado por quatro divisões: Divisão de Saúde, Divisão Comercial e Financeira, Divisão de Comunicações/Informação e Divisão de Relações Culturais. Estas duas últimas cumpriam um papel importante nos planos do governo norte-americano para a América Latina. As questões relativas à cultura e propaganda ganhariam status de estratégia de guerra.

Nelson Rockfeller destacou o Rádio, a mídia impressa[45] e o Cinema como os meios mais importantes para sua tática em tempo de guerra. A

---

44 A partir de 1941 o escritório passou a ser chamado "Office of the Coordinator of Inter-American Affairs", OCIAA e, em março de 1945 "Office of Inter-American Affairs". Foi extinto em 20 de maio de 1946.

45 A Revista "*Em Guarda* : Para a defesa de toda a América" era editada mensalmente, nos anos 1940 para toda a América Latina, em português e espanhol. Continha assuntos voltados à "política da boa vizinhança" e noticias da guerra. A Revista Seleções do Reader's Digest também era outra popular edição da OCIAA.

Motion Pictures Division (Divisão do Cinema) produziria filmes de dois tipos: não comerciais, para apresentação em empresas, fábricas, escritórios, escolas, clubes, sindicatos e até ao ar livre; e comerciais, aqueles para as salas de cinema, que eram os boletins de guerra, documentários e de animação.

A MPD também patrocinava pesquisas para produção de filmes para o Brasil (em português) e para os outros países da América Latina (de língua espanhola), a fim de não cometer erros de interpretação. Havia, também, a preocupação com a produção de documentários nos países amigos, para serem exibidos nos Estados Unidos, com o intuito de difundir boa imagem desses países.

Filmes não comerciais foram exibidos em toda a América Latina, com o intuito de propagandear as virtudes e as belezas do *American Way of Life* e contavam não só com o apoio monetário do governo norte-americano, como do próprio Nelson Rockfeller, além de setores empresariais que tinham interesses específicos no Brasil e em outros países latino-americanos. Empresas como a tradicional Greyhound Bus Company, a United Steel Export Corporation e a Aluminium Corporation of America são exemplos. O OCIAA também produzia filmes – institucionais – em parceria com a Signal Corps, *Office of War Information* (OWI) e a *Office os Strategic Services* (OSS).

O Programa de Adidos Trabalhistas

O que viria a ser o programa dos adidos trabalhistas surge nos EUA muito antes do conflito mundial. Com a criação dos serviços do comércio exterior, em 1927, e os da Agricultura Estrangeiro, em 1930, desenvolvia-se o embrião do programa do adido trabalhista norte-americano para o mundo. Os oficiais desses serviços especializados, os adidos comerciais e agrícolas, passariam a ser designados pelo Departamento de Estado para as missões diplomáticas externas, cuidando dos interesses norte-americanos no exterior – interesses esses ligados a seus respectivos departamentos do Comércio e Agricultura – e estando, também, ligados ao *Policy-making* do Departamento de Estado do governo norte-americano. A função desses oficiais era cuidar para que empresas norte-americanas, ligadas a seus ramos de ação, não corressem riscos quanto à perda de controle de suas matrizes.

Ocorre, porém, que esses interesses iam muito além do simples cuidado com suas empresas esparramadas pelo mundo.

Quando o presidente Franklin D. Roosevelt, alicerçado no *Ato de Reorganização*, unificou todos os serviços estrangeiros, criando os *Serviços Estrangeiros Gerais*, estavam presentes os Departamentos de Comércio, Agricultura e Trabalho na Comissão organizadora. O Departamento de Trabalho foi atraído para a Comissão do Serviço Estrangeiro Unificado pela insistência de outras agências especializadas em fortalecer suas posições junto ao Departamento de Estado. Seu interesse – do Departamento do Trabalho – estava focado em certos aspectos específicos no campo das relações internacionais, como a participação dos EUA na Organização Internacional do Trabalho[46] (OIT) e a formulação de uma política de trabalho para as áreas ocupadas na Europa e na Ásia depois da guerra. Ocorre, porém, que quem tinha hegemonia neste campo era o Departamento de Estado norte-americano.

Unificados os serviços estrangeiros, já se podia dar uma diretriz única para a ação dos EUA no exterior. Foi dentro deste princípio, que em 1943, teve início, oficialmente, o programa dos adidos trabalhistas. Sua função, naquele momento, era a de controlar as pretensões de grupos de trabalhadores que, ligados a partidos de esquerda, almejassem encontrar postos no poder político.

A análise das fontes, principalmente aquelas encontradas no National Archives dos Estados Unidos, RG 59 – General Records of the Department of State e RG 84 – Foreign Service Posts of the Department of State , Brazil – Rio de Janeiro, nos dão conta de que, em seu início, o programa carecia, mesmo, de grande organização. Tanto os relatórios quanto a dinâmica dos serviços de coleta de dados e sistematização dos mesmos seguiam normas diplomáticas, de maneira geral, nem sempre adequadas à especificidade do assunto. Como o programa foi criado durante a guerra, conforme Robert Smith Simpson nos informa, e deveria ser extinto logo após o conflito, sua precariedade era notória.

Em seu depoimento, Simpson ainda acrescenta que os oficiais do serviço estrangeiro não viram com bons olhos o programa, encararam o

---

46   ILO – International Labor Organization sigla da OIT em inglês.

projeto como mais um problema, ou dor de cabeça, em tempo de guerra. Destaca, também, que não havia preparo suficiente para mandar agentes para o exterior, que em muitos casos, nem conheciam a realidade do país que os estaria abrigando.

Os relatórios preparados por especialistas em assuntos comerciais ou agrícolas eram apresentados enfocando apenas certas particularidades ligadas ao labor, quase nunca o trabalho minucioso de compreensão do movimento operário que veremos adiante. Antes mesmo da existência da figura dos Adidos Trabalhistas (1939-1942), funcionários da Embaixada – Assessores econômicos – já preparavam relatórios, os *Voluntary Reports*, sobre a situação dos trabalhadores e as leis trabalhistas na América Latina[47]. Como o próprio Analista Sênior de Agricultura da Embaixada Americana, no Brasil escreve, "esta não é uma análise completa sobre a força de trabalho brasileira".[48] Tal documento, encontrado na pasta da UNRRA[49], tem 101 páginas e traça um panorama completo do trabalho agrícola no Brasil e suas possibilidades de desenvolvimento com a organização do trabalho no campo, além da caracterização dos trabalhadores rurais.

As primeiras instruções especificas para *Monthly Labor Reports*, Relatórios Mensais Trabalhistas, *instructions as to what and manner of reporting labor developments*, somente surgem com a instrução número 6062 de 23 de junho de 1944[50], após a posse dos primeiros *Adidos Trabalhistas* na América Latina.[51]

---

47 RG84 Foreign Service Posts of the Department of State – 850-4 – Labor – 1941–V. XXXI - Box 110, DF-
-FSP-DS/USNA. A partir de agora Foreign Service Posts of the Department of State será representado
como FSP-DS.

48 *"Brazil: The Brazilian Labor Force in Relation to Agriculture"* – Relatório Confidencial, feito, a pedido
do Departamento de Estado, por T. Lynn Smith , Analista Sênior de Agricultura da Embaixada dos EUA
no Brasil e enviado pelo Despacho no. 9874 em 22/01/1942. RG84 850.4 – Labor Box 217 DF-FSP-DS/
USNA.

49 United Nations Relief and Rehabilitation Administration (UNRRA). A proposta da criação da UNRRA
foi enviada ao Congresso Americano pelo presidente Roosevelt em 9 de junho de 1943 e tinha como
intento proporcionar auxílio às áreas dominadas pelas forças do Eixo, libertadas pelos aliados. Em
seus primeiros parágrafos determinava: "Being determined that immediately upon the liberation of
any area by the armed forces of the United Nations or as a consequence of retreat of the enemy the
population thereof shall receive aid and relief from their sufferings, food, clothing and shelter, aid in
the prevention of pestilence and in the recovery of the health of the people, and that preparation and
arrangements shall be made for the return of prisoners and exiles to" O Brasil foi signatário desta carta.

50 RG59-SA-250-File 123.Box 571- 1940-44 , CDF, DS/USNA.

51 O programa dos Adidos Trabalhistas, como já foi dito , surgiu em 1943 , organizado pelo Departamento de Estado, que em 1944 criou a divisão das Relações de Trabalho, em seu Escritório de Assuntos Econômicos.

O trabalho dos *Adidos Trabalhistas* não era tão simples quanto se pode imaginar pois sua ação não se restringia à coleta de dados e feitura de relatórios. O funcionário escolhido para o cargo, apesar de certa "liberdade de ação", posto que deveria se reportar primeiro ao Departamento de Estado, tinha ainda que levar em conta a hierarquia. Uma vez no exterior, devia reconhecer o poder do embaixador, coletar dados e trabalhar, também, levando em conta as ações do OSS[52], além de reportar-se a sua agência de origem, o Departamento de Trabalho dos EUA.

Para Fiszman[53], o programa dos *Adidos Trabalhistas* esteve premido, de um lado, pelo conflito de interesses, e de outro, pelos ciúmes jurisdicionais de agências rivais ou mesmo de grupos competitivos dentro das mesmas agências.

Como um *especialista do trabalho*, o adido trabalhista estava exposto à demanda do Departamento de Trabalho; como um pesquisador ou coletor de dados políticos, era controlado pelo escritório político da embaixada. Interessado nas condições econômicas, seu trabalho invadia o território do escritório econômico da embaixada; como comunicador de uma mensagem ou interlocutor de opiniões estrangeiras e atitudes contra os EUA, invadia o espaço ou o campo de trabalho e presumivelmente a competência do O.S.S., que depois da guerra torna-se a Agência norte-americana de Informação (CIA).

Apesar de todos esses conflitos e da não unanimidade de seu trabalho, a função do Adido Trabalhista, no período que vai de 1943 a 1952, era a de combater o domínio dos Sindicatos pelos Comunistas e *ajudar* aqueles líderes trabalhistas que tivessem a mesma aspiração. Argumentava o Departamento de Estado que, direcionando a ação desses *agentes* para tal objetivo, estaria evitando conflitos maiores que pudessem por em risco, tanto a estabilidade política do país em questão, dentro daquilo que interessava aos EUA naquele momento, quanto o bom andamento da produção e distribuição de produtos das empresas norte-americanas nesses países e para a exportação.

Para que os relatórios dos *Adidos Trabalhistas* tivessem o efeito que esses oficiais pretendiam, os *Attachés* eram obrigados a quebrar uma série de barreiras. A principal delas era a divisão que havia sido estabelecida, pelo

---

52 Office of Strategic Services. Agência de inteligência que antecedeu a CIA.
53 FISZMAN, Joseph R. The Development of Administrative Roles: The Labor Attaché Program.1965, Op.Cit., p.205.

Departamento de Estado, entre funções do *técnico-funcional* e do *político*. Como o Departamento de Estado tinha o total controle sobre as questões referentes aos Assuntos Estrangeiros, cabia, então, a ele separar aquilo que poderia ser considerado político – nos relatórios dos adidos – das questões relacionadas às condições do trabalhismo estrangeiro que envolvessem salários, custo de vida, leis trabalhistas locais, etc.

Segundo depoimento de John T. Fishburn[54], a eficácia do relatório dependia, primeiramente, do status do adido dentro da missão e das correntes do comando ao qual ele estava submetido; em segundo lugar, dependia, também, do tamanho da missão e da importância da região em que esse trabalho era desenvolvido.

Antes mesmo de partir para a análise da documentação coletada no National Archives, o que nos trará luzes acerca do papel dos Adidos Trabalhistas no Brasil, – tema do próximo capítulo –, pode-se, já assegurar que esses documentos – resultados de coletas de dados e de um trabalho de campo exaustivo – não só eram importantes para que o governo norte-americano tivesse uma visão mais ou menos real da situação, como também permitiam uma provável sintonia entre o governo brasileiro e o norte-americano naquele momento.

Apesar de não ter subsídios suficientes para traçar um panorama semelhante sobre o trabalho dos adidos ingleses – o que demandaria pesquisa igual à realizada nos Estados Unidos –, sabemos que o governo britânico adotava mais ou menos as mesmas diretrizes que o governo norte-americano, ou seja, seus agentes estavam aqui com funções muito próximas daquelas desenvolvidas pelos estadunidenses. Não podemos esquecer que norte-americanos e ingleses foram parceiros – durante e após a guerra – na construção de uma estrutura que cooptasse países Latino-Americanos para o lado capitalista. Muito antes do discurso do presidente Truman, em 1947, que teria fundado as bases da Guerra Fria, já havia uma costura que ligava principalmente os interesses do liberalismo com os das elites Latino-Americanas.

Perfil

---

54 Um dos primeiros Adidos Trabalhistas norte-americanos. Depoimento dado para o Foreign Affairs Oral History Collection of the Association for Diplomatic Studies and Training da Biblioteca do Congresso, em Julho de1991. Frontline Diplomacy, Manuscript Division, Library of Congress, Washington , DC.

A análise da documentação e das instruções normativas do Departamento de Estado encontradas nos RG59 e RG84[55], assim como a consulta a depoimentos arquivados na Biblioteca do Senado, estudos inter-departamentais, decretos oficiais do governo norte-americano e artigos em revistas especializadas, nos permitem traçar o perfil do Adido Trabalhista. De início, como já foi dito, a função era ocupada por indivíduos e profissionais que não se ligavam diretamente às questões trabalhistas. Geralmente, eram analistas econômicos, especialistas do Departamento do Comércio e Agricultura. Iniciado o programa oficialmente, algumas normas deveriam ser preenchidas. A primeira delas dizia respeito à nacionalidade do oficial que cumpriria a missão de Adido. Todo adido deveria ser cidadão norte--americano e destacado em seu campo de atividade, necessariamente aquele ligado às questões trabalhistas.

A pesquisa[56] dos nomes encontrados na documentação oficial do Departamento de Estado como Adidos Trabalhistas, nos mostra que os escolhidos podiam ser, desde cidadãos comuns até funcionários do governo norte-americano (Departamento de Estado, Agência de Informação dos EUA, Administração de Cooperação Internacional, Agência para o desenvolvimento internacional que estavam diretamente ligados ao programa norte--americano de Adidos Trabalhistas).[57]

Entre os cidadãos comuns, estão aqueles eleitos ou indicados, provenientes do Movimento Sindical norte-americano[58] e, em sua maioria,

---

55 RG59 – General Records of the Department of State e RG84 Foreign Service Posts of the Department of State Brazil-Rio de Janeiro.

56 A Lista de Adidos Trabalhistas e assistentes pode ser encontrada em duas publicações. A *The Biographic Register*, publicada anualmente pelo Departamento de Estado e que de maneira bem resumida apresenta informações importantes sobre o adido como, local de nascimento, profissão, origem, grau acadêmico, ligações econômicas e políticas, nível de salários, transferências de postos, missões Americanas no exterior, etc. Esta edição pode ser encontrada na biblioteca McKeldin, da Universidade de Maryland, que é depositária das edições do governo Federal Americano. A outra edição do *Biographic register of labor attachés* é uma publicação bianual do Departamento do Trabalho dos Estados Unidos e pode ser encontrada na Biblioteca do Departamento do Trabalho, "Wirtz Labor Library". As informações encontradas nesta edição são menos resumidas e nos dão subsídios sobre as ligações profissionais do Adido, formação, data da posse como adido e sua vida como cidadão Americano.

57 Segundo os levantamento feitos por Fiszman, entre 1943 a 1957, num universo de 81 Adidos Trabalhistas e assistentes, 56% haviam sido convocados para o trabalho a partir das agências governamentais. FISZMAN, Joseph R. *The U.S. Labor attaché...* 1964. p.190.

58 Segundo levantamento feito a partir da documentação oficial, representantes do movimento operário, escolhidos para fazer parte do programa de Adidos Trabalhistas, representavam 35,8% do total de Adidos, no período de 1943 a 1952.

habitantes das regiões com grande concentração industrial, ou seja, predominantemente do nordeste dos EUA. O critério para escolha recaía sobre aqueles que apresentassem ou tivessem apresentado interesse em assuntos internacionais (pela participação em departamentos especiais nos assuntos internacionais ou comitês, ou porque haviam apresentado ou escrito algo sobre o assunto). Também eram convidados a fazer parte do programa, aqueles que haviam servido como delegados nas conferências internacionais, representantes de sindicatos e membros do serviço estrangeiro. Quase nunca veremos lideres do movimento operário como Adidos Trabalhistas. As lideranças nunca eram dispensadas pelos sindicatos para que ocupassem cargos junto ao Departamento de Estado por óbvias razões, ou seja, tais lideres eram indispensáveis como articuladores das questões trabalhistas, como luta por aumento de salários, melhores condições de trabalho nas fábricas, luta pela igualdade racial, decisões de greve, etc. Outras categorias recrutadas para a função eram: funcionários eleitos ou indicados ligados a organizações de negócios ou indústria norte-americanos (Associação Nacional de Manufatureiros e Câmara norte-americana de Comércio) que apresentaram interesse nesses assuntos, expressando sua opinião em público ou servindo como delegados ou coordenadores de delegação em conferência do *International Labor Organization* (ILO) em Genebra. E jornalistas que tivessem escrito sobre o assunto, membros da universidade ou docentes de faculdades que, no curso de suas atividades , como professores ou pesquisadores, tanto no país quanto no exterior, tivessem tido contato com o programa dos adidos trabalhistas, ou desenvolvessem pesquisa na área.

Baseando-nos nas informações obtidas no *Biographic Register,* documentação das pastas funcionais do Departamento de Estado[59] e estatística realizada pelo professor Fiszman[60], é possível determinar que, devido à proibição de convocação para o trabalho no setor de Assuntos Estrangeiros[61], em tempo de guerra, a idade dos adidos trabalhistas, que iniciaram seus traba-

---

59 RG59 – General Records of the Department State - Central Decimal File -123 DS/USNA.

60 FISZMAN, Joseph R. The U.S. Labor Attaché: Expectations and Reality. Michigan State University, Ph.D., 1964.

61 Informação do Setor de História do Departamento de Estado confirma que "o recrutamento para a carreira do Serviço Estrangeiro foi suspenso durante a guerra, mas o Serviço Estrangeiro Auxiliar foi criado para prover de mão-de-obra adicional os serviços do exterior. Já em janeiro de 1946, os Auxiliares representavam 976 pessoas". Office of the Historian: Department History: Short History of the Department of State, p. 45.

lhos no ano de 1943, era de 36 a 55 anos, indivíduos fora da reserva portanto. Parâmetro que será, mais ou menos, mantido após o conflito mundial. No período que vai de 1943 a 1952, recorte desse trabalho, 70,5% dos Adidos Trabalhistas tinham entre 31 a 45 anos.

Levantamento feito nos *Biographic Registers*, tanto do Departamento de Estado como do Departamento de Trabalho, demonstrou que o cargo de Adido Trabalhista, no período em questão, somente contou com indivíduos do sexo masculino.[62]

Apesar da ausência de identificação de credo religioso – não havia preocupação, por parte do Departamento de Estado e do Departamento do Trabalho, em indicar, nos Registro Biográficos, a religião do Adido –, é preciso destacar que muitos elementos vindos do movimento operário pertenciam ao *Jewish Labor Committee63*, que desempenhava papel importante dentro da história do operariado norte-americano.

O Brasil e a hegemonia internacional estadunidense

Nem seria preciso um trabalho tão exaustivo de pesquisa para garantir que o interesse dos Estados Unidos por nosso país sempre foi grande. Dimensões continentais, posição geopolítica importante, fonte de matérias--primas e mercado consumidor – principalmente de seus produtos industrializados –; somente essas características já nos explicariam o porquê de o Brasil sempre ter ocupado lugar de destaque na política externa norte-americana.

Como já foi dito, quando Roosevelt, no discurso de sua posse, lança a *política da boa vizinhança*, seu intuito não era o pan-americanismo puro e simples e sim o estabelecimento de metas que permitissem aos EUA combater o crescimento do nazi-fascismo na América e a consecução de seus planos na *Política de Portas Abertas*, diretriz traçada, principalmente para a América Latina.

---

62   Levantamento feito por Fiszman a partir da criação do programa , 1943 até o ano de 1957, ou seja, num período de 14 anos, determinou a existência de 81 Adidos Trabalhistas e assistentes, sendo 80 homens e uma mulher. FISZMAN, Joseph R. *The U.S. labor attaché...* 1964. p.169.

63   O *Jewish labor committee* é uma organização – apesar de fundada em 1934 para combater a campanha antissemita patrocinada pelo nazi-fascismo no mundo –, que representa a força do trabalhador judeu na história do movimento operário norte-americano e que luta pelos interesses desses operários junto aos sindicatos dos Estados Unidos.

Com relação aos interesses do Departamento de Estado – dentro de uma visão que privilegia a tutela do mundo por Washington –, o Brasil teria papel importante. Não simplesmente como parceiro, mas como elemento primordial na nova organização geopolítica do planeta no pós-guerra, na qual os norte-americanos queriam ser os primeiros[64].

A Grande Depressão e os problemas enfrentados em duas ocasiões para debelá-la, 1933 e 1937, levaram os EUA a procurar em seus vizinhos o caminho para a solução. A política da Boa Vizinhança foi a estratégia adotada a partir da posse de Roosevelt[65].

No caso brasileiro, como estabelecer com este *vizinho* relações diferentes daquelas apresentadas pelo *grande irmão do Norte*[66] até àquele momento? A defesa do pan-americanismo e as Conferências Interamericanas, convocadas pelos Estados Unidos, tinham este intuito, porém não eram suficientes. Ocorre que tanto as elites quanto a população, em geral, não viam os estadunidenses como grandes amigos.[67]

Nos anos 1930/40, apesar da política de defesa dos valores nacionais em detrimento dos estrangeiros, patrocinada por Vargas, o Brasil vivia a influência das ideologias do americanismo e do germanismo[68]. O ideal do germanismo fazia muito mais eco, principalmente entre os militares brasileiros, do que o americanismo. A organização do exército alemão e suas vitórias

---

64 Não esquecer que os vencedores da guerra, já nesse momento, eram os soviéticos que estavam despontando como grande força na Europa e que poderiam rivalizar com as pretensões norte Americanas de hegemonia do mundo. As lutas e vitórias na Batalha de Stalingrado davam ao governo de Stalin uma perspectiva significativa no mundo do pós-guerra. AFONSO, Eduardo J. O PCB e o Poder, 1935. O Poder pela Força – 1945 O Poder pelo voto (Os Comunistas na Assembleia Legislativa – 1947-1948). Dissertação de Mestrado – FFLCH-USP, 2004. Tombo: 251099.

65 Segundo Frank D. MacCann Jr., "O programa do New Deal, por exemplo, no que concerne ao Brasil, foi dirigido para estabelecer a hegemonia política e econômica norte-americana sobre o país". MACCANN Jr., Frank The Brazilian-American Alliance (1937-1945). Princeton: Princeton University Press,1973. p. 7

66 Expressão usada em muitas ocasiões por nosso ministro das Relações Exteriores, o Barão de Rio Branco.

67 Muitas foram as intervenções norte-americanas na América Latina, "durante muito tempo, o Americanismo havia forjado uma imagem desabonadora da América Latina. Valorizava-se o homem branco, protestante, sempre mencionado como condutor do progresso na luta contra a vida selvagem, e criava-se uma imagem oposta para os latino-americanos". TOTA, Antonio Pedro. *O Imperialismo Sedutor: A Americanização do Brasil na época da Segunda Guerra*. São Paulo: Cia das Letras, 2000. Op.Cit. p. 30. Ver, também, HUNT, Michael H. *Ideology and U.S. Foreign Policy*. New Haven:Yale University Press. 2009.

68 Americanismo era a ideologia que explicava a modernização da nação no Novo Mundo a partir dos valores norte-americanos – protestantismo, retidão, produção em massa, etc. Com o Germanismo buscava-se a justificativa ideológica da expansão e da modernização pela via conservadora. TOTA, Antonio Pedro. *O Imperialismo Sedutor...*2000. Op.Cit. p. 30.

na Europa eram vistas por parte significativa, não só das autoridades brasileiras, como por amplo contingente da população do sul do Brasil – onde a colônia alemã era grande –, como exemplos importantes de pujança.

A nomeada *política ambígua* de Vargas preocupava o Departamento de Estado norte-americano, que preferia, antes apoiar as ditaduras latino-americanas a perdê-las para as forças do Eixo. Era preciso usar de toda a eficiência possível para reverter a opinião que os brasileiros, sobretudo as autoridades, tinham dos Estados Unidos. E este trabalho deveria ser executado pelas agências fundadas especialmente para este fim, além daquelas que já em funcionamento cumpririam as diretrizes dos *Policy-Makers*.

As agências no Brasil

As agências criadas para a inteligência de Guerra (ONI e G-2)[69] também estiveram presentes no Brasil, porém os grandes fornecedores de informações para o Departamento de Estado foram o O.S.S., o FBI e o OCIAA. Não me refiro, aqui, à ação dos Adidos Trabalhistas pois defendo a tese de que o trabalho de inteligência, desenvolvido por esses *agentes*, funcionários de Embaixada, teve papel preponderante no envolvimento norte-americano no movimento operário brasileiro. Reservo o próximo capítulo para a defesa dessa tese.

Enquanto a Guerra ocorria na Europa, os Estados Unidos lideravam, na América, uma cruzada contra o Nazi-Fascismo. As Conferências uniam os países da América Latina com propósitos únicos porém alguns deles, como a Argentina e o Brasil, por exemplo, não dirigiam suas forças de forma tão efetiva na luta contra o Eixo, como o governo de Washington. Provavelmente, porque não lutavam pela hegemonia da América!

A reconstituição das práticas dessas agências no Brasil, durante a guerra, nos leva a compreender quais foram os mecanismos usados pelos Estados Unidos na construção de uma hegemonia no Hemisfério Ocidental. Guardadas as devidas proporções, o que ocorreu aqui, não foi exceção e sim regra dentro do projeto do Departamento de Estado Americano.

Presentes no Brasil, quase concomitantemente à sua fundação, os agentes da COI – agência que antecedeu a O.S.S. –, em relatório enviado ao

---

69   ONI – the Office of Naval Intelligence e o War Department's Military Intelligence Division – G-2.

Presidente Roosevelt em 13 de outubro de 1941, assim se referem a nosso país: "O Brasil ocupa tanto uma posição estratégica quanto incerta em relação à emergência presente e o futuro desenvolvimento do Hemisfério Ocidental".[70]

Como o próprio titulo do relatório denuncia, é "Relatório preliminar sobre os elementos de insegurança no Brasil". Aqui, estão relacionados pontos que naquele momento, segundo os interesses do governo norte-americano – políticos e econômicos –, poriam em risco a manutenção de sua hegemonia na América como, por exemplo: a fraqueza de nosso exército, com relação até ao da Argentina, o que dificultaria uma reação contra uma provável invasão alemã; recursos naturais e posição estratégica do Brasil que o fariam uma área de exploração desejada pela Alemanha ; predominância da raça branca sobre a negra e indígena, o que aproximaria o Brasil das ideias de superioridade de raça dos nazistas; os elementos de insegurança no Brasil representados pelas colônias germânica e italiana e o perigo de um governo,

controlado, no momento, por um ditador que tem professado sua aderência à frente pan-americana, mas tem, de tempos em tempos, pessoalmente ou através de seus porta-vozes, professado grande admiração pelo fascismo" e cuja "orientação ideológica [...] está aberta a dúvidas.[71]

A postura de independência de nossa política externa e a indefinição do apoio brasileiro aos Estados Unidos irritava os *policy-makers* do Departamento de Estado. Como lembra Elio Gaspari, "de um lado estava o chanceler Oswaldo Aranha, ex-embaixador em Washington, de outro Goes Monteiro e o ministro da Guerra, Eurico Gaspar Dutra. O Estado-Maior de Goes via a guerra à sua maneira"[72] e, não levavam em consideração a posição privilegiada que o Brasil tinha, na região nordeste. Não reconheciam que se os Estados Unidos entrassem na guerra, este espaço seria essencial às tropas Americanas; desconheciam, ou não davam importância[73], também, ao

---

70 O.S.S./ State Department Intelligence and Research Reports – Latin America – 1941-1961 – Brazil – "Reel VI" - *Preliminary report on the elements of insecurity in Brazil -13/10/1941*, p. 1.

71 O.S.S./ State Department Intelligence and Research Reports – Latin America – 1941-1961 – Brazil – "Reel VI" - *Preliminary report on the elements of insecurity in Brazil -13/10/1941*, p. 2 e 4.

72 GASPARI, Helio. *A Ditadura Derrotada*. São Paulo:Cia das Letras. 2003. p.40 a 42.

73 "Antes mesmo do início da guerra o comando militar americano, às vezes com o conhecimento dos militares brasileiros, planejava operações destinadas a assegurar o controle do extremo nordestino" "o primeiro plano de contingência do Departamento da Guerra Americano, denominado Rainbow I, é de agosto de 1939". *Idem*.

fato de que quatro eram os pontos de maior valor estratégico para o Estado-Maior Americano – Canal de Suez, estreito de Gibraltar , estreito de Bósforo e Nordeste do Brasil – numa guerra futura.

Apesar de todo cuidado em não adotar táticas antigas (a invasão de países latino-americanos, principalmente, após as Conferências Interamericanas e sua *Política de Boa Vizinhança*, como aponta em seu relatório de 4 de novembro de 1941)[74], os Estados Unidos quase deflagram a *Operação Pote de Ouro,* na qual 100 mil soldados tomariam a costa, de Belém ao Rio de Janeiro, em maio de 1940. O presidente Roosevelt chegou a autorizar a organização dessa operação devido a informes ingleses que davam conta de um golpe pró-nazista na Argentina, com apoio da população do Sul do Brasil.[75]

Era imprescindível, aos Estados Unidos, o apoio do Brasil naquele momento. O Departamento de Estado não queria perder tudo que havia conquistado com a *Política da Boa Vizinhança* e outras tantas ações de aproximação com os países latino-americanos, o que garantiria sua hegemonia na América, após a vitória contra as forças Nazi-Fascistas.

O COI, agência recém fundada[76], responsável pela coleta de informações e dados, e que fornecia ao Presidente subsídios importantes para garantir ações enérgicas rumo à defesa da segurança nacional americana, estava, também no Brasil, já a partir de 1941, apesar da afirmação de Michael Warner de que o OSS não pôde atuar no Hemisfério Ocidental[77]. Sua presença asseguraria ao governo dos Estados Unidos que seus planos na luta contra o Fascismo e na garantia do controle do Mundo Ocidental não fossem arranhados por outras pretensões. Os agentes da COI mandavam relatórios extremamente completos para Washington, municiando de dados não só o

---

74 "A necessidade imperativa de estabelecer bases militares nessa área leva os Estados Unidos, face a face, pela primeira vez, desde a adoção da Política da Boa Vizinhança, com o problema da obtenção de permissão para colocar forças armadas no território de um estado Latino Americano" O.S.S./ State Department Intelligence and Research Reports – Latin America – 1941-1961 – Brazil – "Reel VI" – *The relation of Brazil to the defense of the northeast.* 04/10/1941, p. 1 – CEDEM – Coleção UPA – University Publications of America.

75 McCANN JR., Frank D. The Brazilian-American Alliance – 1937/1945, p/203 *APUD* : GASPARI, Helio. A Ditadura Derrotada..2003. Op. Cit. p.41.

76 COI – Coordinator of Information, criada em julho de 1941 e ligada , diretamente à Casa Branca, foi transformada em OSS, pelo presidente Roosevelt em 13 de junho de 1942.

77 WARNER, Michael. *The office of strategic services....*2001. Op.Cit. p.6

presidente, como os policy-makers, de forma a fazer cumprir os planos traçados para a América Latina.

No período de vai de 1941 a 1945[78] a COI e depois o OSS produziram 20 importantes relatórios que, em linhas gerais, subsidiavam a construção de estruturas que garantissem a ocupação do Brasil por tropas norte-americanas na luta contra Hitler e dessem informações necessárias a agentes e autoridades norte-americanas para que soubessem como lidar com os políticos e a sociedade brasileira sem provocar melindres. Esses relatórios faziam levantamentos sobre a posição brasileira com relação à defesa do nordeste e sua atitude com respeito ao estabelecimento de Bases Aéreas e Navais pelos Estados Unidos em território brasileiro. Os técnicos da Divisão de Geografia e Psicologia da Seção Latino Americana de Pesquisa e Análise preparavam, igualmente, estudos estratégicos sobre Amazonas, Acre, Matto Grosso e Goyaz e até um "Guia para o conhecimento do Brasil, que deveria ser usado por agentes, funcionários da Embaixada e representantes do governo Americano que visitassem nosso país."[79]

Mesmo antes de o Brasil ter aceito a instalação das Bases no Nordeste e declarado guerra ao Eixo, o O.S.S. continuava a municiar o Departamento de Estado e Roosevelt com dados relevantes quanto à situação dos portos brasileiros, nova orientação do governo brasileiro, estimativas da situação do sul do Brasil; Inventário sobre o sistema de comunicações, Inventário sobre o Interior do território brasileiro; Inventário sobre o sistema de transportes; Características das principais cidades brasileiras ; A Borracha ; As cidades da região sudeste e até um glossário de termos geográficos.

O trabalho dos agentes do O.S.S. era, vez por outra, limitado pela ação do FBI. No Brasil, desde a década de 1930, o Bureau Federal de Investigação tinha já alcançado posição de destaque, mesmo entre as autoridades brasileiras, e certo domínio de *campo*. O choque de interesse entre essas agências – que não deveria ocorrer porque as informações estratégicas para a guerra eram muito importantes naquele momento – propiciava uma disputa interna que somente seria resolvida no final do conflito mundial.

---

78 A O.S.S. foi extinta pelo Presidente Truman em 20 de setembro de 1945.

79 Short Guide to Brazil . Report nº 60 – July 10, 1942. (Office of Strategic Services – Research and Analysis Branch – Latin American Section and Psychology Division In collaboration with the Geography Division) (16 páginas) – RESTRICT – 0231– O.S.S./ State Department Intelligence and "Reel VI" – *Brazil*. – CEDEM – Coleção UPA – University Publications of America.

O FBI , cuja função era a de atividade de inteligência estrangeira, já estava no Brasil muito anteriormente à Segunda Guerra. Como constatou Paulo Sergio Pinheiro, em seu trabalho de pesquisa no National Archives de Washington nos anos 1970, desde os anos 1920, o governo brasileiro já recebia promessa de auxilio e assistência policial dos Estados Unidos. O fato se devia à Revolução Soviética de 1917 e à consequente ação do *Comintern* no continente Americano. O aprofundamento de sua pesquisa levou-o a constatar que a cooperação se dava em níveis inimagináveis.[80]

Conclui que o objetivo da oferta norte-americana de treinamento das polícias do Brasil e da América Latina era assegurar condições ideais para a presença política e econômica dos Estados Unidos nessa região.

Como nos anos 1930, a postura norte-americana, alicerçada na *Política da Boa Vizinhança*, exigia cuidados das autoridades estadunidenses, o nível de interferência dos EUA nas organizações policiais do continente alterava--se e assumia formas indiretas.[81]

Aqui, após a insurreição comunista de 1935 e a franquia dos arquivos secretos do Departamento de Ordem Política e Social à embaixada dos EUA, esta agência americana ganharia condições de enviar agentes do *Special Intelligence Service (SIS)* ao Brasil e praticar seus planos ligados à "proteção do Hemisfério Ocidental contra as atividades de organizações comunistas e de espionagem fascista".[82]

Os *policy-makers* do Departamento de Estado viam o trabalho dos agentes do SIS, como elemento importante para garantir os interesses norte-americanos na América Latina. À guisa de fortalecer a segurança interna do Brasil, por exemplo, os agentes do SIS preparavam agentes policiais brasileiros que seriam fiéis e leais aos Estados Unidos. Este expediente foi usado, igualmente, em Colômbia, Nicarágua, Cuba, Haiti, Costa Rica, El Salvador, Honduras,

---

80 "depois de 1930, a cooperação entre a polícia brasileira e a embaixada dos EUA era tamanha, que todos os documentos sequestrados do Partido Comunista em 1935 eram imediatamente fotocopiados [...] e remetidos pela embaixada para Washington" Paulo Sergio Pinheiro, prefácio à edição brasileira do Livro, HUGGINS, Martha K. *Polícia e Política*: relações Estados Unidos/América Latina. São Paulo: Cortez, 1998, p. X.

81 O FBI, desenvolvendo trabalhos de espionagem no Brasil, "com o pretexto de lutar contra a infiltração nazista, procurava ter acesso às informações coletadas pelos serviços de espionagem latino-americanos. Um dos expedientes foi infiltrar-se nas organizações policiais existentes ou criar outras forças controladas por funcionários dos governos ligados aos EUA". (*Idem* p. XIII).

82 HUGGINS, Martha K. *Polícia e Política*: relações Estados Unidos/América Latina. São Paulo: Cortez, 1998, p. 3.

República Dominicana, Argentina, etc. Como pontua Hannah Arendt, em seu trabalho *Origens do totalitarismo*, a penetração de uma polícia estrangeira em outro país funciona como uma "correia de transmissão... que... transforma [a política externa de um país] em... assunto interno de [outro]".[83]

Após a alcunhada *intentona comunista* de 1935, o FBI, presente no Brasil, fazia um trabalho apurado de coleta de dados e de inteligência, com a Embaixada norte-americana e o DOPS. Memorandos do Embaixador Hugh Gibson ao Departamento de Estado comprovam sua ligação com as autoridades brasileiras[84]. Segundo Huggins, eram três os colaboradores e informantes do Embaixador norte-americano no Rio de Janeiro: Filinto Mueller, chefe do DOPS e os capitães Henrique de Miranda Correia e Francisco Jullien. O embaixador havia informado ao Departamento de Estado que esses militares tinham "sido extraordinariamente cordiais e cooperativos com a Embaixada e no empenho em perseguir comunistas."[85] Esses fiéis colaboradores ganharam, com o apoio do diplomata, viagens aos Estados Unidos para treinamento especial e preparo nas instituições federais, principalmente no FBI. A carta de Gibson ainda enfatiza que se os Estados Unidos treinassem funcionários da policia brasileira que tivessem influência, "provavelmente continuaremos a ter facilidades para saber o que está acontecendo"[86]

Outra evidência documental da ligação de autoridades brasileiras com norte-americanas é a carta de Oswaldo Aranha, Ministro das Relações Exteriores do Brasil, enviada em outubro de 1938 ao Departamento de Estado, solicitando ajuda para combater um suposto complô nazista que provocaria a desestabilização política do Sul do Brasil, Uruguai e Argentina. Oswaldo Aranha pedia a Washington que enviasse agentes do FBI para "organizar e dirigir um serviço [secreto brasileiro] adequado"[87]. O FBI enviou

---

83 ARENDT, Hannah. *The origins of totalitarism*. Nova York: Lyle Stuart. 1951. p. 421, *APUD* HUGGINS, Martha K. *Polícia e Política*: relações Estados Unidos/América Latina. São Paulo: Cortez, 1998, p. 4.

84 Dois telegramas e duas cartas enviadas por Gibson ao Departamento de Estado, são citados por Martha K. Huggins. National Archives, Old State Department Division, Washington D.C.

85 GIBSON, Hugh. Carta do embaixador norte-americano, Rio de Janeiro, a Lawrence Duggen, Departamento de Estado dos EUA, 30 de Janeiro de 1936. National Archives, Old State Department Division, Washington D.C. *APUD* HUGGINS, Martha K. *Polícia e Política*...1998, p. 54

86 *Idem* p.55

87 ARANHA, Oswaldo. Carta a Cordell Hull, 3 de dezembro de 1938. Arquivos da Fundação Getúlio Vargas, CPDOC. OA, 38.ll.03/11, Rio de Janeiro, e SCOTEN, R. Carta ao subsecretário de Estado Summer Wells, 4 de novembro de 1938, National Archives, Old State Department Division, Washington D.C. *Ibidem* p. 59.

um agente para o serviço de organização dessa *polícia secreta*, Edgar K. Thompson, que, pago pelo governo brasileiro[88], permaneceu aqui por seis meses, concluindo que não era possível incorporar o DOPS do Rio de Janeiro em um aparelho de coleta de informações controlado pelo FBI. Na realidade, havia conseguido grande quantidade de informações importantes que abasteceriam os arquivos do Bureau Federal de Investigação.

Os agentes do SIS, como não podiam contar com o apoio oficial do governo norte-americano porque nem o Congresso sabia de sua existência, agiam como representantes de empresas norte-americanas no exterior. "No Brasil, tinham um escritório do *Serviço Secreto* na Avenida Presidente Wilson, no Rio de Janeiro, tudo com *ajuda de brasileiros* e supervisionados pelo adido cultural americano, como nos informa Huggins. Isso permitia aos agentes desse serviço que estivessem conectados com tudo que acontecesse nos mais altos escalões da política brasileira."[89] Os agentes do SIS chegaram a colaborar com a Polícia Política (DOPS) em interrogatórios de suspeitos de espionagem e, mais tarde, com Alcides Etchegoyen, chefe do DOPS, depois da renúncia de Filinto Muller . A ligação desses agentes com a embaixada norte-americana era tão próxima que em 1942, o embaixador Jefferson Caffrey chegou a recomendar a admissão, promoção e até demissão de pessoal da polícia do Rio de Janeiro.[90]

Nem sempre, porém, os agentes do FBI eram fiéis aos embaixadores. Em abril de 1945, Adolf A. Berle não soube do envio de Joaquim de Oliveira Sampaio[91] – com carta de apresentação do adido legal do FBI no Rio de Janeiro – aos Estados Unidos, para compra de armas e equipamento técnico para o Departamento de Polícia do Rio de Janeiro.

Durante a Segunda Guerra Mundial, o FBI, no Brasil, através do SIS, cumpria uma missão pessoal de Roosevelt, ou seja, perseguia nazifascistas e guardava suas forças para, no final da Guerra, perseguir, reprimir e combater sublevações comunistas. A tática usada – para garantir a segurança dos

---

88 Quando a média dos ganhos nos Estados Unidos era de 1.784 dólares anuais, Thompson ganhava, aqui, a média de 8.9l0 dólares anuais, segundo o que informa Martha K. Huggins.

89 DOPS 00001, Serviço Secreto Americano, 19/02/1941. Arquivos do Departamento de Ordem Política e Social (DOPS) da Polícia Civil do Rio de Janeiro. Arquivo Público do Rio de Janeiro, Niterói. *APUD* HUGGINS, Martha K. *Polícia e Política*...1998, p. 71.

90 RG59 – Telegrama do embaixador norte-americano, Rio de Janeiro, ao Secretário de Estado, 25/07/1942, - 832.105/46 -DF-FSP-DS/USNA.

91 Irmão do presidente da Panair do Brasil.

Estados Unidos no Hemisfério Ocidental – era, como nos mostra Huggins, estabelecer vínculos pessoais com policiais brasileiros e, em seguida, conseguir influência sobre o sistema de segurança interna do país.[92]

O OCIAA não era uma agência de espionagem[93], como o FBI e o OSS, porém, desde sua criação, em 16/08/1940, desempenhava papel de extrema importância – até de inteligência – dentro dos planos do liberalismo americano e dos interesses de grandes empresários, como Nelson Rockfeller, que chefiou o escritório.

O mecanismo pensado por Rockfeller e referendado por Roosevelt e os *policy- makers*, no trabalho do OCIAA e na *política da Boa Vizinhança*, não era uma construção que referenciava apenas a amizade que os Estados Unidos desejava ter com a América Latina e que se faria representar pela diminuição da exploração dessa região. A redução de impostos alfandegários a produtos importados da Latina América e a proposta de empréstimos, por exemplo, para o desenvolvimento econômico dessa região, além de sua política de bom vizinho, não se ligava apenas à nova impressão que os Estados Unidos desejavam exportar para os países latino- americanos. Os mecanismos usados pelo *Escritório* para a Coordenação das Relações Comerciais e Culturais entre as Américas – depois, Escritório do Coordenador dos Assuntos inter-Americanos (OCIAA) – devem ser entendidos, como esclarece Otavio Ianni, dentro de um contexto ligado à construção da hegemonia norte-americana sobre o Hemisfério Ocidental que se efetivará logo após o conflito mundial. A carta de visita do OCIAA era o cinema, o rádio e a mídia impressa.

O OCCIA, no Brasil, como no resto da América, contava com as divisões de comunicações/informação, relações culturais, saúde e comercial/financeira. Cada uma dessas divisões subdividia-se em seções: rádio, cinema, imprensa; arte, música, literatura; problemas sanitários; exportação, transporte e finanças.

O DIP e o OCIAA.

O DIP[94] havia sido criado quase um ano antes do OCIAA. Pelo decreto número 1.915, de 27 de dezembro de 1939, o Departamento de Imprensa e

---

92   HUGGINS, Martha K. *Polícia e Política*...1998, Op. Cit, p. 79.

93   O OCIAA não pode ser visto como um simples programa de colaboração norte-americanos para a América Latina, principalmente, porque estava ligada ao Conselho de Defesa Nacional dos Estados Unidos.

94   O Departamento de Imprensa e Propaganda (DIP) era um órgão diretamente subordinado ao presidente da República e não ao Ministério da Justiça. Vários Estados possuíam "Departamentos Estaduais de Imprensa

Propaganda substituiria o DNP (Departamento Nacional de Propaganda) e sua função seria muito mais abrangente do que aquela exercida pela agência substituída. O decreto, em seu artigo segundo, determinava as funções do Departamento: centralizar, coordenar a propaganda nacional, interna ou externa, e servir, permanentemente, como elemento auxiliar de informação dos ministérios e entidades públicas e privadas; superintender, organizar e fiscalizar os serviços de turismo interno e externo; fazer a censura do Teatro, do Cinema, de funções recreativas e esportivas de qualquer natureza, de rádio-difusão, da literatura social e política, e da imprensa; estimular a produção de filmes nacionais; classificar os filmes educativos e os nacionais para concessão de prêmios e favores; sugerir ao Governo a isenção ou redução de impostos e taxas federais para os filmes educativos e de propaganda; coordenar e incentivar as relações da imprensa com os Poderes Públicos ao sentido de maior aproximação da mesma com fatos que se liguem aos interesses nacionais; colaborar com a imprensa estrangeira no sentido de evitar que se divulguem informações nocivas ao crédito e à cultura do país; promover intercâmbios com escritores, jornalistas e artistas nacionais e estrangeiros; estimular as atividades espirituais, colaborando com artistas e intelectuais brasileiros, no sentido de incentivar uma arte e uma literatura genuinamente brasileiras, podendo, para isso, estabelecer e conceder prêmios; incentivar a tradução de livros de autores brasileiros; proibir a entrada no Brasil de publicações estrangeiras nocivas aos interesses brasileiros e interditar, dentro do território nacional, a edição de quaisquer publicações que ofendam ou prejudiquem o crédito do país e suas instituições ou a moral; promover, organizar, patrocinar ou auxiliar manifestações cívicas e festas populares com intuito patriótico, educativo ou de propaganda turística, concertos, conferências, exposições demonstrativas das atividades do Governo, bem como mostras de arte de individualidades nacionais e estrangeiras; organizar e dirigir o programa de rádio-difusão oficial do Governo; autorizar mensalmente a devolução dos depósitos efetuados pelas empresas jornalísticas para a importação de papel para imprensa, uma vez demonstrada, a seu juízo, a eficiência e a utilidade pública dos jornais ou periódicos por elas administrados ou dirigidos.[95]

---

e Propaganda (DEIP)". O de São Paulo, o mais eficiente, tinha em sua direção o escritor Cassiano Ricardo.

95 Publicado no *Diário Oficial da União*, Seção 1, 29/12/1939, p. 29.362.

As atividades do Departamento de Imprensa e Propaganda, segundo o decreto, deveriam estar organizadas em cinco divisões específicas: a Divisão de Rádio-difusão; de Cinema e Teatro; de Turismo e de Imprensa. Sua direção geral ficaria a cargo do jornalista Lourival Fontes, que o chefiou até julho de 1942. O Estado Novo ganharia, a partir daquele ano de 1939, um órgão que seria o porta-voz do regime.

Apesar de a ação do Departamento de Imprensa e Propaganda estar restrita apenas ao país, diferentemente do que ocorria com o OCIAA, ele tinha identidade de princípios com a agência norte-americana e trabalhava com ela quer na condução de projetos conjuntos, quer como órgão de apoio a sua ação no Brasil.

Cumprindo o que determinava o decreto , atendia os pedidos de representantes da agência estadunidense, que estava ávida por praticar o *pan--americanismo* e a *solidariedade hemisférica* a partir das trocas culturais.

Em carta dirigida a John Hay Whitney, em 1 de setembro de 1941, Lourival Fontes responde ao grande investidor do cinema americano, ligado à OCIAA: [96]

> Tendo o prazer de enviar-lhe as respostas aos quesitos que me apresentou em aditamento à palestra que entretivemos há dias no meu gabinete [...] o que mais nos agradaria seriam filmes produzidos sobre assuntos brasileiros, nos Estados Unidos ou no Brasil, com artistas Americanos e, quando possível, com emprego de alguns elementos brasileiros [...] Dulcina de Morais, Sonia Oiticica, Bibi Ferreira, Sady Cabral,etc.
>
> Existem , no Brasil, várias organizações dedicadas à produção de jornais sobressaindo entre estas as seguintes: Cinédia, Filmoteca Cultural, [...] e o próprio Departamento de Imprensa e Propaganda , que edita o "Cine--jornal Brasileiro".

---

96 Chefe da Divisão de Filmes da OCIAA. Descendente de família dos "País Peregrinos", foi grande investidor do cinema norte-americano, financiando a Tecnicolor Corporation, a RKO (Radio Keith Orpheum Pictures) , cujo sócio era Nelson Rockfeller, e filmes como Flying Down to Rio, produzido pela RKO, em 1933 para promover a nova linhas de voos da *Panam* para as cidades costeiras da América do Sul, "E o vento Levou" e "Rebecca". Em 1942 tornou-se, em segundas núpcias, genro do presidente dos Estados Unidos Franklin Delano Roosevelt.

> Seria muito fácil estabelecer a permuta de jornais e filmes naturais [...] Entretanto, seria preferível as companhias Americanas mandarem seus próprios operadores ao Brasil, como, aliás, já está acontecendo.
>
> [...] A indústria Americana atingiu a um elevado grau de perfeição técnica e sua orientação, de um modo geral, está acima das criticas.

Quanto à censura no Brasil do Estado Novo, conhecida das autoridades norte-americanas, assim se refere o diretor Lourival Fontes:

> A Censura é exercida da maneira mais benévola possível. São raros os casos de interdições de filmes. A lei da Censura estabelece como causas para a interdição: filmes que incitam à rebelião, os que contem insulto a chefes de Estado estrangeiros e a credos religiosos, ou que constituam ofensa aos sentimentos nacionais, os que induzam ao desregramento e à dissolução social.[97]

O Diretor do DIP, termina sua missiva propondo temas que poderiam ser explorados, como:

> sobre as grandes quedas d`água, região amazônica, extração de quartzo, em Minas Gerais (material estratégico de que o Brasil é o maior e quase único produtor mundial), arte religiosa colonial, lavras diamantíferas e de ouro, etc.

e que:

> fixassem problemas de real importância e ligados à defesa comum das Américas.[98]

Como podemos observar, a troca de informações que facilitariam o programa da OCIAA, no Brasil, era franca entre o DIP e a agência americana. Havia apenas uma diferença: a máquina de propaganda e o volume de verba

---

97   Carta de Lourival Fontes a John Hay Withney em resposta às solicitações deste com relação às possibilidades de filmes sobre o Brasil. 01.09.1941. RG229. Office of Inter-American Affairs. Records of the Department of Information Regional Division Coordination Committee for Brazil. General Record (E-99) Box 1283. 05.1 - DS/USNA.

98   Carta de Lourival Fontes a John Hay Withney. *Idem.*

gasta por ambas era incomparável. Segundo Gerson Moura, o Birô gastou cerca de 140 milhões de dólares em 6 anos de atividades. Nos tempos de maior ação, empregava 1100 pessoas nos Estados Unidos e 200 no estrangeiro[99].

Dados oficiais dão conta de que o Departamento de Imprensa e Propaganda tinha uma dotação anual de 300.000 dólares – contra 23 milhões de dólares anuais do *Escritório* – e só na parte do controle sobre a imprensa contava com 220 funcionários, sem levar em consideração os "agentes de colaboração". As fontes oficiais[100] não são claras com respeito ao número de funcionários lotados no Departamento. Provavelmente em número de pessoal empregado nas cinco divisões específicas do DIP ultrapassávamos o contingente norte-americano de longe.

No Brasil, o OCIAA, tinha escritório no Rio de Janeiro, Capital Federal[101], e seu diretor era Berent Friele.[102] Em meados dos anos 1930, Friele já era o maior comprador de café verde do mundo, tinha atingido a marca em importação de 90 mil toneladas, o que representava 14% da importação de café anual dos EUA. Nelson Rockfeller escolheu Friele para representar os interesses da OCIAA, em nosso país, porque sabia de seu livre trânsito em terras brasileiras e de seus relacionamentos, inclusive com políticos influentes.

Rockfeller dá ênfase, em seu Departamento de Comunicações/Informação, ao Cinema, ao Rádio e à Imprensa, nesta ordem. Os documentos encontrados no *National Archives,* nos permitem referendar este realce. Na documentação – tanto os relatórios mensais quanto os anuais –, é o cinema que ocupa maior espaço. Comentários sobre projetos, produções, acordos com grandes empresas cinematográficas e trocas com as chamadas "outras Américas" representam o maior número de pastas.

---

99 MOURA, Gerson. *Tio Sam chega ao Brasil: A penetração cultural Americana.* Série: Tudo é História, 91, 4. ed., São Paulo: Brasiliense, 1986, p. 22.
100 Boletins do DIP – 1930-1945 - CPDOC-FGV, Rio de Janeiro.
101 No ano de 1943 São Paulo, devido sua importância, ganhou uma sucursal da OCIAA. Cidades como Belém, Fortaleza, Natal, Recife, Salvador, Belo Horizonte, Curitiba, Florianópolis e Porto Alegre possuíam apenas representações do Escritório.
102 Norueguês de Nascimento Berent Friele veio jovem para o Brasil, trabalhou com café, casou-se com uma brasileira, Geny, teve filhos e netos brasileiros e mais tarde emigrou para os Estados Unidos, naturalizando-se americano. Durante muitos anos esteve associado com a família Rockfeller em grandes negócios. De 1929 a 1946 ocupou o cargo de presidente da American Coffee Corporation responsável pela seleção e compra de café do Brasil e Colômbia. A ACC era subsidiária da Great Atlantic & Pacific Tea Company. Durante a Segunda Guerra Mundial, dirigiu as atividades da OCIAA no Brasil.

Em memorando de 13 de agosto de 1941, dirigido ao Coordenador da OCIAA, nos Estados Unidos, com cópia para Sr. Francisco, do DIP, Berent Friele e Frank Nattier, representantes da sucursal brasileira, fazem comentários sobre a visita de Disney ao Brasil, esclarecendo que a imprensa brasileira fez alusões elogiosas sobre o filme *Fantasia* e a sobre a figura daquele empresário e autor. Destacam o patrocínio da primeira dama, Dona Darcy Vargas, na primeira exibição da película, cuja renda deveria ser revertida para um orfanato feminino. Caracterizam o evento como um grande acontecimento para o Rio de Janeiro e transcrevem a opinião do Ministro Oswaldo Aranha de que Disney é um dos maiores artistas vivos e que "ver Fantasia nestes tempos, não é meramente um prazer, é uma obrigação".

Relatam que Bruno Cheli, representante legal da Radio Keith Orpheum Pictures (RKO) no Brasil, foi o responsável por um programa bem elaborado para Disney e terminam afirmando que esse empreendimento será um dos maiores sucessos de todos aqueles nos quais nós temos tomado parte.[103]

Enquanto a OCIAA regozijava-se com o "projeto Disney", o DIP, que não podia oferecer filmes brasileiros para americanos verem porque nossa produção cinematográfica frente à estadunidense era incipiente, enviava Francisco de Assis Figueiredo para os Estados Unidos, com o apoio da OCIAA, para visitar Hollywood e fazer acordos com representantes norte-americanos do mundo do cinema e dos negócios.

Em carta manuscrita, enviada de Detroit aos 16 de abril de 1942 para Berent Friele, seu amigo de outras eras, o Dr. Francisco de Assis[104], funcionário do DIP, em tom muito próximo, relata os acontecimentos marcantes de sua visita aos Estados Unidos.

Detroit, 16 de abril de 1942.

Caro amigo Friele:

---

103 Memorandum CO-no.34 de 13/08/1941. RG229. Office of Inter-American Affairs. Records of the Department of Information Regional Division Coordination Committee for Brazil. General Record (E-99) Box 1283. 05.1 – DS/USNA.

104 Francisco de Paula Assis Figueiredo foi prefeito de Poços de Caldas entre 1931 a 1939. Responsável por tornar a cidade grande polo turístico – melhor estância hidromineral da América Latina –, construiu cassinos, casas de espetáculo e hotéis luxuosos, contratando artistas nacionais e estrangeiros e hospedando com frequência a família do presidente Dona Darcy e sua filha e Alzira. O próprio Vargas, visitava a Estância, para descansos esporádicos hospedando-se no Palace Hotel.

Há muito que lhe desejo escrever, porém, a viagem que estou fazendo tem sido de tamanha atividade que, quando chego ao hotel a noite, mal tenho disposição para trocar de roupa e cair na cama. Imagine que aqui 2 semana de trabalho, em Nova York e Washington, com o pessoal do Coordinator's Office –, encontrando-me com a gente do radio, imprensa, hotéis, companhias de navegação, etc. Voamos para Los Angeles. Ali tivemos seis dias de trabalho intenso, pois, com Water Wangel e David Hopkins, avistei-me com os diretores, principais autores, diretores de cena, técnico, estelas e astros, jornalistas, conselheiros para os países estrangeiros, dos estúdios da M.G.M., R.K.O., Columbia, Paramout, Warner Brothers, United Artists, Twenty Century, Walt Disney. Foram seis dias cheios, porém de grande proveito, pois o assunto BRASIL já merece de todos a maior atenção. Neste momento entra em filmagem: Now, Voyager, com Betty Davis, na Warner Brothers; Carnival in Rio com Rita Hayworth, pela Columbia Pictures, Litlle Cinderella pela Paramout, todos com ação no Brasil. A R.K.O. e Metro vão examinar alguns argumentos para filmes sobre o Brasil. Todos desejam fazer o mesmo, com mais frequência. Convidei escritores de cinema para irem ao Brasil buscar inspiração... As produções Disney vão ser de enorme sucesso. Estou certo de que Hollywood muito fará em favor da nossa aproximação.

Passei dois dias em São Francisco, visitando Del Monte. Outros 2 dias em Chicago, onde visitei o Lakeside Press, Lord & Tomas (advertising agents) e a Travel Exibition de 1942. Chegamos hoje às cinco horas da tarde em Detroit, sendo amavelmente recebidos por Mr. Moth, vice--presidente da Chrysler. Amanhã vou visitar a fábrica Ford de Ypsilanti e River Rouge. Depois de amanhã, visita à Chrysler e regresso a New York. Em Chicago, encontrei-me novamente com Mr. Nelson Rockfeller no jantar da Pan American Day. Ele fez um excelente discurso. Ótima festa e grande clima pan-Americanista. Nelson parece que tem apreciado minhas atividades no país e pediu-me que o procurasse em Washington para acertarmos novos planos. Pretendo ficar mais duas semanas em New York trabalhando com Dom Francisco, Whitney e o pessoal do Escritório – um entendimento com a imprensa e casas editoras.

Em resumo, não só tenho gostado da viagem, apesar de exaustiva, como parece-me que ela vai frutificar em favor da nossa campanha. Imagino que Vocês aí tenham grande trabalho com situação decorrente dos últimos acontecimentos. Tão cedo volte, estarei no meu posto para prosseguirmos em nossa faina.

Como vai Orson Welles? E seus broadcastings? Vi os filmes que ele tirou. Estão maravilhosos.

Bom, caro Friele – vou despedir-me contando ter notícias suas em New York. Muitas lembranças a todos do Escritório. Eu e Iphigênia mandamos nossos cumprimentos à sua Senhora. Nossos abraços ao bondoso amigo do

Assis.[105]

Todo o entusiasmo apresentado na carta por Francisco de Assis, e que demonstra claramente o nível de compromisso das autoridades brasileiras com o projeto da OCIAA, redundaram, no entanto, em produções hollywoodianas que continuavam a apresentar a América Latina como *"as outras Américas"*. Não se fazia distinção entre diferenças culturais das 21 repúblicas latino-americanas, não havia cuidado em esclarecer que Buenos Aires não era a capital do Brasil. Na Argentina, por exemplo, chegaram a ocorrer manifestações contra a produção hollywoodiana, com quebra de cinemas e boicotes a filmes norte-americanos.

Nelson Rockfeller e John Hay Whitney, o primeiro diretor da *Motion Pictures Division* da OCIAA, preocupados com reações contra sua política, fizeram grandes investimentos nos estúdios de Hollywood e estabeleceram diretrizes para que produtores e organizações culturais pusessem em prática a

---

105 Carta de Francisco Assis a Berent Friele 16.04.1942. Affairs. Records of the Department of Information Regional Division Coordination Commitee for Brazil. General Record (E-99) Box 1261. 02.7 - DS/USNA.

aproximação com as outras Américas. O OCIAA formou, também, a *Motion Picture Society for the Americas,* (MPSA), uma organização constituída por executivos dos estúdios, agentes e dirigentes da indústria cinematográfica. A MPSA ajustava com produtores de cinema acordos para que incluíssem em seus filmes, além de locações na América Latina, temas, músicas e artistas de destaque de países latino-americanos. Sugeriam, igualmente, ideias originais e assistência para que preparassem *trailers* especiais para a América Latina.

Vários filmes foram feitos, a partir de 1941 – ano da entrada dos Estados Unidos na guerra –, para estreitar ainda mais os laços com seus vizinhos. Tratava-se de combater o Eixo e penetrar no mundo latino-americano, como os alemães já vinham fazendo com suas produções da *Universum Film Aktiengesellschaft* (UFA).[106]

O OCIAA e o Departamento de Estado, muito preocupados com manifestações contrárias à *política da Boa Vizinhança* e com grande esforço no combate ao Nazi-fascismo na América, aplicaram seus esforços naquele meio, eleito como o mais eficiente da época: o cinema. O filme *Americans All,*[107] patrocinado pelo OCIAA, em 1941, uma produção para norte e latino-americanos, reforçava a importância de se conhecer melhor as particularidades de cada uma das repúblicas do continente. É um filme de 23 minutos, que avigora a importância da *política de boa vizinhança* e a cooperação no Hemisfério Ocidental. A primeira metade é um sumário histórico da América Latina; a segunda postula que a juventude, junta, construirá um mundo novo; e a última considera a juventude no trabalho, na escola, as condições da saúde, a defesa, e termina com uma preleção sobre a solidariedade Americana.

Para os Estados Unidos, especificamente, foram produzidos, em 1942, alguns filmes sobre o Brasil, destacando-se, *São Paulo, Belo Horizonte* e *Sul do Brasil.*[108] Tais películas[109] realçam particularidades dessas regiões e fazem rasgados elogios aos brasileiros e a sua pujança. Dificilmente, veríamos algo semelhante após a Segunda Guerra Mundial.

---

106 Nessa época incentiva-se o boicote às produções de comunicação alemãs, italianas e japonesas no Brasil. Deste filmes, revistas e jornais até transmissões de programas de Rádio.

107 *Americans All* , National Archives , MPD, Section M 1492, de 1941, 229 D 432.

108 Produções patrocinadas pela OCIAA e produzidas no ano de 1941/42. National Archives , MPD, Section M 1492, de 1941 e 1942, – 229.

109 Eram as chamadas produções pedagógicas que deveriam ensinar aos norte-americanos as particularidades geográficas e culturais desses vizinhos, que como eles próprios reforçam nos filmes, quase nada se sabe sobre eles.

O cinema ocupava , então, um lugar de destaque nas diretrizes da OCIAA pois além de reforçar a ideia da fraternidade americana, vendia para os futuros consumidores o *American way of Life* como a forma superior de viver. Artistas, como Carmem Miranda, por exemplo, cumpriram papéis importantes no reforço dessa ideia. Carmem estrelou, em 15 anos de Hollywood, 13 filmes e gravou mais de 30 discos. Era um sucesso nos Estados Unidos, porém nunca comparada a uma atriz norte-americana: sua fama se devia menos ao talento do que ao exotismo que ela representava.

Não só artistas de cinema, como a *Pequena notável* ou *Bombshell*, como os norte-americanos a qualificavam, foram levados aos Estados Unidos. A política de aproximação e "troca" permitiu a presença, em terras americanas, de figuras ilustres do Brasil como Vila Lobos, convidado a reger no Carnegie Hall e a participar de programas de rádio, nos Estados Unidos; Portinari, que já havia exposto suas obras no MoMA, destacado para pintar murais na Biblioteca do Senado; e até Ary Barroso[110], que, em sua temporada nos Estados Unidos em 1944, apesar do grande sucesso de *Aquarela do Brasil* e *Na Baixa do Sapateiro*, não conseguiu ensinar samba aos norte-americanos.

Além da Visita de Disney, contamos com Orson Welles, em fevereiro de 1942, cumprindo os planos da MPSA e a solicitação do DIP. A Motion Pictures assim justifica a importância do projeto:

> Nos propomos entrar em contato com a R.K.O. Radio Pictures Inc. para a produção de um filme colorida de excepcional qualidade, a ser escrito, dirigido e produzido por Orson Welles e seu Mercury Players. O Sr. Welles também aparecerá no filme.
>
> Isto representa um esforço da Seção da Motion Picture em realizar o projeto favorito de Lourival Fontes, Ministro da Propaganda e Cultura Popular do Brasil. O Sr. Fontes propôs tal projeto ao Sr. Whitney, senhor Reiouen e Sr. Disney durante sua viagem à América do Sul em Outubro de 1941. Presidente Getulio Vargas tem ciência do projeto e expressou seu entusiasmo. Desde que o filme foi proposto pelo DIP, sua produção sob o patrocínio

---

110 A música *Aquarela do Brasil* havia sido escolhida por Walt Disney para o filme *Alô Amigos* em 1941, e mais duas músicas suas *Os quindins de Iaiá* e Na Baixa do Sapateiro foram inseridas no próximo filme dos estúdios Disney, *Você já foi à Bahia?*".

da Seção da Motion Picture representará um gesto direto e simpático de boa-vontade.[111]

A RKO aceitou a proposta de Welles para filmar *It's all Come True*[112] ou *It's All True*, uma série de filmes que retratassem a realidade do Brasil. Além do Carnaval, o já consagrado diretor de *Cidadão Kane* filmaria a chegada de quatro jangadeiros ao Rio de Janeiro.[113] Este projeto, apesar de perfeito para os planos do OCIAA, não foi avante. Orson Welles não cumpriu os prazos de entrega dos copiões dos filmes, estourou o orçamento do projeto, envolveu-se, incidentalmente com a morte de "jacaré", não pagou seus técnicos que entraram em greve e , principalmente, deu um tom diferente daquele esperado pela *Política da Boa Vizinhança* de um Brasil paradisíaco e alegre. Seu filme mostrava um Brasil real apresentando tensões sociais que desagradavam estadonovistas e os *policy-makers* do Departamento de Estado.

Reforçando os laços de amizade – dentro da *Política de Boa Vizinhança* – entre o Brasil e os Estados Unidos, Nelson Rockfeller, a convite do Presidente Vargas, também vem ao nosso país em setembro de 1942. Aqui, ele se encontra com autoridades diversas e políticos importantes. Recebido por Oswaldo Aranha, que lhe oferece um almoço, como convidado de Honra, no Itamaraty, ali se encontra com Guilherme Guinle, presidente da Siderúrgica Nacional Brasileira, Elmano Gardim, dono do Jornal do Comércio, e o Conde Ernesto Pereira Carneiro, do *Jornal do Brasil*.

---

111 Project Authorization – Motion Picture to be produced in Brazil – Auspices R.K.O. Radio Pictures Inc. – RG229. Office of Inter-American Affairs. Records of the Department of Information Regional Division Coordination Committee for Brazil. General Record (E-99) Box 1268. Pasta 03.1 Motion Picture

112 Assim escrito aparece o título do plano de Orson Welles na autorização do projeto enviado pela Motion Pictures Division em Janeiro de 1942 para a R.K.O. Project Authorization – Motion Picture to be produced in Brazil – Auspices R.K.O. Radio Pictures Inc. – RG229. Office of Inter-American Affairs. Records of the Department of Information Regional Division Coordination Committee for Brazil. General Record (E-99) Box 1268. Pasta 03.1 Motion Picture. – DS/USNA

113 No início dos anos 1940 , quatro jangadeiros – Manoel Olímpio Meira (Jacaré), Raimundo Correia Lima (Tatá), Manuel Pereira da Silva (Mané Preto) e Jerônimo André de Souza (Mestre Jerônimo) – lançaram-se ao mar, rumo ao Rio de Janeiro – viajando 2.381 quilômetros, durante 61 dias – para pedir a Vargas mais atenção aos pescadores do Nordeste, principalmente de Fortaleza de onde haviam saído. Welles tinha lido esta história fantástica na revista Times de 08/12/1941 e teve a brilhante ideia de filmá-la como segundo episódio do *It's All True*. Ocorre que quando tentavam reconstituir a chegada de "Jacaré e seus 3 companheiros" a jangada virou e Jacaré morreu. No National Archives Seção Arquivos da OCIAA, pode-se encontrar esta história e o fracasso das filmagens além da quebra do contrato por parte da RKO, isentando-se de responsabilidade por tudo. RG229. Office of Inter-American Affairs. Records of the Department of Information Regional Division Coordination Committee for Brazil. General Record (E-99) Box 1284. Pasta Short Subject –Orson Welles - 05.2a.

Rockfeller ainda dá Conferência no Copacabana Palace reforçando a ideia de solidariedade latino-americana. Visita o General Pedro Aurélio de Góis Monteiro e Eurico Gaspar Dutra, no Ministério da Guerra e o ministro da Marinha, Almirante Henrique Aristides Guilhem. Inspeciona o Arsenal da Marinha, recebido pelo Almirante Julio Regis Bittencourt, na Ilha das Cobras. Recebe homenagem do DIP e da Associação Brasileira de Propaganda (ABP) num almoço no prédio da Associação Brasileira de Imprensa (ABI), onde se encontra com figuras como Valentim Bouças – conselheiros financeiro de Vargas –, o Major José Coelho dos Reis, diretor do DIP, e Edson Cavalcanti, Diretor do Serviço de Alimentação e Previdência Social (SAPS). Permanece para os desfiles do Dia da Independência e visita, acompanhado da primeira dama, a Casa do Pequeno Jornaleiro, entidade fundada por Dona Darcy Vargas. A Imprensa comenta com muito entusiasmo a vinda de Rockfeller ao Brasil.[114]

O *Office of Coordinator*, em sua Rádio Division, no Brasil, produzia além das Notícias – destacamos, aqui, indiretamente, o Repórter Esso[115] –, peças de rádio que contribuíam para combater a produção da emissora alemã.[116] Vários eram os programas, quase sempre ligados a dois temas principais: *Política da Boa Vizinhança* e Guerra. *Captain Silver* era um deles. Era um personagem que dedicava sua vida a estabelecer o bom relacionamento entre os povos das Repúblicas Americanas. Em suas aventuras, era acompanhado por um garoto de 14 anos, um cachorro, um velho empregado da família e um papagaio.

Outros programas de rádio produzidos pela Radio Division eram: *This is War* de 1942; *Their words Burn*, que destacava trabalhos de escritores cujos livros tinham sido queimados pelos nazistas de 1942; *Progress*

---

114 RG229. Office of Inter-American Affairs. Records of the Department of Information Regional Division Coordination Committee for Brazil. AVB Photographs of American Officials in Brazil, compiled – 1942-1945. – DS/USNA.

115 Programa da Radio Nacional apoiado por Vargas e orientado delo DIP, foi o primeiro programa de Rádio Jornalismo do Brasil. Sua transmissão inicial se deu em 28 de agosto de 1941. Patrocinado pela Companhia Standard Oil Company of Brazil, da família Rockfeller, especializou-se em divulgar, notícias da Guerra e principalmente aquelas ligadas ao modo de vida Americana.

116 Em 1933 funda-se , em Berlin, a emissora Zeesen, que transmitia em alemão para todos os países, onde a colônia alemã estivesse presente. No Brasil esta emissora tinha penetração, principalmente entre os habitantes do sul do país, que ouviam em sua programação, notícias do Reich e números musicais. ORTRIWANO, Gisela Swetlana. A informação no rádio: os grupos de poder e a determinação dos conteúdos. São Paulo: Summus, 1985. p. 60.

of America destacava o trabalho de cientistas norte-americanos que haviam contribuído para o desenvolvimento da ciência e do progresso, de 1942; e o sucesso do *Believe it or Not*, programa de curiosidades, de 1943. Na produção dos programas, o OCIAA contava com o apoio de Columbia Broadcasting System, General Sound Corporation, Muzak Trasncriptions, Inc. e a National Broadcasting Company.[117]

A Seção de Imprensa da Divisão do Departamento de Comunicações/Informação também era ativa. Como referenda Gerson Moura,

> [...] A operação 'divulgação de notícias' se fazia em duas direções: havia notícias dos Estados Unidos no Brasil e notícias do Brasil nos Estados Unidos (estas em menor escala, reproduzidas depois nos jornais brasileiros). Em duas direções também se faziam as visitas de editores e jornalistas dos dois países: os Americanos vinham conhecer o Brasil, enquanto os brasileiros iam aprender a técnica e os progressos do jornalismo e da atividade editorial Americana.[118]

A Revista *Em Guarda: Para a Defesa das Américas* era uma edição do OCIAA, que surgiu em 1941, dentro do programa de pan-americanismo e solidariedade continental. Estava voltada, basicamente, para as questões da Guerra. Era uma publicação mensal que pretendia, de acordo com seu projeto editorial, ser a porta-voz dos povos americanos, portanto longe de representar uma propaganda política dos Estados Unidos. Apresentava, no entanto, os norte-americanos como modelos de sociedade (político, cultural e social), enquanto que aos latino-americanos cabia o papel de auxiliares na guerra, fornecedores de matérias-primas para a fabricação de produtos voltados ao conflito.

A tiragem era significativa – só em 1943 foram distribuídas no Brasil 658.360 cópias – e atingia todas as classes brasileiras, como destaca o *Annual Report* de 1943.[119] A propaganda sobre a importância da revista para a defesa das Américas era tão maciça que fotografias preparadas pelo setor de divulgação apresentavam até indivíduos analfabetos folheando o periódi-

117 RG229. Office of Inter-American Affairs. Records of the Department of Information Regional Division Coordination Committee for Brazil. General Record (E-99). Box 1269 – 03.1 – DS/USNA.
118 MOURA, Gerson. *Tio Sam chega ao Brasil*, 1986. Op.Cit. p.34.
119 Memorandum de 02/03/1944 – Annual Report 1943 – pág. 13 – RG229. Office of Inter-American Affairs. Records of the Department of Information Regional Division Coordination Committee for Brazil. General Record (E-99). Box 1259 – 01.3 a 02.4. – DS/USNA.

co.[120] O uso indiscriminado de imagens, nas edições nos leva a compreender esta estratégia como um instrumento de comunicação para analfabetos. O Office sabia que o índice de analfabetismo na América Latina era grande.

A análise feita por Julio Cesar dos Santos Silva sobre a Revista *Em Guarda,* mostra que escrita em língua portuguesa o que demonstra a importância do Brasil para o Office, causa estranheza a pequena quantidade de reportagens referentes ao país. O conteúdo publicado versava sobre três assuntos principais: noticias sobre a mobilização militar brasileira na guerra; descrição de aspectos históricos e geográficos de cidades e notas sobre as riquezas naturais, que poderiam ser utilizadas para a fabricação de equipamentos bélicos – a borracha era alvo especial do periódico.[121]

A revista exportava uma ideia presente no ideário norte-americano e que faz lembrar o *Leviatã*, de Thomas Hobbes:

> Os homens dotados de razão, do sentimento de auto-conservação e de defesa buscam superar esse estado natural de destruição unindo-se para formar uma sociedade civil, mediante um contrato segundo o qual cada um cede seus direitos ao soberano. Dessa forma, renuncia-se a todo direito de liberdade, nocivo à paz, em benefício do Estado.[122]

A fotografia não era apenas auxiliar das publicações – como vimos nas publicações de *Em Guarda.* Em 1940, a OCIAA enviou ao Brasil a fotógrafa Genevieve Naylor[123] para retratar a realidade brasileira. Com autorização do DIP "para tirar fotografias apenas dos aspectos turísticos do Brasil", foi além, conseguiu driblar a proibição do censor e captar, segundo Ana Maria Mauad, o movimento das ruas, seus tipos e gentes, vivenciou o samba e a batucada do carnaval e até desceu o Rio São Francisco em busca do Brasil profundo.[124]

---

120 Vide exemplos de fotografias na seção de imagens.

121 SILVA, Julio Cesar dos Santos. A Construção do Pan-americanismo na Revista *Em Guarda*: o olhar norte-americano pela "defesa" das Américas. (1941-1946). Revista Patrimônio e Memória. UNESP-FCLAs – CEDAP, volume 5, n.2, p.222-250, Dez.2009. p.232.

122 HOBBES , Thomas. *Leviatã. Col. Os Pensadores,* São Paulo: Nova Cultural. 1997. p.144.

123 Aluna da já reconhecida fotógrafa Americana Berenice Abbott, na New School for Social Research de Nova York inicia sua carreira profissional em 1937 com a Associated Press, como uma das primeiras fotógrafas do fotojornalismo. Devido seu talento e perspicácia seus trabalhos começaram a ser publicadas na Time, Life e Fortune levando-a ao sucesso e ao reconhecimento.

124 "O resultado da conjugação dessas referências foi a elaboração de uma alteridade plural dos brasileiros e brasileiras – jovens, crianças e velhos –, possível de ser apreendida pela gente comum dos Estados

As fotografias de Genevieve Naylor e as filmagens de Orson Welles evidenciam que profissionais envolvidos nesses projetos podiam, eventualmente, ultrapassar os limites ideológicos pretendidos pelos organismos oficiais norte-americanos e brasileiros. No caso de Orson Welles, isso resultou na interrupção do trabalho, que permaneceu praticamente inédito durante décadas, até ser recuperado e relançado após a morte do diretor

O OCIAA, no Brasil, ainda desenvolveu, como descreve o *Annual Report* de 1943, trabalhos em seus outros Departamentos ou Divisões:

Em *Ciência e Educação*, houve troca de experiências entre cientistas brasileiros e norte-americanos, com o envio de acadêmicos brasileiros aos Estados Unidos para que conhecessem o que se desenvolvia lá no campo da ciência e tecnologia. A troca era desigual pois as condições de pesquisa e estudo no Brasil nem de longe se igualavam àquelas das universidades americanas, os professores norte-americanos quase sempre vinham aqui "ensinar" os brasileiros.

Na *Divisão de Saúde e Higiene Pública*, desenvolveram , com a montagem de um quartel general no Rio de Janeiro, quatro projetos: o Projeto Amazonas, de controle da Malária[125], com a construção de hospitais de campanha, principalmente em Belém e cidades importantes e estratégicas do norte do país; Projeto Rio Doce, o que chamaram de anti-malária , com sede em Vitória e Governador Valadares, região de grande reserva de minério; *Nurses' Training Project*, treinamento de enfermeiras brasileiras, que atuariam nas regiões escolhidas pelo "Projeto Malária", curso dado em inglês; *Medical Education Project*, bolsas para doutores, enfermeiras e engenheiros de saúde que iriam aos Estados Unidos aprender técnicas de Saúde Publica; e o *Medical Care of Migrants Project*, que atuaria nas regiões de migração, evitando que pessoas contaminadas levassem o vírus para outras regiões do País.[126]

Unidos, o público alvo das suas fotografias." MAUAD, Ana Maria. *Genevieve Naylor, fotógrafa: impressões de viagem (Brasil, 1941-1942)*. Revista Brasileira de História, São Paulo, v.25, n.49, p.46-75, 2005, p. 47.

125 Aqui contamos com o auxílio dos Estúdios Disney que produziram um filme institucional *Malária & Mosquito* em 1942 – *Malária & Mosquito made as a goodwill gesture towards Latin Americans*.

126 Importante lembrar que a Fundação Rockfeller, criada em 1913 e voltada , principalmente para o apoio a ações de Saúde Pública e de instituições de ensino médico, já estava no Brasil, a partir de 1915, quando enviou uma comissão para estudar as condições de saúde pública e ensino médico na América Latina. Seu objetivo era a implantação de um grande programa de combate à doenças endêmicas. De 1916 a 1940 a Fundação doou US$ 4 milhões para o Brasil, no programa de combate à febre amarela. A comissão fez opção – dentro do programa de apoio às instituições de ensino médico – pela Faculdade de Medicina e Cirurgia de São Paulo. "Oficialmente os primeiros contatos entre Faculdade de Medicina e Cirurgia de São Paulo e Fundação Rockfeller foram estabelecidos por Arnaldo Vieira de Carvalho em 24/11/1916.",

O relatório ainda descreve ações postas em prática no Brasil pelo OCIAA, ligadas ao "Suprimento Alimentar"; e auxilio técnico e financeiro aos fazendeiros brasileiros, principalmente os pequenos, para que produzissem mais para o esforço de guerra.

O ano de 1943 levou o *Escritório* a desenvolver, também, pesquisas sobre a navegabilidade dos rios brasileiros, com grande interesse pelos da região Norte, como o descreve o relator do *Annual Report*.

O que pudemos perceber nesta presença do OCIAA, no Brasil, desde sua chegada até o ano de 1943, é que o *Escritório* cumpriu um papel muito eficiente dentro dos planos do Departamento de Estado e de Nelson Rockfeller – que via a América Latina como um grande fornecedor de matérias primas e um potencial mercado consumidor para os produtos norte--americanos. A estratégia usada pelo OCIAA, servindo-se principalmente dos meios de comunicação, para vender aos latino-americanos o *American way of Life*, foi de tal forma eficaz, reproduzida e ampliada desde então por ações governamentais e de empresas privadas, que nós brasileiros, tantas décadas depois, continuamos a escovar os dentes com *Colgate,* a beber *Coca-Cola*, a contratar *DJs* para animar festas, a fazer compras nos *Shoppings Centers*, frequentar as academias de *Fitness,* identificar as Lanchonetes *MacDonalds* como "lugar de gente feliz", onde se come *cheese-burguers* e *Big-Macs*, a usar o *Internet Banking*, a receber *folders* nos faróis, a fazer *test drive*, antes da compra de um carro, a ser bombardeados pelos *outdoors* nas ruas etc.

---

o que levaram ao estabelecimento de uma ligação fundamental entre desenvolvimento da Medicina no Brasil e financiamento e assessoria da Fundação Rockfeller. A partir de 1918 até 1925 quatro especialistas foram enviados pela Fundação para estabelecer as bases desse desenvolvimento, "o modelo da Fundação Rockfeller foi implantado no Brasil e tornou-se o núcleo a partir do qual a Faculdade elaborou seu projeto de reorganização do ensino e pesquisa.". A Fundação Rockfeller esteve à frente da organização e construção da Faculdade de Medicina da USP, assim como do estabelecimento de diretrizes para a construção e organização do Hospital das Clínicas. Os edifícios da Faculdade foram inaugurados em 15 de março de 1931 e o início da construção do Hospital das Clínicas se deu em 1938 concluído em 1944. De 1916 até a inauguração em 1931 as verbas destinadas à Faculdade de Medicina somaram US$1 milhão. MARINHO, Maria Gabriela S.M.C., *Trajetória da Faculdade de Medicina da Universidade de São Paulo: aspectos históricos da "Casa de Arnaldo"*. São Paulo: FMUSP. 2006, p. 46 e 54.

CAPÍTULO 2

ADIDOS TRABALHISTAS E A CONSTRUÇÃO DO ENVOLVIMENTO AMERICANO NO UNIVERSO DOS TRABALHADORES BRASILEIROS

> Um Estado Nacional constituído de forma a ser capaz de dominar outras nacionalidades, ou as chamadas 'regiões de fronteira' ou 'periféricas', pressupõe a cumplicidade de seus cidadãos politicamente ativos no exercício da dominação, mistificando e enfraquecendo assim as massas trabalhadoras em sua aspiração de se emanciparem.[1]

Os adidos trabalhistas: relatórios e documentação adjacente

O programa de Adidos Trabalhistas começa oficialmente em 1943 e pelos depoimentos de funcionários e articulistas dos *policy-makers*, era um projeto para ser desenvolvido apenas durante a Guerra. Ocorre que Washington compreendeu que a função dos Adidos Trabalhistas era importante, não apenas para aquele período como, e principalmente, para o pós--guerra. Apesar de reconhecer a União Soviética como aliada na luta contra o nazi-fascismo, os EUA, que desde a Revolução Bolchevique combatia o movimento comunista no mundo e sua influência sobre o operariado em qualquer país, passou a valorizar a função do Adido como elemento primordial na continuidade dessa luta.

O papel do Adido Trabalhista não era apenas aquele de reconhecer líderes trabalhistas e estabelecer contatos com eles para entender os movimentos operários fora dos Estados Unidos. A função desse funcionário da

---

1   MÉSZAROS, István. *O Poder da Ideologia*. São Paulo: Boitempo, 2007, p.31.

Embaixada era, mesmo durante a Guerra, combater o domínio dos comunistas nos sindicatos e colaborar para afastá-los da direção dos mesmos.

No Brasil, a embaixada norte-americana, no entanto, já enviava para o Departamento de Estado relatórios sobre questões trabalhistas antes mesmo do advento do programa. Eram os *Voluntary Reports*. Na caixa de numero 78, do RG 84, Post File, do National Archives II, encontramos, já no ano de 1940, no volume XXVI, tais documentos. O primeiro é um relatório sobre a *Brazilian Minimum Wage Law*. Trabalho de compreensão e análise do decreto do salário mínimo, seu impacto na sociedade brasileira, estudo sobre as leis trabalhistas e a Constituição de 1937, além de um esboço sobre as condições de vida do trabalhador brasileiro, sindicatos, saúde, pensões e seguros.

As fontes dão conta de que foi a partir de 1943 que o Departamento de Estado passou por nova reformulação. Tratava-se de reorganizá-lo para a Guerra e estabelecer novas normas de conduta em sua política externa com relação ao trabalho. Dentre estas novas normas estabelecidas, estava a efetivação, em termos estruturais, do programa de Adidos Trabalhistas.[2]

Assim se refere o Secretário de Estado em exercício, Edward R. Stettinius Jr., em carta dirigida ao presidente Roosevelt, onde propõe esboço de lei a ser enviada ao Congresso:

> O principal propósito desta lei é assegurar ao Serviço Estrangeiro uma melhor adequação para lidar com a complexidade dos problemas que enfrentamos no presente, em termos de assuntos internacionais. Para que se mantenha uma boa relação e compreensão mutua entre as Nações Unidas e outras nações é indispensável que tenhamos um Serviço Estrangeiro efetivo; um Serviço Estrangeiro treinado para enfrentar os problemas políticos, sociais e econômicos, assim como representar adequadamente os interesses deste país , proteger seus cidadãos, e promover seu comércio.
>
> O problema da presente emergência no campo das relações internacionais é a certeza de que eles continuarão ou permanentemente, ou por um período indefinido depois da guerra, isto tem impelido o Departamento a dar

---

2   Lembrar que no início do ano de 1944, o Departamento de Estado criou uma divisão de relações de trabalho no Departamento de Assuntos Econômicos.

especial relevância à adaptação do Serviço Estrangeiro às suas novas necessidades e responsabilidades e particularmente buscar autorização legislativa para permitir o recrutamento de um corpo de funcionários altamente qualificados em termos técnicos e científicos. Tal necessidade decorre da presente situação nas outras Repúblicas Americanas e em todas as partes do mundo.[3]

Como podemos observar por este documento restrito, a intenção do Departamento de Estado era adequar-se à nova realidade do pós-guerra, na qual os Estados Unidos deveriam desempenhar um papel preponderante, apesar dos depoimentos dos articuladores do projeto de Adidos Trabalhistas de que era um plano apenas para o período do conflito mundial.

Havia todo um cuidado, neste início do programa, em não desagradar os embaixadores, já que os Adidos Trabalhistas, de acordo com as novas diretrizes, teriam certa liberdade de ação. Esse cuidado é facilmente identificado por trecho da carta dirigida pelo Departamento de Estado à embaixada dos Estados Unidos no Rio de Janeiro.

[...] Uma instrução descrevendo suas funções precisas está sendo preparada. Eu entendo que a designação de tais funcionários, que não devem ser rotulados de 'Adidos Trabalhistas' já foi discutida com o Embaixador em janeiro último quando me foi dito que ele não faria objeções.[4]

O programa de *Adidos Trabalhistas* funcionou de forma efetiva no Brasil, de 1944 até 1964, quando perdeu sua força e importância após a implantação da Ditadura Militar, apoiada pelos EUA.[5] No período de nosso recorte, 1943 a 1952, na primeira fase do programa, portanto, tivemos em nosso país a presença de quatro Adidos Trabalhistas: Edward Joseph Rowell, Livingston D. Watrous

---

3   Carta do Secretário de Estado Edward D. Stettinius ao Presidente Roosevelt , datada de 21 de Fevereiro de 1944. RG59. 120.1/2-2144. Box 240 - CDF(Central Decimal File) – DS/USNA.

4   Carta datada de 25/05/1944 escrita por Walter N.Walmsley Jr. do Departamento de Estado para Walter J.Donnelly, conselheiro para assuntos econômicos da Embaixada Americana no Rio de Janeiro. RG59. 123 - Rowell, Edward J. Box 571. DF 1940-44 – DS/USNA.

5   Apesar de ano ter sido extinto, pois operários brasileiros continuaram a ser enviados aos EUA durante a ditadura militar, o papel do Adido Trabalhista deixou ter a importância que havia tido no período de recorte de minha pesquisa.

(segundo secretário da embaixada e Adido Trabalhista temporário), Henry Sweizer Hammond e Irving Salert.

Edward Joseph Rowell, provavelmente o mais eficiente dos *Adidos Trabalhistas* que estiveram no Brasil no período assinalado, nasceu no Estado da Califórnia em 24 de Janeiro de 1907. Obteve o Bacharelado em Economia na Universidade daquele Estado, tendo alcançado seu PhD com 31 anos. Era casado e tinha dois filhos quando foi escolhido para o cargo de Analista Sênior de Economia da Embaixada dos EUA, no Brasil, e viria como funcionário do Serviço Auxiliar Estrangeiro Americano. Pôde ser convidado para este serviço porque, com 36 anos, já estava fora da idade de convocação para a guerra.

Antes de sua indicação para a embaixada no Rio de Janeiro, participou da *Longshoremen's Arbitration*[6] de julho a novembro de 1934, colaborando para o fim da greve dos estivadores de 83 dias, seguida da greve geral de 4 dias na cidade de São Francisco, foi supervisor de pesquisa da *Federal Emergency Relief Administration* (FERA)[7] de 1934 a 1935, Economista do Trabalho, Funcionário da *Agricultural War Relief,* de 1941 a 1942, Conselheiro do Trabalho de 1935 a 1941, e sua última colocação antes de assumir seu posto aqui no Brasil foi na *Farm Security Administration.*[8]

Rowell trabalhou na embaixada dos Estados Unidos na Capital Federal, como *Adido Trabalhista*, de 1944 até 1947 quando se tornou Segundo Secretário Consular, mantendo, no entanto, suas funções anteriores. Em meados do ano de 1948, foi transferido para a Embaixada dos Estados Unidos em Oslo, trabalhando em duas frentes: Oslo e Copenhagen.

Com a transferência de Rowell, substituiu-o interinamente Livingston D. Watrous, que havia sido vice-cônsul dos Estados Unidos em São José da Costa Rica. Transferido para Buenos Aires[9], em 1946, como Segundo

---

6   *The International Longshoremen's Association* é um sindicato de estivadores da Costa Leste dos Estados Unidos, Canadá, Costa do Golfo, Grandes Lagos e Porto Rico.

7   A principal função da FERA's era aliviar o desemprego familiar , durante a Grande Depressão, criando novas colocações de trabalho para mão de obra não especializada em postos locais e governamentais.

8   Inicialmente criado como Resettlement Administration (RA), em 1935, como parte do New Deal, a *Farm Security Administration (FSA)* representou uma tentativa do governo Roosevelt de combater a pobreza no campo.

9   Esteve em Assunção do Paraguai entre 22/9 a 08/10 para contatar líderes trabalhistas e pessoas versadas e interessadas nos assuntos trabalhistas paraguaios e auxiliou funcionários da embaixada americana no país de maneira a avaliar os "problemas" trabalhistas paraguaios e sua influência no movimento operário argentino. RG59 box 0634. CDF (Central Decimal File) – DS/USNA.

Secretário com função, igualmente, de Adido Trabalhista, aí permaneceu até sua segunda transferência para o Rio de Janeiro em novembro de 1948, onde cumpriria, também, a função de Segundo Secretário na vaga de Rowell.

O terceiro Adido Trabalhista no Brasil foi Henry Sweizer Hammond. Nascido em 15 de Agosto de 1904, no estado da Pensilvânia, graduou-se na George Washington University, foi primeiro comandante da marinha dos Estados Unidos entre 1943 e 1945, trabalhou no *Bureau of Labor Statistics* de 1946 a 1949, ano em que assumiu o cargo de *Adido Trabalhista* na embaixada até sua transferência em 1951 para Bonn, na Alemanha Ocidental.

O Adido Hammod foi, então, substituído por Irving Salert, nascido no Estado de Nova York em 4 de julho de 1914. Era formado na *New School for Social Research* e na *Rand School of Social Science*. Esteve no Exército dos Estados Unidos durante a Guerra – 1944/1945 – e dos três últimos, foi o único ligado diretamente ao movimento operário norte-americano e às duas grandes centrais sindicais norte-americanas. Participou do *N.Y. State Director for National CIO*[10] *Community Service Committee, Jewish Labor Committee, Amalgamated Clothing Workers, CIO, United Hatters, Cap and Millinery Workers, AFL.*[11] Foi designado para a Embaixada americana no Brasil em dezembro de 1951 e aqui permaneceu até o final do ano de 1957, quando foi substituído por John T. Fishburn.

O trabalho desses Adidos estava relacionado não só à coleta de dados e a seu envio ao Departamento de Trabalho e ao Departamento de Estado, era um trabalho, primordialmente, de inteligência.[12] A estrutura e a dinâmica de ação que envolvia segredo e espionagem, desenvolvida durante o período de Guerra, foi mantida. De junho de 1944, data do primeiro *Relatório Mensal do Trabalho*, até fins 1952, ano da mudança de diretriz do Departamento de Estado, foram produzidos 53 Relatórios Mensais, 4 Relatórios Anuais (que passaram a ser escritos a partir de 1949) e 3 Relatórios Trimestrais do

---

10 CIO – *Congress of Industrial Organizations*.

11 AFL – *American Federation of Labor*.

12 No trabalho de PhD, do prof. Fiszman, "The U.S. Labor Attaché : expectations and Reality", em seus capítulos VII e VIII, há descrições pormenorizadas, inclusive com entrevistas com Adidos Trabalhistas, que descrevem suas táticas de aproximação e influência de líderes sindicais e sindicatos – inclusive no Brasil –, além de seu trabalho na escolha de representantes de sindicatos que deveriam visitar os Estados Unidos e de seus contatos com autoridades políticas locais e acordos mútuos conseguidos. Infelizmente este trabalho não foi publicado nem nos Estados Unidos e pode ser encontrado na Michigan State University. Tombo número 65-1739.

Trabalho, além de uma dezena de Relatórios esporádicos. Mesmo aqueles que foram escritos após o conflito mundial continuavam a guardar as mesmas características – que serão descritas neste capítulo – e as mesmas preocupações, com greves, instabilidade econômica e política no Brasil, além de assuntos diversos relacionados ao trabalho.

Necessário será assinalar, também, que existem duas fases dentro da política externa norte-americana com relação ao trabalho, na América Latina. A primeira, que vai de 1943 até o final da Guerra, quando os Adidos Trabalhistas trabalhavam sós ou auxiliados, vez por outra, pelos embaixadores, no que diz respeito à compreensão e ao levantamento de dados sobre os mecanismos das leis trabalhistas, do governo brasileiro com relação ao movimento operário, da constituição e caracterização dos sindicatos, da identificação das lideranças etc. A segunda fase é aquela que vai de 1946 até 1952 e que conta com a participação da AFL e de seus líderes, junto com o Departamento de Estado, na cooptação de lideres sindicais rumo à formação de uma central sindical no Brasil, nos moldes da AFL e que estivesse ligada a ela, sem o predomínio dos comunistas.

Antes de analisar os Relatórios produzidos pelos Adidos e avaliar se cumpriram ou não sua função (dar subsídios importantes ao Departamento de Estado para que determinasse planos de ação rumo ao envolvimento americano nos sindicatos e no movimento operário brasileiro), necessário será reconstruir o caminho trilhado por estes documentos, desde sua fonte até à mesa do Secretário de Estado.

Compreender os mecanismos de funcionamento do Departamento de Estado, como nos assinala Robert E. Elder, é uma tarefa dificílima, não só porque seus departamentos estão em constante mudança ou a relação entre eles se modifica constantemente, em decorrência da situação política externa, mas porque são tantos os detalhes e tantas as ligações entre seções que "nenhuma pesquisa individual ou de grupo poderá captar, trazer para o mundo humano, ou ainda analisar o Departamento em um único dia."[13]

Mais uma vez, diante das dificuldades em descrever o que era o Departamento de Estado, é necessário voltar a radiografá-lo para podermos compreender, principalmente, o mecanismo de comunicação entre as

13   ELDER, Robert Ellsworth. *The Policy Machine : The Department of State and American Foreign Policy* , Syracuse University Press, 1960, p. V.

Embaixadas e o Serviço Estrangeiro e as ações determinadas a partir desse diálogo. A historiografia americana é quase unânime em apontar a ineficiência do Departamento, como um órgão de governo, até o final da guerra.[14]

Com o fim da guerra, devido à posição alcançada pelos Estados Unidos, como uma das duas superpotências no cenário mundial, proliferaram as agências do governo americano ligadas ao *policy-making*, o que forçou o Departamento de Estado a desenvolver significativos reajustes em sua política externa.

O Departamento contava com cerca de 6.500 empregados em Washington e em Nova York[15], operava 277 postos no exterior, empregava cerca de 6.100 cidadãos americanos e aproximadamente 9.400 funcionários estrangeiros.[16] O sistema de comunicação estava a cargo da *Division of Communications Services* do Escritório de Operações do Birô de Administração e o volume de trabalho era tanto que, para se ter uma ideia, num dia normal, o Departamento recebia do exterior 419 telegramas, 813 despachos e memorandos de operação. Despachava em retorno 1.522 comunicações por telegrama e mala diplomática. Segundo Elder, durante o ano fiscal de 1958, um ano tranquilo em se tratando de diplomacia, 7.500.000 palavras por mês fluíam da sala de telegramas do Departamento.

O escritório do Secretário de Estado e subsecretário chegava a receber 110 chamadas telefônicas externas, 340 chamadas internas, 60 cartas solicitando providências, 45 documentos solicitando para informação, 35 ofícios para decisão e 25 solicitações de entrevistas por dia. Estes dados não incluem: atenção a comunicações demandadas, solicitações de reuniões no *National*

---

14 Como exemplos dessa quase unanimidade podemos citar: ELDER, Robert Ellsworth. *The policy machine: the department of state and american foreign policy* , Syracuse University Press, 1960; ESTES, Thomas S. e LIGHTNER JR., E. Allan. The Department of State, New York: Praeger Publishers, 1976. ; HORWOTZ, D. *The free world colossus: a critique of american foreign policy in the Cold War*, Hill&Wang, New York, 1965; KOLKO, G. *Politics of the War: The World and United States Foreign Policy: 1943-1953*, Random House, New York, 1968.; NIXON, Edgar Burkhardt.(edit). *Franklin D. Roosevelt and Foreign Affairs: Volume I*, Cambridge:Belknap Press of Harvard University Press, 1969, p. 559-60.; SCHLESINGER, Arthur M. Jr. (gen.editor). *The dynamics of world power: a documentary history of United States foreign policy, 1945-1973*, 5 v., New York: Chelsea House Pub., 1973. v.3: Latin América.; STUART, Graham H. *The Department of State: A history of its organization, procedure, and Personnel.* New York: MacMillan,1949.; WAGNER, R.H. United States Policy Toward Latin America, Stanford University Press, 1970.; WILLIANS, William Appleman. *The Tragedy of American Diplomacy.* New York: WW Norton & Company, 2009.

15 No período entre-guerras o departamento contava com menos de 1.000 funcionários.

16 Dados relacionados à década de 1950 e colhidos de ELDER, Robert Ellsworth. *The policy machine*, 1960, p.8.

Security Council e no *Operations Coordinating Board,* audiências à imprensa, viagens ao exterior e participação em conferências internacionais.[17]

Policy-Making

Os historiadores norte-americanos ligados à história do Departamento de Estado afirmam, muitas vezes, que as decisões tomadas pelo Presidente e pelo Secretário de Estado , quase sempre estiveram ligadas aos trabalhos desenvolvidos pelos funcionários do *country desk*. É nessa mesa (*country desk*), ou *seção*, que começavam a ser gestadas as ações que redundariam na interferência norte-americana nos assuntos estrangeiros dos países aliados ou não, como querem os historiadores e analistas do Departamento de Estado.[18]

Apesar da importância que se dá a esse funcionário (*country desk officer*), sem o trabalho de coleta de dados e inteligência dos Adidos Trabalhistas, das embaixadas norte-americanas pelo mundo, e o envio desse material para a *seção,* nenhuma ação, com relação ao Trabalho poderia ser tomada pelo Departamento.

Antes de construir o caminho que os relatórios percorrem, ou percorreram, desde sua produção pelos Adidos, até à mesa do Secretário de Estado, reforço aqui a ideia de que é a figura do Adido Trabalhista e não a do *country desk officer*, como quer Elder, a mais importante e preponderante dentro dos mecanismos do Departamento de Estado Americano, no preparo de uma política externa, que o leva a interferir nos assuntos nacionais dos países estrangeiros.

Dentro da hierarquia do Departamento, o funcionário da *mesa* ou *seção* é o último elemento, ou o mais baixo. O *Policy-making*, ou o ato de fazer política, estava centrado em cinco birôs regionais, que por sua vez eram compostos por escritórios sub-regionais. Os cinco birôs regionais cobriam:

1. Assuntos Europeus
2. Assuntos Orientais (Asiáticos)

17 Dados baseados em relatos de Robert E.Elder tomados na década de 50. ELDER, Robert Ellsworth. *The Policy Machine....1960*, p. 7.

18 ELDER, Robert Ellsworth. *The policy machine: the Department of State and american foreign policy,* Syracuse University Press, 1960. ESTES, Thomas S. e LIGHTNER JR., E. Allan. *The Department of State*, New York: Praeger.; STUART, Graham H. *The Department of State: A history of its organization, procedure, and Personnel*. Nova York: MacMillan,1949.

3. Assuntos do Oriente Próximo e Sul da Ásia
4. Assuntos interamericanos
5. Assuntos Africanos
6. Bureau dos Assuntos de Organização Internacional (responsável pelas relações com as missões americanas para as Nações Unidas)

Os birôs mantinham contato estreito com as Embaixadas Americanas nas respectivas áreas continentais de sua responsabilidade, recebendo despachos do exterior e enviando instruções políticas. Um *Assistente de Secretário* de Estado encabeçava cada birô. Abaixo dele, na hierarquia, estavam os Diretores dos Escritórios, cada um responsável por operações num pequeno grupo de países. O funcionário do *country desk* estava no final desta linha. Sua função era a de supervisionar e rever assuntos relacionados a apenas uma nação estrangeira.[19]

A principal fonte de alimentação do *country desk officer ou funcionário da seção* era o posto do Serviço Estrangeiro Americano no exterior. Embaixadas mandavam telegramas diariamente solicitando ações imediatas, despachos via *courier* diplomático ou mala do correio aéreo com detalhes adicionais e relatórios diversos. O funcionário chegava a receber entre 250 a 350 documentos por dia e segundo as estatísticas da década de 50, tinha dez segundos para extrair o cerne de cada documento durante seu dia de trabalho.

O funcionário da seção ou mesa recebia diariamente, quando o interesse pelo país que ele representava era grande por parte do *Departamento*, editoriais de grande jornais e notícias importantes, via telégrafo. A cada semana, a Embaixada enviava, também, *clippings* dos principais diários do país, com editoriais e notícias destacadas da semana, que podiam envolver questões políticas, econômicas e militares.[20] Eram incluídas regularmente informações sobre a vida nacional da nação estrangeira, em termos culturais, psicológicos, agrícolas e outros aspectos relevantes nos relatórios trimestrais, semianuais e anuais.

---

19 *Idem*, p. 19 e 22.
20 É preciso lembrar que naquele momento, fora os telegramas e couriers, as notícias dos países levavam um certo tempo até que conseguissem chegar a Washington. Não havia as "facilidades" com as quais podemos contar hoje, como internet e informações em tempo real via satélites.

Agências de jornalismo como *Associated Press* , *United Press International* e Reuters supriam, de hora em hora, a *mesa*. *Clippings* de imprensa de 28 jornais norte-americanos eram distribuídos diariamente.

Além dessa carga imensa de informações, o *funcionário da mesa* tinha a seu alcance estudos preparados por *Senate Foreign Relations, House Foreign Affairs Committees, Legislative Reference Service* e estudos de pesquisa especializada dos *Bureaus of Intelligence and Research, Historical Office, Legal Adviser* e do *Bureau of Economic Affairs*.

É a partir do ano de 1947, com a entrada em vigor do *National Security Act*[21], que o Departamento de Estado é reformulado mais uma vez. Era o início da Guerra Fria e a Lei de Segurança Nacional determinava novas diretrizes para a Política Externa. O Conselho de Segurança Nacional (CSN), criado a partir do *National Security Act*, era um órgão que servia como coordenador das questões de política externa além daquelas ligadas a Segurança Nacional. O CSN e a CIA passaram a fazer parte das decisões que o Departamento de Estado deveria tomar a partir daquele ano.

Com as novas mudanças, a mesa ou *country desk* passava a receber, também, como subsídio o resumo semanal da *Central Intelligence Agency* (CIA), assim como cópias de informações de Relatórios reportados por Adidos da Embaixada para o Departamento de Defesa, Comércio, Tesouro, Agricultura, Trabalho e Administração de Cooperação Internacional.

Em pelo menos um birô regional do Departamento, cada funcionário de mesa tinha um *briefing*, livro de resumo atualizado sobre seu país. Esta referência apresentava, com dados gerais, a situação política, econômica, e os projetos que as agências dos Estados Unidos tinham no país, além da discussão sobre a relação entre os Estados Unidos e o país em questão. O *briefing book* era muito útil para o Presidente, o Vice-presidente ou os membros do Congresso quando viajavam ao exterior. Servia de referência a líderes do governo quando participavam de conferências internacionais ou feiras de co-

---

21 O National Security Act, assinado em 26 de julho de 1947, pelo Presidente Truman foi a base de sua estratégia para a Guerra Fria. A Lei alicerçada pela Doutrina Truman e Plano Marshall dava condições a Washington de propor mudanças em nome de uma Segurança Nacional. A National Security Act de 1947 criava a Central Intelligence Agency (CIA), a National Security Council, reorganizava as Forças Armadas dos Estados Unidos e criava uma Nova Política Externa além da Secretaria de Defesa. CAMBONE, Stephen A. *A New Structure for National Security Policy Planning*. Washington; D.C.: CSIS, 1998.

mércio em países estrangeiros ou para consultas imediatas para a *mesa* ou outros níveis dentro do Departamento de Estado.

Havia outros birôs que mantinham um *country policy book*. Este era uma espécie de manual , preparado cuidadosamente, e que expunha a política Americana para aquele país. Indicava problemas prementes e era revisado a cada três meses. O *briefing* ou *policy book* produzido nesses birôs servia inclusive ao *Assistente de Secretário*.

Diante dessa exposição sobre a estrutura básica do *Departamento,* só me resta reconstruir o caminho que os Relatórios dos Adidos Trabalhistas trilhavam, após sua execução. Tomando como base, neste caso, os *Monthly Labor Report.*

Os *MLR* eram produzidos no posto e depois de passarem pelo Embaixador[22] e pelo conselheiro de assuntos econômicos ou políticos, enviados para o Departamento de Estado em Washington, para a *Division of Central Service* e de lá distribuídos para o *Bureau of Inter-American Affairs*. No Birô, eram recebidos pelo "funcionário da Mesa" ou *country desk officer* responsável pelo Brasil. Este, depois de examiná-lo normalmente, esboçava um memorando, levantando qualquer questão, e os enviava aos Departamentos correspondentes – do Comércio, do Trabalho –, que os despachava para o *Diretor do Escritório* para ser considerado.

Se a questão reportada no Relatório e comentada pelo funcionário era controversa, o *Diretor* enviava memorandos sobre esses assuntos relevantes para o Assistente de Secretário. Se a questão era importante ou polêmica, o Assistente convocava uma reunião com outros birôs interessados e agências conectadas ao assunto. Em alguns casos, o Sub-Secretário ou até o Secretário de Estado intervinham.

Quando a questão envolvia segurança nacional – principalmente após 1947 – e as diferenças precisavam ser resolvidas rapidamente para a tomada de ação, quando ainda havia desentendimentos nos níveis de Sub-Secretário e Secretário, o problema era enviado para o *National Security Council,* que o encaminhava para a decisão final do Presidente. Normalmente, o que ocorria é que dado o despacho do Assistente de Secretário, o Secretário de Estado, se referendasse a ação a ser tomada, enviava à embaixada as instruções de políticas a serem implementadas.

---

22   O Embaixador, em algumas ocasiões, não os recebia para *referendum.*

Edward Joseh Rowell, os *Monthly Labor Reports* e a documentação adjacente

Existem duas fases na produção dos *Relatórios Mensais do Trabalho*. A primeira que vai do início do programa até 1945 e a segunda de 1945 a 1952. Se compararmos os *Voluntary Reports* – VR com os *Monthly Labor Reports* – MLR, estes últimos – o primeiro de Rowell é de 29 de julho de 1944 – mostram, nitidamente, que as instruções normativas determinadas pelo Departamento de Estado[23] já estão sendo seguidas, tanto na ordem de importância dos assuntos descritos quanto na organização do próprio relatório. Para as necessidades do Departamento, os *MLR* são muito mais eficientes.

Tomemos como exemplo de análise o primeiro *Relatório Mensal do Trabalho* oficial *Monthly Labor Report* (MLR), de modo a compreender sua dinâmica e organização. Sem dúvida, não cabe aqui, analisar um por um dos 58, o que demandaria um labor imenso, perscrutando 1.156 páginas, cujo resultado final apresentaria um trabalho extremamente técnico. Não se trata, portanto, de apresentar de forma técnica, sem problematização nenhuma, o simples conteúdo desses relatórios, trata-se de tomá-los como fontes para a compreensão de seu papel com relação ao movimento operário brasileiro.

Como foi descrito, Edward Joseph Rowell chega ao Rio de Janeiro no dia 22 de junho de 1944, apresenta-se a seu posto no dia 23 e um mês e três dias depois, completa seu primeiro *Relatório Mensal*. Este relatório dá conta dos acontecimentos ligados ao Trabalho no Brasil de 15 de junho a 15 de julho de 1944.

Seguindo as normas determinadas pelo Departamento de Estado, ele levanta, naqueles 30 dias de junho e julho, informações importantes para apresentar aos *policy- makers*. O *Relatório* vem com a designação "Restrito".[24]

É importante lembrar que os *Relatórios* somente podem ser compreendidos se forem completados pelas informações anteriores e posteriores que os justificam. Sozinhos, são importantes e nos oferecem elementos claros sobre o movimento operário brasileiro da época. Alicerçados, po-

---

23 *Instructions as to what and manner of reporting labor developments*, número 6062 de 23/06/1944. RG59-SA-250-File 123.Box 571- 1940-44 , CDF, DS/USNA.

24 Os relatórios e documentos do Departamento de Estado seguem uma norma burocrática, também ligada ao trabalho de inteligência, onde se determina que serão: "Sem restrição", "Restritos", "Confidenciais", "Secretos" e "Ultra Secretos".

rém, pela documentação que chamamos de adjacente, completa-se o caminho que nos esclarece as razões de tais escolhas temáticas[25] nos relatórios. Invariavelmente, todos esses documentos levantados por nós nos arquivos americanos são como peças de um quebra cabeças, juntos, depois de encontrados os encaixes, nos revelam uma imagem. Essa imagem nos coloca diante das razões que levaram o governo norte-americano a intervir nos assuntos internos de países como o Brasil.

Mesmo antes da chegada de Rowell, o governo norte-americano já demonstrava temor diante dos acontecimentos novos que, direta ou indiretamente, estavam relacionados com o apoio de Getúlio aos norte-americanos. Lutar contra o Eixo e defender a Democracia tinha um preço e este começou a ser cobrado. Em carta datada de 21 de Janeiro de 1944, o Cônsul Geral dos Estados Unidos em São Paulo enviava à Embaixada Americana no Rio de Janeiro informações e temores. Diz a carta:

> Tenho a honra de levar ao conhecimento da embaixada que está ocorrendo o aumento de inquietação em parte da Classe Operária de São Paulo. No dia 20 de Janeiro ocorreu uma das primeira greves reais após muitos anos, na Fábrica Barros-Loureiro em São Caetano onde 500 empregados entraram em greve provocando o fechamento dos fornos. Autoridades declaram, não oficialmente, que o número de controvérsias têm aumentado muito durante as últimas semanas e há muitas indicações que a situação piorará a menos que seja encontrada uma saída para a redução dos preços dos alimentos.

O Cônsul Cecil M.P. Cross termina sua carta enfatizando que

> a causa deste transtorno é puramente econômica e é obvio que é muito difícil que uma família sobreviva, no presente, com escala de salário cuja base mensal é de Cr$360,00.[26]

---

25 As normas de apresentação do relatório são determinadas pela instrução normativa 6062 de 23/06/1944 e devem abranger os seguintes temas, não necessariamente nesta ordem: Salários, Emprego e Desemprego, Condições de Vida, Condições de Trabalho, Legislação trabalhista e outras regras, Sindicatos, Assuntos Internacionais, Institutos de Aposentadoria e Pensão e Miscelânea. Assim foi organizado o primeiro relatório de Rowell.

26 Carta enviada pelo Cônsul Geral dos Estados Unidos em São Paulo, Cecil. M.P. Cross para John F. Simmons, charge d'Affaires ad ínterim da Embaixada dos EUA no Rio de Janeiro, em 21 de Janeiro de 1944. RG84. 850.4 – Box 283. Vol. XLVII – 1944 – DS/USNA.

Mais duas cartas enviadas por Cecil M.P. Cross para a Embaixada no Rio de Janeiro, datadas de 15 de Abril e 24 de Maio, descrevem as paralisações ocorridas na Fabrica de Nadir Figueiredo – 1500 funcionários – e a greve dos Estivadores do Porto de Santos. Seus comentários denotam grande preocupação a respeito das implicações desses movimentos. Para Cecil, apesar dessas ocorrências apresentarem implicações sérias, tais acontecimentos não assumiam aspectos políticos, não obstante a indicação do crescimento da inquietação no seio da classe operária paulista.[27]

O crescimento dos movimentos grevistas é alvo de grande atenção por parte das autoridades norte-americanas. Ainda no mês de maio de 1944, Walter J. Donnelly[28], conselheiro da Embaixada norte-americana para assuntos econômicos, envia carta confidencial ao Secretário de Estado, alertando as autoridades de Washington sobre o perigo da reação dos trabalhadores em certas fábricas de São Paulo contra o excessivo lucro obtido por alguns fabricantes que não desejam repassar esses valores em forma de aumento salarial.[29]

Vale lembrar que Donnelly era funcionário do governo norte-americano desde 1921, primeiro como agente especial do Departamento de Justiça dos EUA, depois como Funcionário do Departamento de Comércio Exterior do Serviço Estrangeiro, onde esteve por 19 anos, em Boston, Ottawa, Montreal, Bogotá, Havana e Rio de Janeiro. Quando o Departamento de Comércio do Serviço Estrangeiro foi fundido com o Serviço Estrangeiro do Departamento de Estado, em 1939, Donnelly foi comissionado como funcionário de carreira do Serviço Estrangeiro e continuou na Embaixada Americana no Rio de Janeiro como Conselheiro da Embaixada para Assuntos Econômicos, sendo transferido mais tarde para a Embaixada do Panamá e Peru. Foi indicado como embaixador da Costa Rica em 1947 e mais tarde, no mesmo ano, em Caracas, na Venezuela, posição que ocupou até sua transferência para a Áustria como Alto Comissário e embaixador em 1951.

O primeiro semestre de 1944 é particularmente importante para uma avaliação tanto da aproximação entre autoridades brasileiras com as nor-

---

27 Carta de Cecil Cross para Jefferson Caffery 15/5/1944 e 24/05/1944. RG84. 850.4 - Box 283. Vol. XL-VII – 1944 – DS/USNA.

28 Library of Congress Information Bulletin, July 1952, p.2.

29 Despacho numero 16075 Confidencial enviado por Walter J. Donnelly (Conselheiro da Embaixada para Assuntos Econômicos) para o Secretário de Estado em 26/05/1944. "Subject: Reaction of Laborers in certain São Paulo factories to the excessive profits of Manufacturers". RG84. 850.4 - Box 283. Vol. XLVII - 1944 – DS/USNA.

te-americanas, quanto das questões relacionadas à luta dos trabalhadores por melhores condições de vida e de trabalho. Alguns documentos denunciam esta aproximação e justificam os assuntos desenvolvidos no primeiro Relatório de Rowell.

Em carta dirigida pelo Ministro do Trabalho Alexandre Marcondes Filho ao Presidente da República Getulio Vargas, em 18 de Janeiro de 1944, afirma-se que

> O Foreign Economical Administration (F.E.A) está interessado no desenvolvimento industrial do Brasil. Para esse fim considera essencial o treinamento de técnicos brasileiros. Assim foram criados cursos especiais de 18 meses incluindo materiais que normalmente levariam 4 anos, para ensino teórico e prático desses técnicos. Existem 100 vagas à disposição do governo brasileiro para esses cursos praticamente em todos os ramos da indústria norte-americana.[30]

Em carta enviada pelo Secretário de Estado Dean Acheson ao embaixador dos Estados Unidos Jefferson Caffery, cujo tema é "envio de técnicos brasileiros aos Estados Unidos", o mesmo comenta que a viagem de brasileiros aos Estados Unidos é de primordial importância para que haja um contato mais próximo com a realidade operária americana e para que esses brasileiros tenham convívio com as leis trabalhistas estadunidenses, aproximando operários de um país e do outro.[31]

O que podemos perceber é que se por um lado há um interesse da parte dos Estados Unidos em estreitar as relações de trabalho entre duas realidades dispares, por outro, existe a crença das autoridades brasileiras de que essa aproximação seria benéfica ao Brasil. O Ministro do Trabalho chega a enviar ao embaixador americano Jefferson Caffery, de presente, 50 exemplares da CLT, em inglês, para que seja entregue à Conferência da Filadélfia como contribuição ao desenvolvimento das relações de trabalho no mundo.[32]

---

30 Copia de carta enviada pelo Ministro do Trabalho ao Presidente Getúlio Vargas na solicitação de aprovação ao programa de treinamento de técnicos brasileiros. Anexo do despacho 16071 de 26 de maio de 1944 da Embaixada americana no Rio de Janeiro. RG84. 850.4 - Box 283. Vol. XLVII - 1944 – DS/USNA.

31 Carta do Secretário de Estado Norte-Americano, Dean Acheson ao embaixador Jefferson Caffery no Rio de Janeiro, datada de 9 de maio de 1944. RG84. 850.4 - Box 283. Vol. XLVII - 1944 – DS/USNA.

32 Carta do Ministro Alexandre Marcondes Filho ao Embaixador dos Estados Unidos Jefferson Caffery em 29/05/1944. RG84. 850.4 - Box 283. Vol. XLVII - 1944 – DS/USNA.

Diante dessas evidências documentais, é possível compreender a organização do primeiro relatório de Rowell, assim como os subsequentes. A preocupação com os níveis de salários, demonstrada pelas cartas e por despachos, que temem uma "turbulência operária" no Brasil, conduz o Departamento de Estado ao monitoramento desses índices.

No MLR 1, o primeiro item a ser descrito é o dos salários. Assim, Rowell alimenta os *policy-makers* sobre as ocorrências salariais dos meses de junho e julho de 1944, enviando a cotação do valor-dia de salário pago a trabalhadores especializados, no Rio de Janeiro (Cr$30,00), Belém (Cr$25,00 a 22,00) e Manaus (Cr$13,00).[33] Há, igualmente, um levantamento sobre o mercado de trabalho, relatando as dificuldades para o trabalhador brasileiro diante do congelamento das vagas de trabalho nas fábricas e no campo.

Com respeito às condições de vida – *Living Condition* –, outro tópico do relatório, assim descreve Rowell o Brasil de meados do ano de 1944:

> O aumento do custo de vida tem sido checado, apenas parcialmente. Os preços do açúcar e do leite estão sendo controlados, porém o preço de outros produtos parece corresponder a oferta e procura. De acordo com a tabela abaixo fizemos uma comparação entre os preços de produtos de primeira necessidade entre os anos de 1935 a 1944.

Porcentagem do preço de Janeiro de 1935

Comodities	Aproximação ao preço real Janeiro 35 em réis	Preço oficial Janeiro 1944	Preço real pago Janeiro 1944	Preço real pago Junho 1944
Arroz n.1	1.150	174	190	244
Arroz n.2	1.050	181	209	343
Arroz n.3	900	167	233	289
Batatas	760	138	171	381
Carne Seca	2.600	131	250	327
Feijão Preto	600	200	183	416
Milho	400	163	116	140

33 *Monthly Labor Report* number one (15 de junho a 15 de julho de 1944) Preparado por Edward J. Rowell. RG84. 850.4 - Box 283. Vol. XLVII - 1944 – DS/USNA.

Pesquisas de outras seções indicam que houve aumento de 100% em gêneros alimentares de consumo popular no Ceará e Pará; 18 a 50% na Bahia; 'substancial' em Belo Horizonte; e nenhuma mudança de preços em Curitiba e Porto Alegre, onde gêneros alimentares existem em relativa abundância. Estabeleceu-se no Rio o 'mercado livre' com fiscalização do governo com limite de preço. Carne é vendida as Segundas, Quartas e Sextas devido sua limitação – pouca carne no mercado – com influência igualmente nos preços do mercado normal

Um acordo entre a Coordenação da Mobilização Econômica e as indústrias de calçado e têxteis com preços fixos de produção a baixo custo, permitiu o suprimento do mercado destes produtos. Há também, nesta direção, construção de casas populares a trabalhadores e venda de produtos de primeira necessidade pela SAPS (Serviço de Alimentação da Previdência Social). A caixa de Aposentadoria dos Pescadores entregou 115 casas e existem mais 102 em construção. O Instituto dos Bancários tem 15 casas em construção em São Paulo; a Central do Brasil tem 114 apartamentos em acabamento no Rio. Alugueis estão na casa de 180 a 220 cruzeiros por mês.

As atividades institucionais e de bem-estar somente demonstram que a solução do problema ainda está muito longe. A Classe operária continua a viver à beira da subsistência e a classe média baixa continua a ter seu poder de compra diminuído.[34]

Neste Relatório, Rowell ainda descreve, em *Condições de Trabalho*, questões relativas aos protestos de brasileiros contra vagas de trabalho ocupadas por estrangeiros e sobre o plano de Segurança e Higiene em fábricas, iniciativa da General Eletric, apoiada pelo Ministério do Trabalho. Destaca o combate do governo ao trabalho de menores de idade e dá ênfase à posição adotada pelo Supremo Tribunal Militar, que declara a não proteção aos jovens que "desertarem" de seu trabalho em fábricas que forem decretadas como de segurança nacional.

No item *Outras Legislações Trabalhistas e Determinações,* o destaque é dado aos decretos pendentes de maior importância que ainda não foram julgados como: a revisão completa da lei de Segurança Social, a Lei de Compensação e a Lei que permite a formação dos sindicatos rurais. Determinações do Presidente da República também são, aqui, sublinha-

---

34 *Idem.*

das, como: o Decreto Lei n. 6.688, que torna a indústria têxtil de interesse militar, modificando, em certo aspecto, o código de Trabalho; a criação do Comitê Executivo Têxtil que passará a regular as normas de trabalho; a determinação da condenação penal a quem faltar muito ao emprego; o papel do Supremo Tribunal Militar, que passa a ter o direito de condenar o indivíduo que abandone o trabalho em indústrias de interesse militar, estipulando, ainda, que essa ação poderá envolver em crime de deserção, no caso de cidadãos brasileiros, e sabotagem, no caso de estrangeiros

Rowell ainda põe em evidência que a Suprema Corte Federal determina que a apelação de funcionário demitido sob alegação de fazer parte de partido político proibido, de acordo com o decreto lei número 136 de 14 de Dezembro de 1935, será julgada pela justiça comum ao invés da justiça do trabalho, uma vez que este é um caso de policia entre empregador e empregado. Esta evidência demonstra, já em 1944, um receio de que o Partido Comunista – levando em conta que a lei foi promulgada após a chamada "Intentona Comunista" –, ainda na ilegalidade, tenha controle sobre o operariado brasileiro.

Este item, que é particularmente longo, ainda ressalta que a Corte de Conciliação determina que a falta de disciplina, insubordinação ou indolência serão motivos de dispensa sem pagamento ou indenização.

O MLR ainda descreve a ação dos *Sindicatos* – novo item –, relevando a grande discussão sobre a formação dos sindicatos rurais no Brasil e sua oposição por parte significativa dos proprietários de terras. Notícias sobre as várias intervenções em sindicatos irregulares, em todo o Brasil, são enumeradas e nomeadas, nomes de sindicatos sob intervenção são apresentados assim como as razões que levaram o Ministério do Trabalho a tomar tal atitude.

No item *Internacional*, o destaque é dado à participação de delegados brasileiros na Conferencia da OIT – Organização Internacional do Trabalho (*International Labor Office Conference*), ocorrida no mês de maio na Filadélfia. O Adido Edward Joseph Rowell toma o cuidado de transcrever as palavras do Ministro do Trabalho, Dr. Alexandre Marcondes Filho, que elogiou a *Carta da Filadélfia* como um instrumento da criação de um código internacional do direito social, destacando que as exigências da guerra não excluíram as demandas do povo por melhor justiça e seguridade social. O ministro caracterizou a participação do Brasil como um sucesso porque, segundo suas palavras, foi demonstrado o progresso brasileiro na Conferência e identificação de princípios na nomeação de representantes brasileiros para o Comitê de Seguridade Social.

Ainda descrevendo os acontecimentos referentes à participação brasileira no Congresso, Rowell comenta , favoravelmente, a posição adotada pelo do Dr. Luiz Augusto de Régio Monteiro, cujas palavras – louváveis, segundo ele – foram: que a colaboração internacional é essencial para o desenvolvimento do equilíbrio econômico no mundo; que a intervenção do Estado é condição essencial para a industrialização econômica de uma jovem nação; que o direito ao emprego é um conceito jurídico definitivamente estabelecido.

Houve, ainda, a preocupação, por parte desse Adido, em retratar as ações dos *Institutos de Pensão e Aposentadoria*, caracterizando o Instituto de Aposentadoria e Pensão dos Bancários e suas recentes realizações, principalmente com relação à construção de casas e apartamentos e o montante gasto com essas práticas. Há, inclusive, a preocupação em apresentar um balanço feito pelo sindicato sobre pensões pagas e seus valores, além das críticas da opinião pública e do próprio presidente da República com relação à aplicação, no mercado financeiro, dos valores em carteira.

As normas do Departamento de Estado determinam que no final do relatório, seja apresentado, como seu último item, o que eles denominaram de Miscelânea. Em sua primeira apresentação, este último item apresenta a declaração feita pelo presidente Getúlio Vargas em Belo Horizonte, no mês de julho daquele ano.

Vargas, segundo a descrição, apresenta o trabalho no Brasil como um elemento de integração social da classe operária – e sua cooperação – com as outras classes do país. Declara, também, que as leis trabalhistas não representam efeitos de popularidade e sim de justiça aos trabalhadores. Elementos importantes para incorporá-los na sociedade e primordiais na colaboração da administração do governo. De acordo com suas palavras, o trabalhador deve se orgulhar de não ser presa de extremistas nem de direita nem de esquerda e de permanecer no lado da ordem. Nesta ótica, o Estado está além da ideia política de direita e esquerda e se confunde com a ordem.

Como pudemos perceber, esses relatórios, muitos completos, tentam ser a descrição pormenorizada de todas as ocorrências relativas ao trabalho no Brasil. A apresentação de correspondências trocadas entre consulados e embaixada e embaixada e Departamento de Estado nos permite entender toda a construção de um ideal dos *policy- makers*. Clara fica a intenção das autoridades norte-americanas na criação do programa dos Adidos Trabalhistas. O que vimos neste primeiro e pequeno exemplo é tanto um projeto de construção de um panorama do trabalho e do movimento operário no Brasil, naquele momento, quanto a montagem de um grande banco de dados que permitisse às autoridades de Washington um conhecimento preciso da realidade brasileira nesse campo.

Edward J.Rowell desempenhou papel muito importante para o Departamento de Estado no que diz respeito à organização de informações e dados relevantes sobre o movimento operário do Brasil. Conseguiu relevo no cenário do mundo do trabalho brasileiro não apenas por cumprir sua função protocolar de Adido, mas por contar com auxilio de autoridades diplomáticas americanas e de "destacados" cidadãos brasileiros.

Em memorando datado de 01 de Agosto de 1944 e dirigido ao conselheiro da Embaixada para Assuntos Econômicos, Walter J. Donnelly, Rowell solicita do companheiro de trabalho, que já estava no Brasil há mais tempo, uma aproximação com o Ministro do Trabalho, justificando que sua função de relator do trabalho no Brasil seria muito mais facilitada se tivesse a cooperação do Ministro, em três pontos básicos destacados por ele: a) a designação de um funcionário do Ministério para servir de ligação e que colaboraria com as bases técnicas. b) Sua apresentação via Ministério ou Departamento do Trabalho aos líderes trabalhistas e sindicatos patronais. c) Assistência ministerial ou departamental na observação do funcionamento de agências de serviços e práticas e nas relações comerciais e industriais de trabalho e práticas de trabalho. Afirma já ter tido contado com o Dr. Oscar Saraiva e com o novo chefe do Departamento de Trabalho, o Sr. Segadas Viana, que lhe garantiram que após sua apresentação ao Ministro, colaborariam com todas as ações acima destacadas.[35]

A estratégia descrita no memorando deixa claro que a tarefa de Rowell não se restringia apenas a compilar dados de boletins oficiais brasileiros. Propõe-se aqui um trabalho de estratégia, onde um Adido cumpriria, com

---

35 Memorando de 01/08/1944 de Edward J.Rowell para Walter J. Donnelly. RG84. 850.4 - Box 283. Vol. XLVII - 1944 – DS/USNA.

auxílio de autoridades brasileiras, uma função muito mais complexa do que simplesmente coletar dados. A permissibilidade que se espera seja dada pelo Ministro garante um trabalho apurado que permita a quem faz um levantamento preciso da situação do trabalho no Brasil.

A reunião solicitada foi prontamente marcada, ocorrendo no dia 2 de Agosto. Em carta de circulação restrita, datada do dia posterior, Harold S. Tewell, primeiro Secretário da Embaixada, enviava ao Secretário de Estado informações importantes sobre a reunião dos seus funcionários com o Ministro do Trabalho. Relata ele que:

> o Ministro foi cientificado da natureza da tarefa da Embaixada em relatar atividades de Trabalho. Ele foi informado sobre o grande interesse do Governo Americano na Lei Trabalhista Brasileira, nas instituições do trabalho e do desejo imenso em manter-se informado sobre as ocorrências ligadas ao Trabalho no Brasil, legislação trabalhista e o progresso da classe operária em todos os países onde mantém missões.

> O Ministro do Trabalho expressou seu grande interesse no projeto e demonstrou o desejo de colaborar da maneira mais completa possível. Especialmente em oferecer continuamente, informações disponíveis do Ministério tanto publicadas quanto não publicadas, facilitar o estabelecimento de conexões com os Sindicatos e com vários departamentos do governo, facilitar a observação de operações industriais e práticas de trabalho e designar um funcionário do Ministério que sirva de ligação para colaborar com os funcionários responsáveis pelos relatos de trabalho e o cumprimento de seus propósitos[...] Finalmente o Ministro afirmou que os países da America Latina, em geral, achariam as instituições trabalhistas brasileiras mais simpáticas do que as Norte-Americanas e Europeias e antecipou que, em grande medida, eles pautariam seu desenvolvimento no modelo estabelecido pelo Brasil.[36]

36 Carta n. 17.243 de 03/08/1944 "Restrita" enviada por Harold.S.Tewell ao Secretário de Estado. RG84 - 850.4 - Box 283. Vol. XLVII - 1944 – DS/USNA.

Estes documentos de circulação restrita nos permitem avaliar em que medida ocorriam os auxílios de nações que aceitavam as ingerências em seus assuntos particulares. O governo brasileiro, após ter optado pelos Estados Unidos, declarando guerra ao Eixo, não só aceitou a montagem de bases americanas em nosso território como colaborou com outros interesses estadunidenses, que iam muito além daqueles ligados à luta contra o Nazifascismo.

O trabalho de Rowell foi profícuo, desde que chegou, tanto é assim que em 4 de setembro, no Despacho 17663, a Embaixada dos Estados Unidos mandava ao Departamento de Estado sua prestação de contas. Era uma relação de Relatórios e Despachos, produzidos de junho a agosto, relacionados à questão trabalhista em todo Brasil. Foram 6 relatórios e 6 despachos, totalizando 50 páginas de informação, tratando de assuntos tais como: *Uma Opinião sobre a extensão das horas de trabalho de acordo com o Código de Trabalho Brasileiro*; *Informações sobre o novo diretor do Departamento Nacional do Trabalho*; *Donas de Casa organizam a luta contra a alta do custo de vida*; *Opinião do Relator sobre o Status da Corte do Trabalho*; *A Indústria têxtil Brasileira*.

Os assuntos de interesse do Departamento de Estado nos deixam claro que neste momento, a preocupação estava relacionada com o alto custo de vida, com o efeito das leis trabalhistas sobre o operariado e com o funcionamento das indústrias no Brasil. A todo tempo, percebe-se, pela análise das fontes, que nesse instante a preocupação relacionava-se ao medo de um sublevação ou inquietação – termo muito usado nos documentos – por parte dos trabalhadores brasileiros, o que supostamente poderia desestabilizar tanto a economia brasileira quanto sua organização política. Os relatórios, despachos e memorandos, em nenhum momento, citam a ação dos comunistas ou de qualquer questão relacionada aos trabalhadores que envolva política, tanto na disputa por cargos – dentro dos sindicatos e governo – quanto na luta pelo poder.

Os documentos produzidos durante todo o ano de 1944, provavelmente por ser o primeiro desse trabalho especifico do Departamento de Estado, apresentam – apesar de algumas indicações de paralisações curtas nas fábricas e formação de sindicatos que patrocinaram congressos no Brasil, particularmente no nordeste – pouco destaque no que se refere ao movimento de organização da sociedade que começa a ocorrer nesse período no Brasil, principalmente sob os auspícios do próprio Presidente Vargas, com relaxamento das leis estadonovistas.

O ano de 1945 foi especialmente importante e definidor para o trabalho dos Adidos Trabalhistas. No Brasil, Rowell, que já desempenhava sua função com mais tranquilidade, teve que enfrentar, naquele momento, mudanças radicais, que provavelmente não esperava. Quando chegou a nosso país, ainda existiam normas e leis que, em grande parte amordaçavam o movimento operário. As greves e os *lockouts* eram proibidos, assim como foi proibido também o absenteísmo em fábricas declaradas de interesse militar.

As paralisações relatadas nos *MLR* números 1 a 4 dos anos de 1944 representavam muito pouco diante do que ocorreria a partir de 1945 em diante. Muitas greves, formação de sindicatos, congressos de operários, envio de delegações para congressos internacionais, dissídios, greves portuárias, enfim um sem número de ocorrências que exigiriam muito mais do Adido Trabalhista. Eram muitas as atividades ligadas ao desenvolvimento das forças produtivas naquele momento de transição entre um regime autoritário para um novo modelo de governo que deveria defender a Democracia e a liberdade do cidadão.

O Departamento de Estado orientou seus funcionários, responsáveis por relatar questões ligadas ao trabalho, que procurassem levantar todas as ocorrências, principalmente aquelas que pudessem prejudicar empresas e interesses norte-americanos no Brasil. Determinou, também, que encontrassem evidências políticas nos movimentos dos trabalhadores brasileiros.

Dois eram os grandes medos dos homens de Washington: o primeiro, que os trabalhadores brasileiros aceitassem participar de uma União Internacional de Trabalhadores[37] que não estivesse ligada a ILO, onde os Estados Unidos tinham força; e o segundo, que o movimento operário latino-americano fosse dirigido pelos Partidos Comunistas em seus respectivos países.

As greves aconteciam, também, por toda a América Latina, e havia, em fevereiro de 1945, a convocação para uma conferência de trabalhadores, na cidade do México. Esta discutiria propostas de paz e novos caminhos para

---

37   A CTAL Confederación de Trabajadores de America Latina, fundada em 1938 pelo líder marxista mexicano Vicente Lombardo Toledano. A CTAL participou em 1945 da criação da Federação Sindical Mundial de tendência comunista em outubro de 1945 em Paris.

a economia das Américas. Ocorre que a Confederación de Trabajadores de América Latina (CTAL), uma organização laboral internacional, com sede no México, dominava as pautas que seriam discutidas, propondo tarifas alfandegárias e desenvolvimento autônomo de suas indústrias. Isto ia de encontro aos interesses norte-americanos, que acusavam a CTAL de estar controlada pelo movimento comunista internacional e de influenciar os países latino--americanos, inclusive o Brasil.

Os documentos adjacentes dão consistência aos *Relatórios Mensais* (*MLR*) e é em 1945 que justificarão o temor demonstrado pelo Departamento de Estado com relação às greves e à continuada onda de inquietação registrada nos relatórios daquele ano. A necessidade de acompanhar de perto os acontecimentos leva o Conselheiro Donnely a telegrafar para o Consulado Geral em São Paulo, solicitando confirmação sobre a greve nas indústrias têxteis daquele estado brasileiro.[38] Nesse mesmo dia, o Secretário de Estado Stettinius telegrafa para a embaixada no Rio, enviando a seguinte mensagem:

> Telegrafe o mais rápido possível ao Departamento os nomes e um pequeno esboço biográfico dos delegados que a Organização Brasileira do Trabalho irá mandar para a Conferência Mundial dos Sindicatos em Londres convocada pelo Congresso Britânico de Sindicatos para Fevereiro.

Sindicatos e operários passaram a representar elementos importantes no emergente desenvolvimento político do pós-guerra. A política externa Americana deu ênfase ao estudo e à pesquisa de tudo que se relacionasse à questão trabalhista no mundo, naquele momento. No Brasil, tratava-se de assistir de perto a tudo que dissesse respeito ao operariado e a suas representações, principalmente porque naquele momento, no imediato pós-guerra, os sindicatos começavam a ganhar independência em relação ao Estado.

O aumento do número de paralisações e o fortalecimento dos sindicatos preocupava tanto as autoridades norte-americanas que o Cônsul Geral dos Estados Unidos em São Paulo, Cecil M. P. Cross, chegou a enviar uma carta ao embaixador Adolf A. Berle Jr., dando conta das greves e dos efeitos

---

38 Telegrama enviado por Walter J. Donnely para o Consulado Geral Americano em São Paulo datado de 05/01/1945. 7.p.m. - RG84 - 850.4 - Box 329 - 1945 – DS/USNA.

do novo decreto lei nº 7321, que permitia aos sindicatos a representação dos operários nas questões de dissídios, o que não ocorria até então. Segundo ele,

> não mais do que 1/5 dos trabalhadores de São Paulo são membros dos sindicatos porque estes não têm autonomia e isto se deve ao fato de serem meras agências do governo sem qualquer capacidade de representar os interesses dos trabalhadores.[39]

O fortalecimento da classe operária – e, por conseguinte, da sociedade brasileira – tinha suas raízes na abertura política e na luta contra a carestia. Os trabalhadores organizavam-se e paravam as fábricas – ação proibida por lei –, por melhores salários, condições de trabalho, vagas no comércio e indústria, transporte, moradia e saúde. O maior vilão era o aumento do custo de vida. Rowell, em seus relatórios, dava ênfase especial a esse item. No de número 8, na parte mais consistente, ele declara que:

> a atenção permanece focada no aumento do custo de vida no Brasil. Um estudo sobre a tendência do custo de vida na cidade do Rio de Janeiro, feito pela Câmara Americana de Comércio, em fevereiro, calculou, tendo como base o ano de 1939 a 1944 um aumento do custo de vida da ordem de 250%. São Paulo segue a mesma tendência.[40]

Os *Relatórios Mensais* do Trabalho (*MLR*) denunciam as preocupações do Departamento de Estado no que diz respeito ao que ocorria no Brasil naquele período. Se os anteriores – apesar do levantamento preciso que apresentavam – eram enviados a Washington com uma média de 10 a 15 páginas, os do ano de 1945, devido indubitavelmente às ocorrências e a necessidade de registrá-las, passaram a ser mais completos e com um número de páginas cada vez maior.[41] O do mês de abril/maio (nº 9), foi composto

---

39 Carta enviada ao Embaixador dos EUA em 28/02/1945 e transmitida ao secretário de Estado no mesmo dia, São Paulo, RG59 DF 832.504/2-2845.
40 Monthly Labor Report number eight (1 de Fevereiro a 31 de março de 1945) Preparado por Edward J. Rowell. RG84. 850.4 - Box 330. DS/USNA.
41 Assim eram constituídos, em números de páginas, os *Relatórios* , do numero 1 ao 58 – o que cobre nosso recorte – 1944 a 1952 – número 1- 9 p.; 2-19 p.; 3-15 p.; 4-20 p. ; 5-18 p.; 6-21 p. ; 7-22 p.; 8-15 p.; 9-24 p.; 10-35 p.; 11-24 p.; 12-29 p.; 13-34 p.; 14-39 p.; 15-28 p.; 16-35 p.; 17-40 p.; 18-31 p.; 19-32 p.; 20-34 p.; 21-18 p.; 22-11 p.; 23-30 p.; 24-19 p.; 25-35 p.; 25.1-35 p.; 26-12 p.; 27-19 p.; 28-13 p.; 29-18 p.; 30-19 p.; 31-11 p.; 32-18 p.; 33-13 p.; 34-39 p.; 35-31 p.; 36-22 p.; 37-23 p.; 38-26 p.; 39-11 p.; 40-11 p.; 41-8 p.; 42-9 p.; 43-9 p.; 44-10 p.; 45-7 p.; 46-10 p.; 47-13 p.; 48-14 p.; 49-8 p.; 50-11 p.; 51-12 p.; 52-17 p.; 53-8 p.; 54-13 p.; 55-15 p. 56-23 p.; 57-17 p.; 58-6 p.

por 24 páginas e teve de ser confeccionado a quatro mãos: por Richard A. Godfrey, Analista Econômico Jr., e pelo Adido Trabalhista Edward J. Rowell. Seu sumário apresenta um tom alarmante e pela primeira vez estabelece ligação dos acontecimentos com questões políticas.

> O descontentamento dos trabalhadores chegou a seu ápice em Abril encontrando grande expressão nas greves e disputas. Pelo menos 22 greves e 18 disputas ocorreram apesar do fato de que as greves ainda são ilegais no Brasil. Os distúrbios na área industrial foram mais numerosos no Estado do Rio Grande do Sul a São Paulo e particularmente envolveram os serviços de transporte.
>
> O aumento dos salários para fazer frente ao crescente custo de vida foi a principal demanda em todas as disputas na área da indústria como foi registrado no mês de abril. No final do mês, mais de 100 mil trabalhadores receberam aumentos não menores do que 30% em salários acima de Cr$500,00 (Cr1,00 igual a aproximadamente $0,05 U.S). A perspectiva é de que essas demandas de aumento continuem e envolvam muito mais trabalhadores.
>
> Também tem crescido o interesse dos trabalhadores por ações políticas neste mês de Abril, embora ainda seja obscura a direção dessa ação. As organizações políticas dos trabalhadores instituídas parecem dirigir-se mais para a organização de blocos de votação do para a formação de partidos políticos de trabalhadores. A notável ocorrência foi a organização do Movimento Unificador dos Trabalhadores. Essa organização com grupos ativos no Rio de Janeiro e São Paulo tornou-se a frente de trabalho central do ainda não autorizado Partido Comunista. O ponto central do programa do M.U.T. é a promoção da democracia política através da colaboração de classes e a criação de uma coalizão de governo.[42]

Entre os meses de março e maio, como deixam transparecer os relatórios de Rowell e as cartas de Cecil Cross, muitas foram as greves atingindo

---

42 Monthly Labor Report number eight (1 de Fevereiro a 31 de março de 1945) Preparado por Richard A. Godfrey e Edward J. Rowell. RG84. 850.4 - Box 330. DS/USNA.

a casa das centenas. Os grandes centros como Porto Alegre, Rio de Janeiro, Belo Horizonte e São Paulo apresentaram paralisações não só na área industrial, como também em muitos outros ramos de atividades, do comércio ao sistema de transporte público. Em julho de 1945, Cecil Cross envia carta à embaixada no Rio de Janeiro, dando conta de que a situação em São Paulo beirava o clima de greve geral e que "houve certo pânico entre as classes privilegiadas". O *Relatório* número 10 destaca que calcula-se ter havido trezentas e sessenta e cinco greves em menos de uma semana durante o mês de maio e que chegaram a contar com 150 mil trabalhadores[43]

O Departamento de Estado, representado pela Divisão dos Serviços Centrais no *Informal Comment on Reports and Despatches – Reference Foreign Service Serial* numero 257, como de costume, faz comentários sobre o trabalho do Adido Trabalhista e a utilidade de seus relatórios e análises. Afirmam os representantes da Divisão que as informações prestadas por cartas e memorandos, além dos dados enviados pelo Relatório numero 6, são úteis para referências e informações gerais. Destacam que o Relatório se apresenta melhor do que o previsto, mas que seria necessário fornecer informações mais precisas sobre os Sindicatos e sua função no Brasil naquele momento. Solicitam, por exemplo, a identificação dos líderes com informações biográficas para a formação de um banco de dados do *Who's Who in Latin American Labor*. Fazem referências positivas sobre a seção do Relatório reservada ao levantamento de ganhos entre os trabalhadores brasileiros por tipo de emprego e afirmam que é de interesse vital que esse trabalho continue a ser feito pois o Departamento tem intenção em levantar esses dados de todos os países da América Latina.

O *Informal Comment* termina reafirmando a importância dos *Relatórios* mensais que cobrem tanto extensiva como intensivamente as necessidades e interesses do Departamento de Estado e solicita em seu último parágrafo que as informações relevantes, com relação ao movimento operário, sejam cada vez mais precisas e completas.[44]

---

43 Carta de Cecil M.P.Cross para Adoplh Berle em 3/07/1945, RG59 – 832.00/7-345 e Monthly Labor Report number ten (1 de maio a 1 de junho de 1945) Box 330. - 850.4 DS/USNA.

44 Informal Comment on Reports and Despatches – Reference Foreign Service Serial, no. 257 da Divisão de Serviços Centrais datada de 28 de Abril de 1945. RG84 Box 330. - 850.4 DS/USNA.

A necessidade de informações precisas está ligada, principalmente, ao temor que Washington tinha pelo crescimento do poder dos Sindicatos e dos Comunistas no Brasil. No Relatório nº 10, mais uma vez feito a quatro mãos, destaca-se a importância dos grupos de operários ligados à política, principalmente com aos comunistas. Afirma-se categoricamente que o Movimento Unificador dos Trabalhadores (MUT) é uma organização comunista e que tem ganho muita força política após o discurso de Luis Carlos Prestes no dia 23 de Maio.

Em carta datada de 26 de Maio – confidencial e pessoal –, John Edgar Hoover, Diretor do FBI, envia para o Sr. Frederick B. Lyon, do Departamento de Estado, Divisão de Atividades Estrangeiras, com cópia para a embaixada dos EUA no Rio de Janeiro, carta cujo assunto é: "Luiz Carlos Prestes e as Atividades Comunistas no Brasil". Nesta correspondência, Hoover diz ter recebido de fonte segura , confiável e confidencial , informações sobre o discurso de Prestes no Estádio do Vasco Gama em 23 de maio e sua repercussão, além de dados importantes sobre as formações dos comitês "democráticos". Termina a missiva afirmando que foram vistas muitas bandeiras da Rússia e ouvidas referências frequentes a Stalin.[45]

É importante notar que num momento de especial dificuldade, principalmente de comunicação, pois a guerra nem bem tinha acabado na Europa, Washington contava com um sistema único de comunicações de guerra ainda não desativado no Ocidente, eficaz e rápido de transmissão de mensagens. A máquina de inteligência ainda funcionava a todo o vapor.

O envio para o Brasil de Adolph Berle para ocupar a Embaixada dos Estados Unidos, em janeiro de 1945, não foi um ato inadvertido de Roosevelt.

Adolph Augustus Berle Jr. nasceu em Boston, Massachusetts, em 1895 e muito cedo dedicou-se ao estudo, diplomando-se em Harvard em 1916. Fez parte da delegação americana na Conferência de Paris e passou a advogar em Nova York naquele ano de 1919. Foi professor de Direito corporativo. Foi membro destacado do *Brain Trust*, grupo de assessores econômicos do New Deal. De 1938 a 1944 foi Assistente de Secretário de Estado para os Assuntos da América Latina. Continuou assessorando Roosevelt, apesar de seu trabalho no Departamento de Estado, assessoria tanto em questões econômicas

---

45   Carta de John Edgar Hoover para Frederick B. Lyon, de 26 de maio de 1945. RG59. 832.008/2545. DS/ USNA.

quanto em assuntos internacionais, principalmente no que se refere ao plano do Presidente dos EUA para a América Latina, ou seja, a *Política da Boa Vizinhança*. Berle foi o responsável pela organização e administração desse projeto. Serviu no Brasil como embaixador de 30 de janeiro de 1945 a 27 de fevereiro de 1946.

Berle era um homem de confiança do presidente antes mesmo do evento do New Deal. Além de sua participação destacada no grupo do *Brain Trust*, dava assessoria constante à presidência. Teve papel importante na organização e montagem da *Política de Boa Vizinhança* e por isso podia ser muito útil no Brasil naquele momento, quando a vitória dos aliados já era quase certa e transformações sociais, políticas e econômicas eram esperadas.

O papel desempenhado pelo Embaixador dos Estados Unidos nesse momento seria de extrema importância para o Departamento de Estado, no que diz respeito ao "controle" da situação no Brasil. Ocorre porém que sem a assessoria de Rowell nem as informações deste adido ao Departamento de Estado, propondo uma aproximação entre líderes trabalhistas norte americanos e brasileiros[46], o que levou Washington a desenvolver estratégia fundada na influência desses lideres através da propaganda e treinamento, nada poderia ser feito por Berle.

O "medo" de que os comunistas dominassem o movimento operário brasileiro levou o Departamento de Estado e a embaixada norte-americana no Brasil, com a assessoria do Adido Rowell, a desenvolverem uma tática que não só influenciaria os lideres de sindicatos brasileiros, como toda a classe operária.

A correspondência consular trocada entre São Paulo e Rio, assim como entre a embaixada e o Departamento de Estado[47], deixa muito clara a crença, pelas autoridades norte americanas, de que o trabalhador brasileiro, encontrava-se num estágio muito distante daquele dos trabalhadores americanos e de seus métodos[48] e, não encontrando identificação nos sindicatos – que eram controlados pelo Estado –, seria mais facilmente alcançado pela propaganda. O combate ao comunismo deveria ser feito pela divulgação

---

46 Carta de Mr.Mulliken para Mr. Chalmers do Office of American Republic Affairs, de 15 de Janeiro de 1945. RG59 - 832.504/1-1545. DS/USNA.

47 Carta de Cecil M.P.Cross ao Secretário de Estado: "transmitindo copias do Relatório Político submetido à Embaixada Americana no Rio de Janeiro". De 28 de fevereiro de 1945. RG59 – 832.504/2-2845. DS/USNA.

48 Memorando do Embaixador Adolph Berle para Egan e Rowell, 25 de agosto de 1945, RG59 – 832.504. DS/USNA.

de mensagens que demonstrariam as vantagens do Liberalismo Americano. Nesse momento, era essa a estratégia pois ainda não havia um acordo secreto entre as centrais sindicais americanas e o governo para influenciarem diretamente sindicatos e operários.

O projeto do Departamento de Estado mais uma vez é representado, aqui, pelo trabalho do Adido Trabalhista Rowell, que, preparando um memorando em 17 de agosto de 1945, envia-o para o Sr. W.J. Convery Egan[49], "Propaganda Americana para Trabalhadores Brasileiros". Este documento afirma que o projeto tem como intuito "promover uma melhor compreensão entre o trabalhismo americano e as condições de trabalho entre os trabalhadores brasileiros"[50] e apresenta sugestões sobre a execução do mesmo.

As conversações, rumo a este objetivo, passam a contar com a presença de representantes do Departamento de Estado e OIAA[51] e a proposta é encabeçada pelo embaixador Berle, que prepara um programa denominado: *Informational Program Directed toward Brazilian Labor*, concordando com o conselho de Rowell. Propõe-se o uso de filmes, livros, novos boletins e exibições de documentários para a promoção das boas relações entre trabalhadores americanos e brasileiros.

Com respeito aos filmes a serem apresentados aos trabalhadores brasileiros, a determinação é que fossem produzidos exclusivamente pelo Office of Inter-American Affairs e com o propósito de mostrar

> o que a liberdade pessoal significa, nossos ideais, nossas casas, nossas esperanças com relação às crianças e famílias, nossos sindicatos, e como estes organizam o bom entendimento entre trabalhadores e empregados, etc.[52]

Segundo a proposta de Rowell, a distribuição desses filmes seria feita nos sindicatos e noutras organizações laborais como o Movimento Unificador dos Trabalhadores (MUT) e nos Círculos Operários Católicos, que já usavam

---

49 Oficial do Departamento de Estado dos Estados Unidos a partir de 1942, no serviço de assuntos estrangeiros na América do Sul e representante da OIAA no Brasil. Assumiu, também, a função de Assistente--Chefe de produções de filmes da Divisão Internacional da Motion Pictures.
50 Memorando 17/08/1945, pag.01 RG59 DF 832.504/2-2845. DS/USNA.
51 Por decreto do poder executivo em 31 de agosto de 1945, as atividades da Office of Inter-American Affairs foram transferidas para o Departamento de Estado. Ele ficou conhecido como Office for Inter--American Affairs. Igualmente por decreto do executivo, em 10 de abril de 1946, o Escritório foi extinto e suas funções e responsabilidades foram transferidas para o Departamento de Estado.
52 Memorando 17/08/1945 pag.2 ,RG59 ,DF 832.504/2-2845. DS/USNA.

filmes do OCIAA – alguns produzidos pelas próprias empresas que o apoia-vam, como a Symphony in F de 1940[53] –, onde teriam grande audiência.

No dia 22/08/1945, o Cônsul Cecil Cross, novamente, envia um aero-grama para o secretário de Estado, em Washington, posicionando-se a favor de uma luta contra a influência russa, "que já está ativa e fazendo rápidos progressos. Suas implicações são hostis para os Estados Unidos e condu-zem a uma subversão social."[54] Segundo Cross, o combate aos russos pas-saria pelo estreitamento das relações entre os trabalhadores brasileiros e os americanos. Afirma ele: "ainda é possível juntar um grupo de lideres influen-tes e de mente aberta dispostos a estabelecer e manter contatos com lideres americanos."[55]

O plano de Berle é sintetizado e organizado tendo como base as infor-mações e propostas de Edward J.Rowell e o apoio de Cross.

Clara é a preocupação e o cuidado que as autoridades norte-america-nas passam a ter, a partir daquele momento, até com as palavras que deve-riam usar, de maneira a não desagradar nem os líderes dos trabalhadores nem as autoridades brasileiras. O programa precisava ser posto em prática sem correr o risco de falhas que pudessem abortar seus propósitos.

Para que o programa fosse eficiente, foram propostas inserções da *propaganda americana para os trabalhadores brasileiros*, nos programas de rádio e nos jornais populares.[56]

O despacho de Embaixada[57], fazendo referência ao programa proposto por Berle, estabelecia uma dinâmica, tanto no início do programa quanto em sua consecução. O embaixador sugeria algumas considerações com res-peito aos *Labor Films for Brazil*. Primeiro, que deveriam passar pelo crivo

---

53 Filme comissionado pela Ford que tenta mostrar a ideia de que a produção automobilista é produto do trabalho de muitos e representa a riqueza de todos . Ideal do modelo econômico do liberalismo.

54 Aerograma de Cecil M.P.Cross para o Secretário de Estado, 22/8/1945, A nº122, RG59, DF 832.5043-8-2245

55 Aerograma de Cecil M.P.Cross para o Secretário de Estado, 22/8/1945, A nº122, RG59, DF 832.5043-8-2245

56 O desejo era "enfatizar, tanto quanto possível, o aspecto que melhor demonstrasse as vantagens de vi-ver sobre nosso sistema democrático" e "em particular [...] dar toda a ênfase aos efeitos da tranquila re-lação de cooperação entre as organizações de trabalho e os empregados." Memorando de W.J. Convery Egan para Edward J.Rowell. "Informational Activities Aimed at Brazilian Working Class Audiences" 1/9/1945, RG59,832.5043-8-2245.

57 Despacho número 3723 de 13/12/1945 da Embaixada Americana no Brasil para o Departamento de Estado (Restricted) Assunto: Labor Films for Brazil. Enviada por C.C.B., com cópia para Rowell. RG59 - 832.504/12-1345. DS/USNA.

do Departamento de Estado, que avaliaria "a reação, do ponto de vista doméstico, sobre sua disseminação por um órgão oficial norte-americano", e pela Embaixada no Brasil, que recomendaria aumento substancial na lista de filmes da OIAA, para distribuição em fábricas, sindicatos e comunidades industriais. Propunha, também, que fossem analisadas produções não oficiais confiáveis, dentro do programa, e indicava um filme de catálogo realizado pela *United Automobile Workers-CIO*, "possivelmente útil para o Brasil"[58] intitulado *Building Industrial Unionism*, documentário de 1940, sobre uma colônia de férias da UAW-CIO em Circle Pines, Michigan.

O comentário, do funcionário, no despacho da embaixada, é de que:

> este tipo de filme descrevendo as atividades de trabalhadores organizados, nos Estados Unidos, seria interessante e de grande valor educacional.

Este propõe o estabelecimento de um procedimento na escolha de filmes adequados para serem mostrados para trabalhadores brasileiros, que contassem com a participação tanto do Departamento de Trabalho quando de outras agências. Que fosse produzido, a partir daí, um catálogo para ser usado pela Embaixada na solicitação de material, sem o perigo de, inadvertidamente, prejudicar o legítimo interesse de qualquer grupo doméstico ou organização dos Estados Unidos."[59]

O despacho termina enfatizando a importância da extensão das informações relativas ao trabalho nos Estados Unidos e as condições de trabalho nas fábricas, no comércio e na agricultura e afirmando que estes filmes devem oferecer um excelente veículo para atingir os interesses de audiências brasileiras ligadas ao assunto.

Esta ação conjunta do Departamento de Estado, OIAA, embaixada e trabalho exaustivo do Adido Trabalhista mostrou-se grande demais para ser desenvolvida sem uma parceria. O tempo era exíguo, as transformações ocorridas no Brasil exigiam rapidez na consecução de seus planos. Além do mais, terminada a guerra, os *Policy makers* reviam os planos do Departamento de

---

58 Memorando escrito por Convery Egan para Edward Rowell. "informational Activities Aimed at Brazilian Working Class Audiences". 1/9/1945. RG59, DF 832.504/0-9-1945. DS/USNA.

59 Despacho de Embaixada nº3723, *"Labor Films for Brasil"*, Rio de Janeiro, 13/12/1945, enviado ao Departamento de Estado, RG59, DF 832.504/12-1345. DS/USNA.

Estado para a América Latina, era necessária a correção do trajeto anteriormente traçado.

O ano de 1946 trouxe mudanças nos rumos das relações estadunidenses com a América Latina. Finda a guerra, os *policy makers* tinham outros planos para as "Outras Republicas", não só com relação à *política de boa vizinhança*, que deveria ser corrigida, como , e principalmente, para o campo econômico. Segundo a nova visão de Washington, os países latino-americanos voltariam a ser abastecedores de matérias-primas enquanto os EUA cumpririam um papel de fornecedor de produtos industrializados.[60] A execução desses planos passava, necessariamente, pelo controle da produção industrial dessas nações – como o Brasil, por exemplo, que tinha conquistado certa independência nesse setor secundário –, assim como pelo cerceamento de movimentos nacionalistas e "liberdades" não toleradas, que poderiam por em risco os caminhos "democráticos" traçados por Washington para a região, além da continuidade do projeto em cooptar os líderes trabalhistas brasileiros para sua causa.

Como sublinha Convery Egan, do Office of Inter-American Affairs, quando analisa os *Relatórios* e as propostas de Edward Rowell,

> desejamos destacar que embora a classe operária represente um dos mais importantes grupos brasileiros a ser alcançado pelo nosso programa de informação, nós estamos, ao mesmo tempo fazendo esforços em outras direções.[61]

Ocorre, porém, que a estratégia usada pelo Departamento, a partir de 1946, mesmo com a ação precisa do Adido Trabalhista, tanto nos contatos quanto no fornecimento de dados e observações sobre a realidade brasileira, careciam de novo suporte. Este suporte foi encontrado na AFL.

---

60 Como afirma Schlesinger, "...os policy-makers de Washington, que antes da Segunda Guerra tinham eleito a América Latina como a região de principal interesse para os Estados Unidos, agora [após a Segunda Guerra] colocaram-na em segundo plano". SCHLESINGER, Arthur M. Jr. (gen.editor). *The Dynamics of World Power: A Documentary History of United States Foreign Policy*, 1945-1973, 5 v., Nova York: Chelsea House Pub., 1973. Vol.3: Latin América. p. XIX.
61 Memorando escrito por Convery Egan para Edward Rowell. "informational Activities Aimed at Brazilian Working Class Audiences". 1/9/1945. RG59, DF 832.504/0-9-1945. DS/USNA.

A AFL e CIO e o Departamento de Estado

Foi logo após a Guerra da Secessão, quando os estados do norte dos Estados Unidos, após a derrota do sul, impuseram na região seu modelo capitalista de produção e fortaleceram suas bases com nova fonte de matéria-prima, mercado consumidor e mais mão de obra para suas indústrias, que o movimento operário começou a se organizar. O grande desenvolvimento industrial traria consigo os antagonismos próprios do sistema capitalista. A relação capital/trabalho redundaria, como é típico desse período da Segunda Revolução Industrial, na "luta" dos operários – por melhores salários, menos horas de trabalho etc –, contra a exploração dos donos dos meios de produção. As primeiras grandes greves nos Estados Unidos e o surgimento dos sindicatos foram o resultado desse novo panorama constituído após essa Guerra Civil.

O governo norte-americano, como ocorreu em outros países capitalistas, combateu violentamente esses movimentos reivindicatórios e a formação dessas agremiações de trabalhadores.

The National Labor Union (NLU), fundado em 1866, foi o primeiro Sindicato Nacional do Trabalho nos Estados Unidos. Teve vida efêmera, sendo substituído por *The Noble and Holy Order of the Knights of Labor*, conhecido como *Knights of Labor* (K of L), a maior e uma das mais importantes organizações de trabalho do século XIX. Fundada em 1869, chegou a ter 300.000 filiados em 1880. Em 1881, foi fundado *The Federation of Organized Trades and Labor Unions*, mais tarde conhecida como *American Federation of Labor* (AFL), uma federação de diferentes sindicatos que teve ação efetiva e combativa até 1924, quando seu poder diminuiu junto à classe operária.

Greves importantes – como a *Pullman Strike* de 1894, Greve Nacional contra as Estradas de Ferro – envolveram 250.000 ferroviários em 27 estados americanos, terminaram com a ação das tropas federais enviadas pelo presidente Grover Cleveland. Em 1902, *The United Mine Workers* conseguiu conquistar com sua greve melhoria das condições salariais e diminuição das horas de trabalho, porém, não o reconhecimento do poder dos sindicatos como intermediários dos trabalhadores nas questões de acordos salariais, por parte de Theodore Roosevelt, presidente dos EUA. Em 1903, *The Women's Trade Union League* foi fundada, assegurando às mulheres união em suas reivindicações. Esta Liga deu origem a *The International Ladies' Garment Workers' Union,* um dos sindicatos mais fortes dos EUA e que foi o pioneiro a lutar pelo direito de voto para os trabalhadores americanos. Em 1905, foi fundado o sindicato *The Industrial Workers of the World* com a participação do anarcossindicalismo e que pretendia ser um organismo internacional. Em 1923, chegou a ter 300.000 filiados. Os anos 1920 marcaram um período de declínio para o movimento operário. Em 1919, mais de 4 milhões de trabalhadores (ou 21% da força de trabalho) participaram em cerca de 3.600 greves. Em contraste, o ano de 1929 registrou 900 greves com 289.000 *workers* (ou 1.2% da força de trabalho).[62]

Diferentemente, porém, do que ocorria em nações europeias, nos Estados Unidos – devido a sua história fundada no liberalismo e na ideia de liberdade do cidadão, ideia iluminista de sociedade una –, a história do movimento operário não foi a mesma. Na Europa e mesmo no Brasil, as primeiras grandes greves e os movimentos reivindicatórios tiveram como suporte partidos de esquerda, anarquistas e comunistas. Nos Estados Unidos, apesar da influência do Partido Comunista e das agremiações políticas de esquerda, não foram estes que chefiaram ou conduziram tais movimentos grevistas e reivindicatórios. A classe operária norte-americana trilhou um caminho diferenciado, procurando não se ligar tão definitivamente aos agrupamentos políticos.

Numa nação fundada nos princípios Smithianos da "Riqueza das Nações" e no conceito da "mão invisível", além daqueles do Calvinismo, a condução do desenvolvimento capitalista exigia um caminho diferente. Ao contrário do que ocorria em outras nações, aqui, na terra dos "Pais Peregrinos", a força de trabalho deveria ser vista sob outro ângulo.

A primeira ação do governo dos Estados Unidos rumo ao reconhecimento da importância política e econômica do operariado se deu em 1914 pelo *Clayton Act,* que estabelecia o principio de que "o trabalho dos seres humanos não podia ser considerado um *commodity ou artigo comercial".*[63]

---

62 Dados e informações colhidos em: LICHTENSTEIN, Nelson et alli. *Who built america?* V.2: Since 1877. New York:Worth Publishers, 2000; ZIEGER, Robert. *American workers, american unions.* Baltimore: The John Hopkins University Press, 1994 ; WRIGHT, Russell O. *chronology of labor in the United States,* Jeferson:McFarland and Company, Inc., Publishers, 2003.

63 A *Clayton Antitrust Act* é considerada a "Magna Carta" para o operariado, além de isentar os sindicatos da lei do antitrust , limitava o uso de mandados de segurança contra os trabalhadores em greve. LICHTENSTEIN, Nelson et alli. *Who built America?* V.2: Since 1877. New York:Worth Publishers, 2000, p.245.

Foi necessário, no entanto, que outra lei entrasse em vigor 18 anos depois – a *Norris-LaGuardia Act* de 1932[64]– para que esses valores fossem respeitados.

A situação da classe operária, apesar de algumas leis de "proteção" e "reconhecimento", só começaria a mudar a partir dos anos 1920 e mesmo assim de forma anárquica. A prosperidade econômica que estabilizou os preços e garantiu postos de trabalhos[65], aliada ao *Red Scare,* o medo vermelho[66], e à falta de liderança no movimento operário fizeram surgir em território norte--americano uma certa "liberdade operária". Um sentimento anti-sindicato – não só entre empregadores e governo, mas entre os próprios operários[67] – começou a aparecer no cenário do mundo do trabalho nos EUA naquele período (início da década de 1920). As garantias de trabalho e pleno emprego fizeram com que muitos trabalhadores deixassem de lado os sindicatos.

O *Plano Americano* – combate aos sindicatos na condução do movimento operário, que, segundo o discurso "oficial", feriam o princípio do "espírito individualístico da livre iniciativa" – foi uma campanha que, levada a cabo por grande parte de empregadores em todos os Estados Unidos, conquistou muitos adeptos junto aos trabalhadores norte-americanos. Além do *Plano Americano*, outra estratégia também foi organizada em todo território, por empregadores, como, por exemplo os da *National Association of Manufacturers,* que, acusando os sindicatos e seus membros de agentes do comunismo, usavam a chamada tática do *Medo Vermelho* (*Red Scare*) para descaracterizar o sindicalismo.[68]

O sindicalismo nos Estados Unidos sofreu golpe ainda maior com a quebra da bolsa de Nova York em 1929 e a grande Depressão que se lhe seguiu. Estas instituições – os sindicatos –, além de já enfraquecidas pelas campanhas contra sua ação, perderam ainda mais sua força devido à crise

---

64 Em 23/03/1932. o presidente Herbert Hoover assinou a Lei Norris-La Guardia que proibia a discriminação de trabalhadores sindicalizados. Combatia os chamados *yellow-dog contracts,* ou seja, aqueles em que o trabalhador concordava em nunca ser sindicalizado após a assinatura do contrato com a empresa. Foi a primeira de muitas leis de apoio ao operariado que Washington assinaria.

65 1920 o índice de desemprego nos Estados Unidos era de menos de 5% .

66 *Red Scare* – Devido aos acontecimentos envolvendo a Revolução Soviética, principalmente a Guerra Civil e a fome na Rússia.

67 Grandes empresas norte-americanas promoviam estabilidade no emprego, com relativamente altos salários, benefícios e programas de bem-estar, compra de ações, pensões, compra subsidiada da casa própria, seguro e programa de esportes. LICHTENSTEIN, Nelson et alli. *Who Built America?* 2000. Op. Cit. p.345.

68 SLOANE, Arthur e WITNEY, Fred. *Labor relations,* Upper Saddle River:Prentice Hall, 1997, p.70.

econômica. Sem contribuições, que não puderam ser pagas pelos operários, cujos salários foram diminuídos, e por aqueles que ficaram sem emprego, os sindicatos enfraqueceram-se ainda mais.

Muitos foram os movimentos autônomos de protesto, principalmente contra o corte de salários e a carestia da vida nesse período. Alguns líderes operários destacaram-se como representantes de grupos organizados alcunhados de radicais. Muitos trabalhadores americanos passaram a fazer parte desses grupos, até que, promulgada a *Norris-La Guardia Act,* o movimento operário voltou a ser mais ativo e os sindicatos começaram a ganhar força novamente.

O *National Industrial Recovery Act*, promulgado pelo presidente Franklin Delano Roosevelt, dentro do programa do New Deal – dentre muitas determinações –, garantia o direito aos operários de filiarem-se a sindicatos livres e estabelecerem livremente com empregadores acordos salariais. A necessidade de regular os atritos entre capital e trabalho, dando ênfase à importância dos trabalhadores na reconstrução da economia americana, reforçava o princípio da livre iniciativa, garantindo ao trabalhador segurança e igualdade de condições nas questões de acordos salariais. Mais uma vez, os operários Americanos – principalmente aqueles ligados à Indústria – ganhavam o direito, em lei, de serem reconhecidos como elementos importantes para a economia, política e independência dos Estados Unidos.[69]

Em 1935, a *National Labor Relations Act* ou *Wagner Act*[70] substituiu a Norris-La Guardia. Com esta nova lei, determinava-se a obrigatoriedade, por parte dos trabalhadores, de filiação a sindicatos de suas categorias, impedindo, também, qualquer discriminação, por parte de empregadores, a trabalhadores filiados a sindicatos ou aqueles ligados a grupos de acordos salariais, ou ainda, àqueles que estivessem em, ou fizessem parte, de greves.

Se, por um lado, a *Wagner Act* exercia certo controle sobre o movimento operário norte-americano, pois determinava a obrigatoriedade de filiação a sindicatos por categoria, por outro, dava garantias aos mesmos sindicatos e aos trabalhadores de ganharem terreno na nova organização econômica pro-

---

69 LICHTENSTEIN, Nelson et alli. *Who built america? ...*2000. Op. Cit. p.401-402.

70 "SEC.7. Employees shall have the right of self-organization, to form, join, or assist labor organizations, to bargain collectively through representatives of their own choosing, and to engage in concerted activities, for the purpose of collective bargaining or other mutual aid or protection." *Wagner Act of 1935* - U.S. Government - Year Published: 1935. http://www.civics-online.org/

posta pelo New Deal e pela *The National Labor Relations Board* (NLRB).[71] Os trabalhadores norte americanos, imbuídos pelos ideais de nacionalismo e pela importância que lhes atribuiu o Estado na reconstrução econômica dos Estados Unidos, apoiaram o Wagner Act e a sindicalização em massa.

Levado pelo "discurso da organização do trabalho" comum a todos durante a Depressão, John R. Lewis, líder operário e presidente da associação *Trabalhadores Mineiros Unidos da América*, antes mesmo da Wagner Act, já havia proposto a formação de um sindicato que congregasse os trabalhadores das organizações industriais dos Estados Unidos, para fazer frente aos problemas da grande crise econômica . Fundado em 1932, *The Congress of Industrial Organizations* (CIO) deveria representar os trabalhadores da Indústria e contava com o apoio da AFL (*American Federation of Labor*). O Comitê para a Organização Industrial foi fundado em 9 de novembro de 1935 por oito sindicatos internacionais pertencentes à American Federation of Labor (AFL) e congregava sindicatos norte-americanos e canadenses. O Congresso para a Organização Industrial (CIO) funcionou de 1935 até 1955, quando se fundiu ao AFL, formando a maior central sindical norte-americana, com grande poder até hoje: a AFL-CIO.

Antevendo sua entrada na Guerra e aproveitando-se do conflito que começara na Ásia e Europa, e que se apresentava para a economia americana como um alento, já que podia fornecer aos beligerantes material bélico, o governo norte americano passou a preparar suas fábricas para o esforço bélico. Isto expandiu drasticamente a filiação aos sindicatos, de 8.7 milhões em 1940 para 14.3 milhões em 1945.[72]

Tanto a AFL quanto o CIO apoiaram Roosevelt e aceitaram as limitações de salário e aumento das horas de trabalho propostos por Washington."[73]

---

71 A NLRB era uma agência independente do governo americano, ligada, porém, ao poder executivo. Surgida dentro do programa do New Deal , tinha a função de investigar e evitar ações contrárias às Leis de reorganização econômica dos Estados Unidos, além de conduzir eleições em que os trabalhadores tivessem a oportunidade de decidir se desejavam, ou não , serem representados por um Sindicato. A NLRB era dirigida por cinco membros e um Conselho Geral, indicados pelo presidente Americano com o consentimento do Senado. MILLIS, Harry A., *From the Wagner Act to Taft-Hartley: a study of national labor policy and labor relations*, Chicago: University of Chicago Press., 1950.

72 LICHTENSTEIN, Nelson. *Labor's war at home: The CIO in World War II*. Cambridge and New York: Cambridge University Press, 1982. p.319.

73 AFONSO, Eduardo J. "Do Bonde de São Januário a Jesus Cristo", p. 15/16. Comunicação apresentada no XX Encontro Regional de História – ANPUH-SP – História e Liberdade na cidade de Franca, em 9/9/2010. UNESP-Campus de Franca.

Estas grandes centrais sindicais – AFL e CIO –, que ganharam apoio do governo, muita projeção e poder, passaram a fazer um trabalho de "não somente cooperação como também direção"[74] e inteligência no exterior, além de organizarem grupos para representação de suas instituições nos Congressos Internacionais de Trabalhadores[75], como os de Londres[76] e Paris[77], no pós-guerra. O intuito era o de convencer outras centrais sindicais estrangeiras a abjurarem as influências da esquerda e organizarem uma grande Central Sindical Internacional que seria capitaneada por eles.

Este plano já estava traçado mesmo antes do "dia D", quando a partir do início da década de 1940, George Meany, então tesoureiro da AFL e segundo homem mais poderoso da instituição, junto com Jay Lovestone – ex-integrante do Partido Socialista americano e ex-líder do Partido Comunista dos Estados Unidos, conseguiu expurgar os comunistas da *American Federation of Labor*. Esta ação foi decisiva na medida em que, sem "influências externas", a AFL pôde por em prática seu projeto de "relações estrangeiras".[78]

O argumento de que, finda a Guerra, os soviéticos, através dos trabalhadores, "subverteriam a ordem" no mundo levou a AFL a criar, nos finais

---

74 Memorando enviado por Serafino Romualdi a Mathew Woll, vice-presidente da AFL. "Contacts in Brazil" 5 de julho de 1946. p.10, Doc no. 5459 box 2 886. Serafino Romualdi's Papers. Khell Center for Labor-Management Documentation & Archives Martin P. Catherwood Library, Cornell University Ithaca, NY.

75 A AFL, fundada em 1886, já havia feito parte de muitos Congressos Internacionais de Trabalhadores no mundo, desde sua fundação, sem, no entanto, apresentar posição de destaque. As condições favoráveis conquistadas com o apoio do governo norte-americano, desde o New Deal, permitiram a ela influenciar e, em algumas ocasiões, boicotar certas iniciativas internacionais. Seu principal rival na America era a CTAL (Confederación de Trabajadores de America Latina) chefiada por Vicente Lombardo Toledano um advogado mexicano ligado ao Partido Comunista.

76 Em novembro de 1943, o *Trade Union Congress* entidade britânica, lança a ideia de uma conferência sindical mundial. Os sindicatos soviéticos e americanos aderiram ao chamado do TUC. A conferência de Londres se reuniu entre 6 a 17 de fevereiro de 1945, com 55 organizações sindicais. A conferência propunha a desmilitarização da Alemanha e Japão, a associação dos sindicatos às regras da paz e a criação de uma organização das nações Unidas. Finalmente convoca uma segunda Conferência em Paris para a preparação da fundação de uma Federação Sindical Mundial.

77 Foi na Conferência de Paris que se funda a WFTU – World Federation of Trade Unions ou FSM (Federação Sindical Mundial) em 3 de outubro de 1945.

78 Já em finais de 1943, Serafino Romualdi funcionário da "divisão de trabalho" do Escritório da OCIAA, enviava memorando para Matthew Woll, vice-presidente da AFL, propondo a montagem de uma seção de Assuntos Trabalhistas para a America Latina, estipulando estratégias para atingir os trabalhadores, assim como os lideres trabalhistas para a causa da AFL, dentre outras diretrizes propunha a emissão de boletins em língua espanhola, para serem distribuídos em sindicatos, proposição de trocas de experiências com visitas recíprocas, assessoria para assuntos de leis trabalhistas etc. Doc no. 5459 box9 881. Serafino Romualdi's Papers. Khell Center for Labor-Management Documentation & Archives Martin P. Catherwood Library, Cornell University Ithaca, NY.

de 1944, um *Free Trade Union Committee*, que "assessoraria" a liberdade sindical no exterior. Este era o organismo de relações exteriores da AFL.

Foi a divisão das *Relações de Trabalho* da OCIAA, chefiada por Nelson Rockfeller, que financiou e permitiu, por exemplo, que "agentes" ligados ao mundo do trabalho, como Robert J. Alexander[79], permanecessem na Europa a fim de fazer contato com o grupo de trabalhadores ingleses e os de resistência aos nazistas – a presença de trabalhadores e líderes sindicais nesse universo fora grande –, cooptando essas forças para o projeto da AFL. [80]

O trabalho dos agentes da AFL, mais do que os da CIO, era independente da política externa norte-americana ou, pelo menos, não estava ligado diretamente ao Departamento de Estado[81]. Tanto é assim que as embaixadas dos Estados Unidos, nos países da America Latina e na Inglaterra, por exemplo, não viam com bons olhos a atividade dos representantes dessas centrais.

O que os movimentava, naquela ocasião, segundo Willian Hardley, era a crença de que os trabalhadores no mundo haviam sofrido e continuavam a sofrer com o predomínio do totalitarismo, de esquerda e de direita e que somente eles – das centrais Sindicais Americanas –, que tinham uma história de:

> independência e vigor e que haviam construído a liberdade no sindicalismo, podiam libertar as forças trabalhadores no resto do mundo.

---

79   Alexander foi para a Inglaterra em 1942, como integrante do Corpo Aéreo do Exército dos Estados Unidos e lá permaneceu, com o auxilio da OCIAA, ligado à sua Divisão de Relações do Trabalho por 25 meses, alem de cumprir sua missão no Exército.

80   Veja: FRANK, Dana. "The AFL-CIO'S Cold War in Honduras: The Early Years,1945-59". Paper apresentado na Conferência da LASA (Latin American Studies Association), Rio de Janeiro 12/06/2009.; FRENCH, John D.. "The Robert J. Alexander Interview Collection" IN : Hispanic American Historical Review, may 2004; 84: 315 - 326. ; HANDLEY, Willian. *American Labor and World Affairs*. The Annals of the American Academy of Political and Social Science. March,1951. p. 131-138.; ROMUALDI, Serafino. Presidents and Peons. Recollections of a Labor Ambassador in Latin América. New York: Funk & Wagnalls. 1967; SIMS, Beth. Workers of the World Undermined : American Labor's Role in U.S. Foreign Policy. Boston:South End Press. 1992.; SPALDING, Hobart A. Jr. *"Solidarity Forever? Latin American Unions and the International Labor Network."* LARR 24. no. 2, 1989, p. 253-65. ; WINDMULLER, John P. American Labor and the International Labor Movement 1940 to 1953. Ithaca:Conernell University Press,1954.

81   Carta confidencial escrita por Serafino Romualdi, agente da O.S.S., enviada a Adolph Berle , na ocasião Assistente de Secretário de Estado. Tal documento é uma espécie de relatório identificando indivíduos na Europa (Itália) e America Latina (Argentina, Chile, Uruguai, México e Cuba) – ligados ao movimento operário –, que colaborariam com a AFL e outros simpáticos aos comunistas. Doc nº 5459(2) box 9 file 1. Serafino Romualdi's Papers. Khell Center for Labor-Management Documentation & Archives Martin P. Catherwood Library, Cornell University Ithaca, NY.

Acrescentavam, ainda, que:

> era de importância vital para o sindicalismo americano
> que eles lutassem, mesmo que fosse para garantir ape-
> nas sua preservação.

Em segundo lugar, garantiam que a luta que empreendiam contra
o comunismo era de importância vital e que somente poderia ser possível
derrotar esse "mal" estabelecendo uma aliança com todos os trabalhadores
do mundo. Como afirmavam, esta era uma tarefa extraordinária que cabia à
parcela mais importante da sociedade americana, a dos trabalhadores.[82]

O Departamento de Estado, via OCIAA, apoiava secretamente esse
trabalho dos representantes da AFL e do CIO na Europa e na América Latina.
O apoio não poderia ser oficial porque, segundo as limitações do Senado e a
vigência ainda da política da Boa Vizinhança, não era permitida a interferência, norte-americana em assuntos estrangeiros. A documentação prova,
no entanto, que a ação da AFL, principalmente no Brasil, via agentes como
Serafino Romualdi, era apoiada e financiada por Washington.

Como já destacamos, após a queda de Vargas e o início do regime dito
democrático, teríamos no Brasil um aumento expressivo do número de greves
e paralisações. Os relatórios demonstram e Edgard Carone[83] referenda, que o
desenvolvimento das forças sociais e a militância dentro do movimento operário atingiu um grau tal como nunca no Brasil havíamos presenciado situação semelhante. O ano de 1946 registrou centenas de "reações operárias."[84]

As transformações em nosso país foram acompanhadas de perto, e
não eram apenas os Relatórios Trabalhistas que subsidiariam Washington:
tivemos, também, relatórios escritos pelos Cônsules Americanos das principais capitais brasileiras – com destaque, por razões obvias, dos relatórios
de Cecil M.P.Cross[85], de São Paulo – e até cartas enviadas pelo Embaixador

---

82 HANDLEY, Willian. *American Labor and World Affairs*. The Annals of the American Academy of
    Political and Social Science. March,1951. p.132.

83 CARONE, Edgard. *A República Liberal I : instituições e classes sociais*, São Paulo:DIFEL, 1985. p.201.

84 Termo apresentado nos relatórios de Rowell. No ano de 1946 foram enviados ao Departamento de
    Estado mais de 70 telegramas comunicando greves (em todo o Brasil) e seus motivos.

85 Cecil M.P.Cross, assim como o Diretor do Escritórios de Assuntos Inter-Americanos Arnold Tschudy
    receberam da Universidade de São Paulo, o título de *Doutor Honóris Causa*, em *Ata* realizada em
    28/09/1945, na Sessão 212, folhas 81/83 verso. Os motivos que levaram a USP a atribuir tal título não
    são conhecidos, pois os processos 6052/45, referente a Cecil Cross e 6053/45 de Arnold Tschudy não
    existem mais nos arquivos da Universidade.

Berle para o Presidente Truman, dando conta das ultimas ocorrências envolvendo trabalhadores, sindicatos e rumos da política brasileira.[86]

Os Relatórios de Rowell, a partir de Agosto de 1945, ganhariam um anexo, confidencial – *Confidential for Departament use only* – para expor, comentar e dar subsídios ao Departamento de Estado. Foi em 1946, porém, que – em decorrência dos "vultosos acontecimentos" – este anexo assumiu maior consistência.

A grande dificuldade em restabelecer diretrizes tão rápidas quanto as transformações no Brasil levou o Departamento de Estado a iniciar seu contato com representantes da AFL diretamente, ainda que de forma confidencial.

As evidências de que, a partir de 1946, AFL e Departamento de Estado passam a trabalhar juntos são dadas pela documentação encontrada nos Arquivos de Serafino Romualdi, do Kheel Center, na Cornell University, e no National Archives, RG59 e RG84. Em março de 1946, por exemplo, Spruille Braden, assistente de Secretário de Estado, envia correspondência[87] a Serafino Romualdi, que havia sido indicado pela AFL como "Labor Ambassador for Latin America", para uma conversa sobre a visita de líderes trabalhistas da América Latina aos Estados Unidos. Na carta, Braden, em tom amistoso, sugere uma reunião sobre o assunto e solicita que ele vá a Washington ou, se não for possível, que se encontrem em Nova York, no escritório de Romualdi. Esse documento, diferentemente dos outros analisados, indica uma aproximação que não mais seria rompida. Ambos desenvolveriam, em conjunto, a partir dali, um trabalho de envolvimento norte-americano nos sindicatos e no movimento operário latino-americano e, por conseguinte, brasileiro.

86 Carta de Berle a Truman, 13/08/1945. Air Mail. BHT. 45.08.13. Harry Truman Library. Papers of Harry S. Truman. Official File.
87 Carta de Spruille Braden, Assistente de Secretário de Estado a Serafino Romualdi, datada de 05/03/1946. Doc no. 5459(3) box 9 file 1. Serafino Romualdi's Papers. Khell Center for Labor-Management Documentation & Archives Martin P. Catherwood Library, Cornell University Ithaca, NY.

Jay Lovestone, Robert Jackson Alexander e Serafino Romualdi na construção de uma central sindical no Brasil

Jacob Liebstein, nascido na atual Belarus, migrou com sua família para os Estados Unidos em 1907, estabelecendo-se na comunidade judaica de Nova York. Sua vida política teve início nessa cidade quando passou a fazer parte do Partido Socialista, no início do século XX. Em 1919, conseguiu mudar seu nome para Jay Lovestone. Estudou Direito sem terminar a faculdade pois já se dedicava integralmente ao Partido Comunista, fundado em meados do ano de 1919. Integrou o grupo de fundadores do Partido com Benjamin Gitlow e John Reed.

Por volta do ano de 1923, o CPUSA dividiu-se em duas facções, que levaram o Partido a perder grande parte de sua força. Lovestone, a partir de 1929, quebrou com Moscou e foi expulso do Partido porque defendia a tese do *excepcionalismo americano*.[88] Passou a fazer parte da Oposição Internacional Comunista, fundando um partido comunista de oposição nos EUA que, após mudar seu nome – *Labor League of America* –, durante o período de expurgos de Stálin, dissolveu-se em 1941.

Lovestone ingressou na ILGWU – International Ladies' Garment Workers' Union[89] – e lá fundou sua base de ação, cujo plano era eliminar a influência dos comunistas no movimento operário. Contou com o apoio do presidente desse sindicato, David Dubinsky, que o apresentou à AFL, onde passou a fazer parte da *Free Trade Union Committee* junto com George Meany, tesoureiro da grande Central Sindical.

Com Irving Brown, líder trabalhista anticomunista, desenvolveu atividades dentro da *American Institute for Free Labor Development*, uma organização patrocinada pela AFL, cuja função era organizar sindicatos "livres" na Europa e América Latina sem a participação de comunistas. Seu trabalho era apoiado pelo Departamento de Estado e foi principalmente

---

88 Crença que provavelmente foi cunhada por Alexis de Tocqueville, de que os Estados Unidos ocupa um nicho especial no mundo por causa da sua colonização e organização econômica, o que o torna privilegiado entre as nações do planeta. Lá, devido sua pujança econômica a classe trabalhadora deve trilhar caminhos de liberdade, sem influências externas. Verificar Revista Problemas número 07 de fevereiro de 1948 onde Willian Z. Foster, presidente do PC dos Estados Unidos, em artigo de 19 páginas faz a crítica da ideia de *excepcionalismo americano*. p. 144-162.

89 O sindicato dos trabalhadores nas indústrias de roupas femininas, instituição muito forte nos EUA, ligado à Central AFL.

durante o início da "Guerra Fria" que Lovestone passou a colaborar com a CIA, fornecendo informações sobre a presença comunista dentro de sindicatos latino-americanos e europeus. Jay permaneceu nessa função, dentro da AFL, até o início da década de 60, cumprindo o trabalho de inteligência com o intuito de combater a influência do Movimento Comunista entre os operários do mundo. De 1963 em diante, foi indicado para o cargo de diretor do Departamento dos Assuntos Internacionais (*International Affairs Department – IAD*) da AFL-CIO, que chegou a receber milhões de dólares da CIA, como auxílio, no combate às atividades comunistas internacionais, em especial na América Latina.[90]

A grande Central Sindical AFL apresentava características bem próximas daquelas abraçadas pelo Departamento de Estado no que se refere às questões de Assuntos Internacionais, principalmente, aqueles ligados ao combate a Comunistas e Nacionalistas entre os operários.

Robert J. Alexander, assim como Lovestone, foi um elemento muito importante dentro dos planos do Departamento de Estado e da AFL. Sua permanência na Inglaterra, subsidiada pela OCIAA, permitiu-lhe iniciar uma compilação significativa sobre os "problemas" trabalhistas da Europa e a partir daquele momento, engajar-se, como estudioso, nos movimentos políticos e trabalhistas latino-americanos e do resto do mundo. Como afirma John French, Alexander – justamente por seu pioneirismo como Latino-americanista – desempenhou papel central, logo após a Segunda Guerra Mundial, na questão política e do trabalho dentro da ação dos EUA na América Latina. Por cinco décadas, começando pelo ano de 1946, viajou extensivamente como testemunha e ativo participante dos maiores eventos políticos da região do Caribe e da América do Sul.

Em 1946, por exemplo, esteve no Primeiro Congresso Nacional do Trabalho "chefiado" pelo clandestino MUT (Movimento de Unificação dos Trabalhadores)[91], realizado em setembro. Auxiliado por Rowell, teve oportunidade de fazer muitas entrevistas e coletar material importante sobre o evento,

90 Para a história de Jay Lovestone e também de seu papel junto à CIA, consultar: REUTHER, Victor. *The brothers Reuther and the story of the UAW*. Boston:Houghton Mifflin, 1976;MORGAN, Ted. *A Covert Life. Jay Lovestone. Communist, Anti-Communist, and Spymaster*. New York:Random House,1999;AGEE, Philip. *Inside the Company: CIA Diary*, New York: Bantam Books, 1976; HIRSCH, Fred. *An Analysis of Our AFL-CIO Role in Latin America or Under the Covers with the CIA*. San Jose, CA: F. Hirsch, 1974.

91 O MUT tinha sido extinto pelo governo, porém, junto com o PCB lideraram esse Congresso

que serviram de base para a posição adotada por Washington[92], complementando o trabalho do Adido Trabalhista. Passou a trabalhar para o Departamento de Estado, recebendo uma bolsa de estudos da *Office of International Exchange of Persons of the State Department* para pesquisar no Chile.

Apesar de ter feito parte do Partido Socialista Jovem de Nova Jersey, além de outras agremiações políticas tidas como de esquerda, trabalhou em oito missões para Jay Lovestone, na América Latina, primeiro sob os auspícios da *Free Trade Union Committee* e depois para a direção do Departamento Internacional da AFL-CIO.[93] Colaborou muito com o Departamento de Estado no programa de combate ao comunismo e assessorou diretamente Serafino Romualdi em seu exaustivo trabalho de cooptação de líderes trabalhistas e sindicatos na América Latina.[94] Manteve ligação com a AFL até à década de 1980.

Serafino Romualdi foi figura de destaque na América Latina como representante dos interesses da AFL e do Departamento de Estado.

Romualdi nasceu em Bastia Umbra (Perugia), Itália em 18/11/1900. Foi editor de um jornal semanal operário em Pesaro, Itália, *Il Progresso*, em 1922. Por oposição ao Fascismo, deixou a Itália e partiu para os Estados Unidos em 1923. Estabelecendo-se em Chicago, tornou-se editor de um jornal operário, *La Parola del Popolo*, filiou-se ao sindicato dos Tipógrafos e em 1928, mudou-se para Nova Iorque, onde se tornou editor de um jornal sindical diário, de língua italiana, *Il Mondo*, de propriedade de italianos ligados ao *Sindicato dos trabalhadores nas indústrias de roupas femininas* (*The International Ladies' Garment Workers' Union*) e à *União dos Trabalhadores nas Indústrias de Roupas da América* (*Clothing Workers of America*). Em 1933, juntou-se ao *Sindicato dos Tabalhadores nas Indústrias de Roupas Femininas* como membro do Departamento de Publicidade e Editoração.

---

92 O material coletado por Robert J. Alexander referente às questões trabalhistas no Brasil, do governo Dutra até à década de 80, representa material importantíssimo para pesquisa e consulta por parte de historiadores brasileiros do trabalho. Dentre todo o acervo, destacam-se cartas, *clippings*, panfletos de sindicatos, leis trabalhistas, livros e 10 mil entrevistas feitas por ele com presidentes, políticos, líderes trabalhistas, homens de negócio, diplomatas, militares, etc. Seu acervo está depositado na Special Collections and University Archives of Rutgers University, no Estado de Nova Jersey.

93 Seus relatórios enviados a Lovestone sobre suas viagens contêm detalhes e francas avaliações sobre estratégias e táticas desenvolvidas no campo político, em diferentes países da América Latina.

94 FRENCH, John D. "The Robert J. Alexander Interview Collection" In: *Hispanic American Historical Review*, may 2004; 84: 315 - 326.

Em 1941, Romualdi esteve em Argentina, Uruguai e Brasil como representante do Comitê para a Itália Livre, dirigindo uma campanha para alistar a população Italiana naqueles países ao lado dos Aliados. Depois de Pearl Harbor, juntou-se ao Staff do *Coordinator of Inter-American Affairs* (CIAA) de Nelson Rockefeller.

Em 1943, Romualdi retornou aos Estados Unidos, Washington, onde passou a trabalhar na "divisão do trabalho" do Escritório da CIAA. Ingressou na *Office of Strategic Services* (O.S.S.), permanecendo de maio de 1944 até Abril de 1945, quando foi indicado para fazer um estudo sobre os efeitos da política dos Estados Unidos na Europa sobre a população europeia da América do Sul. Retomou seu trabalho com o ILGWU no outono de 1945 e foi indicado pela Federação Americana do Trabalho (*The American Federation of Labor*) para estabelecer contato com os trabalhadores da América Latina com vistas à promoção de uma cooperação mais próxima entre os sindicatos democráticos dos dois continentes. Nessa condição, fez centenas de viagens à América Central e do Sul, a começar pelo ano de 1946. Foi um dos membros da delegação do *American Federation of Labor* (AFL) que visitou a Argentina em 1947 e também um dos delegados na AFL na Conferência de Lima, Peru, em Janeiro de 1948, quando a Confederação Interamericana dos Trabalhadores foi organizada. Mais tarde, em 1951, desempenhou papel de destaque na organização da Organización Regional Interamericana de Trabajadores (ORIT), da qual tornou-se Secretário Assistente e editor do Boletim Inter-Americano do Trabalho.

Em março de 1948, foi indicado representante permanente da AFL. Foi membro da Comissão de união da AFL-CIO que investigava as condições de trabalho na Zona Central em Janeiro de 1949 e membro da delegação norte-americana para as convenções da Confederação Internacional dos Sindicatos Livres (*The International Confederation of Free Trade Unions*, ICFTU) que ocorreram em Milão (1951), Viena (1955) e Tunis (1957).

Romualdi serviu também como delegado e conselheiro do trabalho da ILO nas Conferências da Cidade do México e da cidade de Montreal realizadas em 1946; São Francisco em 1948; Montevidéu, 1960 e Buenos Aires em 1961. Em agosto de 1957, participou da Conferência para Assuntos Econômicos Inter-americanos, em Buenos Aires como conselheiro trabalhista na delegação dos Estados Unidos, assim como na Conferência de Punta-del-Este, em agosto de 1961, quando o Programa "Aliança Para o Progresso" foi lançado. Participou da posse de vários presidentes latino-americanos, tanto como representante quanto como convidado especial.

Em 1955, após a fusão da AFL com a CIO, foi nomeado Representante Inter-Americano da nova organização e Secretário Executivo do Comitê Inter-Americano AFL-CIO. Tornou-se, também, a partir de 1961, Diretor Executivo do Instituto Americano para o desenvolvimento da Liberdade do Trabalho – *The American Institute for Free Labor Development* (AIFLD), onde desempenhou papel de destaque. O Instituto, uma organização sem fins lucrativos, sustentado por governo, negócios e trabalho, selecionava e treinava jovens líderes de nações da América Latina e Caribe nos fundamentos do sindicalismo, processos democráticos e defesas táticas contra a infiltração de totalitários ou trapaceiros e do papel dos sindicatos na comunidade.

Afastou-se de suas funções na AFL-CIO e na AIFLD em setembro de 1965 para encarregar-se de consultoria do trabalho e completar suas memórias, obra intitulada *Presidents and Peons,* publicada 1967 por Funk and Wagnalls. Serafino Romualdi morreu em novembro de 1967.

A carta enviada por Spruille Braden, Assistente de Secretário de Estado para Assuntos inter-Americanos, a Serafino Romualdi em março de 1946 é a evidência que determina o início da parceria entre a AFL e o Departamento. Após a reunião solicitada por Braden, os preparativos foram postos em prática.

Ainda em março Edward Rowell em memorando enviado a Paul Daniels, analisava a influência que os comunistas passavam a exercer junto à classe operária no Brasil. Rowell afirmava que os comunistas somente haviam se tornado populares porque "a massa está enfrentando a pobreza, miséria e fome" e, naquele momento, não haveria, no Brasil, nenhum outro grupo ou partido que pusesse representar seus anseios. Propunha, então um caminho para "eliminar o PCB":

> O governo ou a classe produtora deveriam desenvolver um programa que resultasse num genuíno aprimoramento das condições de vida da classe operária para que os elementos que os explorassem fossem eliminados.[95]

---

95 Memorando de Rowell para Paul Daniels, de 14 de março de 1946, anexado em carta de Clarence C. Brooks para o Departamento de Estado, em 18 de março de 1946, Desp. nº 4526, RG59 – DF 832.5045 - DS/USNA.

Desde o começo de junho daquele ano, então, Washington já despachava *circulares restritas* às embaixadas dos países por onde Romualdi iria passar, assim como aos seus respectivos consulados, orientando sobre como recebê-lo e a atenção que deveriam lhe dar.

A missão de Romualdi na América Latina, era uma estratégia do *Free Trade Union Committee* no combate ao crescimento da influência da CTAL[96] e dos comunistas junto ao movimento operário. O *tour*, como o próprio Serafino Romualdi chamou sua viagem pelos países americanos, durou 12 semanas e percorreu Venezuela, Brasil, Uruguai, Argentina, Chile, Bolívia, Peru, Equador, Colômbia e México.[97]

O aerograma enviado pelo Departamento de Estado às embaixadas orientava suas representações e além de anexar seu programa pela América Latina, afirmava que sua viagem, que teria início no dia 15 de junho a partir de Miami, contribuiria muito para o estabelecimento de relações amistosas com os trabalhadores latino-americanos. Destacava que o estudo sobre a situação dos operários na Argentina, que ele faria junto a representantes da Federação Chilena de Trabalho e Belarmino Tomás, líder operário espanhol exilado, daria subsídios importantes ao Departamento sobre a CGT e a situação do operariado naquele país.

O governo norte-americano combatia Perón e o Peronismo desde a organização do "governo dos militares" GOU – Grupo de Oficiais Unidos em 1943, que era chefiado por Perón. A partir de 1945, Spruille Braden, então embaixador dos EUA na Argentina, promoveu a unificação das forças de oposição, com a presença da União Industrial, da Bolsa de Comércio, dos sindicatos opositores e até dos Comunistas. Durante sua breve gestão como embaixador, Braden atuou como um líder político de oposição, violando, inclusive, a *política de Boa Vizinhança* do governo de Washington. Era uma evidente violação do principio de não intervenção nos assuntos internos de

---

96 A CTAL Confederación de Trabajadores de America Latina, liderada pelo advogado e marxista mexicano Vicente Lombardo Toledano, havia participado em 1945 da criação da Federação Sindical Mundial de tendência comunista , em outubro em Paris. Sua influência na América Latina era grande e seu combate ao plano da AFL, de envolver trabalhadores latino-americanos em seu projeto de formação de uma Grande Central Sindical Americana, era notório.

97 ROMUALDI, Serafino. *Presidents and Peons. Recollections of a Labor Ambassador in Latin América.* New York: Funk & Wagnalls. 1967, p. 41-42.

um país estrangeiro determinado, inclusive, pelas Conferências Americanas, chefiadas pelos Estados Unidos anteriormente.[98]

Naquele aerograma, o Departamento de Estado ainda orientava as embaixadas quanto ao silêncio necessário a respeito do patrocínio do governo Americano às atividades do Sr. Romualdi.[99] Pedia, no entanto, que suas representações diplomáticas enviassem relatórios sobre as visitas de Serafino.[100]

Respondendo às ordens de Washington, Clarence C. Brooks, conselheiro para assuntos econômicos da Embaixada, enviou para o Cônsul Americano em São Paulo um aerograma, de circulação restrita – com cópia para o Departamento –, dando conta de que, quando esteve no Rio, entrevistou-se com o Embaixador da Itália, com vários elementos da colônia italiana e visitou sindicatos que representavam o ponto de vista do governo, além de ter se encontrado com membros do PTB (Partido Trabalhista Brasileiro).[101]

O Cônsul Cecil Cross, por sua vez, em carta enviada ao embaixador Willian D. Pawley, destacava pontos importantes da visita de Romualdi, assegurando que foi um sucesso pois, por suas mãos, o representante da AFL pode reunir-se com lideranças trabalhistas importantes do Estado. Terminou dizendo que Romualdi recebeu muito bem repórteres paulistas indicados por ele e que propôs que um pequeno grupo de líderes trabalhistas paulistas visitassem os Estados Unidos para ter contato com os métodos e a organização da AFL.

Os jornais de São Paulo, como o *Diário de São Paulo* e o *Correio Paulistano*, por exemplo, noticiaram, em manchete, a presença do representante da Federação Americana do Trabalho, na capital do estado, e destacaram o projeto da AFL, que propunha a união dos trabalhadores brasileiros a essa grande Central Sindical. Ressaltaram, também, a luta de Serafino contra a "influência vermelha" no seio do operariado brasileiro, quando ele afirmou

---

98 SCENNA, Miguel A. *Braden y Perón,* Buenos Aires:Korrigan. 1974, p.74-76.

99 Dois eram os motivos, o primeiro relacionava-se às questões diplomáticas de não interferência nos assuntos internos brasileiros e o segundo referia-se ao medo de criticas por parte da CIO, de que o governo americano pudesse estar favorecendo aquela central sindical (AFL) ao invés desta. Lembremos que o Departamento de Estado precisava do apoio de ambas ao seu projeto de envolvimento nos sindicatos latino-americanos.

100 Aerograma enviado do Departamento de Estado às embaixadas "Certain American Diplomatic Officers in the other American Republics", em 11/06/1946. RG84 Box 370 - 850.4 DS/USNA.

101 Aerograma carta no.198 (Restrita) de Clarence C. Brooks para Cecil M.P.Cross, vistada por Edward J.Rowell, de 28/06/1946. RG84 Box 370 - 850.4 /030. DS/USNA.

que a AFL faria uma frente única latino-americana contra o comunismo, elevando o nível de vida do trabalhador e melhorando as suas condições de trabalho, por meio da industrialização.

Para Romualdi, esta seria a estratégia que levaria à morte tão nefasta doutrina.

Os periódicos põem em evidência inclusive o seu combate à CTAL, que, segundo depoimento do mesmo, era uma instituição dominada por comunistas. Outros jornais paulistas, também, apresentaram a visita de Serafino Romualdi como um grande acontecimento para São Paulo. Apenas o *Jornal Hoje*, do Partido Comunista do Brasil, denunciou a visita como um plano de Washington para dividir o movimento operário brasileiro e afastá-lo da União legitima proposta pela CTAL e pela Federação Sindical Mundial (FSM), fundada em Paris aos 3 de outubro de 1945.[102]

No Rio de Janeiro, jornais também noticiaram a visita de Romualdi, ocorrida antes de sua ida a São Paulo.

Diretrizes, em sua edição de 26 de junho, noticia sua presença na Capital Federal sem, no entanto, fazer apologia a seu projeto. Simplesmente registra a entrevista com Serafino, que recorda ter falado à revista *Diretrizes*[103] em sua primeira visita ao Brasil e que em rota para Buenos Aires, passou pelo Brasil para fazer contato com os amigos trabalhadores brasileiros e estabelecer com eles uma aproximação. Não há referências à CTAL, nem tão pouco à presença dos comunistas entre os operários no Brasil.

O jornal *Tribuna Popular*, comunista, com grande circulação no Rio de Janeiro, registrou a visita de Romualdi denunciando sua presença como um plano de desmobilização da força operária brasileira e afirmando que a:

> AFL era uma organização ligada aos interesses políticos e setores econômicos dos mais reacionários e que as forças sindicais brasileiras repudiariam sua lisonja, principalmente porque não desejavam se unir à uma Central Sindical que atendia aos interesses imperialistas de Wall Street.[104]

---

102 *Diário Popular*, 04/07/1946; *A Noite*, 04/07/46; *Jornal de São Paulo*, 04/07/46; *Correio Paulistano* 04/07/46; *O Dia*, 04/07/46 ; *Hoje* 04/07/46; *Diário de São Paulo*, 04 e 5/07/1946; *A Hora*, 05/07/1946;

103 *Diretrizes* surgiu como revista mensal em abril de 1938 e circulou até dezembro de 1940 quando tornou-se um semanário. O periódico saiu de circulação em meados de 1944, fechado pelo DIP, mas reapareceu como jornal diário em 1945. Samuel Wainer foi diretor da Revista e do Jornal.

104 Tribuna Popular, 2/07/1946.

A recomendação do Departamento de Estado para que suas representações fizessem relatórios sobre a visita de Serafino Romualdi ao Brasil foi especialmente importante pois a existência deste material hoje nos fornece subsídios consideráveis para compreendermos os mecanismos que orientaram o acordo Departamento de Estado-AFL. Esta documentação nos mostra, de um lado, a dinâmica da Central em tentar cooptar lideranças trabalhistas para sua causa no Brasil e de outro, o tipo de relação que havia entre a Central e os *policy-makers*.

Estas evidências são mais claras no relatório enviado ao Departamento de Estado por Edward J. Rowell em 10 de julho de 1946. Aqui, ele apresentava questões importantes e revelações destacadas sobre a estada no Rio de Janeiro do representante da AFL. O relatório *restrito,* como por vezes ocorre com os apresentados por Rowell, delineava, além dos dados, opiniões deste Adido Trabalhista.

Rowell, sempre minucioso, relatava o dia da chegada de Romualdi, 23 de junho, e o dia de sua viagem para São Paulo, dia 30, o que somava 7 dias na Capital Federal. Informava que a visita de representante da AFL "parece não ter produzido nenhum resultado imediato" e acrescentava que:

> a impressão geral [por parte de Serafino Romualdi] é de que aqueles sindicatos não dominados pelos partidos de esquerda, são ministerialmente dominados e num estágio tal de infantilidade que não parece oferecer base para uma colaboração fraternal com a AFL. Ele indicou que ainda existe uma pequena esperança de encontrar um ou mais lideres sindicais independentes que não estejam 'contaminados' pelo comunismo, que poderiam servir de correspondentes com a AFL, até que se possa organizar nova missão ao Brasil para explorar mais este campo. É minha impressão de que o Sr. Romualdi ficou desapontado até com relação às suas mínimas expectativas.[105]

Destacava ainda que:

> Um aspecto da visita do Sr. Romualdi que poderá gerar frutos foi seu encontro com o Sr. Francisco Vieira Alen-

---

105 Relatório sobre a visita de Serafino Romualdi ao Rio de Janeiro, nº 441 de 10/07/1946 (Restrito) RG84- Box 370 - 850.4 /030. DS/USNA.

car, Chefe de gabinete do Ministro do Trabalho. Depois de explicar as proposições gerais de sua visita ao Sr. Alencar este indicou a ele que seria de muito interesse do Brasil em enviar delegados para o encontro do ILO em setembro que seria realizado em Montreal. Disse que estudaria o caso, mas não sem comprometimento formal.[106]

Fazendo uma leitura da situação, Rowell indicava que:

Sua principal esperança no momento parecer ser, como se indica pela conversa com o Sr. Alencar, que um bloco anti-CTAL deva ser formado em conexão com a conferência da ILO em setembro.[107]

Edward Rowell finaliza seu relatório destacando a importância dos contatos realizados por Romualdi na Assembleia Constituinte – deputados apresentados a Serafino por Rowell: os deputados do PTB Romeu José Fiori, da Federação dos Trabalhadores das Indústrias de Alimento de São Paulo, e Valente Gurgel do Amaral que seriam, como ele afirma, grandes contatos para o futuro.

No dia 12 de julho, o embaixador Pawley enviou ao Departamento de Estado telegrama confidencial, com cópias para Edward Rowell e Convery Egan, do Office of Inter-American Affairs, concordando com o plano do Cônsul Cecil Cross sobre o envio imediato de representantes de trabalhadores brasileiros e líderes sindicais aos Estados Unidos, lembrando, com muita veemência, que sob hipótese alguma, deveria aparecer a participação do governo americano no financiamento desse plano.[108]

A construção da hegemonia americana no Hemisfério Ocidental, que se inicia com o final da Segunda Guerra Mundial, aparece, de forma ainda mais clara, agora, com a leitura dessa documentação. Esta edificação se fazia não só pelo levantamento de dados para mapear a sociedade brasileira e suas possibilidades de independência, e já pela caça aos comunistas – adiantando, em um ano o início oficial da Guerra Fria –, mas pelo desenvolvimento de uma logística de ação rumo à efetivação de seus planos, que não deixava de contar com forças que se identificassem ao seu projeto. A viagem de Serafino Romualdi deve ser vista como esse novo caminho que se abria rumo à concretização de seus planos.

---

106 Idem.
107 Ibidem.
108 Telegrama confidencial do Embaixador Pawley ao Secretário de Estado, nº 1255, datado de 12/07/1946. RG84- Box 370 - 850.4 /030. DS/USNA.

Os problemas que o Departamento de Estado passou a enfrentar, quando aceitou o acordo com estas centrais sindicais – AFL e CIO –, e os desdobramentos da visita de Romualdi ao Brasil, tanto no que se refere às questões internas da política brasileira com relação à classe operária, quanto com relação à reação ou não do operariado a esta visita, serão tratados no próximo capítulo. Ele discutirá a gênese da formação do operariado brasileiro e suas peculiaridades, de maneira a nos permitir a compreensão dos resultados da ação do governo de Washington no Brasil daquele momento. O trabalho dos Adidos Trabalhistas continuará sendo nosso fio condutor. Os relatórios de 1946 a 1952 nos fornecerão importantes informações acerca dos caminhos trilhados pelo Departamento de Estado no Brasil.

CAPÍTULO 3

O MOVIMENTO
OPERÁRIO BRASILEIRO
RELAÇÕES E INTERESSES

Da Gênese a Getúlio

Optei pela reconstrução da história do movimento operário no Brasil, dando início a este capítulo, de maneira que se possa compará-la à realidade, norte-americana, tanto em sua origem quanto em seu desenvolvimento.

Quando se fala em trabalho no Brasil, é preciso levar em conta que o movimento operário surgido com a indústria já carregava consigo marcas do período anterior ao século XX, por exemplo.

Nossa nação nasceu fundando sua economia na mão de obra escrava e apesar de não existirem fábricas naquele momento – mesmo inserido dentro do chamado *sistema de fábrica*[1] –, os movimentos desses trabalhadores (porque houve muita resistência dos escravos ao trabalho forçado[2]) eram combatidos, como serão os movimentos do operariado brasileiro no início de nossa industrialização. Com leis de exceção e grande repressão.

Um ponto importante a se destacar e que nos distancia daquela história do início da revolução Industrial na Europa, por exemplo, é que aqui, por termos tido a escravidão e termos sido governados por *fidalgos* e nobres – diferentemente do que ocorreu, por exemplo, no norte dos EUA, colonizado e dirigido pela burguesia protestante, que via no trabalho a salvação da alma –, todo o trabalho manual sempre foi visto como aviltante. Quando os próprios aristocratas do café aplicaram seu excedente na montagem de indús-

---

1   O historiador Edgard de Decca considera os engenhos coloniais prefigurações do espaço fabril. DE DECCA, Edgard. *O nascimento das fábricas*. Tudo é história n°51, São Paulo: Brasiliense,1982.

2   Só para citar alguns , temos: a Revolta dos Malês ; a Revolta dos Alfaiates e o próprio Quilombo dos Palmares.

trias têxteis[3] e passaram a contratar mão de obra, sua posição com relação ao trabalho não mudou, o trabalho deveria ser reservado para seres inferiores socialmente. Esta visão, em grande parte, perdura no Brasil até hoje.

A política de branqueamento da sociedade brasileira, iniciada logo após a abolição da escravatura, propunha a importação de trabalhadores estrangeiros tanto para a manutenção da produtividade agrícola – já que não se desejava pagar a ex-escravos para continuar nas fazendas de café trabalhando – quanto para suprimento de mão de obra para a industrialização nascente. Os patrões brasileiros tratavam o trabalhador estrangeiro como haviam tratado os escravos, com desdém e sem compromisso, apesar de defenderem que o trabalho do branco, por ser branco, era melhor do que o do negro. Ocorre, porém, que esses imigrantes , ao contrário do que podiam pensar os aristocratas no Brasil, traziam ideias e experiências diferentes daquelas que caracterizavam a resistência do negro. Influenciados, em suas ações, por essas ideias e experiências – socialistas e anarquistas –, representaram nova realidade de luta em nosso país.

As rebeliões regenciais, por exemplo, são consideradas por alguns autores[4] como precursoras dos movimentos operários, já que muitas contavam com a participação popular. Ocorre, porém, que delas – em termos de tática e exemplo –, pouco sobrou que alimentasse uma ação de resistência popular futura, pois todas foram rechaçadas com muita violência. Isto não significa, quando do desenvolvimento do movimento operário no Brasil, que este não resistiu às formas de exploração.

O movimento operário brasileiro, apesar da diferença do que ocorria na Europa e nos Estados Unidos, contaria com um ponto favorável. Como a renda se concentrava mais no sudeste do Brasil e por isso mesmo, aqui se desenvolveram mais fábricas, era aqui, também, que se concentraram mais operários.[5] Nosso tamanho territorial continental, que serviria para

---

3 "Um papel não menos importante foi desempenhado também pela proibição do tráfico de escravos em 1850. O fim do comércio de escravos liberou cerca de 15/20 mil contos de réis (8,7/11,6 milhões de dólares) gastos anualmente com a compra de escravos até então" STEIN, St.J. *The Brazilian Cotton Manufacture. Textile Enterprise in an Underdeveloped Area, 1850/1950. Harvard University Press Cambridge, Mass,1957, p.6 APUD KOVAL, Boris, op. cit.*

4 Por exemplo: Caio Prado Jr., Boris Koval, Hermínio Linhares etc.

5 Apesar da afirmação de Francisco Foot Hardman e Victor Leonardi de que a indústria, no Brasil, em seu início, era muito espraiada, ainda assim, a maior concentração de fábricas, em termos numéricos, estava na região sudeste. FOOT HARDMAN, Francisco e LEONARDI, *Victor. História da Indústria e do Trabalho no Brasil.* São Paulo: Ática,1991, p. 23.

dispersar estes grupos de imigrantes, vindos para trabalhar nas fábricas e nas indústrias – apesar de sua heterogeneidade étnica, que contribuía para a dispersão –, não impediu que aqui ficassem juntos e, portanto, unidos como operários, principalmente nos períodos de crise da indústria.

Pode-se dizer que surgiram com a República os primeiros movimentos significativos que demonstram a formação de uma classe operária – próxima do conceito marxista – no Brasil. Os primeiros grupos de trabalhadores livres do período do Império, por falta de organização e identificação de classe, pouco puderam contribuir para a constituição de uma identidade trabalhista entre nós. Foi durante a República, como nos diz Karepovs, que mesmo sem um histórico de organização, e sob forte influência anarquista, tivemos as primeiras manifestações importantes da classe operária brasileira. Julho de 1917 assumiu na memória social o sentido de um ato simbólico e único.

> Símbolo de uma mobilização de massas impetuosa, das virtualidades revolucionárias da classe operária, de organizações sindicais representativas, não contaminadas pela infecção burocrática [...]. Por sua vez, longe de ser um fenômeno isolado, abre com um imenso eco uma fase de ascensão do movimento operário.[6]

A greve chegou a contar com 45.000 participantes, no ponto mais alto do movimento. Iniciada em São Paulo, teve a adesão de trabalhadores de várias cidades do interior de São Paulo, e até da Federação Operária do Rio de Janeiro. O governo Estadual Paulista, em sua repressão, contou com o apoio das forças federais, que deslocaram tropas para a cidade e dois navios de guerra para o porto de Santos. Homens mulheres e até menores trabalhadores uniam-se em Ligas Operárias de bairros organizadas pelos anarquistas. Era o movimento operário brasileiro que florescia, influenciado, também, pelas ideias e a vaga revolucionária internacional que varriam o mundo.[7]

A greve surtiu alguns efeitos. Patrões resolveram aceitar uma série de reivindicações solicitadas pelos grevistas[8] – melhores condições de higiene no trabalho, amparo ao trabalho do menor, 8 horas de trabalho diário –, os

---

6   FAUSTO, Boris. *Trabalho Urbano e Conflito Social*. São Paulo: Difel, 1983, p.192.
7   FAUSTO, *Op. cit.* p.197.
8   "A 13 de julho, algumas grandes empresas (Matarazzo, Companhia Mecânica Importadora, Moinhos Gambá) declaram-se dispostas a conceder 20% de aumento". FAUSTO, *Op.cit. idem.*

poderes públicos comprometeram-se a fiscalizar as condições de trabalho e o movimento foi se dispersando. O que ocorreu em seguida foi uma violenta repressão às greves e aos anarquistas, que acabaram perdendo sua força para outras tendências que surgiram, principalmente, para os comunistas. Os sindicatos anarquistas, socialistas e depois comunistas, a partir de 1922, foram sufocados pela onda de repressão que se abateu sobre os trabalhadores. A tentativa de organização, tanto da representação política, com o BOC – Bloco Operário e Camponês[9], quanto da formação e manutenção de sindicatos independentes foi sufocada.

O controle do Estado sobre o movimento operário, a partir desta experiência de 1917, foi cada vez mais eficaz. Leis e mecanismos de repressão e não reconhecimento de instituições operárias como legais colaboraram para que as tentativas do operariado de despontar como classe ativa[10] no Brasil fossem, antes de 1945, abortadas.

A Revolução de 1930 e o consenso fabricado

Apropriando-me das palavras de Maria Célia Paoli, não devemos crer, como na versão oficial da história, que "tudo começou em 30", por obra e graça do Estado, que veio constituir a classe operária. Trabalhar com este conceito, como diz ela, é trabalhar com uma noção de classe como se esta fosse uma entidade, deduzida da estrutura de poder onde existe, e que só merece reconhecimento a partir do momento em que é uma força social unificada, tomada pela ideia de pegar o poder do Estado.[11]

---

9   Em março de 1926, A Classe Operária, órgão oficial do PCB, apresentou a ideia da criação de um amplo bloco operário, que pudesse participar das próximas eleições como organização independente, intérprete dos interesses dos trabalhadores, e que lutasse pela "legislação social" e a "promulgação do código do trabalho". O programa do Bloco sugeria ainda, a revogação das leis reacionárias, a decretação da anistia aos presos políticos e a concessão de voto às mulheres e aos operários estrangeiros. Mais tarde o Bloco Operário tornou-se Bloco Operário-Camponês, sem, no entanto, estabelecer uma ligação do campo com a cidade.

10   Aqui não queremos nos referir apenas à pratica política da classe operária, mas a coesão e unidade, não conseguida, devido aos entraves legais e, principalmente, ideológicos, que não permitiram a identificação do grupo de trabalhadores como classe.

11   "As marcas da existência do proletariado estão presentes nas práticas operárias fragmentadas, sobretudo a partir dos anos 20, onde ficam visíveis os limites da negociação direta com os patrões e o desdobramento inevitável das reivindicações fabris para uma luta mais abrangente, como por exemplo, a luta para que o direito de associação exista como interlocução e diálogo real. PAOLI, Maria Célia. "Os trabalhadores Urbanos na fala dos outros" IN: LOPES, Jose Sergio Leite. (Coord.) *Cultura e identidade operária*. Rio de Janeiro: Editoria da UFRJ, 1987, p. 64.

Para Bárbara Weinstein, antecedida nessa temática por pesquisadores brasileiros desde os anos 1870, muitos historiadores e cientistas sociais escrevendo sobre o Brasil do século XX, têm atribuído à "revolução de 1930" e particularmente ao regime liderado por Getúlio Vargas, os programas de reformas sociais e concomitantemente o controle da sociedade pelo Estado. Estes programas de reformas sociais foram conseguidos pelas vias legais (em forma de legislação) e pelos mecanismos de controle operário (na forma do controle e patrocínio dos sindicatos). Estes dois pilares, para muitos, serviram de base para um rápido crescimento industrial com o mínimo de desorganização social.[12]

Dentro destas premissas, podemos asseverar que a Revolução de 1930, se não foi o grande marco e não "inventou" o proletariado brasileiro, pelo menos, trouxe consigo uma nova forma de infantilização do movimento operário, diferente das anteriores.

Após o golpe de 1930, tratava-se de organizar essa nova realidade. Logo em março de 1931, o decreto 19.700 criava o Ministério do Trabalho, Indústria e Comércio e passava-se aí a "comandar" os operários e suas organizações.[13]

Maria Célia informa que quando, em maio de 1932, foi regulamentado o trabalho feminino e, no final do ano, o trabalho das crianças e adolescentes, mais uma vez ficou patente (na própria argumentação empresarial) a lucrativa utilização da divisão sexual e etária do trabalho no interior de uma divisão técnica já por si muito heterogênea e precária. Nesse caso, a luta de tais trabalhadores e trabalhadoras não passou pela especificidade de sua situação de dominação a partir do universo fabril.

O controle do operariado e da sociedade brasileira não foi constituído de um dia para o outro, foi um trabalho de engenharia, com leis e controle dos sindicatos.

---

12   VESENTINI, Carlos Alberto e DE DECCA, Edgar. "A revolução do vencedor" revista *Ciência e Cultura*, v. 29, n. 1, p. 25-32, jan. 1977. GOMES, Ângela de Castro. *Burguesia e trabalho*. Rio de Janeiro:Campus. 1979. WEINSTEIN, Bárbara. "*The industrialists, The State, and the Issues of Workers Training and Social services in Brazil, 1930-50*". Hispanic American Historical Review, vol.70, n°. 3, august, 1990. pág.379

13   "O decreto-Lei n° 19.770, de março de 1931, primeira lei de sindicalização do pós-30, estabelecia a unidade sindical e possibilitava a organização de três tipos de sindicatos: de empresa, de ramo industrial e de ofício. Além disso instituía o reconhecimento oficial pelo Ministério do trabalho, Indústria e Comércio como condição para a existência legal de qualquer associação de classe. Embora assegurasse o princípio da adesão voluntária, pressionava no sentido da sindicalização, garantindo uma série de benefícios sociais apenas aos trabalhadores sindicalizados." GOMES, Ângela de Castro.(coord.). *Velhos Militantes*. Rio de Janeiro: Jorge Zahar, 1988, p. 147.

Quanto aos sindicatos, dentro de uma concepção nova sobre as relações de trabalho fundada pelos redatores do conjunto de leis que modelaram as normas do mundo do trabalho da era Vargas, encontramos novo sentido para a representatividade operária, não mais aquela fundada na luta do dia a dia e sim aquela outorgada.

Como conta o senhor João Lopes de Souza , operário-metalúrgico no período Vargas:

> – Ele queria, [Vargas queria que os sindicatos se registrassem no Ministério do Trabalho (grifo meu)] e eu era contra. A minha luta era contra, como essa que tem aí agora na Polônia. O princípio do sindicato é a luta independente de classe. O que é a independência de classe? Nós obedecemos a nós mesmos.

> – E como terminou essa luta?

> – Perdemos. O Ministério do Trabalho ia fazer isso, ia fazer aquilo, e o povo balançou. Portanto, o sindicato ficou como um adendo do Ministério do Trabalho. Teve até um congresso aqui, para a filiação dos sindicatos ao Ministério do Trabalho, e eu e outros companheiros ficávamos em cima dos delegados: 'Não vota com o Salgado Filho, não vota com esse cara, não'. Aí, na véspera do congresso, me avisaram que eu ia ser preso, e tive que fugir. Fui para o Espírito Santo e passei uma semana lá. Os companheiros que sustentaram a nossa tese perderam. A maioria não quis.[14]

O ápice do controle da classe operária e dos sindicatos, no entanto, se deu com os decretos que regulamentaram a Consolidação das Leis do Trabalho (CLT) em maio de 1943.

Porém, se o controle se cristaliza com a CLT, em maio, foi nesse mesmo ano que a situação da classe operária começou a mudar. Apesar de toda a repressão e do controle sobre os sindicatos – devido à aplicação das leis e do domínio exercido pelas forças repressivas do Estado Novo, as contingências

---

14   Depoimento dado a Ângela de Castro Gomes entre maio e julho de 1983. GOMES, Ângela de Castro. (coord.). *Velhos Militantes*. Rio de Janeiro: Jorge Zahar, 1988. p.100.

do momento (a partir da declaração de guerra ao Eixo, e das lutas que irmanaram todos os brasileiros contra o nazi-fascismo) permitiriam manifestações, ainda que acanhadamente. No início, elas eram esporádicas (greves por melhores salários, que já ocorriam desde 1940), mas com o relaxamento das barreiras policiais e institucionais e o aumento da exploração, que a partir de 1944 exigia mais horas de trabalho[15] com os mesmos salários, estas manifestações se tornariam mais intensas[16], como já demonstrado, inclusive, pelos dados levantados pelos *MLR* de Edward Rowell no período.

Nos primeiros meses de 1945, com um grande movimento reivindicatório, greves e organização de base demonstraram a força que o operariado adquirira, principalmente com o apoio dos comunistas. A primeira grande paralisação ocorreu em Campinas, a partir de 20 de março de 1945. O movimento atingiu os operários da Companhia Paulista, da E.F. Mogiana, da Empresa Paulista de Transporte, e os funcionários da Companhia Campineira de Tração, Luz e Força.

As manifestações aconteceram com maior intensidade na região sudeste do Brasil, local onde ocorria a maior concentração da classe trabalhadora[17], que começou, além de greves reivindicatórias, de abril a outubro, a organizar-se independentemente. Surgiu, nesse período, a União Trabalhista Democrática, dos Carris Urbanos de São Paulo, a União dos Trabalhadores Intelectuais, dos jornalistas paulistas, o "Comitê Democrático dos Trabalhadores" e o "Movimento Unitário Sindical". Estes grupos, apesar da proibição da autonomia sindical, defendiam a conquista de liberdade para suas instituições, assim como direito de greve.

Em abril de 1945, quando o governo Vargas afrouxou o controle sindical, o PCB propôs a criação, junto com líderes não comunistas, do MUT (Movimento de Unificação dos Trabalhadores). Era uma proposta, que tinha como intuito a formação de uma Central Única dos Trabalhadores do Brasil,

---

15   A *Lei de Esforço de Guerra* aumentava de 8 para 10 o número de horas trabalhadas por dia, sem mudança de salários.

16   AFONSO, Eduardo José. *O PCB e o poder...* 2004. Op. Cit. p.86.

17   Num universo de 14 milhões de assalariados, dentro de uma população de 40 milhões de habitantes, somente na cidade do Rio de Janeiro e São Paulo havia 1 milhão, dentro de um mundo operário de 2 milhões em todo o Brasil . "The combination of high prices, food shortages, and labor unrest resulted in a strong feeling of tension. Most of the large wholesalers in the city of São Paulo are reported to have taken out riot insurance in mid-1945. In may the Federation Industries of São Paulo reported 365 strikes in 1 week."HENRY, Jules. "Developments in Brazilian labor Organization Since VJ-Day" . Monthly Labor Review, march,1947, p. 437.

o que já existia, por exemplo, na Argentina – se bem que controlada pelo peronismo – e que aqui no Brasil era proibida[18]. A Comissão Redatora de seu Manifesto foi composta por José Medina Filho, Roberto Morena, Alcy Pinheiro, Manoel Machado Raposo, Jocelyn Santos e Spencer Bittencourt. [19]

O Manifesto traz a influência do PCB, tanto no discurso quanto na ideia de "União Nacional". A presença do Partido no Movimento estava marcada por sua presidência, ocupada por João Amazonas – homem forte do Partido Comunista, nesse momento.

Ao identificarmos a ação do PCB junto à classe operária, não queremos afirmar, por exemplo, que o movimento operário foi tutelado e sufocado pelo Partido Comunista. Defender essa ideia é desconsiderar as contribuições de Hobsbawm, que nos alerta sobre a falsa análise da experiência da classe trabalhadora apenas por sua prática militante[20], assim como de E.P.Thompson, que enfatiza as formas de participação dos trabalhadores nos processos sociais dos quais são parte integrante.[21]

A ideia de ser a vanguarda da classe operária estará presente nos discursos de Prestes e do Partido. Isso não quer dizer, porém, que a classe trabalhadora brasileira fosse uma massa amorfa que dela se pudesse fazer o que quisesse, nem que o Partido tenha sido uno o tempo todo, mantendo o controle total sobre o operariado[22] como defendiam os homens de Washington.

Dutra, os operários e a democracia intolerante

Sabemos que a mobilização popular – surgida com o processo de democratização a partir da declaração de Guerra ao Eixo – foi canalizada por Vargas para servir a seus intentos políticos. O acordo feito com os comunistas, por exemplo, permitiu que estes apoiassem o "queremismo", assim

---

18   Segundo a interpretação de Weffort "os objetivos centrais do MUT em 1945 eram, em realidade, menos de caráter sindical do que de caráter político" WEFFORT, Francisco – *Origens do sindicalismo populista no Brasil –- (A conjuntura do após-Guerra)* – Estudos CEBRAP 4 abril-junho 1973, p. 83.

19   AFONSO, Eduardo José. *O PCB e o poder....* 2004. Op. Cit. p.87.

20   HOBSBAWN, Eric. "História operária e ideologia" IN : *Mundos do Trabalho*.Rio de Janeiro:Paz e Terra, 1987. p.18-19.

21   não podemos entender a classe a menos que a vejamos como uma formação social e cultural, surgindo de processos que só podem ser estudados quando eles mesmos operam durante um considerável período histórico." THOMPSON, E.P. *A Formação da Classe Operária Inglesa*. Rio de Janeiro: Paz e Terra.1987. p.12.

22   AFONSO, Eduardo José. *O PCB e o poder....* 2004. Op. Cit. p.88.

como grande parte da classe operária ligada a eles e ao PTB. Este "plano", se vitorioso, – o *queremismo*, sintetizado pela frase "nós queremos Getúlio" –, arquitetado oficialmente por políticos do PTB, permitiria "uma Constituinte com Getúlio" no poder. As forças que depuseram Vargas em 29 de outubro de 1945, no entanto, influenciadas, em parte, pelos Estados Unidos, tinham outros planos para o Brasil. Destes planos, não constava a continuidade de todo o processo de engajamento popular e participação da sociedade nos destinos da nação no pós-guerra.

Deposto Vargas, José Linhares – ministro do supremo tribunal federal –, que assumiu o poder interinamente[23] até à posse de Dutra, cumpriria um papel importante, dentro da nova estratégia política, que envolvia interesses internos e externos. Era o desmonte do "entulho" ditatorial. A ditadura Varguista, precisava ser desmontada e os mecanismos para esta ação foram os mesmos usados pelo ditador – governar por decretos –, o que indica que, mais uma vez, no Brasil, "as coisas mudaram para permanecerem no mesmo lugar."[24]

Pelo artigo 180 da Constituição do Estado Novo, o presidente poderia governar por decretos. Linhares baseou-se nele para governar. Seu primeiro ato assinado foi o Decreto-Lei 8.162 de 09/11/1945, que revogava a "Lei Malaia"[25], justamente aquela que serviu como estopim para a deposição de Getúlio Vargas. Liberais capitaneados pela UDN, com apoio dos Estados Unidos, foram os primeiros a reprovar a aprovação da "Lei Malaia". O presidente Linhares extinguiu, também, muitas das instituições estadonovistas, como o: Conselho de Economia Popular, O Tribunal de Segurança Nacional, a Juventude Brasileira.

A posse de Dutra, em 31 de janeiro de 1946, mesmo ocorrendo, ainda sob a vigência da Constituição do Estado Novo de 1937, estaria fundada, segundo suas próprias palavras, no respeito aos trabalhos da Assembléia Constituinte – que teriam início no dia 02 de Fevereiro de 1946 – e na proteção das liberdades individuais e democráticas. Essas palavras, no entanto, não passaram de retórica, pois, seu governo foi caracterizado por desrespeito às liberdades civis e intervenções múltiplas em sindicatos, sociedades civis, proibições de greves e manifestações populares.

---

23 De 30 de outubro de 1945 a 31 de Janeiro de 1946.
24 LAMPEDUSA, Giuseppe Tomasi di. *O Leopardo*. São Paulo: Abril Cultural, 1974.
25 Decreto-lei 7666 antitruste – Lei sobre Impostos sobre Lucros Extraordinários.

O que se viu, desde o começo, foi um programa de contenção social, acanhada no início, mas que passou a ganhar mais força com os apoios políticos que o general conquistou. O controle do movimento operário e o apoio das massas como elemento legitimador do sistema político – característico da administração anterior – deram lugar a um governo que apresentava uma postura conservadora e elitista, posição que se tornou clara após a coalizão partidária [26] PSD e UDN.[27]

Pelas palavras de Carone, o que vimos foi uma luta, no início, entre as duas facções das classes dirigentes mas que resultou num acordo, no qual a UDN, de Eduardo Gomes, juntou-se com o PSD, de Dutra, passando a dividir o poder.

Apesar desse "novo Brasil" ter sido apoiado oficialmente pelo governo Americano, Washington não deixava de monitorar os acontecimentos sócio-político-econômicos do país. Desde muito cedo – um mês após a posse de Dutra –, o Departamento de Estado solicitava à sua agência de serviço secreto, à ex O.S.S., agora *Bureau of Inteligence and Research*[28], um relatório de maneira a construir um quadro completo da nova situação brasileira. Datado do dia 20 de fevereiro de 1946, o relatório *Current US Policy toward Brazil* relacionava tópicos de interesse especial (problemas do desenvolvimento econômico; antagonismos e interesses regionais especiais e relações do Brasil com a Argentina), além de trabalhos em andamento (um estudo do movimento operário brasileiro). Destacava, também, um panorama sobre a nova situação brasileira, com informações fornecidas pelo Adido Rowell.[29]

Com o intuito de redesenhar a nova situação política do Brasil, traçava um panorama completíssimo do momento, a partir da posse de Dutra. Comentava a vitória do candidato do PSD e o apoio obtido da Igreja e do Exército, o que dava consistência e estabilidade a seu governo. Destacava,

---

26 Que ocorreria no ano seguinte à posse de Dutra.
27 PSD (Partido Social Democrata), UDN (União Democrática Nacional), PCB (Partido Comunista do Brasil) e PTB (Partido Trabalhista Brasileiro) eram os principais partidos políticos surgidos no final do governo Vargas.
28 Em 20 de setembro de 1945 o presidente Trumam assinou a extinsão da OSS, que ficou dividida entre o Departamento de Estado e o Departamento de Guerra. O Departamento de Estado ficou com a "Research and Analysis Branch", da OSS, que recebeu o nome de "Offfice of Reseach and Intelligence Service" (IRIS), mais tarde renomeada para "Bureau of Intelligence and Research (BIR)". Em janeiro de 1946 Presidente Trumam criou a Central Intelligence Group (CIG), precursor da CIA.
29 Como podemos perceber o trabalho dos Adidos Trabalhistas também dava subsídios às agências de serviço secreto do Departamento de Estado no Brasil.

ainda, a influência de Vargas e sua união com o PCB e avaliava as intenções do movimento operário e o papel de Getúlio e dos comunistas nesse contexto. Assim, o relatório destaca as características tanto do movimento operário e suas reivindicações quanto do seu provável futuro:

> Durante o período considerado [fim do governo Vargas e início do governo Dutra (grifo meu)] o trabalho urbano, que tem sido supervisionado de perto pelo governo, conquistou importantes etapas preliminarmente para a organização de um movimento sindical autônomo e unificado rumo a filiação ao CTAL (Confederação Latino-Americana do Trabalho). O movimento operário, ao mesmo tempo, através de greves, retomou as pressões por salários maiores, principalmente nos serviços públicos. Entre os últimos atos oficiais do Regime Provisório estava a revisão da legislação trabalhista que permitia sindicalismo dual, relaxamento, de alguma maneira, do caráter intervencionista do governo, mas, ao mesmo tempo, a continuação da proibição contra a afiliação com o movimento internacional do trabalho. Os trabalhadores, que têm votado como uma classe, nas eleições, continuam a seguir o caminho de dois dirigentes, um segmento aliado a Vargas, e outro grupo menor, mas potencialmente mais efetivo, que segue a liderança dos Comunistas.[30]

Mais adiante, o documento, na página 6, pontua no tópico 3 *As intenções e a eficácia do movimento operário*:

> Os trabalhadores formam um dos mais fortes grupos de pressão no Brasil hoje. Isto favorece a democratização do governo, com relação à autonomia dos sindicatos, e estão determinados a usar as greves como arma de pressão por demandas econômicas. Politicamente, no entanto, os trabalhadores estão divididos entre Vargas e os Comunistas. Por causa da influência política direta de Vargas e da eficácia da organização e direção Comunista, espera-se da Administração Dutra que seja sensível às demandas econômicas dos trabalhadores. Ao mesmo tempo o racha político nas fileiras dos trabalhadores

---

30 *"Current US Policy toward Brazil"* February 20, 1946, Secret , R+A nº 3562. p.4 – O.S.S. – Latin America. 1941-1961. CEDEM – Coleção UPA – University Publications of America.

pode permitir à administração que use a organização trabalhista de Vargas contra os comunistas e como conseqüência diminua a eficácia política destes últimos. A administração Dutra, tem publicamente indicado sua antipatia pelos comunistas, e presumivelmente praticado uma política de restrição à sua influência. O custo imediato de tal política é a de permitir um crescimento da influência política de Vargas dentro do governo e a intensificação da luta pelo controle do movimento operário. No momento os Comunistas lideram a iniciativa de organizar um movimento de trabalhadores autônomo e unificado, mas tem ainda que consolidar sua influência junto aos trabalhadores e tirar as vantagens políticas que advierem daí.[31]

Podemos perceber claramente pelas palavras do relatório que o Departamento de Estado apoiava a iniciativa de independência do movimento operário, afirmando que esta era saudável para a democratização do governo e a libertação dos sindicatos da tutela do Estado. Esta também era a proposta da AFL, representada pelos relatórios enviados por Serafino Romualdi quando esteve no Brasil em julho de 1946.

Levantamos, porém, uma evidência que as fontes nos demonstram e que nos colocam diante de uma interrogação. Se, por um lado, há uma certa desconfiança de Washington em relação aos rumos da política trabalhista de Dutra em dar independência aos sindicatos , por que , então, há uma relação de "troca de favores" entre autoridades brasileiras e norte-americanas, no que diz respeito à formulação de novas leis que limitem certas liberdades dos trabalhadores brasileiros? Por que o Departamento de Estado fez acordos com a AFL para influenciar a independência dos Sindicatos no Brasil?

As evidências de que havia uma comunicação entre governos – norte--americano e brasileiro – são dadas pelas correspondências trocadas e sigilosas entre Embaixada norte-americana, no Rio de Janeiro, e Departamento de Estado. Em telegrama datado de 23 de fevereiro de 1946, três dias após aquele relatório do *Bureau of Inteligence and Research,* o embaixador Berle envia ao Secretário de Estado a seguinte solicitação:

---

31 *Current US Policy.....idem* p.6-7.

O ministro do Trabalho, que está preparando uma legislação antigreve, informalmente me solicitou copias das leis Americanas incluindo Smith Connaly[32], Railway Labor[33], etc. Por favor envie por mala aérea assim que o material estiver pronto e disponível. *Berle*.[34]

Não há indícios diretos a sugerir que o ministro do Trabalho tenha usado estas leis entregues pelos norte-americanos para a organização do Decreto; o que ocorre, porém, é que em 15 de março de 1946, menos de um mês da comunicação, Dutra baixava o decreto-lei 9070, uma lei antigreve nova e severa. Iniciava-se a caça às bruxas. O MUT era posto na ilegalidade a partir de abril, seus líderes presos, as eleições sindicais suspensas, o que permitia que as diretorias pelegas permanecessem por mais alguns meses frente aos sindicatos, e aqueles que tinham alcançado certa independência sofreram intervenção, com eliminação de comunistas de seus quadros. Tratava-se de impedir a independência da força de trabalho organizada e eliminar a presença comunista no seio do proletariado.[35]

As informações trocadas, se não se pode afirmar o contrário, deram subsídios para o novo decreto que proibia as greves. Se por um lado o governo norte-americano desejava eliminar os comunistas do seio do operariado, por outro, indiretamente, colaborava para que o movimento operário brasileiro continuasse a ser controlado pelo Estado, o que era uma incongruência dentro de seus planos e da AFL. Ou não?

---

32 A *Smith-Connally Act* foi promulgada em 25 de junho de 1944. A legislação foi criada as pressas logo apos a terceira greve de sete dias dos trabalhadores em minas de carvão. A Lei permitia ao governo dirigir as industrias ameaçadas por greves que pudessem interferir na produção para a guerra e tornava crime a organização de greve. Foi a primeira medida anti-sindicato aprovada pelo Congresso desde 1930. Foi usada em agosto de 1944, por exemplo, para combater a greve de 10.000 membros do Sindicato dos Empregados em Transporte Rápido da Filadélfia que parou por seis dias. O Presidente Roosevelt enviou 8.000 homens da tropa do Exército Americano para a cidade para dirigir e gerenciar o sistema de transporte e ameaçou os trabalhadores em greve que se não voltassem ao trabalho em 48 horas seriam demitidos. A Ação de Roosevelt extinguiu a greve. LICHTENSTEIN, Nelson et al. Who Built America? V.2: Since 1877. New York:Worth Publishers, 2000.p.521-522.

33 A *Railway Labor Act* uma lei federal dos Estados Unidos aprovada em 1926 e emendada em 1936 para ser aplicada, também nas companhias aéreas. Permite o uso da greve em última instância, quando o acordo salarial, a mediação e a arbitragem não resolvem a questão.

34 Incoming Telegram (Restricted) De Berle ao Secretário de Estado, 23 de fevereiro de 1946 (For Mulliken from Rowell) RG59 - 832.5045/2-2346. DS/USNA.

35 "Em maio temos a Chacina do Largo da Carioca, com inúmeros feridos e mortos; em junho, a polícia vigia o Comitê Metropolitano do PCB; e a partir de abril em diante, a violência policial contra greves aumenta, resultando em pressões e maus tratos físicos contra os presos" CARONE, Edgard. *A República Liberal II*. 1985. Op. Cit p.24.

Não adotamos as fontes como verdades únicas, como nos orienta Jacques Le Goff, negamos o "imperialismo dos documentos" porque entendemos que eles não falam por si, é preciso saber problematizá-los. É nesse sentido que tal dicotomia nos leva a questionar a postura oficial apresentada na documentação. Em que interessava ao Departamento de Estado a independência dos sindicatos? O que significava para Washington o fomento da luta dos trabalhadores brasileiros pela libertação de seus sindicatos da tutela do Estado? Por que, para os *policy-makers*, era imprescindível que os sindicatos brasileiros fossem livres? E qual liberdade era esta?

Neste início do governo de Eurico Gaspar Dutra, ainda não se consegue reconhecer bem a relação existente entre os interesses norte-americanos e brasileiros, no que diz respeito ao controle do operariado porém, a partir do ano de 1947, quando Truman dá início à Guerra Fria, então, já não teremos duvidas em identificar as ações do governo brasileiro com aquelas típicas do "discurso da Guerra Fria iniciada nos Estados Unidos". Tivemos, por exemplo, mais de 400 intervenções federais em sindicatos entre 1947 a 1950, e não foram apenas para caçar comunistas mas também para evitar qualquer tentativa de desenvolvimento de um caminho autônomo e nacionalista dentro do movimento operário. Dutra baixou 1.457 decretos-lei até quase às vésperas da promulgação da Constituição, muitos dos quais relacionados ao controle social e político, `a contenção da independência do operariado.

A promulgação da Constituição de 1946, que abriria perspectivas para uma vida mais democrática para o cidadão brasileiro, trouxe consigo a legalização de mecanismos muito próximos daqueles da ditadura que ela queria negar. A união do PSD com a UDN dava à Constituição um tom conservador e colaborava para limitar a ação dos partidos de oposição.[36]

A burocracia reforçada no governo "democrático" de Dutra era um instrumento importante, também, como elemento escamoteador dos reais interesses da elite no poder. Esta burocracia faz surgir um estamento buro-

---

36 "Os opositores passaram a ser vistos e tratados como delinquentes. Em sua mensagem do ano de 1947, Dutra anunciou esperar, legislação complementar, e a decretação de 'providências conexas' que diziam respeito à questão da definição de atividade contrária ao interesse nacional, expulsão de estrangeiros nocivos à ordem pública e a condição de lealdade ao Brasil para o exercício de funções públicas." POMAR, Pedro Estevam da Rocha. *A Democracia Intolerante. Dutra, Adhemar e a repressão ao Partido Comunista (1946-1950)*. Coleção Teses e monografias V.4, São Paulo: Arquivo do Estado/Imprensa Oficial do Estado. 2002, p.23.

crático, que se identifica com a classe à qual é subordinada[37] e que, apegada ao poder e ao exercício do controle político, fecha a possibilidade de livre organização e participação das chamadas classes subalternas.[38]

A limitação da participação popular nos destinos do Brasil de então, justificada, mais uma vez, em lei, respondia, também, aos anseios, dos grandes empresários brasileiros que, em decorrência da necessidade de acumulação de capital industrial em taxas cada vez mais crescentes – já que os Estados Unidos tinham perdido o interesse de investir no Brasil –, exigiam a contenção dos salários e a repressão às demandas dos trabalhadores e da sociedade e a adequação do Brasil aos interesses externos do pós-guerra.

As tensões sociais, reflexo tanto dos problemas surgidos ainda no final do governo Vargas – com congelamento de salários e aumento do custo de vida – quanto da frustração da sociedade no que se refere às expectativas de liberdade e melhoria do padrão de vida após a guerra, levaram um grupo de empresários da FIESP (com medo de perder o controle sobre a classe operária, para os comunistas, preocupação, também, do governo, dos Estados Unidos e da AFL), capitaneados por Roberto Simonsen em São Paulo, e Euvaldo Lodi, da Confederação Nacional da Indústria (CNI)[39] no Rio de Janeiro, a propor a criação de um Serviço Social da Indústria, cuja função era promover a "integração e solidariedade entre patrões e empregados". Pelo Decreto-Lei nº 9.403/46, assinado por Gaspar Dutra em 25 de junho 1946, atribuiu-se à Confederação Nacional da Indústria (CNI) a criação, direção e organização do Serviço Social da Indústria (SESI).

O principal "patrocinador" desse processo foi Roberto Simonsen, que na época, candidatando-se ao Senado, usou esta nova instituição como arma política. Em discurso pronunciado em 25 de julho de 1946, em São Paulo, na instalação do Primeiro Conselho Consultivo do SESI, Simonsen declara que:

---

37 Segundo Maurício Tragtenberg. "isso é revelado pelos aburguesamentos dos altos funcionários que participam dos Conselhos de administração ou das rendas que provêm de suas ações nas empresas." TRAGTENBERG, Maurício. *Burocracia e Ideologia*. Coleção ensaios 9. São Paulo: Ática, 1980, p.190.

38 Neste sentido, o que se vê é "a predominância do Estado sobre a Nação e da sociedade política sobre a sociedade civil que (grifo meu) não constitui uma exceção de certos períodos, mas sim uma constante" GIOVANETTI NETTO, Evaristo. *O PCB*....1986. Op.cit., p.11.

39 A Confederação Industrial do Brasil fundada em 1933 por iniciativa de quatro Estados (São Paulo, Minas Gerais, Rio Grande do Sul e Rio de Janeiro), foi extinta em 12 de agosto de 1938 para dar lugar à Confederação Nacional da Industria (CNI).

> SESI.....irá permitir às massas trabalhadoras brasileiras que atravessem o Mar Vermelho do opressivo e inumano totalitarismo, sem molhar seus pés, e, depois de uma jornada indubitavelmente árdua, respirarão o ar puro brasileiro, purificado pelo nosso espírito cívico e pela nossa vocação à democracia.[40]

O SESI, além de oferecer "atividades de assistência orientada" para a indústria, cuja principal função era evitar a inquietação resultante dos problemas do trabalho e salário baixos, cobria as deficiências alimentares da população trabalhadora – visando a evitar sedições e greves que já haviam ocorrido devido à falta de abastecimento básico –, com distribuição de alimentos muito baratos em postos espalhados por São Paulo, principalmente, em locais, já ocupados pelos comunistas que tinham organizado postos similares anteriormente.

A função abraçada pelo Serviço Social da Indústria poderia ser cumprida em muitos países, como o era na Argentina de Perón, por exemplo, somente pelo Estado ou pelos sindicatos. No Brasil, entretanto, os empresários assumiram, também, tal empreitada[41] porque não confiavam nos sindicatos e defendiam a ideia de que, ligados diretamente à indústria, podiam dar subsídios mais eficazes aos trabalhadores. Ocupavam, também, os espaços abertos pela ineficiência do Estado em dar assistência médico-hospitalar adequada aos operários e seus familiares.

Como destaca Barbara Weinstein, os empresários ligados à FIESP – Federação das Indústrias do Estado de São Paulo – tiveram papel de destaque nos debates sobre as políticas sociais. A escolha de Dutra para seu segundo ministro do Trabalho recaiu sobre a figura de Morvan Dias de Figueiredo, presidente da FIESP. Interessava também a esses empresários estarem à frente das questões sociais a fim de construir nova imagem do empresariado brasileiro. Tentando substituir a antiga função de Vargas como pacificador das massas, o SESI, a partir de 1950, passou a usar sua estrutura de recrea-

---

40 Simonsen, Discurso pronunciado a 25 de julho de 1946 em São Paulo, na instalação do 1º Conselho Consultivo do SESI (São Paulo, 1946),14. *APUD*: WEINSTEIN, Bárbara. *The industrialists, The State, and the issues of workers training and social services in Brazil,1930-50*. Hispanic American Historical Review, v.70, n. 3, August,1990. p.398.

41 Não esquecer que durante o Estado Novo, Vargas instituiu a SAPS – Serviço de Alimentação da Previdência Social. Sua proposta era fornecer alimentação digna e barata para a classe trabalhadora através de Restaurantes Populares. A SAPS foi extinta em 1967 durante os governos militares.

ção para patrocinar "olimpíadas de trabalhadores" no mês de maio, "com a explicita intenção de transformar a comemoração tradicional da militância operária em celebração da 'paz social'."[42]

Encontramos, também, nos arquivos de Washington, a partir de 1950, acordos de assistência técnica entre o governo norte-americano e o governo brasileiro.[43] Os programas de assistência técnica no setor da aprendizagem industrial seriam desenvolvidos pelos norte-americanos, no Brasil, com o auxilio do SENAI, órgão criado por Vargas em 26 de Janeiro de 1942 e que ligado, à FIESP e ao SESI.

A ação do SESI e os acordos posteriores não foram muito bem recebidos na ocasião por sindicatos nem tão pouco pelos operários porque eram vistos como instrumentos de coerção e controle, já que tinham surgido durante um governo tido como inimigo dos trabalhadores. "Outro ponto que dificultava ainda mais a aceitação do SESI, por parte dos sindicatos era a identificação do órgão com os representantes sindicais ligados ao governo"[44]

A importância do movimento operário era enorme naqueles dias. Tanto o Governo Dutra faria questão de estabelecer mecanismos de controle dessa massa quanto os empresários, que precisavam da força de trabalho e apoiavam o governo em suas ações, proporiam, ao mesmo tempo, caminhos alternativos – sem, no entanto, dar-lhes liberdade. Finalmente, não deixávamos de ter também os interesses externos, na vigilância dessa força.

A importância dada por Washington à questão trabalhista na América Latina, no imediato pós-guerra, era tão grande que sua logística na interferência dos sindicatos brasileiros – nosso caso – passaria , também, por posturas que nos parecem ambíguas. Desde a critica à atitude de Dutra, com relação à tutela dos sindicatos, e, ao mesmo tempo, o fornecimento de leis de controle sobre greves às autoridades brasileiras, até o apoio ao programa dos empresários (SENAI,SESI), que, de certa forma, "domariam o movimento operário" com este tipo de *welfare state*.

---

42 WEINSTEIN, Bárbara. "The industrialists, The State, and the Issues of Workers Training and Social services in Brazil,1930-50". Hispanic American Historical Review, v.70, n.3, August,1990. p.401 e FRENCH, John D. ."Workers and the Rise of Adhemarista Populism – Brazil 1945-47" The Hispanic American Historical Review, (HAHR), v. 68, n. 1 (feb., 1988), p. 33.

43 Acordo estabelecido em 19/12/1950 "SENAI – U.S. – Brazil Agreement", assinado em 30/06/1952.

44 O SESI, o Trabalhador e a Industria : Um resgate Histórico. Estudos de Tendências Sociais, Observatório. SESI/DN. – Brasília: SESI/DN, 2008. p. 46.

Esta dinâmica. (que poderíamos chamar de discurso) do Departamento de Estado não deixava de lado o trabalho de inteligência das agências de espionagem, aquele desenvolvido pelos Adidos Trabalhistas e até informações confidenciais recebidas de seus consulados e embaixadas. Estas orientariam suas ações naquele momento tão "inconstante".

A prova de que o governo norte-americano estava muito bem orientado quanto aos acontecimentos que envolviam trabalhadores e sindicatos no Brasil pode ser constatada pelo telegrama confidencial e secreto, enviado por Paul Daniels ao Departamento de Estado.

> Informações confiáveis dão conta de que os Comunistas estão organizando uma possível greve geral no Brasil, pretendendo amarrar as utilidades públicas como sinal de sua força. Não há, por enquanto, nenhuma ação nesta direção por parte dos sindicatos e nada se fala sobre isto. Esta informação tem chegado aos círculos policiais que nos tem advertido, em estrita confidencialidade e extra-oficialmente de que um decreto já está sendo preparado declarando a ilegalidade do Partido Comunista. A polícia política já está organizando uma lista dos comunistas mais proeminentes e seus endereços e tem sido instruída a prepara-se para prendê-los imediatamente antes da promulgação do decreto, se ele for assinado. Pode ser que o decreto não seja promulgado, se não houver provocação por parte dos comunistas, porém, o governo está tomando precauções para lidar prontamente com qualquer distúrbio resultante da agitação comunista.[45]

Sindicatos , Operários e o plano de Washington

Os anos de 1945 e 1946, no Brasil, são para a classe operária momentos de expressão de sua existência: organização de luta dos trabalhadores, militância e desenvolvimento das forças políticas de esquerda. Isto não era, no entanto, um fenômeno só brasileiro, aconteceu em quase toda a América Latina. Ditaduras eram derrubadas e trabalhadores e sociedade civil se orga-

---

45   Telegrama nº 4508, enviado por Paul Daniels ao Departamento de Estado em 07/03/1946. Confidential File. RG59. 832.00B/3-746 - DS/USNA.

nizavam rumo à construção de regimes democráticos. Toda essa força orga-
nizativa possuía um viés bem marcadamente nacionalista, o que não agradava ao *establishment* norte-americano.

Provavelmente, também, não animava o governo Britânico, pois foi
em dezembro de 1945 que este indicou, para Argentina, México e Brasil, funcionários de embaixada que cumpririam a função de Adidos Trabalhistas.
Para a Embaixada Britânica no Rio de Janeiro, foi enviado C. J. German
e "uma das principais funções seria a de descrever e estudar a situação do
trabalho no Brasil"[46], de acordo com o *Chargé d'Affaires* norte-americano,
no despacho enviado da embaixada americana no Rio de Janeiro para o
Departamento de Estado, em Washington.

Dois eram os pontos que o governo de Washington queria combater:
o domínio das esquerdas e o caminho de um desenvolvimento nacionalista.
Segundo os *policy-makers*, esses eram os dois entraves ao projeto de construção da supremacia americana. Como já apontado, o Departamento de
Estado lutava, no ano de 1946, com todas as armas[47] para conquistar sim-
patias e alianças não só entre as autoridades brasileiras que poderiam abrir
caminhos a suas pretensões, como entre os operários, os quais desejavam ver
"livres" dos comunistas. A AFL tornar-se-ia parceira nesta ambição.

A segunda viagem de Serafino Romualdi à América Latina não alcan-
çou resultados tão práticos quanto os esperados. Em relatório sobre a viagem feita ao Brasil, datado de 5 de julho de 1946, enviado a Mathew Woll,
vice-presidente da AFL, destacava o que verificou aqui e ensaiava caminhos
perspectivos para o futuro.

Romualdi pontua no memorando a Woll que o movimento sindical
brasileiro passava por um período de reorientação e reorganização e que era
impossível compará-lo com qualquer outro na América Latina. Para ele, o
Brasil era o único país onde o governo havia feito de tudo para organizar
o movimento operário nos moldes Fascisto-corporativistas e submetê-lo ao
absoluto controle do Estado. Acrescenta que isto foi feito durante a ditadura
do governo Vargas e que o efeito político e econômico do controle do governo

---

46 Despacho nº3 806, enviado pelo *Chargé d'Affaires*, DuWayne C.Clark para o departamento de Estado,
com copia para Edward J.Rowell, datado de 20/12/1945. RG 84 – Box 330 – 850.4 - DS/USNA.

47 O Departamento de Estado em instrução de número 93, de 24 de Julho de 1946, comunica às embaixadas na America Latina, a visita do Sr. Robert Jackson Alexander "em viagem para a América Latina
para estudar os movimentos operários" RG84. 124.5/842 e 850.4 - DS/USNA.

brasileiro sobre o trabalho organizado havia sido, em sua opinião , um dos fatores que mais haviam contribuído para o caos político e o desastre econômico que colocava o Brasil em direção a uma revolução. Propunha como saída imediata para a questão trabalhista no Brasil que a AFL deveria:

1) Trabalhar pelo estabelecimento de uma Federação Brasileira do Trabalho que lutasse, gradualmente se necessário, para se libertar de todas as formas de dominação do governo.

2) Usar de pressão sobre o Governo Brasileiro para mandar delegados representantes dos trabalhadores à conferência da ILO, em Montreal, em Setembro.

3) Propor aos delegados brasileiros, que indubitavelmente seriam pessoas de linha oposta aos Comunistas, que aceitassem convite, também da AFL ou da "Latin American pro Democratic Labor Group" para fazer parte de uma conferencia, nos Estados Unidos, ou Canadá, cujo propósito seria de discutir planos para a organização de um corpo Inter-Americano de Trabalho, oposto ao totalitarismo.

4) Estudar a possibilidade de enviar líderes sindicalistas para os Estados Unidos para que aprendessem práticas e políticas do movimento operário norte-americano, e eventualmente enviar missões sindicais norte-americanas ao Brasil.

5) Apontar Antonio da Silva, membro do Parlamento e Tesoureiro da Federação dos Trabalhadores na Indústria de Alimentação, como correspondente para relações com a AFL e outras organizações Latino-Americanas do trabalho.[48]

---

48 Memorando de 5/7/1946 de Serafino Romualdi para Mathew Woll – Doc nº 5459(10) box 2 file 6. Serafino Romualdi's Papers. Khell Center for Labor-Management Documentation & Archives Martin P. Catherwood Library, Cornell University Ithaca, NY.

Nesse relatório, Serafino Romualdi ainda destacava o grande apoio recebido pelo cônsul norte-americano em São Paulo, Cecil Cross, e comentava com júbilo a proposta do diplomata.

> O Sr. Cecil Cross, nosso Cônsul Geral, cujo interesse genuíno nos assuntos trabalhistas é conhecido por mim de há muitos anos, é de opinião que a AFL deveria aproximar a cena trabalhista brasileira da clara compreensão de que é necessária não somente a cooperação, mas também aceitação da direção da AFL. Ele acredita que um grupo de jovens líderes, que ele mesmo está pronto a selecionar, deveriam ser enviados aos Estados Unidos com propósitos claros de treinamento.[49]

Enquanto os funcionários da embaixada americana e seus "parceiros" como Romualdi viam a classe operária como elementos a serem tutelados e dirigidos rumo a uma "vida melhor" e acusavam o Estado Brasileiro de exercer, ainda, durante o governo Dutra, uma tutela como aquela exercida por Vargas, o Adido Britânico, Clifford German, em seu primeiro *Monthly Labor Report* (MLR), destacava que os trabalhadores possuíam no Brasil

> certos direitos inexistentes em qualquer outro país democrático, como garantia de estabilidade apos dez anos de serviço, pagamento igual para ambos os sexos pela mesma função, além do mais, todo empregado, depois de um mês de serviço, é protegido por medidas similares às do sistema War-time Essential Order da Grã-Bretanha.[50]

A presença de Adidos Trabalhistas britânicos, franceses e até argentinos, estes últimos enviados ao Brasil por Perón, cumpria suas funções, respondendo a um protocolo diferente daquele criado pelo programa de Adidos Trabalhistas norte-americano. Seu trabalho não seguia necessariamente um esquema de inteligência rumo ao "controle" do movimento operário, como faziam os norte-americanos. Importante ressaltar que, em nosso caso, alguns Relatórios de Clifford German nos servem como parâmetros para jul-

---

49 Memorando de 5/7/1946 de Serafino Romualdi para Mathew Woll – Doc nº 5459(10) box 2 file 6. P. 10 – Serafino Romualdi's Papers. Khell Center for Labor-Management Documentation & Archives Martin P. Catherwood Library, Cornell University Ithaca, NY.

50 "Monthly Labour Report nº 1 de 17/6/1946, Clifford German para Ministry of Labor, LAB 13/498, Public Record Office, National Archives, Londres.

gar a posição adotada pelos norte-americanos, tanto naquele momento que antecedia a Guerra-Fria quanto no período mais duro para os partidos de esquerda que foram os anos de 1947 e 1948.

Em junho, quando Romualdi esteve no Rio de Janeiro, conversou, secretamente com autoridades brasileiras, uma das quais foi o Ministro Octacílio Negrão de Lima que garantiu a ele que convocaria um Congresso Nacional dos Trabalhadores em Recife, no final daquele mês.[51] O que não ocorreu, pois, o ministro resolveu programá-lo para setembro[52] no Rio de Janeiro.

Negrão de Lima esperava ter controle da situação afastando do movimento operário, principalmente, o PCB e os representantes do MUT – que era clandestino –, o que não ocorreu durante o Congresso no Rio. Os trabalhadores dividiram-se em três grupos: os alinhados ao PCB, aqueles ligados ao PTB e um minoritário, que apoiava o ministro, composto de delegados que tinham estabelecido contatos amistosos com Romualdi. Estes últimos, em confronto com o PCB, acabaram abandonando o Congresso, que foi dissolvido pelo ministro.

A Confederação dos Trabalhadores do Brasil (CTB) foi criada, então, numa convenção organizada posteriormente e o ministro apoiou a formação de outro grupo, a Confederação Nacional dos Trabalhadores (CNT)[53], composto por operários pró-governo. Como nos ilustra Cliff Welch, a CNT, apoiada pelo governo, teve como primeiro presidente Deocleciano Hollanda de Cavalcanti (presidente do sindicato dos empregados nas Indústrias de Alimentação), elemento recentemente ligado à AFL. A evidência de que o ministro defendia, em parte, os planos da AFL veio com a indicação de Renato Socci, da Federação dos Trabalhadores Marítimos do Rio, ligado a Cavalcanti e à CNT, para a convenção do ILO – dominada pelos Estados Unidos –, de Montreal.[54]

---

51 Memorando de 5/7/1946 de Serafino Romualdi para Mathew Woll – Doc nº 5459(10) box 2 file 6. P. 2/3 – Serafino Romualdi's Papers. Khell Center for Labor-Management Documentation & Archives Martin P. Catherwood Library, Cornell University Ithaca, NY.

52 Para informações detalhadas sobre o Congresso Sindical realizado no Rio de Janeiro, veja, TELLES, Jover "IV Discursos 1 A verdade sobre o congresso sindical realizado no Rio de Janeiro em setembro de 1946" IN: *O movimento sindical no Brasil*. Série: A questão social no Brasil, São Paulo: Ciências Humanas, 1981. p. 243 a 259.

53 Dutra, através de Decreto-Lei, aprova a formação da CNT. Como a Constituição proibia a formação de Confederações Nacionais de Trabalhadores, o decreto não foi publicado no Diário oficial. A CTB não foi reconhecida tornando-se, portanto, ilegal.

54 WELCH, Cliff. "Labor Internatinalism: U.S. Involvement in Brazilian Unions, 1945- 1965" IN : *Latin American Research Review*, v. 30, nº 2. (1995), p. 68.

As ocorrências registradas no início do ministério de Otacílio Negrão de Lima, como as inúmeras greves e as repressões aos movimentos dos trabalhadores, além da malfadada tentativa do ministro do trabalho de organizar um Congresso Nacional dos Trabalhadores[55], levaram-no a solicitar seu afastamento do cargo.[56] Para seu lugar, Dutra escolheu o pernambucano Morvan Dias de Figueiredo, presidente da FIESP – Federação das Indústrias do Estado de São Paulo. A escolha foi seguida de perto por Rowell, que enviou vários relatórios ao Departamento de Estado e também ao embaixador no Rio de Janeiro, comentando as manobras políticas de Negrão de Lima e a nova indicação.[57]

Em 30 de outubro, Clarence C. Brooks, Conselheiro da Embaixada para assuntos econômicos, enviava carta confidencial nº 323 ao Cônsul Cecil M.P. Cross, de São Paulo, solicitando-lhe informações sobre o novo Ministro do Trabalho.

> Informações são particularmente desejadas, com respeito à sua filiação partidária, seu conhecimento de línguas estrangeiras, sua atitude com relação aos Estados Unidos, e informações gerais que poderão ser acrescentadas como 'destaques' e que cubram informações sobre, questões de raça, religião, afiliações fraternais, educação, reputação, personalidade, influencia, atitude com relação a outras nações etc.

> Qualquer informação que o Consulado Geral possa fornecer com respeito às solicitações acima serão grandemente apreciadas.[58]

O serviço de informações do Consulado era muito eficiente. Seu banco de dados sobre personagens e eventos ligados aos trabalhadores brasileiros

---

55 Interessante é estabelecer a ligação entre as pretensões norte-americanas, via AFL, com a formação de uma Central Sindical Nacional Brasileira, a ação do Partido Comunista na chamada para uma Convenção Nacional e a convocação feita pelo ministro após a conversa com Romualdi. A Constituição de 1937, mesmo com emendas no final de 45, assim como a de 1946, proibiam a formação de uma Central Nacional dos Trabalhadores Brasileiros.

56 O ex-ministro do trabalho candidatou-se e foi eleito Deputado Estadual em Minas Gerais, pelo PTN – Partido Trabalhista Nacional , para o mandato de 1947 a 1951. Não concluiu seu mandato afastando-se em 12/12/1947 para assumir o cargo de Prefeito de Belo Horizonte.

57 Despacho nº 920 de 17/10/1946 e Anexos. RG84. Box 370 - 850.4 - DS/USNA.

58 Carta Confidencial nº 323 – Airmail – Enviada por Clarence C. Brooks AP Cônsul Geral em São Paulo Cecil Cross. Em 30/10/1946. RG84 Box 370 – 850.4 - DS/USNA.

e aos sindicatos estava sempre sendo atualizado. Os projetos de acordos e visitas entre trabalhadores norte-americanos e brasileiros, ou mais precisamente, de visitas de trabalhadores brasileiros e pessoas ligadas ao movimento operário aos Estados Unidos continuava em pauta, assim como o plano do *Informational Program Directed toward Brazilian Labor*, encabeçado pelo Embaixador Berle e pelo cônsul-geral de São Paulo, Cecil Cross. O programa que constava de emissão de boletins, inserções de propaganda em revistas e jornais de grande circulação no meio operário e que contava, principalmente, com projeções de filmes dentro de uma estratégia pensada pelo Adido Trabalhista Rowell e executada por W. J. Convery Egan[59] era alvo de troca de correspondência entre a Embaixada Americana no Rio de Janeiro e o Departamento de Estado.

Ainda em outubro, Paul C. Daniels, da embaixada, enviava despacho solicitando filmes sobre a vida dos operários norte-americanos para serem usados no Brasil pois, segundo ele, havia interesse, por parte dos trabalhadores brasileiros em conhecer a realidade norte-americana. Daniels alertava que esses filmes, que poderiam ser usados pelo Adido Trabalhista para propaganda, deveriam ser examinados com cuidado pelas autoridades de Washington, principalmente para que não deixassem transparecer a disputa entre as duas maiores centrais sindicais Americanas, a CIO e a AFL.[60] Daniel M. Braddock, em sua resposta, pedia paciência e atenção para os recentes acontecimentos envolvendo a classe operaria[61] e solicitava tempo para a ação no momento adequado. Terminava sua missiva afirmando que assim que tal material estivesse pronto seria enviado para o Rio, São Paulo e sucursais da USIS[62] no Brasil, para ser distribuído em oportuna ocasião.

Dentro do programa de "visitas aos Estados Unidos", destaca-se a importância que o Departamento de Estado deu à entrevista da jornalista Elza

---

59 Assistente-Chefe de produções de filmes da Divisão Internacional da Motion Pictures da OCIAA.
60 Despacho de Paulo C. Daniels , datado de 01 de outubro de 1946, para Daniel M.Braddock, Chefe, em exercício, da Divisão dos Assuntos Brasileiros do Departamento de Estado. RG84 Box 370- Post File – 850.4 - DS/USNA.
61 Aqui refere-se ao Congresso Trabalhista Nacional realizado em setembro daquele ano e seus desbobramentos.
62 United States Information Service ligado ao Bureau of International Information Program e a partir de 1953 à USIA – United States Information Agency, fundada em 1953 por Eisenhower cuja tarefa era estimular os países "vulneráveis" a aceitar a ajuda para a sua segurança interna.

Soares Ribeiro[63] ao jornal *O Radical*[64] – da qual era colaboradora – sobre seu estágio de cinco meses nos Estados Unidos, onde, a convite do *Children's Bureau of the United States Department of Labor*, para um curso de especialização em assistência social, teve a oportunidade de analisar a vida do trabalhador norte-americano e compará-la com a do brasileiro. Em sua entrevista para o jornal, Elza afirma que sua:

> missão nos Estados Unidos era estudar a legislação trabalhista daquele país e observar as condições de trabalho dos operários norte-americanos. Nesses cinco meses que permaneci lá eu consegui muito material interessante, não somente em conexão com esses dois assuntos mas, também, em conexão com as condições de vida em geral desse grande povo.[65]

Na tradução da entrevista dada por Elza ao Jornal, cujo titulo era: "As Condições de vida do Proletariado norte-americano", o Adido Trabalhista *Edward J. Rowell* destacava, como foi feito no jornal , as chamadas "curiosas observações" da jornalista Elza Soares Ribeiro.

> A maioria dos estados norte-americanos não tem leis sobre o salário mínimo; a liberdade no trabalho é levada ao excesso ; efetiva proteção sobre o trabalho da mulher e do menor de idade; a miséria dos desempregados na América do Norte é realmente trágica; as coisas boas e

---

63 Elza Soares Ribeiro, jornalista, funcionária pública do ministério do Trabalho na época de sua viagem aos Estados Unidos, assistente social e advogada. Iniciou sua carreira de jornalista em 1946, já como Diretora do Seminário Evolução. Colaborou em *O Radical* e *Correio da Manhã*. Foi diretora do Diário Trabalhista da Folha da Guanabara e da Revista Ila – Ilustração Latino-Americana. Trabalhou na Rádio Mauá, como comunicadora, e na Rádio Rio de Janeiro onde foi responsável pelo setor de Rádio-Jornalismo. Foi a Primeira secretária do Sindicato dos Jornalistas do Município do Rio de Janeiro e vice-presidente membro da Ordem dos Jornalistas do Brasil.

64 O diário matutino *O Radical* foi fundado em 1º de junho de 1932 e destinado a defender e propagar os princípios da Revolução de 1930, segundo a concepção dos "tenentes", no seio da classe trabalhadora. O Diário caracterizou-se pela ênfase ao noticiário trabalhista, sindical e policial. Aberto às reivindicações imediatas dos trabalhadores, dava ampla cobertura às greves e convocações de assembleias, à atuação dos sindicatos e às condições de trabalho e vida dos operários. A partir de 1945 esteve ligado ao movimento queremista e durante o governo de Dutra adotou uma postura de neutralidade, não apoiando nem fazendo criticas ao seu governo. Alzira Alves de Abreu (coord.)...[et al.], Dicionário Histórico-Biográfico Brasileiro, Op.cit., p.4857- 4859.

65 Tradução anexada ao Despacho nº 1029 de 04/11/1946 da Embaixada Americana no Rio de Janeiro enviada pelo *Charge d'Affaires* Duwayne C. Clarck ao Departamento de Estado. "Press Interview by Mrs. Elza Soares Ribeiro, Recent Children's Bureau Trainee" RG84 Box 370- Post File – 850.4 - DS/USNA.

más no tratamento com a classe trabalhadora; comida e miséria.[66]

Em seu depoimento ao jornal, há uma questão que referendava a luta do Departamento de Estado e da AFL no Brasil – muitas vezes comentada nos MLR e em correspondências enviadas da embaixada ao Departamento de Estado: Elza Ribeiro diz ter visitado uma fábrica e quando perguntou sobre as condições de vida dos trabalhadores, seu diretor teria dito: "É nosso interesse pagá-los bem porque eles também são consumidores". Completa ela: "este é um dos pontos da política capitalista que, apesar de não ser lá muito bom, pelo menos é paliativo". Rowell destaca, no final da tradução, essa frase da jornalista, completando seu trabalho.

Determinados documentos nos fazem lembrar Istvan Mészáros, quando afirma que um "Estado Nacional constituído de forma a ser capaz de dominar outras nacionalidades pressupõe a cumplicidade de seus cidadãos politicamente ativos no exercício da dominação".[67] Isto é revelado, por exemplo, em carta escrita pelo Cônsul Geral Americano de São Paulo Cecil M.P. Cross, dirigida a Paul C. Daniels, de sua embaixada no Rio de Janeiro.

Caro Senhor:

Em referência à sua carta de 24 de outubro de 1946, solicitando dados biográficos de Benedito Costa Neto[68], um relatório com dados atualizados de sua história pessoal foi-lhe enviado com data de 18 de outubro de 1946 e despachado no malote n° 127 datado de 24 de outubro de 1946.

Somente nesta manhã um representante da inteligentsia de São Paulo discretamente mandou-me um recado perguntando por que o Governo Americano tinha permitido a indicação de Benedito Costa Neto como Ministro da Justiça. Eu antes compartilho de sua mistificação assim como de suas qualificações mas não tenho nenhu-

---

66 *Idem* "Press Interview by Mrs. Elza Soares Ribeiro, Recent Children's Bureau Trainee" RG84 Box 370-Post File – 850.4 - DS/USNA.

67 MÉSZAROS, István. *O Poder da Ideologia...* 2007. Op.Cit. p.31.

68 Ministro da Justiça e Negócios interiores do governo Dutra de 2/10/1946 a 7/11/1947, que foi precedido pelo ministro Carlos Luz.

ma dúvida que ele será muito cooperativo em qualquer coisa que possamos precisar.

Atenciosamente,

Cecil M.P. Cross

Cônsul Geral Americano[69]

Apesar de não podermos identificar o representante da *Inteligentsia*, colaborador indireto do Consulado, nem as evidências que desabonariam a indicação do novo ministro da Justiça, percebemos, por este documento, que havia uma cumplicidade tanto da parte de certos brasileiros "inteligentes" quanto daqueles que "cooperariam em qualquer coisa que os Americanos precisassem". Este é um dos muitos exemplos que referendam a tese de Mészarós.

O final do ano de 1946 traz indicações claras de que o Departamento de Estado e os *policy-makers* não haviam deixado a situação somente nas mãos da AFL, instituição, que segundo alguns políticos de Washington, deveria ser vigiada de perto.

O trabalho do Adido Rowell continuava a fornecer informações importantes também para a Divisão de Assuntos Internacionais do Trabalho, Saúde e Sociedade do Departamento de Estado. Em despacho de número 257, *Informal Comment on Reports and Despatches*, os *policy-makers* cumprimentam Rowell por seu MLR de número 20, de junho a agosto de 1946, afirmando que:

> este é um relatório muito bom a respeito dos últimos acontecimentos relativos ao trabalho do período de junho e julho. A seção das políticas trabalhistas foi particularmente útil. Maiores informações sobre as Ligas Camponesas seriam bem vindas quando as tiver.[70]

69 Carta enviada por Cecil M.P.Cross para Paul C.Daniels, 30/10/1946. RG84 Box 368 - Post File – 850.4 - DS/USNA.
70 Despacho número 257 de 04/11/1946, enviado pelo Departamento de Estado Divisão de Relatórios dos Serviços Estrangeiros para a embaixada dos EUA no Rio de Janeiro. RG84 Box 370 - Post File – 850.4/123 - DS/USNA.

O último relatório de 1946, preparado por Rowell, aponta o mês de setembro como "um mês calmo" porque, segundo ele, os trabalhadores teriam um Congresso Trabalhista Nacional e também a promulgação da Constituição. Como este trabalho de Edward Rowell envolvia o mês de setembro quase que exclusivamente, nada discorreu sobre o encerramento do Congresso de forma tumultuada e a divisão dos trabalhadores.

Na parte reservada ao que eles denominavam, nas instruções, *miscellaneous*, dois são os destaques. O primeiro comenta a notícia do *O Jornal* de 10 de setembro, que divulga o início do programa de Adidos Trabalhistas Argentinos para suas embaixadas. Sob os auspícios da CGT argentina e o apoio do presidente Perón, o programa, ligado a seu Ministério das Relações Exteriores, iniciava o preparo de funcionários para as várias missões. Neste tópico, Rowell limita-se a reproduzir a notícia do jornal, sem fazer comentários. O segundo destaque é dado à notícia do Jornal *A Classe Operária*, de 28 de setembro, assinado por Lourival Villar, que faz um ataque ácido, segundo suas palavras, à Federação Americana do Trabalho (AFL). O artigo, segundo o Adido, é uma "resposta" comunista àqueles no movimento operário que duvidam do fato de que:

> os lideres da AFL podem não estar agindo de boa fé. [...] O artigo, segundo as palavras dos comunistas, afirma que 'o capitalismo imperialista reacionário, para manter seu poder, compra uma seção do movimento operário, como um produto de consumo, para dividir e confundir a classe trabalhadora'. Uma minoria aristocrática do trabalho com grandes salários existe na AFL e é composta por Green, Woll, Hutchinson e Dubinsky.

Continuando a transcrever a notícia, Rowell encerra seu Relatório Mensal, mais uma vez, sem comentários, mas mostrando que os comunistas brasileiros denominam Serafino Romualdi como um agente trotskista que além de pretender a divisão do operariado brasileiro, ainda faz parte do Departamento de Estado.[71]

O trabalho de Rowell no Brasil tornou-se referência em Washington. No início do ano de 1947, ele foi convidado pelo Departamento de Trabalho

---

71 Monthly Labor Report number 22 (1 de setembro a 1 de outubro de 1946) de 16 de dezembro de 1946. Preparado por Edward J. Rowell. RG84. 850.4 - Box 370 – Post File - DS/USNA

para discutir detalhes do programa de treinamento para funcionários do governo do setor de trabalho, desenvolvido pelos EUA nas "outras Repúblicas". Clara M. Beyer, Diretora do Departamento de Trabalho na capital americana, cumprimenta Rowell por seu bom trabalho no Rio de Janeiro.[72] Spruille Braden, Assistente de Secretário, em carta dirigida a Willian D. Pawley, destaca o trabalho de Edward Rowell como "de alta ordem de excelência" dentro do que o Departamento de Estado necessita. Sua carta revela, igualmente, as preocupações de Washington quanto à situação vivida nesses anos de 1947 e o profissionalismo no trato das questões ligadas as trabalho, classe operária, sindicatos e políticas governamentais.

Caro Bill,

Estou escrevendo para todos os nossos chefes de missão nas Repúblicas Americanas concernente ao desenvolvimento de seus relatórios de trabalho. Estou muito interessado neste assunto e apreciaria que desse sua atenção pessoal a ele.

Uma recente pesquisa indicou a inadequação de certos relatórios de algumas Repúblicas Americanas. Neste tempo quando a influência dos trabalhadores organizados está crescendo em todos os países deste hemisfério, completo e corrente conhecimento dos mais importantes aspectos da situação do trabalho é essencial. Eu me refiro a tais assuntos como as relações entre organizações trabalhistas ou políticas, nacionais ou internacionais ou grupos ligados ao trabalho. A influência do trabalho sobre a escolha de líderes políticos e o desenvolvimento de programas políticos e econômicos; a atitude do trabalho com relação as políticas de nacionalização, pleno emprego e tarifas protecionistas, e com relação às empresas Americanas operando nesses países; e os pontos de vista expressos com respeito à política externa dos Estados Unidos e a de outros governos.

---

72   Carta enviada à embaixada dos Estados Unidos no Rio de Janeiro em 22/01/1947, por Clara M. Beyer, Diretora do Departamento de Trabalho em Washington. RG59 - 832.504/3-2147. DF- DS/USNA.

Será , para mim, essencial que cada um dos nossos postos nas Repúblicas Americanas dêem atenção aos relatórios trabalhistas. Nos grandes países e naqueles em que o trabalho tem adquirido ou está adquirindo influência significativa, pelo menos um especialista treinado deve ser indicado para o trabalho. Esta pessoa deve ser capaz de preparar relatórios de trabalho, não somente, pela virtude de ter lido jornais e outros materiais publicados regularmente, mas com a competência que somente poderá adquirir através de extensivo contato pessoal com lideres trabalhistas e grupos, funcionários do governo e outras destacadas autoridades ligadas aos assuntos do trabalho. Os grupos mais radicais não deverão ser excluídos desde que seus pontos de vista sejam frequentemente de grande significado. O trabalho do adido será indiscutivelmente difícil e requererá a cooperação simpática do principal funcionário da missão.

Com especial referência ao Rio de Janeiro, fui informado que o Adido Trabalhista , Sr. Edward J.Rowell, tem apresentado um trabalho de alta ordem de excelência. Suas análises da significância política no desenvolvimento do movimento operário tem sido particularmente úteis. Eu fui informado de que ele recentemente perdeu seu auxiliar o Sr. Richard A.Godfrey, que foi transferido para outras funções na embaixada. Em vista do tamanho e importância do Brasil e da importância política de suas classes laborais, me parecer que esta perda será muito séria.[73]

No Brasil, o ano de 1947 marca a grande batalha dos comunistas contra o governo pela manutenção de seu partido e de seus representantes no Senado, na Assembleia Federal e nas Estaduais. Não só os "donos do poder"[74] tinham interesse em eliminar o PCB como, também, a maioria dos partidos políticos encabeçados por PSD e UDN. O PTB, um partido que se dizia de esquerda, também almejava os votos, as cadeiras nas Assembleias e

---

73 Carta de Spruille Braden, assistente de Secretário de Estado para Willian D. Pawley datada de 14 de fevereiro de 1947. RG84 - 850.4. Box 394 - PF- DS/USNA.

74 Aqui nos referimos ao conceito cunhado por Raymundo Faoro em sua obra *Os Donos do Poder: Formação do patronato político brasileiro*.

a "herança" do Partido Comunista.[75] Forças duplas pretendiam extinguir do cenário brasileiro o Partido Comunista do Brasil. Por razões óbvias naquele momento, desejava-se acabar com uma organização que, bem ou mal, dava suporte a grande parte do operariado brasileiro. Internamente, ele representava uma oposição aos planos do governo de manter a tutela sobre o movimento operário; externamente, era visto como um representante da URSS que naqueles idos de 1947, era a potência que aparecia no cenário mundial como concorrente dos EUA.

O Departamento de Estado, o FBI e a OSS[76], desde o ano de 1945, trilhavam o caminho do Partido e de suas atividades, apesar da "amizade" entre o governo norte-americano e o soviético. Forneciam através de telegramas – quando o assunto era urgente –, despachos e memorandos confidenciais todas as informações possíveis sobre as ações e a "propaganda" comunista a Washington. O *National Archives*, tanto no Decimal File RG59 quanto no Post File RG84, guardam documentos que nos permitem saber que os passos do Partido e de seus membros eram vigiados constantemente e de muito perto.

Em outubro de 1946, John Edgar Hoover, diretor do FBI, enviou ao Departamento de Estado uma mensagem "pessoal e confidencial", "recebida de fonte confiável e confidencial", todas as informações sobre o Congresso Nacional Trabalhista ocorrido no Rio no dia 9 de setembro. A mensagem é extremamente completa, apresentando detalhes não só do Congresso, como de seus desdobramentos. A principal preocupação de Hoover e que o levou a enviar a mensagem ao Departamento era denunciar o domínio dos Comunistas sobre o movimento operário.[77]

Durante todo o tempo de legalidade do partido, todas as propostas dos comunistas nas Assembleias e suas ideias veiculadas através de seus meios de comunicação como, por exemplo, o jornal *Hoje*, a *Classe Operária* e a *Tribuna Popular*, eram enviadas ao Departamento de Estado pela Embaixada Americana no Rio de Janeiro. No início do ano de 1947, uma mensagem confidencial de sete páginas cujo assunto era "Propaganda

---

75 O PCB chegou a ter, nesse período, 200 mil filiados.

76 A O.S.S. foi extinta em 20 de setembro de 1945 pelo então presidente Truman. Em janeiro de 1946 Trumam cria a Central Intelligence Group (CIG), precursor da CIA.

77 Mensagem enviada por John a Hoover para Jack Neal, chefe da divisão das correlações das Atividades Estrangeiras. Assunto: Confederação dos Trabalhadores Brasileiros. 01/10/1946. RG59 – 832.5043/10-146. DF- DS/USNA.

Comunista na *Tribuna Popular*" e que se referia às edições do jornal de 17 de Dezembro a 22 do mesmo mês do ano de 1946, enviada, com cópia até para a embaixada dos Estados Unidos em Moscou, coleciona as críticas feitas pelos comunistas ao governo americano e à ação da AFL no Brasil.[78]

No mesmo dia 3 de Janeiro de 1947, o embaixador Willian Douglas Pawley, envia telegrama confidencial ao Secretário de Estado comunicando que esteve na casa de amigos jantando e teria recebido informações pelo General Alcio Souto, do Gabinete Militar de Dutra, e pelo chefe de polícia do Rio de que o governo brasileiro aguardava para logo a ilegalidade do Partido Comunista no Brasil e que já havia compilado evidências suficientes para que o Congresso decretasse uma lei declarando o partido ilegal. Pawley, segundo suas próprias palavras, teria alertado essas autoridades quanto ao cuidado nessa ação de maneira a não permitir que nem o Partido nem seus seguidores fossem transformados em mártires. Termina sua carta afirmando que podiam confiar nesses oficiais, que haviam passado um tempo nos EUA e que portanto eram pró-americanos" [79]

O Partido Comunista do Brasil que durante o ano de 1946 havia adotado uma postura de apoio ao jogo democrático, tentando modificar a imagem que tinha de revolucionário e radical, altera sua tática nos primeiros meses de 1947, elegendo "a luta contra o imperialismo norte-americano" como uma das prioridades do movimento sindical. Era uma resposta às constantes perseguições e à *Doutrina Truman* lançada em 12 de março pelo presidente dos Estados Unidos, que defendia a ideia de que "a política dos Estados Unidos, a partir deste momento, deverá ser aquela voltada ao apoio aos povos livres que resistem à subjugação de minorias armadas ou pressões externas". Um recado à União Soviética, que se expandia na Europa e no resto do mundo.

Esta disputa era vista claramente, aqui no Brasil, por exemplo, nos meios de comunicação. A Confederação Nacional dos Trabalhadores CNT lançou, no final de março de 1947 a *Tribuna Trabalhista*[80]. Era um contra-

---

78 Despacho datado de 3/1/1947, da Embaixada Brasileira, sem indicação precisa do autor, enviado ao Departamento de Estado. Assunto: Propaganda Comunista na *Tribuna Popular*. RG59 - 832.00B/1-347. DF- DS/USNA.

79 Telegrama confidencial número 783 de 3/1/1947, enviado pelo Embaixador Pawley para o Secretário de Estado – RG59 - 832.00 B/1-347 DF- DS/USNA.

80 Jornal publicado semanalmente por Cesar de Vasconcellos, ex-integrante do Diário Trabalhista – jornal diário fundado no mesmo ano por Eurico de Oliveira e Mauro Renault Leite, genro do presidente Dutra,visava garantir respaldo ao governo –, ligado à política da CNT, cuja visão era orientada por João Batista de Almeida, seu presidente.

ponto à *Tribuna Popular*. Enquanto a *Classe Operária*, a *Tribuna Popular* e o *Hoje* faziam criticas violentas à posição dos Estados Unidos quanto à influência direta sobre os sindicatos, com visitas de representantes "dos interesses de Wall Street", como a AFL, a *Tribuna Trabalhista* elogiava, já em seu primeiro número , a AFL num artigo longo cuja manchetes eram :

> 7 milhões de trabalhadores dos Estados Unidos, fiéis aos princípios democráticos e os destinos da grande nação Americana' e 'As resoluções tomadas pela Federação Americana do Trabalho, representam uma advertência ao trabalhador brasileiro e merecem consideração imediata.[81]

Em correspondência enviada pela Embaixada Americana para o Departamento de Estado, aos 19 de maio de 1947, foram remetidas cópias das primeiras sete edições do Jornal *Tribuna Trabalhista*, onde são discriminadas todas as informações sobre o referido jornal semanal, seus diretores, sua ligação com a CNT e informações complementares, ainda, a respeito do Congresso Nacional dos Trabalhadores em setembro de 1946.[82]

Iniciada a Doutrina Truman, os *policy makers* passaram a demandar novas transformações para a sua política externa . Em 26 de julho de 1947, o Presidente americano assina *The National Security Act*. O intuito era reorganizar a Força Aérea dos Estados Unidos, a Política Externa e as Agências de Inteligência. Essa Lei, além de reorganizar o sistema de Segurança, criando mais tarde o Departamento de Defesa, estabelecia o *National Security Council*, uma Central de coordenação geral voltada à política de Segurança Nacional. A função do Conselho era orientar o presidente em assuntos domésticos, estrangeiros e militares para que ele estivesse mais próximo dos Departamentos e Agências, como a CIA, e suas decisões pudessem ser precisas e rápidas. A Lei e suas emendas, junto com a Doutrina Truman e o Plano Marshall, formaram a principal estratégia da Administração Truman durante a Guerra Fria.

O combate aos comunistas e sua influência sobre o movimento operário latino-americano recebia, mais do que nunca, do governo, não só total

---

81 Tribuna Trabalhista Ano I – 29/3 a 5/4/1947 – número I.
82 Correspondência nº 2295, enviada da embaixada dos Estados Unidos no Rio de Janeiro, por C.C.B. (Clarence C.Brooks – counselor of Embassy for Economic Affairs) para o Departamento de Estado, datada de 19/05/1947, "Transmissão de cópias da Tribuna Trabalhista". RG 59 832.504/5-1947 – DF - DS/USNA.

apoio estratégico e político como monetário. Eram liberadas somas enormes para projetos de combate ao comunismo não só na "outras Repúblicas" como em todo mundo. Representando esta preocupação, Truman, em mensagem a outra grande central sindical Americana, o CIO (*Congress of Industrial Organizations*), nos Estados Unidos, conclamava:

> [...] nossos sindicatos tem uma grande contribuição espiritual a fazer pela causa da liberdade. O movimento operário neste pais é um símbolo do nosso conceito de liberdade. Ele pode falar diretamente aos trabalhadores de outros países. Pelo seu exemplo pode mostrar que uma sociedade livre e democrática é a principal esperança para os trabalhadores de qualquer lugar.

> Mais do que qualquer outro elemento em nosso país, o movimento operário pode refutar as mentiras da propaganda Comunista sobre a natureza de nossa sociedade e sobre nossos objetivos no mundo. Sua organização já está fazendo muito em espalhar a mensagem verdadeira da democracia pelo mundo. É preciso, no futuro, fazer ainda mais.[83]

A concorrência com os planos de Washington e da AFL começava a incomodar os oficiais do Departamento de Estado. No início do ano de 1947, o *Charge d'Affairs* Duwayne C. Clark, em nome do embaixador, enviava da embaixada americana no Brasil, para a Divisão de Assuntos Internacionais do Trabalho, Social e Saúde do Departamento de Estado, uma lista dos Adidos Trabalhistas argentinos, designados pelo governo daquele país, para 46 países e delegações, com seus nomes, origem sindical e lugares onde atuariam.[84] O mesmo não ocorreu, com tanta veemência, quando da designação do Adido Trabalhista Britânico, ocasião em que a embaixada limitou-se apenas a noticiar a chegada desse funcionário inglês ao Brasil .

As escaramuças entre governo americano e argentino transferiram-se também, em parte, para o Brasil. A presença do Adido Trabalhista ar-

---

83 HANDLEY, Willian. *American Labor and world affairs*. The Annals of the American Academy of Political and Social Science march,1951. p.132.

84 Despacho nº 1521 enviado por Duwayne C.Clark para a Divisão de Assuntos Internacionais do Trabalho, Social e Saúde do Departamento de Estado em 23/1/1947. Assunto: Adidos Trabalhistas Argentinos. Anexo com 3 páginas. RG 84 850.4/701 – PF - DS/USNA.

gentino, ou "agregado obrero", era motivo de troca de correspondências entre a Embaixada e Washington. Rowell, em seu relatório mensal (*MLR*) de número 25, notícia a chegada do Adido Trabalhista Argentino ao Brasil.[85] Traduzindo editorial do *O Jornal* do Rio de Janeiro, sem no entanto comentá-lo, Clarence C. Brooks apresenta aos *policy-makers* as mazelas e as "atividades impróprias" do Sr. Cipriano Barreiro.[86]

Serafino Romualdi, em memorando confidencial ao presidente da AFL, Mathew Woll, relata a visita de dois adidos trabalhistas argentinos, de sua embaixada em Washington, à sede da AFL. Segundo Romualdi, eles vinham como adidos e não como representantes do governo argentino nem da sua CGT. Solicitavam visitas ao Departamento de Trabalho e dados sobre a vida dos trabalhadores americanos, estatísticas e informações técnicas. Ao contrário do que tentava Romualdi no Brasil, estas visitas dos srs. Merlo e Nani ficaram restritas à colocação do nome desses oficiais na *mailing list* da AFL.[87]

As grandes esperanças da AFL em conquistar a CNT, que faria seu jogo no Brasil, cuja presidência tinha sido dada a Deocleciano Hollanda de Cavalcanti – aliado de Romualdi em São Paulo e escolhido, também, como membro da mesa executiva da Confederação Internacional dos Sindicatos Livres (ICFTU – sigla em inglês) –, foram temporariamente rompidas quando em abril de 1947, a Confederação Nacional dos Trabalhadores, depois de grandes discussões a respeito da aplicabilidade ou não da lei que permitia apenas a formação nacional de sindicatos de mesma categoria, foi dividida em duas partes. A Confederação Nacional dos Trabalhadores no Comércio (CNTC) e a Confederação Nacional dos Trabalhadores na Indústria (CNTI), cumprindo, finalmente a lei.[88]

A última etapa da viagem de Romualdi à América Latina em 1946 se deu na Argentina. Lá, fez um levantamento sobre as condições de trabalho dos operários e a situação das Centrais Sindicais com respeito às possibilidades de

---

85 *Monthly Labor Report* number twenty-five (1 de fevereiro a 1 de março de 1947) Preparado por Edward J. Rowell. p.15 - RG84. 850.4 - Box 394. PF - DS/USNA.

86 Despacho nº 2101 de 17/5/1947 – "Argentine Labor Attaché" – enviado por C.C.B. (Clarence C.Brooks, Conselheiro da Embaixada para assuntos econômicos) da embaixada dos Estados Unidos no Rio de Janeiro para o Departamento de Estado. RG84. 850.4 – Box 394. PF - DS/USNA.

87 Memorando Confidencial escrito por Serafino Romualdi a Mathew Woll datado de 10 de julho de 1947. Doc nº 5459. box 9 file 2. p. 1/2. – Serafino Romualdi's Papers. Khell Center for Labor-Management Documentation & Archives Martin P. Catherwood Library, Cornell University Ithaca, NY.

88 Verifique ROMUALDI, Serafino. Presidents and Peons...1967.p. 272/73; TELLES, Jover *O Movimento Sindical no Brasil*... 1981. p. 179-93 e WELCH, Cliff. *US Involvement in Brazilian Unions*... 1995. p. 68-69.

união de grupos "independentes" à AFL. Depois de produzido esse grande relatório, como descreve em suas memórias, reorganizou, junto aos técnicos da AFL e numa "Conferência com o Assistente de Secretário de Estado Norman Armour"[89], que lhe deu todo o apoio, nova viagem à América Latina.

Na terceira viagem ao Brasil, realizada em agosto de 1947, Serafino Romualdi já não precisava fazer mais todos aqueles contatos que havia feito anteriormente. Seus planos a partir de sua chegada eram: retomar um caminho rumo à formação de uma Central Sindical Brasileira Independente com seus aliados e solicitar, junto às autoridades governamentais que ainda tutelavam o movimento operário, a permissão para a presença de delegados brasileiros na Convenção marcada para janeiro de 1948 no Peru. Essa convenção era particularmente importante pois pretendia-se formar a partir dela a *Confederação Inter-Americana do Trabalho* (CIT).

Quando chega ao Brasil, Serafino já não encontra o "empecilho" do PCB, cujo registro havia sido cassado em 7 de maio pelo decreto-lei 23.046, assim como, também, o antigo concorrente da CNT, o CTB, suspensa por seis meses, logo após sua fundação, e dissolvido posteriormente.[90] Os sindicatos que contavam com a presença de trabalhadores do CTB e dos comunistas também haviam sofrido intervenção, mais de 400 no total.[91]

O Adido Trabalhista Britânico Clifford German envia para Londres suas observações sobre o fato:

> A tentativa de despedir um único funcionário de sindicato, em qualquer democracia ocidental da Europa, constituiria algo como um acontecimento nacional. No entanto, cerca de oitocentos a mil lideres acabam de ser destituídos com a maior facilidade e sem despertar nenhum interesse da imprensa ou da opinião pública.[92]

Tentando reverter a situação do movimento operário no Brasil, "libertá-lo" da tutela do Estado e permitir uma emenda na Constituição que

---

89   Memorando confidencial de Serafino Romualdi para o presidente da AFL Mathew Woll, datado de 10 de julho de 1947. Doc nº 5459. box 9 file 2. p.1/2. – Serafino Romualdi's Papers. Khell Center for Labor-Management Documentation & Archives Martin P. Catherwood Library, Cornell University Ithaca, NY.

90   A CTB foi fechada por decreto nº 23.046 de 7 de maio de 1947 assinado pelo presidente Dutra.

91   LUCHESI, Ramiro. A C.T.B., Única Central Sindical dos Trabalhadores Brasileiros, Voz Operária, 12-09-1953) IN: CARONE, Edgard. *O P.C.B. 1943 a 1964*. V. 2, São Paulo:DIFEL, 1982. p. 281-282.

92   Monthly Labour Report nº 23 (maio de 1947), de 18 de junho de 1947, Clifford German para Ministry of Labour, LAB 13/498, Public Record Office, National Archives, Londres.

garantisse a formação de uma Central Sindical Nacional, Romualdi esteve conversando com assessores do ministro do Trabalho. Sua intenção, também, era garantir que o governo brasileiro pudesse pagar a viagem dos delegados para a Convenção do Peru já que a lei proibia qualquer associação com organizações estrangeiras.

Romualdi relata em suas memórias que quando conseguiu falar com o ministro e o próprio presidente Dutra, que o recebeu no dia 4 de setembro, ambos fizeram muitas perguntas a ele, inclusive sobre a posição da embaixada americana e do Departamento de Estado com relação a esse assunto, ao que ele respondeu que suas *démarches* eram referendadas por Washington.[93] Tudo indica que o Presidente Dutra decidiu, então, enviar os tais delegados sem no entanto mudar nada na lei nem na vontade do governo, no que se refere à independência dos sindicatos no Brasil.

O Adido Trabalhista inglês Clifford German, em seu *Labour Report numero 26* dos meses julho e agosto, envia para o Ministério do Trabalho no *Foreign Office* de Londres informações sobre o controle do operariado pelo governo brasileiro. Explica o mecanismo do Lei do Fundo Sindical e afirma que "O ministro continuará a controlar a política financeira de cada sindicato o que significa a influência do governo sobre todos os sindicatos e suas atividades." Destaca, também, nesse relatório, que o ministro do Trabalho estava preparando nova lei de greve[94] que havia sido influenciada pela lei Taft-Hartley[95] dos Estados Unidos e que seguiria o modelo da lei americana."[96]

O *Labor–Management Relations Act*, informalmente conhecido como *Taft-Hartley Act*, é uma lei federal que monitora as atividades e o poder dos sindicatos laborais. Em vigor a partir de Abril de 1947 apesar do veto do Presidente Truman em junho do mesmo ano.

---

93 ROMUALDI, Serafino. *Presidents and Peons...*1967. Op.Cit. p. 71-72.

94 Provavelmente o Adido Inglês teria obtido informações sobre a solicitação, por parte de autoridades brasileiras, de copias da Lei Taft-Hartley, ocorrida em 28 de julho, segundo memorando de Rowell, datado de 28 de julho de 1947, ao Departamento de Estado. Rowell escreve solicitando copias da Lei e a mensagem de veto de Truman, afirmando que recebeu muitos pedidos de "both official and unofficial sources in Brazil". Solicita 10 cópias de cada. RG84 850.4. Box 394 - PF- DS/USNA.

95 Verificar FOSTER, Willian Z. "O Imperialismo Americano e o perigo da Guerra" IN: *Revista Problemas n⁰ 3*, outubro de 1947, p. 31-43. Foster faz criticas à Doutrina Truman , à Lei Taft-Hartley e a ação da AFL na America Latina.

96 Montly Labour Report n⁰ 26 – Strictly Confidential – 16/08/1947. Clifford German para Ministry of Labour, LAB 13/498, Public Record Office, National Archives, Londres.

Proposta pelo Senador Robert Alphonso Taft e o Deputado Fred A. Hartley Jr, como resposta ao crescimento do radicalismo entre os sindicatos e hostilidades da Guerra Fria, a lei poderia ser vista como resposta do *business* à grande "sublevação" do ano de 1946, quando mais de cinco milhões de trabalhadores americanos estiveram envolvidos em greves, de duração maior do que aquelas ocorridas durante a guerra. A *Taft-Hartley Act* foi descrita como um instrumento de desmobilização do movimento operário , pela imposição de restrição às habilidades dos sindicatos em organizar greves e na proibição da ação de "radicais" na liderança tanto das greves quanto dos sindicatos.

A Lei restringia drasticamente o que os Sindicatos poderiam fazer; Permitia aos empregadores mais espaço para criticar a ação sindical o que garantia a eles que fizessem campanha contra lideres sindicais; Proibia greves em solidariedade a outras categorias e piquetes desses sindicatos solidários; Permitiu ao governo intervenções diretas nos assuntos internos dos sindicatos e em suas políticas; Filiados a sindicatos deveriam provar que não faziam parte do Partido Comunista para ter garantido o direito de reivindicação salarial; Proibia os sindicatos de contribuírem com dinheiro para campanhas políticas.

O controle pretendido pelo Departamento de Estado sobre tudo que fizesse referência ao movimento operário brasileiro leva os oficiais norte-americanos, no Brasil, a noticiar realmente quase tudo. No início de agosto de 1947, Cecil M. P. Cross envia telegrama ao Departamento de Estado relatando os últimos acontecimento em São Paulo, que teriam envolvido os trabalhadores.

> O aumento das tarifas de ônibus e bondes provocou quebra-quebra e desordem, por volta do meio dia no centro da cidade e nas seções industriais. A populaça armada de paus estão quebrando e queimando bondes e ônibus. A pequena força do Exercito de Cavalaria está ajudando a controlar a ordem.[97]

A desconfiança do Adido Inglês é apresentada por Rowell num Relatório Voluntário, datado de 4 de Agosto, onde apresenta certeza sobre prováveis mudanças na legislação trabalhista. Segundo Edward Rowell,

---

97 Telegrama enviado por Cecil Cross para o Departamento de Estado, em 1 de agosto de 1947 às 18:10. RG 84 800SP/850.4 Box 394 - PF- DS/USNA.

> durante uma conversa que tive com dois funcionários
> do Ministério do Trabalho, Indústria e Comércio, nos
> últimos dias, obtive informação segura de que está em
> curso nova legislação trabalhista. Em substância esta in-
> formação indica que a administração proporá substan-
> cialmente legislação para liberalização de greves; nova
> eleição sindical por Portaria ministerial no futuro; nova
> legislação sobre a lei do salário mínimo[...].[98]

Nas páginas seguintes desse relatório, são descritas informações precisas dos tópicos apresentados como resumo.

O próprio Rowell, em seu MLR de agosto/setembro, na página 9, indica que o Ministro Morvan Dias de Figueiredo, após voltar de sua licença
por questões de saúde, reuniu a imprensa e declarou que estava trabalhando
diligentemente numa proposta para a reforma da legislação trabalhista que
seria enviada brevemente ao Congresso.[99]

Clifford German, em seu Relatório Mensal de número 27, para o mês
de setembro, faz revelações importantes que não são registradas nem nos relatórios de Romualdi nem nos despachos da embaixada ou dos consulados
Americanos. Denuncia as reuniões "secretas" com o ministro do Trabalho e com
o próprio Dutra na tentativa de permitir a construção de uma Central Nacional
Sindical Brasileira, reuniões que não foram veiculadas nos meios de comunicação. E pontua acontecimento relevantes durante a visita de Romualdi.

> No dia 6 de setembro num almoço dado em homena-
> gem a Serafino Romualdi, em que estiveram presentes
> o Adido Trabalhista Edward Rowell, eu e o Ministro do
> trabalho (sem dúvida com permissão de Dutra), este
> prometeu que o governo enviaria uma grande delegação
> brasileira para Lima e destacou a importância do fato
> dos serviços diplomáticos enviarem às suas embaixadas
> representantes que incluem funcionários especialmen-
> te interessados nas condições de trabalho. Cavalcanti,
> presidente do C.N.T.I. anunciou seu interesse em par-
> ticipar da Conferência em Lima e de sua ligação com a

---

98 *Voluntary Report* nº 283 de 4/8/1947. Air Mail "Possible Modifictions in Labor Legislation" Preparado
   por Edward J.Rowell. 4 páginas. RG 84 850.4 Box 394 - PF- DS/USNA.
99 *Monthly Labor Report* number thirty-one (1 de agosto a 1 setembro de 1947) preparado por Edward J.
   Rowell. p. 9 - RG84. 850.4 - Box 394. PF - DS/USNA.

A.F.O.L.[100] As colocações neste jantar representaram a primeira indicação aberta da resposta brasileira aos desejos da A.F.O.L.

German interpreta as posições do governo brasileiros com respeito às pretensões da AFL:

> O atual governo brasileiro deseja claramente o alinhamento de seus sindicatos com o movimento da A.F.O.L. contra a C.T.A.L.. O governo Dutra adota de maneira clara uma política anti-comunista. Soube por uma informação confidencial que uma Confederação Geral Nacional de Trabalhadores no Brasil, está sendo organizada secretamente, o próximo passo será conseguir do Congresso Nacional a aprovação dessa Confederação, para depois poder fazer parte de instituições internacionais.

E dá subsídios importantes para que entendamos as urgências de Serafino Romualdi na cooptação das forças trabalhadoras brasileiras e a importância que o Brasil ocupava naquele momento para os planos da AFL e do Departamento de Estado.

> Romualdi em entrevista privada a mim, disse que a entrada do Brasil na federação é considerada indispensável porque a Argentina, o segundo maior país da América do Sul, ainda não abriu possibilidade de participação.

> A AFOL somente será presumivelmente vencedora, na causa Brasileira, se conseguir influenciar, de muito perto as atitudes do governo brasileiro com relação a seus sindicatos.

Termina seu relatório nos dando informações de peso sobre o papel da Argentina de Perón no combate aos planos dos Estados Unidos para a América Latina.

> Os esforços de propaganda do governo Perón, que recentemente incluiu a recepção generosa às expensas argentinas de 300 estudantes brasileiros por quinze dias, tem, aparentemente sido estendidas a trabalhadores brasilei-

---

100 American Federation of Labor , (AFL) para os norte-americanos e AFOL para os Britânicos.

ros para que visitem a Argentina. Durante minha viagem a Minas Gerais, as federações de trabalhadores locais estavam muito ocupados em selecionar seus representantes para visitar Buenos Aires. Romualdi me disse que esse era o esquema e que a Argentina estava convidando trabalhadores da Bolívia e de outros países.[101]

Reforçando as descrições de German, Clarence C.Brooks, da embaixada americana, também denuncia os "empenhos" do Adido Trabalhista de Perón em juntar os sindicatos brasileiros aos argentinos para a formação de uma Federação Sul-Americana de Trabalho com sede em Buenos Aires. Afirma em seu despacho que Deocleciano Holanda de Cavalcanti[102], Calixto Ribeiro Duarte[103] e João Batista de Almeida[104] garantiam à embaixada que os esforços do adido argentino não redundariam em sucesso. Asseguraram a Brooks que no momento, o interesse deles estava voltado para a proposição da Conferência Interamericana de Sindicatos.[105]

As considerações de Clifford German representavam a realidade da situação trabalhista no Brasil. A aproximação entre nosso país e os Estados Unidos estava na ordem-do-dia. Para reforçar o trabalho dos Adidos e da AFL, Truman vem ao Brasil para uma visita oficial, retribuída por Dutra no ano de 1949.

A teoria de Clifford German sobre o uso da Lei Taft-Hartley pelas autoridades brasileiras é corroborada, finalmente, pela carta enviada, em dezembro de 1947, pelo Deputado Gurgel do Amaral, do PTB, que solicita ao Embaixador dos EUA – identificando-se como membro da Comissão Mista de Leis Complementares e relator do anteprojeto de lei de greve – cópia da Lei Taft-Hartley anexada dos debates do Congresso Americano quando da sua discussão.[106]

---

101 Monthly Labour Report nº 26 – Strictly Confidential – 10/09/1947. Clifford German para Ministry of Labour, LAB 13/498, Public Record Office, National Archives, Londres.
102 Presidente da CNTI
103 Presidente do CNTC
104 Federação Nacional dos Trabalhadores Marítimos.
105 Despacho nº 3011, Confidencial, enviado por Clarence C. Brooks para o Departamento de Estado, com cópia para Edward J.Rowell, datado de 05/11/1947. RG 84 - 800 60 /850.4 Box 394 – PF--DS/USNA.
106 Carta do Deputado Federal Gurgel do Amaral, datada de 2/12/1947, para o Embaixador Pawley, dos Estados Unidos, na Capital Federal. RG 84 850.4 Box 394 - PF- DS/USNA.

Apesar das críticas feitas ao adido trabalhista argentino – e as pretensões de Perón –, pelas autoridades norte-americanas, do medo demonstrado por Rowell de que o Partido Comunista do Brasil tentasse um golpe para retomar sua posição perdida e do receio que Romualdi tinha de que a legislação trabalhista não fosse modificada, porque estava parada no Congresso, os delegados para a Conferência de Lima foram escolhidos e enviados ao Peru com autorização do presidente Dutra.

A Confederação de Lima ocorreu, finalmente, em 12 de Janeiro de 1948, os planos de Romualdi estavam sendo colocados em prática e as observações de Clifford German demonstravam grande capacidade de compreensão das ocorrências envolvendo as questões trabalhistas no Brasil. A Organização Inter-Americana de Trabalho foi fundada, com a presença de delegados brasileiros, Romualdi foi nomeado secretário de relações internacionais e Bernardo Ibañez, representante do Chile, eleito Presidente.[107]

Terminada a Conferência de Lima, nenhum delegado brasileiro presente manifestou seu desejo de juntar-se ao CIT. Isto preocupava o Departamento de Estado e seus funcionários ligados à questão do Trabalho no Brasil. Em despacho confidencial, enviado pelo *Charge d'Affaires*, provavelmente Clarence C. Brooks, ao Departamento, percebe-se o receio dos norte-americanos quanto à não filiação dos delegados brasileiros à confederação inter-americana. Neste despacho, afirmam que com a volta do Sr. Cid Cabral de Melo, eleito vice presidente da CIT, toda a delegação reunida no Rio pretendia apoiar a entrada dos brasileiros na instituição mas que Antonio Soares Campos, representante da Federação Nacional dos Trabalhadores Marítimos, não aceitava, alegando que a Confederação estava infiltrada por comunistas.

O grande medo das autoridades norte-americanas, representado pelas palavras apresentadas por este despacho, é de que as táticas adotadas por outros grupos sindicais no Brasil e que apoiavam a posição de Soares – da não aceitação em filiarem-se ao CIT – estivessem presas ao convite do governo argentino, que custearia todos os gastos da visita dos trabalhadores brasi-

107 ROMUALDI, Serafino. Presidents and Peons...1967. Op.Cit. p. 64-95.

leiros para a formação de outra Federação latino-americana de Trabalho que excluísse os Estados Unidos e o Canadá.[108]

Independentemente do medo de Washington, o governo brasileiro não via nenhum interesse em mudar a legislação a fim de permitir a filiação de sindicatos brasileiros à Confederação inter-americana. O Senador Roberto Simonsen era o primeiro a afirmar que a filiação de sindicatos brasileiros a instituições estrangeiras, traria grandes problemas não só à economia brasileira, como à política nacional.

Apesar da cassação dos mandatos dos representantes do Partido Comunista do Brasil, em janeiro de 1948, o que, oficialmente dava mais "tranquilidade" às autoridades brasileiras e mesmo norte-americanas, relatórios e telegramas denunciando greves e "infiltração" comunista no movimento operário, ainda eram enviados por Rowell, Cecil Cross e mesmo pelos embaixadores Pawley e depois Herschel Johnson[109] para o Departamento de Estado, neste ano de 1948. O que se percebe, porém, é que os Relatórios Mensais de Rowell e seus *Voluntary Reports*, passaram a ser menos densos.

Em meados de 1948, Edward Joseph Rowell[110], após cumprir quatro anos de trabalho, com distinção, foi transferido para a Embaixada dos Estados Unidos em Oslo, passando a trabalhar em duas frentes: Oslo e Copenhagen, onde Washington desejava combater a independência do movimento operário.

Livingston D. Watrous substituiu interinamente Rowell vindo de Buenos Aires[111], em novembro de 1948, onde cumpriria, também, a função de Segundo Secretário. Poucos e quase insignificantes são seus despachos, provavelmente porque Watrous sabia que seria substituído em breve por Henry Sweizer Hammond, adido Trabalhista que exerceu seu cargo na embaixada

---

108 Despacho confidencial nº 272, de 5/3/1948 enviado pelo *Charge d'Affaires*, Clarence C.Brooks, ao Secretário de Estado, com cópia para Edward Rowell. "Developments in international Aspects of Brasilian Movement" RG 84 850.4 Box 394 - PF- DS/USNA.

109 Foram embaixadores dos Estados Unidos no Brasil no período de meu estudo: Jefferson Caffery (1937-44), Adolf A. Berle, Jr. (1945-46), William Douglas Pawley (1946-48) e Herschel Vespasian Johnson II (1948-53).

110 Verificar criticas ao papel do Adido Rowell e da política externa norte-americana feitas por Oswaldo Peralva. PERALVA, Oswaldo. "O Imperialismo Ianque Domina o Aparelho Estatal do Brasil" IN: Revista Problemas nº 13, agosto/setembro de 1948. p.13 a 73.

111 Pasta Livingston A. Watrous – RG59 123 box 0634. 1950-54 Pasta CDF(Central Decimal File) – DS/USNA.

do Rio de 1949 a 1951. Hammond assume seu posto em meados de agosto do ano de 1949.

Ao contrário de Rowell, Hammond não numera seus Relatórios mensais. O primeiro é o de Dezembro de 1949, onde destaca a participação de delegados Brasileiros na *International Confederation of Free Trade Union* (ICFTU) de Londres, sem no entanto demonstrarem "vontade" na filiação brasileira à instituição. Enfatiza que nenhuma lei de revisão da legislação trabalhista foi julgada pelo Congresso e que há meses não se discute no Legislativo questões legais referentes ao trabalho no Brasil. Ressalta a influência do Adido Trabalhista sobre o movimento operário brasileiro e aponta possível influência dos comunistas nas greves do porto de Santos.

As pressões norte-americanas para que fossem enviadas ao Congresso emendas legislativas, concernentes à legislação trabalhista, são respondidas afirmativamente pelo governo Dutra, somente no final de seu mandato, quando o mesmo envia mensagem àquela casa[112]. Essa ação respondia ao plano de Truman para a América Latina – plano inserido na Doutrina Truman – que era chamado de *Point Four* , ou "quatro liberdades", lançado em 1949, por ocasião de sua posse para o segundo mandato.

Segundo Martha K. Huggins, é a partir do segundo mandato de Truman que se desenvolvem os grandes blocos que farão parte da internacionalização da segurança norte-americana. O Novo Conselho de Segurança Nacional (NSC), a CIA e o *Ponto Quatro*[113], projeto de ajuda econômica[114] aos países pobres, que nasceu do casamento entre a ideologia da contenção e do desenvolvimento econômico, para combater a expansão do comunismo.[115]

---

112 Em outubro de 1950 o Embaixador norte-americano Herschel Johnson consegue audiência e reúne-se com os ministros do trabalho e das relações exteriores para conversar sobre legislação trabalhista. Logo em seguida Dutra envia mensagem ao Congresso. WELCH, Cliff. "Labor Internationalism: U.S. Involvement in Brazilian Unions, 1945- 1965" IN : *Latin American Research Review*, Vol. 30, nº 2. (1995), p. 71.

113 O "Ponto Quatro" era um programa de auxílio econômico aos países pobres. Segundo a lógica do programa quanto mais forte economicamente o país se tornasse, com o auxílio técnico dos Estados Unidos, mais forte ele estaria para lutar contra o comunismo. Destacamos, aqui, a partir de 1949 a "Missão ABBINK" para o Brasil.

114 Verificar críticas à missão ABBINK feitas por Carlos Marighella na revista *Problemas*. MARIGHELLA, Carlos. "Nossa Política" IN: Revista *Problemas* nº 13, agosto/setembro de 1948, p. 3-12.

115 "O mecanismo padrão para realizar as reformas do *Ponto Quatro* na administração pública latino--americana era instruir um "serviço" que consistia de uma equipe de funcionários dos Estados Unidos e do governo estrangeiro, que trabalhavam juntos nos órgãos ou ministérios do país anfitrião para aprimorar as práticas administrativas. [...] Os Estados Unidos reconheciam que um dos perigos de sua colaboração com os naturais do país estrangeiro em um "serviço" era o de que a presença dos norte-americanos em uma burocracia governamental latino-americana poderia dar a impressão de

Inserido dentro do programa Americano do *Ponto Quatro*, o governo brasileiro seria elemento importante na América Latina. O que os "homens de Washington" não gostaram foi da vitória de Getulio Vargas, que venceu as eleições de outubro de 1950, com um discurso de defesa dos ideais trabalhistas no Brasil. Mais uma vez, a classe operária estaria sendo tutelada pelo Estado.

A política do Departamento de Estado com relação ao trabalho, na América Latina, estaria alicerçada pela união das duas centrais sindicais americanas a partir de 1950, a AFL e a CIO. Juntas, organizaram, com o apoio de Washington, um projeto de formação de uma "Confederação Interamericana de Trabalhadores", cujo intuito era de representar a união dos trabalhadores de toda a América, incluindo as possessões francesas, holandesa e britânicas[116]. Essa ideia tornou-se realidade em 12 de Janeiro de 1951, no México, criada a partir da reunião da CIT. Era a *Organização Regional Interamericana de Trabalhadores* (ORIT), que substituiria a CIT. O presidente escolhido foi Francisco Aguirre, cubano, que presidiria a ORIT de Havana, sua sede até 1953. Serafino Romualdi foi indicado como secretário assistente das relações internacionais e de Educação. Mais uma vez, era a AFL/CIO que, apesar de não estarem ainda unidas – sua fusão somente ocorre em 1955 –, dominavam o cenário da ORIT.[117]

Getulio Vargas, de acordo com Irving Salert[118], Adido Trabalhista que substituiu Hammond, desejava indicar José Segadas Vianna, ministro do Trabalho e político do PTB, como presidente ou chefe da Organização Internacional do Trabalho e por isto pressionou o

---

que estavam tentando dirigir o governo do país anfitrião. Essa acusação era especialmente provável onde os especialistas técnicos norte-americanos mantinham presença visível dentro do sistema policial do país estrangeiro. Contudo, a publicidade negativa podia ser evitada se "os consultores trabalh[assem] individualmente em ministérios distintos" (FOA/IIAA,4/1/54), presumivelmente descentralizando a presença norte-americana para torná-la menos visível. HUGGINS, Martha K. *Polícia e Política*....1998. Op.Cit. p. 88-89.

116 ROMUALDI, Serafino. *Presidents and Peons*...1967. Op.Cit. p. 110.

117 *Idem* p. 110-121.

118 A escolha de Irving Salert , para a função de Adido Trabalhista no Brasil , nos permite perceber – diferentemente das outras indicações como a de Rowell, Watrous e Hammond, que nesse momento não é preciso mais disfarçar a união do Departamento de Estado às grande centrais sindicais Americanas, AFL e CIO no projeto de envolvimento norte-americano nos sindicatos brasileiros. Salert como já foi indicado, era membro das duas centrais e esteve sempre ligado ao movimento operário norte-americano.

Congresso Brasileiro, antes da realização da ORIT, no Rio, solicitando a aprovação da lei de filiação. Salert afirma que o ministro teria dito a ele que já havia falado com o presidente Vargas e que o mesmo concordava que o Brasil se filiasse ao ORIT e à ICFTU e acrescentava que o presidente estava considerando seriamente a atribuição da condecoração com a Ordem do Cruzeiro do Sul para J. Oldenbrock, secretário Geral do ICFTU e talvez, também, a condecoração do "Mérito do Trabalho" para o representante dos trabalhadores norte-americanos Philip Delaney no ILO e além do representante britânico.[119]

Getulio, finalmente, conseguiu autorização do Congresso e assinou a lei nº 1646 de 16/7/1952, permitindo a filiação de organizações sindicais de segunda e terceira classe à organização Internacional ICFTU.

Quando a ORIT organizou seu segundo Congresso no Rio de Janeiro, festejou a aproximação e o fortalecimento dos laços entre os Trabalhadores Brasileiros e as organizações internacionais.[120]

Apesar da resistência de Vargas às pressões norte-americanas, a partir do início de seu mandato, o Departamento de Estado já podia mudar sua tática pois desde 1951, com a formação da ORIT e a aproximação das duas centrais sindicais, os *policy- makers* já podiam "respirar" aliviados, os Comunistas e seus simpatizantes já estavam fora das associações trabalhistas e do cenário político brasileiro, os líderes nacionalistas tinham sido identificados com os comunistas e afastados dos sindicatos e do seio do movimento operário. A CTAL, sem apoio da CIO, estava enfraquecida. O governo norte-americano havia feito acordos com líderes políticos anti-comunistas, principalmente após o programa do Ponto Quatro e, apesar de não terem ainda conseguido a tão almejada mudança na lei trabalhista que permitiria a formação de uma Central Nacional de Trabalhadores Brasileiros, tinham conseguido, a lei de Vargas que permitia a filiação ao ICFTU e à ORIT – esta última dominada pelos norte--americanos – e a filiação da CNTI à ORIT em 1952. Isto abria as portas dos sindicatos à influência norte-americana.

---

119 Despacho nº 1487 de 11/03/1952 Enviado por Irving Salert ao Departamento de Estado RG59, 310 Box 447 – 1950-55 Pasta CDF(Central Decimal File) – DS/USNA.
120 Despacho nº 492 enviado por Irving Salert para o Departamento de Estado RG59 , 310 Box 453 1950-55 Pasta CDF(Central Decimal File) – DS/USNA.

Como nos esclarece Beth Sims, a parceria AFL-CIO com o Departamento de Estado, agências governamentais e organizações privadas conservadoras, além daquelas feitas com as grandes corporações, resultou num sofisticado esforço para unir internacionalmente trabalhadores num mesmo "barco" pró-Estados Unidos, a fim de não atrapalhar os planos americanos no que diz respeito às coalizões de negócios e o poder das grandes transnacionais na reprodução do capital.[121]

---

121 SIMS, Beth. *Workers of the World Undermined: American Labor's Role in U.S. Foreign Policy.* Boston:South End Press. 1992. p.2.

CAPÍTULO 4

AS RELAÇÕES DO GOVERNO BRASILEIRO COM O NORTE-AMERICANO EM TRÊS TEMPOS

> Tentar reconstruir a História brasileira (ou
> qualquer outra) em suas linhas básicas é um
> esforço no sentido de desvendar áreas e
> temas conflituosos, de reavaliar interpretações
> assentes, sem cair no modismo.[1]

O Estado Novo de Vargas e o governo americano

Muito já foi escrito acerca do chamado "Período Vargas", principalmente de sua relação com os interesses externos no período entre-guerras. As primeiras evidências que nos apontam um caminho mais claro da posição de Vargas com relação ao conflito mundial que se avizinhava somente vieram à luz quando os documentos do *National Archives* de Washington foram abertos à pesquisa, no final da década de 1970. A partir daquele momento, pudemos trilhar uma via que se completava com o acervo guardado no CPDOC da Fundação Getulio Vargas e a documentação sobre o período no Arquivo Nacional e no Arquivo Histórico do Itamaraty.

Procurando não repetir inutilmente o caminho que muitos já fizeram, optamos por reconstruir nesta primeira parte – fundando nossas observações basicamente na documentação norte-americana e brasileira – as relações do governo Vargas (a partir do início do Estado Novo até sua deposição) com o Departamento de Estado dos Estados Unidos. Nosso intuito é o de

---

1 FAUSTO, Boris. (dir.). *História Geral da Civilização Brasileira – O Brasil Republicano: Economia e cultura (1930-1964). T. III, v.11. São Paulo: Bertrand Brasil, 2007*, p.13.

avaliar, em primeiro lugar, de que forma ocorreram essas relações, desta-cando as expectativas de Washington e, em seguida, a postura adotada, com relação a elas, por Getúlio.

Nem será preciso, aqui, destacar a posição que os Estados Unidos ti-veram secularmente com relação ao Brasil. Desde nossa independência po-lítica, esse "grande irmão do norte", como dizia o Barão de Rio Branco, re-ferindo-se aos Estados Unidos, manteve destacado interesse por nosso país, tanto em questões econômicas e políticas quanto em relação a nossa posição no sul do continente Americano. É escusada a recapitulação dessas relações. Dentro do recorte desta pesquisa, resgataremos, como foi assinalado, apenas o período do início do Estado Novo até à deposição de Getúlio.

Sabemos que a denominada *Intentona comunista*, diferentemente de outras ocorrências políticas, chamou muito a atenção dos poderes instituídos dos Estados Unidos. Prova disto são as afirmações da pesquisadora Martha K. Huggins que, em levantamento exaustivo nos arquivos norte-americanos, principalmente de agências de serviço secreto como o FBI, trouxe à luz in-formações importantes acerca da presença de agentes secretos norte-ame-ricanos no Brasil que tiveram acesso livre aos arquivos restritos brasileiros não só sobre o evento como, também, todos aqueles, do DOPS, que listavam indivíduos e instituições ligadas à "subversão" da ordem.

Missões militares norte-americanas que tinham iniciado um contrato com o governo brasileiro no ano de 1934 para instruções de patrulhamento das costas brasileiras renovaram esse acordo em 1936.

No dia da independência brasileira daquele ano, 1936, Getúlio como a preparar o campo para o futuro golpe do Estado Novo, em discurso do 7 de setembro, alertava os brasileiros quanto aos "perigos dos agentes da subversão e da desordem que persistem em seus planos diabólicos para destruir a pátria, a família e a religião". Conclamava o cidadão a adotar uma postura vigilante contra golpes traiçoeiros e afirmava que o "Brasil é o país da ordem e que esta significa obediência, liberdade, disciplina consciente e respeito à lei."[2]

O golpe do Estado Novo aconteceu em 10 de novembro de 1937 e as autoridades norte-americanas ficaram apreensivas quando aos rumos que o Brasil tomaria a partir daquele momento. Os jornais estadunidenses,

---

2   VARGAS, Getúlio. *A Nova Política do Brasil*. Rio de Janeiro:José Olimpio, 1938, v.IV, p. 181-187.

como *The New York Times,* afirmavam que o Brasil penderia para o lado da Alemanha e que o mercado brasileiro para os produtos Americanos seria diminuído em muito. Alegavam que, apesar do novo modelo político brasileiro não se parecer com o europeu, ainda era fascista.[3]

As ligações dos Estados Unidos com o governo brasileiro tornar-se-iam mais estreitas após a decretação do Estado Novo. O Subsecretário de Estado Summer Welles[4] não via o "Novo Estado" como algo temerário, principalmente porque tinha recebido informações de Oswaldo Aranha, então, embaixador do Brasil em Washington, de que a nova Constituição só teria sido necessária porque o país corria perigo no que dizia respeito à estabilidade política.

Welles acreditava que o Estado Novo era uma criação genuinamente brasileira, sem influências europeias.

> Para certificar-se de que era isso que se passava, deu instruções ao Embaixador Caffery para conseguir uma audiência secreta com o Presidente Vargas e dele extrair garantias de que o novo governo não era pró-Eixo e que as alterações constitucionais não afetariam as relações 'particularmente estreitas e amistosas' entre o Brasil e os Estados Unidos.[5]

O Departamento de Estado, na figura de Welles, mesmo apresentando "certa tranquilidade" com relação ao novo governo Brasileiro, solicitava a sua embaixada que iniciasse um processo de informação contínua sobre as atividades dos súditos do Japão, Itália e Alemanha no Brasil.

As ações coordenadas pelo Departamento de Estado respondiam ao projeto de Roosevelt de criar um cinturão em torno das três Américas, montando bases militares, contra a influência e tentativas futuras de invasão perpetradas pelo nazi-fascismo[6]. A construção dessas bases teria que contar

---

3   Aranha a Vargas, Washington, 24 de novembro de 1937, OAA; The New York Times, 11-29 de novembro de 1937, ver especialmente, 20 de novembro de 1937, editorial intitulado: "Fascismas a Neighbor" *APUD*: MACCANN Jr., Frank *The Brazilian-Américan Alliance* (1937-1945). Princeton: Princeton University Press,1973. p.50.

4   Chefiou, também, a Divisão de Assuntos da América Latina do Departamento de Estado.

5   Welles, 12 novembro 1937, 104/407 (22) Ficha Confidencial número 1, ...Jefferson Caffery....AHME" (Palácio do Itamaraty, Rio) *APUD* : MACCANN Jr., Frank *The Brazilian-Américan Alliance* (1937-1945) Princeton: Princeton University Press,1973. p.52.

6   "A ascensão das ditaduras na Europa enfatizaram a necessidade de unidade na América. Isto foi conquistado através de uma série de conferências: 1) a Conferência do Rio de Janeiro (1933), condenando

com a colaboração dos governos das Américas e a obtenção da autorização para a construção delas envolveria conversações diplomáticas, com autoridades que representassem as regiões do Canadá à Terra do Fogo.

No Brasil, o governo, representado pelo ministro da Guerra Eurico Gaspar Dutra, pretendia aparelhar a nação com material bélico, tanto para dar resposta às pretensões norte-americanas quanto para mostrar a outros países vizinhos, principalmente a Argentina, que tínhamos força militar e por isto deveríamos ser respeitados. Sua proposta era produzir material necessário ao exército no país. As condições econômicas e a falta de uma Companhia Siderúrgica exigiam, no entanto, que se adquirisse o necessário no exterior e iniciar, ao mesmo tempo, um programa de desenvolvimento da Indústria pesada no Brasil.

Apesar da ajuda militar oferecida ao Brasil pelo Departamento de Estado, que consistia no treinamento de militares brasileiros e visita de oficiais de alta patente aos Estados Unidos, a questão do reaparelhamento militar necessário caía por terra porque os fornecedores norte-americanos ofereciam seus produtos a um preço muito alto. O governo brasileiro preferiu optar por acordos com a Alemanha – através do comércio de compensação – no que se referia, inclusive, ao fornecimento de material bélico. O governo de Hitler também acenava afirmativamente com o apoio ao projeto brasileiro de construção de sua indústria de base.

Getúlio Vargas, ao contrário do que afirma a historiografia (que era inconstante e que não sabia ao certo o caminho que deveria trilhar neste período) era um político muito hábil. Vargas sabia exatamente se aproveitar das situações. Provavelmente, conhecia muito bem o livro de Maquiavel, *O Príncipe*. Como afirma Frank D. MacCann Jr., "Vargas não tinha a mais remota intenção de permitir a quem quer que fosse dominá-lo ou impor-lhe condições"[7]

guerra de agressão e estipulando aos signatários o não reconhecimento de territórios adquiridos pela força; 2) A Conferência de Buenos Aires (1936), que foi acompanhado por Roosevelt, reafirmando os compromissos de segurança coletiva e promessas das nações Americanas na consulta conjunta , nas medidas de paz, se a guerra atingisse qualquer delas; 3) *A Conferência de Lima* (1938) adotava resoluções condenando perseguições raciais ou religiosas e declarando-se contra atividades estrangeiras que permanecessem leais aos seus países nativos – duas medidas que se dirigiam especificamente à Alemanha nazista." BILLINGTON, Ray A. & RIDGE, Martin. American History after 1865.New Jersey:Littlefield, Adams,1981.p.197-198.

7 MACCANN Jr., Frank The Brazilian-Américan Alliance (1937-1945) Princeton: Princeton University Press,1973. p.54.

A política de expansão alemã na Europa, concretizada com o *Anschluss*[8], a partir de 13 de março de 1938, levou os Estados Unidos a reforçar, ainda mais, sua presença na América Latina, com ênfase no Brasil, devido à importância geopolítica de nosso país no continente Sul-Americano. Em janeiro de 1939, Roosevelt envia a Vargas um convite para uma visita de seu Ministro de Relações Exteriores a Washington. O intuito era estabelecer diretrizes comuns entre os dois países. Essas diretrizes estavam relacionadas ao combate à influência do nazi-fascismo na América.

A "missão Aranha" não foi muito bem vista pelas autoridades militares no Brasil – Góis Monteiro e Dutra. Isso levou Vargas a fazer pronunciamento no Arsenal de Guerra, criticando a ideia de isolamento da América e do Brasil do "perigo fascista", posição norte-americana defendida em reunião com nosso ministro do exterior, o que gerou protestos de Washington, cobrando posição de Getúlio Os compromissos assumidos por Aranha foram respeitados. A remessa dos lucros e dividendos de companhias norte-americanas foi regularizada e o comércio de compensação com a Alemanha, apesar das encomendas já feitas de material bélico, gradativamente sufocados.[9]

Iniciada a guerra em setembro de 1939, ainda tivemos algumas manifestações de apoio, principalmente por parte do grupo militar, no Brasil, às vitórias alemãs na Europa. Ocorre que os planos norte-americanos passavam, necessariamente, pelo apoio de todos na América Latina. A Conferência do Panamá, convocada pelos Estados Unidos e que aconteceu entre 23 de setembro a 03 de outubro de 1939, foi a primeira em tempo de guerra que tentava estabelecer a reafirmação "dos princípios da Civilização e do Direito das Gentes", a solidariedade continental, os princípios de neutralidade das águas territoriais e a liderança, indireta, dos Estados Unidos, no Continente Americano.

Em julho de 1940, na Conferência de Havana, decidiu-se, por influência decisiva dos Estados Unidos, considerar que qualquer tentativa de Estados não-Americanos de violar a integridade de qualquer país da América seria considerada ato hostil contra todos os países do continente. Esse mecanismo, aprovado sem unanimidade e com muita discussão, permitia ao governo ame-

---

8 Anschluss, anexação em língua alemã. Termo utilizado para referir-se à anexação político-militar da Áustria por parte da Alemanha em 1938.

9 FAUSTO, Boris. (dir.). *História Geral da Civilização Brasileira – O Brasil Republicano: Economia e cultura (1930-1964)*. T. III, v.11. São Paulo: Bertrand Brasil, 2007. p. 53-54.

ricano por em prática seu plano de construção de bases militares para a proteção do continente à guisa de auxilio, dentro do acordo.

No Brasil as pressões aumentaram , os EUA não abriam mão de estabelecer com o Brasil um "acordo" que lhes permitisse principalmente a construção de bases militares no litoral Brasileiro (Natal, ilha de Fernando de Noronha). O governo norte-americano temia que os alemães dominassem todo o norte da África.

A advertência da missão militar brasileira em território norte-americano não era infundada. As agências de serviço secreto americano, já antes da guerra, trabalhavam no Brasil levantando dados e organizando relatórios que permitissem aos EUA um panorama completo da situação. Esses relatórios apresentavam análises acuradas e considerações que eram baseadas em estudos de geografia, história, características sociais, políticas e econômicas.[10]

No início do ano de 1941, quando Dutra e Góis Monteiro passam a aceitar a "ajuda militar" norte-americana pela impossibilidade de continuar a manter relações comerciais com a Alemanha, Vargas autoriza secretamente a construção de uma base aérea norte-americana na importante região estratégica do Nordeste, com vistas a uma futura guerra contra a Alemanha na África do Norte, em que o Estado do Rio Grande do Norte deveria ser o 'trampolim da'"[11], além disso, "cria o Ministério da Aeronáutica e escolhe Salgado Filho, amigo de Osvaldo Aranha, para a chefia da pasta, o que agrada sobremaneira os EUA".[12]

Relatórios das agências secretas norte-americanas, como a OSS e o FBI, apesar dessas posições amistosas de Vargas com relação aos Estados Unidos, dão conta de que ainda não se podia confiar na fidelidade de Vargas:

> O Brasil é controlado, no momento, por um ditador que tem professado sua aderência à frente pan-americana, mas tem, de tempos em tempos, pessoalmente ou através de seus porta-vozes, professado grande admiração pelo fascismo. Se os Estados Unidos for envolvido numa Batalha no Atlântico e pressionado pelos eventos no Pa-

---

10   O.S.S./State Department Intelligence and Research Reports.

11   BETHELL, Leslie. Brasil. IN: BETHELL, Leslie; ROXBOROUGH, Ian(org.). *América Latina entre a Segunda Guerra Mundial*......1996. Op. Cit. p. 65.

12   AFONSO, Eduardo J. *O PCB e o Poder 1935 O Poder pela Força – 1945 O Poder pelo voto (Os Comunistas na Assembléia Legislativa – 1947-1948)*. Dissertação de Mestrado – FFLCH-USP, 2004. Tombo: 251099. p. 51.

cífico e os líderes brasileiros sentirem que a Alemanha está no caminho da vitória, é possível, se não provável, que o governo brasileiro desenvolva uma política pró--Eixo. [...] a orientação ideológica do governo de Vargas está aberta a dúvidas.[13]

O ataque japonês a Pearl Harbour em 07 de dezembro de 1941 pôs fim àquilo que os norte-americanos chamavam de indefinição de Vargas e trouxe "alívio" a Washington. A posição norte-americana – de declaração de guerra ao Japão e por conseguinte ao Eixo – levou o Brasil a apoiar os Estados Unidos e a segui-lo. Vargas finalmente se decidia.[14]

A declaração de guerra ao Eixo, no entanto, somente ocorreria em janeiro de 1942, após a III Conferência de Ministros do Exterior das Repúblicas Americanas[15], quando, por solicitação e insistência dos Estados Unidos, todos os representantes das Repúblicas deveriam romper relações diplomáticas com os países do Eixo (Japão, Alemanha e Itália).

O Brasil não podia encontrar outra saída – mesmo com a insistente negação de Dutra em aceitar a proposta, prevendo que o país sofreria retaliações alemãs –, principalmente porque, com os Acordos de Washington, regularizava-se o comércio do café, cacau, tecidos, produtos industriais e minerais com os EUA.

O simples corte de relações diplomáticas com o Eixo ainda não era suficiente para convencer os homens de Washington. O trabalho de inteligência municiava os *policy-maker* e permitia ao Departamento de Estado um controle mais direto do que acontecia no Brasil naquele momento. A O.S.S. continuava a produzir relatórios secretos e "guias" para que seus agentes e funcionários de embaixadas e consulados tivessem, ao chegar ao Brasil, condições de entender não só nossa geografia como também história, caracte-

---

13 O.S.S./ State Department Intelligence and Research Reports - Latin America - 1941-1961 - Brazil - "Reel VI" - *Preliminary report on the elements of insecurity in Brazil -13/10/1941*, p. 1-3. CEDEM – Coleção UPA – University Publications of América.

14 Lembrar que esta decisão de Getúlio está ligada, também, à posição adotada pelo Governo norte-Americano em liberar empréstimo a partir de setembro de 1940, via EXIMBANK, de 20 milhões de dólares que o que permitiu a fundação da Cia Siderúrgica Nacional e a construção da usina de Volta Redonda (1941).

15 Ocorrida, muito à propósito, no Rio de Janeiro entre 15 a 28 de janeiro de 1942 e com a presença do presidente Vargas.

rísticas sociais e principalmente políticas. O *Short Guide to Brazil*[16] era um exemplo, porém não se apresentava apenas como um simples guia.[17]

A retaliação por parte dos alemães, prevista por Dutra, veio com o ataque e afundamento de nossos navios.[18] A resposta militar brasileira se fez pronta igualmente e foi seguida pela organização da sociedade brasileira contra o nazi-fascismo. Vargas, que a partir do apoio dado aos norte-americanos havia enfrentado oposição principalmente da ala do Exército chamada "germanófila" – Dutra e Góis Monteiro –, iniciou nova tática procurando construir outra base política, o "trabalhismo".[19] Esta mudança de estratégia getulista também seria acompanhada de perto pelas autoridades norte-americanas.

Em 30 de julho de 1942, após a manifestação dos Estudantes da UNE[20], que contou com apoio maciço da população, a O.S.S. envia a Washington

16 Short Guide to Brazil. Report nº 60 – July 10, 1942. (Office of Strategic Services – Research and Analysis Branch – Latin American Section and Psychology Division In collaboration with the Geography Division) (16 páginas) - RESTRICT - 0231- O.S.S./ State Department Intelligence and "Reel VI" – *Brazil*. - CEDEM – Coleção UPA – University Publications of America.

17 "Era uma cartilha, muito pormenorizada, que trazia consigo todo o ideário da *Política de Boa Vizinhança* e que nos mostra claramente, mais uma vez, quais eram as intenções dos norte-americanos naquele momento, ou seja, a construção de uma estrutura que já objetivava o papel hegemônico que os EUA pretendiam, na América Latina, para o pós-guerra." AFONSO, Eduardo J. *O PCB e o poder*. 2004. Tombo: 251099. Op.cit. p. 59.

18 Durante a guerra foram afundados, oficialmente, 36 navios mercantes brasileiros, com o total de mil mortes. Os navios identificados foram os seguintes: 1942 – *Cabedelo(14/02)*; *Buarque(15/2)*; *Olinda (18/2)*; *Arabutã (7/3)*; *Cairu(9/3)*;*Parnaíba(1/5)*; *Comandante Lira (18/5)*; *Gonçalves Dias (24/05)*; *Alegrete(1/6)*; *Paracuri(5/6)*; *Pedrinhas (26/6)*; *Tamandaré(26/7)*; *Piane(28/7)*; *Barbacena (28/7)*; *Baependi (15/8)*; *Araraquara(15/8)*; *Aníbal de Mendonça (16/8)*; *Itagiba (17/8)*; *Arará(17/8)*; *Jacira (19/8)*; *Osório (27/9)*; *Lajes (27/9)*; *Antonico (28/9)*; *Porto Alegre(3/11)*; *Apalóide (22/11)*; 1943 – *Abrilóide (18/2)*;*Afonso Pena (2/3)*; *Tutóia (30/6)*; *Pelotaslóide (4/7)*; *Bagé (30/7)*;*Itapagé (26/9)*; *Cisne Branco (27/9)*; *Campos (23/10)*; 1944 – *Vital de Oliveira (20/07)*. *Fatos Marcantes da Segunda Guerra Mundial e da Força Expedicionária Brasileira : Dados extraídos do* Centro de Comunicação Social do Exército - http://www.exercito.gov.br/01inst/feb/datas.htm

19 N.A.: No dia primeiro de maio de 1943 , entregou aos operários brasileiros a CLT – Consolidação das Leis do Trabalho – e tentou estimular a sindicalização em massa, de maneira a compor uma liderança sindical comprometida com seu governo. Desejava garantir o apoio do operariado que já o identificava como "salvador dos pobres", porém, segundo os princípios de unidade, centralização gremial e heteronomia. A tarefa de Julio Marcondes Filho, Ministro de Trabalho desde 1941, era eficiente e consistia na "manipulação das massas" através de demonstrações públicas, falas especiais na "Hora do Brasil" e comemorações festivas do governo Vargas. A figura de Vargas passaria a ser uma constante na vida nacional e o populismo nascente, desdobrar-se-ia no futuro, em muitas variantes. AFONSO, Eduardo J. *O PCB e o poder* ......2004. Tombo: 251099. Op.cit. p. 67.

20 Em 4 de julho de 1942 a UNE organizou, no Rio de Janeiro , uma grande passeata que contou com a presença de milhares de pessoas, e que além de condenar o afundamento de nossos navios, solicitava providências imediatas do governo e denunciava as mazelas da Ditadura do Estado Novo. Houve um embate entre Filinto Müller, que desejava proibir tal manifestação e o interventor do Rio Amaral Peixoto e Oswaldo Aranha que apoiaram o evento. Getúlio tomará providências enérgicas que serão aplaudidas pelos Estados Unidos e registradas em Relatório da OSS enviado ao Departamento de Estado.

relatório secreto que comenta as ocorrências do dia 04 de julho no Rio e a "Nova Orientação do Governo Brasileiro"

> Recentes eventos podem pressagiar a maior mudança na correlação de forças no Brasil. No dia 4 de Julho ocorreu uma grande demonstração dos estudantes, nas ruas do Rio de Janeiro, com o apoio do Comandante Ernani Amaral Peixoto, chefe do estado do Rio de Janeiro e genro do Presidente Vargas, exigindo combate ao "quinta-colunismo" e sincera cooperação no esforço de guerra. Esta foi a primeira demonstração de estudantes, desse tipo, desde que Vargas proclamou o Estado Novo em novembro de 1937, e aconteceu com seu expresso consentimento, contra a vontade da polícia secreta.

> [...] Estas políticas brasileiras tomaram novo rumo no dia 18 de Julho quando Vargas derrubou quatro importantes figuras do governo : Francisco de Silva Campos,[...] Vasco Tristão Leitão da Cunha [...] Filinto Muller [...] e Lourival Fontes [...] estes homens estiveram intimamente ligados ao estabelecimento do golpe de Estado dado por Vargas em novembro de 1937.

> Estes eventos sugerem que o presidente brasileiro está sendo forçado a reorganizar seus caminhos por causa do seu compromisso definitivo com os Estados Unidos. Ele encontra-se numa posição contraditória, em ser a cabeça de um Estado autoritário ao mesmo tempo que depende de subsídios Americanos para fazer frente às dificuldades econômicas provocadas pela guerra, e estar cooperando ativamente com as Nações Democráticas.[21]

Vargas, muito habilmente, depois de afastar do poder o grupo que o identificava com a ditadura do Estado Novo, sabedor, inclusive, de que sua ação contaria com o apoio da população brasileira e dos Estados Unidos, reformulou seu governo e deu força política a Oswaldo Aranha, que liderava o movimento rumo à declaração de Guerra ao Eixo, fato ocorrido em 22 de

---

21   The New Orientation of the Brazilian Government. July 30, 1942 (6 páginas)- O.S.S. (Office of Strategic Service - Latin América Section - Situation Report n° 5 CONFIDENTIAL. CEDEM – Coleção UPA – University Publications of America.

agosto daquele ano. A decretação de "estado de guerra em todo território nacional" viria no dia 31 de agosto, após o afastamento de Góis Monteiro, por motivos de saúde.

Getúlio ganhava mais uma vez, com cartada certeira. Essa jogada política permitiria sua manutenção no poder, o apoio dos Estados Unidos e a conservação de sua imagem como grande defensor dos interesses nacionais. Conquistava, também, apoios financeiros importantes para aquele momento, como o *Lend-Lease* – que garantiu ao Brasil mais de 2/3 de todo o montante destinado à América Latina[22] – e pela missão Cooke[23], que acelerou o desenvolvimento industrial e econômico do Brasil.

Visando a demonstrar sua "fidelidade" aos Estados Unidos, Vargas convidou, ainda, Nelson Rockfeller para vir ao Brasil, o que se efetivou em setembro de 1942. Aqui, Rockfeller se reuniu com autoridades e políticos importantes e parece ter voltado aos Estados Unidos com boa impressão sobre o que viu.

As transformações orquestradas por Vargas, no entanto, eram palmilhadas pelo Departamento de Estado. O presidente brasileiro, apesar de não ser muito confiável aos olhos de Roosevelt, trilhava um caminho interessante aos Estados Unidos naquele momento de Guerra. Todas as suas ações tanto políticas quanto aquelas ligadas ao "trabalhismo" eram alvo de cartas e relatórios constantes. A embaixada norte-americana despachava diariamente para o Departamento de Estado notícias do Brasil.

Vargas encontrava-se diante de um jogo dialético, as novas teses desenvolvidas por ele encontravam, como não poderia deixar de ser, as antíteses inevitáveis. As oposições se formavam; as lutas por anistia, pelo fim da censura e pelas liberdades democráticas estavam na ordem do dia. O governo cedia às pressões porém sem modificações substanciais.

O *Manifesto dos Mineiros*, de 24 de outubro de 1943, resultado das grandes discussões políticas que se seguiram – abertura política com Getúlio versus abertura política sem Getulio – foi o primeiro documento a ser publicado com críticas ao Estado Novo. Apesar de representar os interesses de

---

22 FAUSTO, Boris. (dir.). *História Geral da Civilização Brasileira – O Brasil Republicano*....2007. Op. Cit. p 59.

23 "A missão técnica chefiada por Morris Cooke, para ajudar a planejar a mobilização econômica no Brasil [...] foi considerada a primeira tentativa de diagnóstico global da economia brasileira e de seus problemas dentro de uma perspectiva de promoção do desenvolvimento do país". BRANDI, Paulo. *Vargas da Vida para a História*.Rio de Janeiro: Zahar, 1983. p.161.

parte significativa da aristocracia mineira, era, também, uma tentativa de articulação de união com vários grupos oposicionistas à ditadura de Vargas.[24]

A resposta a essa "ousadia" foi imediata, usando os instrumentos que a Constituição facultava ao presidente: este mandou prender e desterrar os seus opositores. Tal reação do Estado não surtiu o efeito esperado pois não era possível lutar na Itália contra o Fascismo e viver com ele no Brasil.

As manifestações contrárias ao regime se avolumavam. Góis Monteiro, de Montevidéo, onde exercia um cargo decorativo, fazia, também críticas a Vargas, enviando cartas aos amigos. Oswaldo Aranha, impedido de assumir seu cargo de vice-presidente da Sociedade Amigos da América, que havia sido extinta, pediu demissão do cargo de Ministro das Relações Exteriores e passou a fazer oposição ao governo.

O governo Americano que a tudo assistia, tentava assegurar, da parte de Vargas, que o movimento operário conquistasse sua independência. Em agosto de 1944, em meio a tantas oscilações, o Ministro do Trabalho, Alexandre Marcondes Filho, grande articulador do "trabalhismo" de Getulio, dava entrevista a Walter J. Donnelly e a Edward Rowell e trocava informações com esses agentes norte-americanos. Estes apresentavam-lhe os projetos do Departamento de Estado, referentes ao "estudo sobre os desenvolvimentos do trabalho no Brasil", e o ministro acenava com a oferta de informações e cópias traduzidas da CLT que poderiam ser enviadas à Câmara de Comércio Americana e ao Departamento de Estado.[25]

Percebe-se, neste momento, ao contrário do que ocorreria no governo Dutra, que as pressões para que o presidente tomasse medidas liberalizantes com relação ao movimento operário não são tão duras. Os relatórios registram cada passo, nesse sentido, dado pelo presidente brasileiro, além das reações ao "programa de trabalho em tempo de guerra", pequenas paralisações e descontentamentos com o aumento do custo de vida e a dificuldade dos operários em fazer frente aos acréscimos nos preços dos bens de primeira necessidade, organização dos primeiros Congressos de Operários, de Decretos-Lei e sua influência no custo de vida e na organização operária,

---

24 A integra do documento encontra-se em SILVA, Helio. 1945: *Porque depuseram Vargas*. Rio de Janeiro: Civilização Brasileira. 1976. p. 62-75.

25 Carta nº 17243 de 3/8/1944 – "Interview with the Minister of Labor, Industry and Commerce" de Harold S. Tewell, primeiro Secretário da Embaixada para o Secretário de Estado. "Restricted". RG84 - 850.4 – Box 283 - PF-DS/USNA.

Eduardo José Afonso

organização de donas de casa contra a carestia, Fundos de Aposentadoria, Leis de Seguro Social e assuntos diversos ligados ao trabalho no Brasil daquele ano de 1944.[26]

A documentação do início de 1945 demonstra que o governo norte--americano, assistindo às transformações que ocorriam no começo daquele ano, apesar de não ter muita confiança em sua posição, mantinha seu apoio a Vargas, com receio de que o processo rumo à democratização do Brasil se perdesse ou que, mudadas as peças do jogo, a relação dos Estados Unidos com o

---

26 Cecil Cross para John F. Simons da Embaixada Américana no Rio. *"Increasing Labor Restlessness"*, 21/01/1944; Cecil Cross para Jefferson Caffery, *"Further Labor Troubles in São Paulo"* 15/5/1944; Cecil Cross para Jefferson Caffery, *"Stevedore Strike in Santos"*, 24/5/1944; Walter J. Donnelly para Secretário de Estado, *"Reaction of Laborers in certain São Paulo factories to the excessive profits of manufacturers"*, 26/5/1944; Cecil Cross para Jefferson Caffery *"Sit-Down strike in Goodyear Plant"*, 5/6/1944; Harold S. Tewell para Secretário de Estado *"Reported Arrangement for 100 Brazilian Workers to Visit the United States"*, 10/6/1944; Reginald S. Kazanjian para Departamento de Estado *"Salary Increase for Brazilian Social Security Institute of State of Employees"* , 4/7/1944; Edward Rowell para Departamento de Estado *"Translation of Brazilian Minister of Labor's interpretation of Art. 4 of Decree-Law n° 5452.*, 20/7/1944; Reginald S. Kazanjian para Departamento de Estado *"Brazilian Decree-Law for Rational Organization of Labor and Training of Administrators"*, 24/7/1944; Reginald S. Kazanjian para Departamento de Estado *"Activities of the Brazilian Social Security Alimentation Service (SAPS)*, 26/7/1944; Edward J. Rowell para Departamento de Estado *"Monthly Labor Report number One (15 de junho a 15 de julho de 1944)"*; Edward J.Rowell para Mr. Donnelly com cópia para Departamento de Estado *"Introduction to the Minister of Labor"* 1/8/1944; Edward Rowell para Departamento de Estado "New Director of the National labor Department", 1/8/1944; Harold S. Tewell para Secretário de Estado *"Interview of Minister of Labor, Industry and Commerce,* 3/8/1944; Edward Rowell para Departamento de Estado *"Payment of Social Security Benefits facilitated"*, 29/8/1944, com anexo do Decreto-Lei 6707 de 18/7/1944, vertido para o inglês; Edward J.Rowell para Departamento de Estado *"Monthly Labor Report no. 2, (15 de julho a 15 de agosto de 1944)"*; Donald W. Lamm. Despacho do Cônsul Americano em Recife para o Embaixador Jefferson Caffery dando conta do *"Primeiro Congresso dos Trabalhadores nas Indústrias Têxteis do Norte"* que ocorreu entre 25 a 29 de Agosto de 1944. Carta de 30/8/1944; Edward J. Rowell para Departamento de Estado *"CADEM Labor Problem"* 15/09/1944 ; Edward J. Rowell para Departamento de Estado *"Interview with President of the Syndicate of Workers in the Spinning and Weaving Industry of Rio de Janeiro"*, 19/9/1944; Harold S. Tewell para Departamento de Estado (confidencial) *"Textile Worker's Conference"*, 22/9/1944; Edward J. Rowell to Harold S. Tewell, Memorandum Confidencial *"Textile Worker's Congress"*, 22/9/1944; Rowell para Departamento de Estado *"Resume of Labor unrest in São Paulo"* (restrito) 28/9/1944; Rowell para Departamento de Estado *"Sick Benefits to Workers"* (voluntary report) 2/10/1944; Rowell para Departamento de Estado *"Revision of Brazilian Social Security Law"*, 6/10/1944; Rowell para Departamento de Estado *"Monthly Labor Report no.3 (15 de agosto a 15 de setembro)"*; Harold S. Tewell para Secretário de Estado *"Four Decree-Laws affecting Labor Signed on 7th Anniversary of Constitution of November 10, 1937"* 11/11/1944; Rowell para Departamento de Estado *"Textile Labor Situation, Recife"* Confidencial, 17/11/1944; Harold S.Tewell para Jay Walter, Cônsul em Belo Horizonte *"First Worker's Congreso of Minas Gerais in Belo Horizonte"*, 30/11/1944; Edward J.Rowell para Departamento de Estado *"Monthly Labor Report (15 de setembro a 15 de outubro)"*; Rowell para Departamento de Estado *"Restoration of Federal Direction of the São Paulo State Labor Department"*, 20/12/1944; Rowell para Departamento de Estado *"State, Municipal and Territorial Employees Eligible for Retirement Benefits in Federal Employees Institute"* (Voluntary Report), 20/12/1944; Harold S.Tewell para Secretário de Estado *"Trade Union Inquiries"*, 29/12/1944. RG 84 850.4 Box 283 - DF-DS/USNA

novo governo fosse mais difícil. Relatórios do tipo *Who's Who* são enviados ao Departamento de Estado, pela O.S.S. *State Department Intelligence and Research Reports,* apontando as principais personagens políticas e suas características. Estão ali listados, como "Supporters of the Vargas Machine", Eurico Gaspar Dutra, Agamenon Magalhães, General Mascarenhas de Morais e João Alberto Lins de Barros, além dos irmãos Simonsen (Roberto e Wallace), Valentim Bouças e o Conde Francisco Matarazzo; Como líderes da União Democrática Nacional (UDN) oposição a Vargas, o General Eduardo Gomes (ocorre aí um erro pois Eduardo Gomes era brigadeiro e não general), Octávio Mangabeira e Assis Chateaubriand.[27]

Segundo Stanley Hilton, a indicação de Berle Jr., para o cargo de Embaixador, no Rio de Janeiro, com permanência de apenas 13 meses – Janeiro de 1945 a fevereiro de 1946 –, foi a mais controversa ação norte-americana no envio de um diplomata a um país latino-americano.[28] Se o plano de Washington era testar a fidelidade de Vargas aos Estados Unidos, ou enfraquecê-lo politicamente, não há evidências documentais que possam indicar tal tendência. Ocorre, porém, que Berle tornou-se o grande observador da cena política nacional brasileira e não deixou de ser um importante representante dos interesses norte-americanos, apesar de fechar os olhos, em muitas ocasiões, para a *política da Boa Vizinhança.*

O novo Embaixador Adolpho Berle, que parecia ter recebido de Roosevelt uma "procuração", já no início do mês de fevereiro, opinava abertamente sobre a "democratização" brasileira e não fazia segredo de suas posições. Comentava a respeito, até de uma "iminente lei eleitoral e seus reflexos positivos no Brasil."[29]

A visita do Secretário de Estado Edward R. Stettinius Jr., ao Brasil, no dia 16 do mesmo mês, quando voltava da Conferência de Yalta e dirigia-se à Conferência Interamericana no México, provocou uma boataria reproduzida em alguns jornais, agora afrouxados pelas correias do DIP. Os boatos proclamavam que Stettinius teria vindo com um recado de Roosevelt para

---

27 Relatório da OSS - *Summary of the political situation in Brazil as of July,1945,* pág. 5. "Reel VI" – *Brazil.* - CEDEM – Coleção UPA – University Publications of America.

28 HILTON, Stanley E., "The overthrow of Getúlio Vargas in 1945: diplomatic intervention, defense of democracy or political retribution?" *Hispanic Américan Historical Review* V.67, nº 1 (February, 1987): 1- 37.

29 Adolph A. Berle para Departamento de Estado "New electoral Law" 02/02/1945. RG59 832.00/2-245, DF-DS/USNA

Vargas, "que democracia era a ordem do dia."[30] Na realidade, veio para levar o Ministro do Exterior, Velloso, ao México e solicitar ao governo brasileiro que reconhecesse o governo da URSS.

O Cônsul dos Estados Unidos Cecil M.P.Cross, junto com o Embaixador Adolf A. Berle, apesar de reconhecer a posição de Washington com relação ao cuidado que se devia ter com Vargas naquele momento, ainda criticava as reformas do presidente, acusando-as de "acanhadas."[31]

Em meados do ano, a O.S.S. preparava um relatório *Summary of the political situation in Brazil as of July,1945* e caracterizava aquele momento (julho de 1945) como "a mais séria crise em muitos anos" vivida pelo Brasil. Essa crise, segundo os agentes secretos, era provocada pelos desajustes entre a estrutura política e social e seu desenvolvimento econômico no mundo do pós-guerra . Tal situação poderia levar o Brasil a uma guerra civil.[32]

Berle, como um farol a indicar o caminho certo aos navios no mar revolto, apresenta em seus relatórios e cartas uma grande certeza. A de que ele tinha a resposta para todos os problemas do Brasil, desde aqueles ligados a questões econômicas até à crise política que o país enfrentava naquele momento. Em carta dirigida ao presidente Truman, comenta sobre o perigo da legalização do Partido Comunista no Brasil, afirmando que seu programa econômico era parecido com o de Theodore Roosevelt de 1904, ou seja, antiquado, e que enquanto os Estados Unidos estivessem em paz com a URSS, não haveria razões para preocupações. Com relação à postura de Vargas, não esconde sua parcialidade.

> Vargas, ditador no momento, está tentando colocar o país de volta às bases constitucional, mas acha mais fácil começar do que extinguir a ditadura. Eu acho que ele convocará eleições para o dia 2 de dezembro e está procurando alguém de além de si para governar o país. Isto é difícil: nem o "oficial" candidato, Dutra, ex-Ministro da Guerra, nem General Gomes, candidato de oposição, tem

---

30   MACCANN Jr., Frank *The Brazilian-Américan Alliance*... 1973. Op.Cit. p.353.
31   Cecil. M.P.Cross para Adolf A.Berle "Decree Law Authorizing Collective Bargaining" (Restricted) 28 de Fevereiro de 1945. RG 59 832.504/I-2245 DF - DS/USNA
32   Levar em conta também que a "lei Malaia", decreto assinado em 21 de junho e que criou uma comissão autorizada a desapropriar qualquer organização cujos negócios estivessem sendo conduzidos de maneira lesiva aos interesses nacionais, também conhecida como lei antitruste, foi motivo de protesto, tanto pela UDN quanto pelo governo norte-americano.

apelo popular. Nós tivemos contato com todos os candi-
datos e elementos ligados às candidaturas; que apoiam a
ideia de eleições democráticas. A imprensa é livre.

Em economia o país enfrenta uma falta de produtos de
primeira necessidade, escassez que pode ser resolvida,
em parte, melhorando o sistema de transportes, dando
melhores condições de distribuição de recursos do país.
A Embaixada está fazendo o que pode para explorar e
assessorar a melhoria dos transportes.

Vargas envia-lhe suas pessoais lembranças e espera encontrar consigo. Nós temos conversado sobre as dificuldades temporárias sobre o Lend-Lease.

O problema de destaque é a mudança das regras em
nossas bases aqui, de bases de guerra para bases de cooperação. Quando enviarmos nossos rapazes para casa,
a assistência dos técnicos Americanos será aceita pelos
brasileiros para a manutenção das bases. O Departamento da Guerra está trabalhando para isto.[33]

A incerteza política representada pelo jogo de Vargas, apoiando os
movimentos sociais como o "Queremismo", por exemplo, era alvo de especulações não só de Berle e do Departamento de Estado, mas, também, dos
representantes Britânicos no Brasil.

Em 21 de agosto o embaixador Britânico enviou para Londres um relatório dos "acontecimentos recentes", informando as autoridades Britânicas sobre
as "prováveis intenções de Vargas". Informações, segundo ele, obtidas de pessoas
muito próximas do presidente, que afirmaram não querer Vargas a manutenção
do poder e que apenas apoiaria o movimento "queremista" para fortalecê-lo contra seus inimigos. De acordo com Gainer, isto mostraria "força" aos seguidores
de Vargas, que lutariam para protegê-lo no momento de sua "aposentadoria."[34]

---

33   Carta de Berle ao presidente Truman, 13/8/1945. Harry Truman Library. Papers of Harry S.Truman.
      Office File. BHT 45.08.13.
34   D St. C. Gainer para Foreign Office, 21/8/1945, RFO 371/44808. Public Record Office, National Archi-
      ves, Londres.

O Adido Trabalhista da Embaixada Americana, Edward Rowell, cumprindo sua função de orientador dos "policymakers" de Washington, não deixava, também, de enviar seus relatórios. A partir do *MLR* de número 10, na parte Confidencial e de uso exclusivo do Departamento de Estado, constrói um quadro muito apurado da situação política. Informações sobre Vargas e, principalmente, sobre o movimento "queremista" e sua influência no operariado brasileiro, além dos comentários com relação à "boa influência" que o jogo político exerce em todas as camadas sociais e suas divisões partidárias – grupos com Getúlio, grupos sem Getúlio e oposição radical representada por "aqueles que desejam o fim da Ditadura e a implantação da Democracia" são os subsídios que ele fornece ao Departamento de Estado.[35]

Parece que a rendição japonesa, ocorrida em 02 de setembro, pondo fim à guerra, fez com que Washington mudasse, também, sua tática com relação ao Brasil. O Departamento de Estado assim como os representantes dos EUA em nosso país começam a "perder a paciência" a partir daquele mês. Berle escreve novamente a Truman em 4 de setembro para relatar-lhe os rumos da "democratização" do Brasil e enfatiza que

> se Vargas se mantiver nessa direção, (..) parece para mim a melhor política. Se ele mudar de curso ou fizer alguma coisa violenta, nós poderemos reexaminar nossa posição.[36]

Ao que tudo indica, Berle acreditava que Vargas pudesse dar outro golpe parecido com aquele de 10 de novembro de 1937. Truman muito cautelosamente responde:

> Eu penso que será desastroso se interferirmos nos assuntos internos do Brasil neste momento. Parece, para mim, que as coisas estão caminhando de acordo com o esperado. Vargas certamente tem sido nosso amigo.[37]

Independentemente da resposta "oficial" de Truman, sabemos que com o fim da guerra, houve uma reorientação da política norte-americana

---

35 MLR 10 (1/5 a 1/6) p.20 e 21; MLR 11 – (1/6 a 1/8), p. 23 e 24; MLR 12 (1/8 a 1/9), p.26 e 27. RG 84 - 850.4 box 330 - DF-DS/USNA.
36 A. Berle, 4 de setembro de 1945. Carta de Berle a Truman- Biblioteca Harry Truman - BHT 45.09.04 – CPDOC.
37 Carta de Harry Truman a Berle em 13 de setembro de 1945. – BHT- 45.09.13 – CPDOC.

com relação ao apoio a governos Latino-Americanos que não haviam sido eleitos pelo voto popular.[38]

O *MLR* de número 13 de Rowell, que abarca os acontecimentos de 01 de Setembro a 01 de novembro, dedica, 4 páginas na Seção "Atividades Políticas no Trabalho" relatando os acontecimentos envolvendo a classe operária antes do dia 29 de Outubro. Dá destaque à ação dos "queremistas" no suporte a Vargas, analisa a ação dos petebistas, comunistas e até dos integralistas nesse momento. Na parte Confidencial, de uso exclusivo do Departamento de Estado – Appendix D – 4 páginas são escritas para enviar ao Departamento de Estado opiniões e análises de Rowell sobre os efeitos do "golpe de Estado" sobre movimento operário. Nada faz referência, no entanto, ao discurso de Berle no Hotel Quitandinha[39], nem aos efeitos desastrosos tanto na área política quanto na do trabalho que o mesmo provocou.

Apesar da troca de correspondências entre Berle e Truman em 01 de outubro[40] – onde o embaixador dava conta das idas e vinda do movimento queremista e de um provável golpe de estado organizado nos moldes dos fascistas em 1938, que seria combatido pelo exército –, percebemos que a situação de apoio a Vargas começava a mudar. Se por um lado os EUA tencionavam continuar apoiando Vargas, em nome da estabilidade política que ele pudesse representar, por outro, a sua forma de governar denunciava a manutenção de um modelo no qual Washington não tinha mais interesse.

Em 22 de outubro, John Gordon Mein, da embaixada dos EUA no Rio, representando os anseios norte-americanos, envia um memorando para Philip O. Chalmers, chefe do setor de Assuntos do Brasil do Departamento de Estado, cuja referência era: "Rumores da demissão de Vargas". Nesse documento, Mein transcreve o discurso de Vargas aos "queremistas", onde o governante afirma não ser candidato à presidência e que somente desejava

---

38 FAUSTO, Boris. (dir.). *História Geral da Civilização Brasileira – O Brasil Republicano*....2007. Op. Cit. p. 61.

39 N.A.: Num discurso a representantes do sindicato dos jornalistas, no Hotel Quitandinha, em Petrópolis, no dia 29 de setembro, declarou que "qualquer alteração do cronograma eleitoral já estabelecido e a "continuidade da ditadura" no Brasil seriam consideradas "trágicas" pelos Estados Unidos". O discurso de Berle caiu como uma bomba e além de ter enfraquecido muito o movimento "queremista", fortaleceu as pretensões da UDN, nesse momento, grande opositora de Vargas. As palavras do embaixador Americano foram interpretadas por todos como um "recado" dos EUA no sentido da deposição de Getúlio. AFONSO, Eduardo J. *O PCB e o poder...* 2004. Tombo: 251099. Op.cit. p. 74.

40 Carta de Berle ao presidente Truman, 1/10/1945. Harry Truman Library. Papers of Harry S.Truman Office File. BHT 45.10.01

dirigir o processo que levaria o Brasil às eleições. Ainda destacando trecho do discurso, assinala parte da fala de Getúlio em que diz: "se tiver que me ausentar e deixar o meu posto, se isto for vontade do povo, não hesitarei em fazê-lo".

Tentando mostrar que Vargas é um hábil político, Mein, aponta que a lei Constitucional nº 10, assinada em 28 de maio de 1945 por Getúlio, permitiria que José Linhares, presidente da Suprema Corte Brasileira, assumisse o poder caso Getúlio se ausentasse. Põe em evidência que José Linhares é fiel a Getúlio e que foi empossado em 26 de maio de 1945, pelo Presidente da República, como Presidente do Supremo Tribunal.

Mein especula, então, em sua conclusão, que esses acontecimentos poderiam levar a um enfrentamento entre Gomes e Dutra, ou que se Getúlio se demitisse, o presidente do Supremo poderia assumir seu cargo e que Góis Monteiro asseguraria o processo rumo às eleições do dia 2 de Dezembro. Conclui dizendo que "há uma definitiva possibilidade de que essas desordens, de um tipo ou de outro, levem Getúlio à demissão."[41]

No dia 26 de outubro, Berle envia ao Departamento de Estado um telegrama em que comenta que a policia e o exército já tinham bem nas mãos o controle do movimento pela manutenção de Vargas[42], o que é referendado pelo embaixador britânico Gainer, que comenta sobre "a possibilidade do Exército em assumir o Governo."[43]

Aos olhos dos norte-americanos e até dos Britânicos, Vargas teria fracassado na tentativa de reorganizar suas bases políticas e levar o Brasil ao regime democrático. As informações precisas sobre as ultimas ocorrências – a antecipação das eleições estaduais, que provocaria um casuísmo político, e a nomeação de Benjamin Vargas, *persona non grata* no meio político e irmão do presidente, para o cargo de Chefe de Policia do Distrito Federal – que levaram os militares a depor Vargas são descritas pormenorizadamente, em telegrama de 7 páginas[44], enviadas ao presidente Truman em 30 de outubro de 1945 pelo embaixador Berle, que termina sua mensagem com a seguinte observação:

41 Memorando de John Gordom Mein para Philip. O. Chalmers. "Rumors of Vargas' Resignation" 22/10/1945. RG59 – 832.001 VARGAS, GETULIO/10-2245. DF-DS/USNA

42 Telegrama de Berle ao Departamento de Estado, 26 de outubro de 1945. RG59- 832.00/10-2645, DF--DS/USNA

43 Gainer para o Foreign Office, 23 de outubro de 1945. 371/44808, AS5546/52/6. Public Record Office, National Archives, Londres.

44 Verificar, também, descrição dos acontecimentos do dia 20/10 no Diário de Berle. BERLE, e T. Jacobs(eds.): *Navigating the Rapids,* 1918-1971, New York, Harcourt-Brace, Jovanovich,1973. p. 554-555.

> Maquiavel observou que Príncipes caem porque eles continuam a usar seus velhos métodos em novas situações quando as tendências e correntes de opiniões já foram mudadas. Basicamente esta foi a verdade de Vargas.[45]

A resposta ao telegrama de Berle foi enviada no dia 09 de novembro e nesta carta Truman destaca que:

> O povo brasileiro, nesses recentes anos críticos, tem mostrado ser amigo verdadeiro dos Estados Unidos. Estou convencido de que não há razões para temer que a nova administração do Brasil funcione bem. Felizmente esta tradição de relações de amizade está profundamente enraizada em nossos dois países. Nós, nos Estados Unidos temos uma fé inabalada em governos que tem o apoio dos seus governados, periodicamente e livremente expressos. O Brasil subscreveu esses mesmos princípios democráticos [...] Estou confiante de que o Brasil sob uma liderança esclarecida trabalhará para que esses princípios sejam respeitados, como os Estados Unidos está tentando fazer. O mais importante é que ambos países continuem a trabalhar juntos para cumprir esses ideais que tem sido aceitos como as bases para nossas vidas no hemisfério Ocidental.[46]

O governo Truman aceitou a queda de Vargas com muita tranquilidade e não escondeu – o que se percebe nas entrelinhas – acreditar, a partir daquele momento, que o Brasil trilharia o caminho da democracia, através de um sistema de representatividade livre, onde os governados pudessem escolher seus governantes. A carta deixa clara a posição que os Estados Unidos tinham com relação ao governo Vargas.

O embaixador Berle, assim que Vargas é deposto, envia a Washington comunicação dizendo que não haveria motivo para não reconhecer o novo governo como legítimo, pois, o que havia ocorrido era apenas uma troca de comando. O Secretário de Estado envia, então, correspondência a todas as representações dos Estados Unidos na América Latina, solicitando que seus

---

45 Telegrama de Berle ao presidente Truman, 30/10/1945. Harry Truman Library. Papers of Harry S.Truman . Confidential File. BHT 45.10.02

46 Carta de Truman para Berle , 09/11/1945. Harry Truman Library. Papers of Harry S. Truman. Confidential File. BHT 4616.

embaixadores, em contato com as autoridades de cada país, reconhecessem como legítimo o novo governo Brasileiro.[47]

Governo Dutra e a Administração Truman

Em seu Diário, apesar de suas posições e conjecturas sobre a fidelidade, ou não, de Vargas ao processo que levaria o Brasil aos caminhos da democracia – demonstradas em suas mensagens ao Presidente Truman, em seu discurso de 29 de setembro no hotel Quitandinha e ao Departamento de Estado –, Berle descreve, no dia 30 de outubro, todos os acontecimentos relacionados à queda do presidente e afirma:

> Há uma tragédia na queda de Getúlio. De sua maneira ele fez mais pelo país do que qualquer outro Presidente. Se ele tivesse levado avante seu anunciado programa, ele teria sido o maior estadista da América do Sul. Se ele tivesse lançado sua candidatura ele seria eleito. Mas quando, junto à infame gangue do Palácio, ele tentou continuar sua ditadura, mesmo com o apoio dos Comunistas, não conseguiu convencer a raia miúda que ele ainda era seu campeão que ele podiam apoiá-lo como ditador – embora eles apoiavam-no como um homem.

Continuando sua preleção sobre a queda de Vargas, Berle anuncia:

> De qualquer modo nós estamos começando uma nova fase; e minha primeira preocupação é tentar analisar se esta fase representa as massas do Brasil , pelo menos bem e se possível melhor do que fez Getúlio. Mas eu não diria nenhuma palavra contra Getúlio, para mim ele foi leal conosco e respeitoso comigo.[48]

Durante todo o mês de novembro, Berle recebe cartas de congratulações por posições adotadas no desenrolar dos acontecimentos. Pela *splendid handling* relacionada aos eventos que levaram à queda de Getúlio. O

---

47   Correspondências enviadas pelo Secretário de Estado às representações norte-Americanas na América Latina, "US Urgent" e "Secret". 31/10/1945. Para Cidade de Trujillo, cidade do México,Manágua,Assuncion, Santiago, Port-au-Principe , La Paz, Quito, Montevideo, Especial para Buenos Aires, San Salvador, 01/11/1945 Lima, San José, Caracas, Bogotá. RG59 – 832.01/10-3145; 832.01/11-145 ; 832.01/11-245. DF-DS/USNA

48   Diário de Berle. BERLE, e T. Jacobs(eds*.): Navigating the rapids......*1973. Op.Cit. p. 556.

Departamento de Estado, na figura de seu Secretário, James Byrnes, envia mensagem cumprimentando-o pela habilidade, principalmente em ter mostrado a Vargas cópia de seu discurso antes de fazê-lo no hotel Quitandinha, ao que Berle responde afirmando que somente o fez para evitar derramamento de sangue numa guerra civil no Brasil.[49]

A posse e o governo de José Linhares são de pouco interesse político por parte das autoridades norte-americanas, mesmo porque, sua administração foi muito curta, apesar dos desmandos e da corrupção evidenciados nesses três meses que separaram a queda de Vargas e a posse de Dutra.

Berle, em seu diário reserva, igualmente, pequeno espaço para a administração Linhares. Simplesmente, pontua:

> O novo Governo foi formado por homens centrados e respeitáveis. Linhares talvez não seja um grande advogado mas tem sido um Presidente honesto e capaz da Suprema Corte. Ele, agora, torna-se Presidente do Brasil – provavelmente poucas pessoas o conhecem e em qualquer evento é a posição mais do que o homem, mas eu penso ele tem bom senso. Velloso[50] continua nas Relações Exteriores, e eu fico feliz com isto[...][51]

A única preocupação do Departamento de Estado referia-se ao reconhecimento do governo por seus vizinhos latino-americanos e o cumprimento e a manutenção da programação eleitoral, o que Linhares respeitaria.

O embaixador Berle, em carta dirigida ao Departamento de Estado, diz ter cumprimentado Linhares pela formação do novo Governo, ao que ele teria respondido que para Linhares, a Presidência era um sacrifício e que não ambicionava este fardo e que esperava "aguentar" durante as oito ou dez semanas durante as quais conduziria de acordo as eleições para garantir a posse do novo Presidente, com o Congresso eleito e organizado.[52]

---

49 Braden para Berle, 1 de novembro, 5 de dezembro; James Byrnes para Berle, 13 de novembro de 1945 e Berle para Byrnes em 27 de novembro de 1945. RG 59 - 832.00/11-1345 e 832.00/11-2745. DF-DS/USNA.

50 Pedro Leão Veloso , paulista de Pindamonhangaba assumiu o Ministério das Relações Exteriores do Brasil no governo Getúlio Vargas interinamente por três vezes, de 24 de agosto de 1944 a 20 de fevereiro de 1945; de 19 de março a 15 de abril de 1945 e de 6 de julho a 30 de outubro de 1945. Foi ministro das Relações Exteriores do Brasil no governo José Linhares, de 31 de outubro de 1945 a 30 de janeiro de 1946. Político que defendia o projeto liberal norte-Americano para a América Latina.

51 Diário de Berle. BERLE, e T. Jacobs(eds.): Navigating the Rapids, 1973. Op. Cit. p. 557.

52 Berle para Byrnes em 13 de novembro de 1945. RG 59 - 832.00/11-1348 - DF-DS/USNA

Apesar das críticas dos meios de comunicação e até da sociedade brasileira contra o presidente Linhares, acusado de corrupção e nepotismo, o governo norte-americano apoiou esses poucos meses de mandato, principalmente, porque seus decretos-lei relaxando o controle do Estado sobre o movimento operário e permitindo a liberdade sindical iam de encontro às expectativas dos Estados Unidos naquele momento. Esta expectativa é definida por Rowell em seu *MLR* número 14, de 1 de novembro a 01 de dezembro de 1945.[53]

A posse de Dutra é descrita de forma lacônica por Berle em seu Diário, ênfase é dada à parte do discurso do presidente – cuja cópia foi enviada ao Departamento de Estado – quando este é empossado em 31 de Janeiro e fala de sua vontade em "cooperar com as Nações Unidas e com as nações da América, em especial com os Estados Unidos."[54]

O embaixador Berle transcreve em seu diário carta enviada a Truman em 06 de Fevereiro de 1946 de maneira a justificar suas ações em nosso país e ao mesmo tempo deixar clara sua "missão no Brasil" até aquele momento.

> Eu fiquei profundamente agradecido com a sua sugestão, feita a mim em Dezembro de 1945, para que eu ficasse indefinidamente no Rio, mas igualmente grato pela sua gentileza em dispensar-me depois que o novo governo Brasileiro houvesse sido instalado. Eu, no entanto, entrego minha demissão para que possa voltar aos Estados Unidos. Debito ao Brasil e aos Brasileiros alguns dos anos mais felizes e mais interessantes de minha vida[...][55]

Assim, terminava a "missão" de Berle no Brasil. Cumprida a incumbência de afastar – mesmo que indiretamente – do poder forças políticas que pudessem não colaborar com os Estados Unidos, o embaixador dava por encerrada sua tarefa, voltando para seu país.

Dezenove dias após a posse de Dutra, a O.S.S. apresentava ao Departamento de Estado um relatório secreto, "Current US Policy toward Brazil". Era um trabalho de inteligência que tinha como intuito apresentar um panorama da nova situação política brasileira e suas perspectivas.

---

53 MLR nº 14 (1 de novembro a 1 de dezembro de 1945) - Edward J. Rowell RG 84 - 850.4 – Box 330 - DF--DS/USNA.
54 Diário de Berle. BERLE, e T. Jacobs(eds.*): Navigating the rapids*..........1973. Op. Cit. p. 564.
55 *Idem* p. 565.

Em sete páginas analisava: a posição do Brasil com relação à política interamericana de intervenção coletiva[56], dizendo que nosso país condenava esta ideia, mas que colaboraria com os Estados Unidos. Em seguida traçava um panorama completíssimo da situação política brasileira, a partir da posse de Dutra, comentando a vitória do candidato do PSD, do apoio que este obteve da Igreja e do exército; interpretando a influência de Vargas e sua união com o PCB; comentando a relação existente entre a promulgação da Constituição e a democracia; avaliando as intenções do movimento operário e o papel de Vargas e dos comunistas e desenhando o jogo de forças dentro do Parlamento Nacional, com a caracterização da UDN, do PSD e a fraca presença política dos comunistas. Por último reexamina a posição das Forças Armadas na política nacional brasileira"[57] e destacava que 'as presentes intenções de Vargas são desconhecidas mas não se deve descartar a ideia de que ele procurará recapturar o governo'.[58]

Não há ainda, no entanto, evidências do choque de interesses entre o governo Dutra e os Estados Unidos nesse momento. Principalmente, aqueles que envolveram questões econômicas e relacionadas ao movimento operário.

Quando o embaixador Adolph A. Berle se despede do Brasil, fazendo sua última entrevista com Dutra, transmite-lhe um convite de Truman para uma visita aos Estados Unidos. O presidente brasileiro agradece, aceita e diz preferir postergar a data para outra ocasião. Berle comenta com o Departamento de Estado que seria melhor fazer novamente o convite assim que a Constituição fosse promulgada e quando a "situação política no Brasil estivesse um pouco melhor assentada".[59]

---

56 Esta política estabelecia que qualquer estado Americano que ameaçasse a segurança do continente, sofreria uma intervenção multilateral de seus membros Americanos.

57 Current US Policy toward Brazil – February 20, 1946 (8pp) – SECRET. (Department of State – Intelligence Memorandum – OCL – 3562) Distributed by Office Of Intelligence Coordination and Liaison - OCL) - CEDEM – Coleção UPA – University Publications of America. *APUD* AFONSO, Eduardo J. *O PCB e o poder ...* 2004. Tombo: 251099. Op.cit. p. 128.

58 Current US Policy toward Brazil – February 20, 1946 (8pp) – SECRET. (Department of State – Intelligence Memorandum – OCL – 3562) Distributed by Office Of Intelligence Coordination and Liaison - OCL) - CEDEM – Coleção UPA – University Publications of America.

59 Memorando de Mein para Bradock "Visit of President Dutra to the United States" – Confidential , 8/3/1946. RG 59 - 832.00/12-1745 - DF-DS/USNA

O que percebemos é que há cautela, por parte dos Estados Unidos em reconhecer ou entender esse novo governo. Apesar da demonstração de amplo apoio à posse de Dutra, enviando uma grande comissão para o Rio de Janeiro, chefiada por Fiorello Laguardia[60], representante de Truman, com um aparato militar que contava com dois destróieres – USS Zellars e USS Douglas H.Fox – e a presença do grande porta-aviões Franklin D. Roosevelt[61], não havia confiança, por parte das autoridades de Washington, de que Dutra tivesse a mesma habilidade política que seu antecessor para lidar com as disputas políticas que se apresentavam no Brasil naquele momento.

Iniciado o governo no começo de 1946, as autoridades brasileiras e também o presidente acreditavam que podiam contar com o auxilio econômico norte-americano no que se refere a empréstimos que dessem lastro ao desenvolvimento interno nacional. Setores da economia brasileira, como o da indústria, por exemplo, precisavam de financiamento para poder livrar-se das dificuldades que o pós-guerra havia evidenciado.[62]

Logo após sua posse, Dutra envia, então, carta a Truman solicitando "ajuda financeira para intensificar o desenvolvimento Brasileiro". O presidente dos Estados Unidos, com o apoio do Departamento de Estado, acenava a possibilidade de um empréstimo de US$ 1 bilhão, tratativa que foi intermediada pelo Itamaraty. Ocorre que esta promessa jamais foi cumprida. O Brasil recebeu US$ 46 milhões em 1946 e US$ 90 milhões nos anos seguinte. O não cumprimento da promessa gerou ressentimento e perplexidade, principalmente, entre as autoridades brasileiras, que acreditavam que o Brasil, por ter lutado ao lado dos Estados Unidos na Guerra, deveria ter preferência e atenção maior por parte dos "irmãos norte-americanos".

Os interesses norte-americanos, no entanto, estavam direcionados não mais para a América Latina: o palco da disputa pela hegemonia do mundo, com o final da guerra, tinha deixado de ser essa região para se deslocar para

---

60 Embaixador Extraordinário e Plenipotenciário em Missão Especial.
61 Telegrama enviado pela Secretário de Estado Dean Acheson para a Embaixada do Rio de Janeiro , Confidencial – 24/01/1946 - RG 59 - 832.00/DUTRA, GASPAR /1-2346 - DF-DS/USNA
62 "A história econômica da presidência de Dutra pode ser dividida em duas fases:1946-47 e 1947-50. No primeiro período ensaiou-se o retorno aos princípios do liberalismo do *laissez-faire*, uma política que foi abalada pelo rápido esgotamento das reservas brasileiras de divisas e do resultante déficit no balanço de pagamentos em 1937. A reintrodução de controles cambiais, em junho de 1947, marcou o começo da transição para o segundo Período com o aceleramento da "indústrialização espontânea" e uma inclinação para formas rudimentares de planejamento geral dos gastos federais" SKIDMORE, Thomas. *Brasil, de Getúlio a Castelo*. 5. ed. , Rio de Janeiro: Paz e Terra, 1976. p.96.

Europa e Ásia, onde a presença da URSS representava concorrência a seus planos. Para a América Latina, só restava cumprir um papel, o de fornecedor de matérias-primas e comprador de produtos industrializados norte-americanos.

Mesmo mudando seu foco de interesse, os Estados Unidos não deixavam de manter a ligação e ter interesse pelo Brasil. Os trabalhos da Constituinte, por exemplo, foram seguidos bem de perto pelo *staff* da Embaixada Americana no Rio de Janeiro. Desde a formação das comissões até à organização das disposições em lei, tudo era descrito, em telegramas ou memorandos, pelo embaixador, pelos Adidos culturais, militares e principalmente, por Edward Rowell em seus MLR.[63]

Alguns trustes Americanos chegaram a enviar representantes para acompanhar os trabalhos da Constituinte, como foi o caso da Standard Oil, que mandou Paul Howard Schoppel que, hospedado no hotel Glória, passou a acompanhar os andamentos da Constituinte.[64]

No ano de 1947, dois eventos marcaram a presença Americana em nosso país. A Conferência do Rio de Janeiro[65] que teve, mais uma vez, a preponderância dos Estados Unidos, e a visita oficial do presidente Truman, que veio ao Brasil encerrar a Conferência e estreitar os laços com o novo governo brasileiro.

Naquele ano, iniciava-se a Guerra-Fria e apesar das prioridades Americanas estarem em outras partes do mundo, a função da América Latina no novo cenário mundial já estava definida pelos *policy-makers*.

O ponto central desta posição adotada pelos países latino-americanos estava centrado na crença de que ao lado dos Estados Unidos, eles estariam

---

63   MLR 16 (january 1, to february 1, 1946); MLR 17 (february 1 to april 1, 1946) ; MLR 18 (april 1, to may 1, 1946); MLR 19 (may 1 to june 1, 1946); MLR 20 (june 1 to aug 1 , 1946); MLR 21 (aug 1 to sep 1, 1946); MLR 22 (sept. 1 to oct 1, 1946).

64   Duas eram as corporações mais interessadas no que ocorria no Brasil naquele momento, a Standard Oil of New Jersey e a International Telephone Telegraph Co., O artigo 5º (nº 12), sobre a concessão dos serviços de telégrafos e de rádio-comunicações, interessava à ITT. Os artigos 151 e 153, sobre a propriedade do subsolo e o aproveitamento indústrial das minas e jazidas, inquietavam a Standard Oil.

65   Conferência InterAmericana para a Manutenção da Paz e da Segurança do Continente realizada no Rio de Janeiro de 15 de Agosto a 2 de setembro em 1947. O Tratado InterAmericano de Assistência Recíproca (TIAR) ou Tratado do Rio foi estabelecido nesse encontro que contou com a presença de dezenove repúblicas Americanas – com a ausência do Equador e Nicarágua. Foram referendados os princípios de solidariedade determinados pela Conferência de Chapultepec do México de março de 1945. O Tratado teve grande significado porque representou o primeiro acordo regional de segurança coletiva autorizado pelo artigo 51 da Carta das Nações Unidas. Cada nação signatária concordou em auxiliar o país Americano que fosse atacado, ou em caso de instabilidade interna, juntos decidirem qual a ação a ser tomada.

protegidos e alicerçados economicamente pelos empréstimos que a nação americana pudesse liberar para seus projetos desenvolvimentistas, já que isto estava sendo feito na Europa com o plano Marshall, por exemplo. Na realidade, o que a América Latina conseguiu foram vantagens econômicas muito modestas, condicionadas aos interesses norte-americanos no que tange à luta contra o comunismo no hemisfério Ocidental.

A posição brasileira era a mesma dos demais países latino-americanos. As solicitações de Dutra ao governo americano foram apenas em parte atendidas. Truman acreditava que a iniciativa privada, no Brasil, deveria participar do desenvolvimento nacional, investindo mais e organizando melhor sua produção. A situação da economia brasileira não favorecia essa expectativa norte-americana e esse impasse levava o governo de Washington a enxergar o governo de Dutra – apesar da aproximação, e de seu eficiente combate ao comunismo – como um governo inábil no que se refere aos assuntos econômicos e trabalhistas.

A visita de Serafino Romualdi ao Brasil por duas ocasiões, durante a presidência de Dutra, e os relatórios que o mesmo enviava à AFL, somados àqueles produzidos por Rowell que eram despachados mensalmente ao Departamento de Estado, evidenciavam a inconstância do governo brasileiro aos olhos das autoridades estadunidenses. Muitos foram os telegramas e memorandos trocados entre Washington e Rio de Janeiro, relatando as mudanças ministeriais e as manobras políticas do novo governo.[66]

A troca de ministros, por exemplo, com as idas e vindas do Ministro das Finanças Pedro Luis Correa e Castro[67] e a mudança na área do Trabalho, igualmente, como no caso da troca de ministro após a Congresso Nacional dos Trabalhadores no Rio em setembro de 1946, com as substituições constantes

---

66   Rowell para Foreign Service of United States (FSUS), Resignation of Minister of Labor de 17/10/46; Secret; R.A.Kidder da embaixada do Rio para FSUS, Rumors of Change of Federal Ministers, 14/7/1947; Key da embaixada para Secretário de Estado, "Resignation Benedito Costa Neto", 5/11/1947; Key para Secretário de Estado, 13/5/1948; Embaixador Johnson para Secretário de Estado, 28/9/1948; R.A.Kidder para FSUS, 30/9/1948; Johnson para Secretário de Estado, "Minister of Labor", 15/10/1948; R.A. Kidder para FSUS, "Minister of Finances", 8/11/1948 ; Brooks para Secreteario de Estado, "Miniter of Finances", 11/06/1949 - RG59 – 832.002/10-1746 /7-1447 / 832.002/11-547/ 5-1348 /9-2848 / 9-3048 / 832.002/10-1548 ; 832.002/11-848/6-1149.

67   Pedro Luís Correia e Castro foi ministro da Fazenda (finanças na ocasião) no governo de Eurico Gaspar Dutra, de 22 de outubro de 1946 a 10 de junho de 1949. Nesse período, assumiram o ministério interinamente: Oscar Santa Maria Pereira, de 17 a 24 de janeiro de 1947, José Vieira Machado, de 15 de setembro a 21 de novembro de 1947 e Ovídio Xavier de Abreu de 27 de setembro a 5 de novembro de 1948.

dessas autoridades encarregadas da pasta do Trabalho[68], abria perspectivas e gerava especulações por parte do embaixador norte-americano, de Rowell e dos *policy-makers*. Essas mudanças constantes no Gabinete de Dutra , no entanto, se que por um lado atendiam aos interesses do Foreign Office Service e da AFL , por outro, eram insuficientes dentro de suas expectativas.

As pressões por mudanças nas leis sindicais e trabalhistas, apesar de constantes, não modificaram a situação do movimento operário, atendendo aos planos da AFL de desenvolver no Brasil uma central sindical que se afilias-se à grande central americana. Os decretos-lei lançados por Dutra mantinham o movimento operário atrelado ao Estado, o que não agradava a Washington.

Um ano após a posse de Dutra, esperava-se que a situação se norma-lizasse. Verifica-se, no entanto, pela troca de correspondências, que essas esperanças do governo norte-americano ainda não haviam sido alcançadas até aquela ocasião. Em carta enviada da embaixada dos EUA em Londres para o Secretário de Estado, Callman[69] diz ter tido informações precisas de que a situação política no Brasil não iam bem. Que os comunistas estavam obtendo ganhos e que Vargas renovava suas atividades políticas. O funcio-nário comenta que temia pela situação no Brasil pois Dutra, seus assessores e outros líderes políticos eram inábeis no trato dessas questões e que achava que o presidente Dutra não tinha a mesma habilidade de Vargas no que se refere ao controle da situação política.[70]

A fraqueza do governo Dutra leva os *policy-makers* a orientarem o presidente dos Estados Unidos a não ceder às pressões para que o governo estadunidense apoiasse os projetos de desenvolvimento econômico brasilei-ro com empréstimos. O Departamento de Estado, levado pelos interesses das grandes corporações, era radicalmente contra os planos brasileiros para a exploração de petróleo. Estes restringiam a participação estrangeira e limita-vam a presença de companhias petrolíferas no Brasil. A posição norte-ame-

---

68 Otacílio Negrão de Lima (31 de janeiro de 1946 a 30 de outubro de 1946); Morvan Dias de Figueiredo (30 de outubro de 1946 a 30 de setembro de 1948); João Otaviano de Lima Pereira (30 de setembro de 1948 a 22 de outubro de 1948); Honório Fernandes Monteiro (22 de outubro de 1948 a 29 de junho de 1950) e Marcial Dias Pequeno (30 de junho de 1950 a 31 de janeiro de 1951). Essa troca de ministros não está simplesmente condicionada à coalizões políticas e sim à inabilidade de Dutra em tratar dos assuntos relacionados ao Trabalho e aos trabalhadores no Brasil, depois de Vargas.

69 Funcionário da Embaixada dos Estados Unidos em Londres.

70 Telegrama Secreto de Calman para o Secretário de Estado, 9 de janeiro de 1947. RG 59 - 832.00/1-947 - DF-DS/USNA

ricana em não ceder aos reclamos brasileiros era, também, uma maneira de pressionar as autoridades brasileiras para que modificassem seus projetos na área de exploração petrolífera.

A visita do presidente brasileiro aos Estados Unidos, atendendo ao convite de Truman, somente ocorreu em maio de 1949, portanto quase no fim de seu governo. Dutra, com essa viagem, objetivava conquistar, em terras americanas, bons contatos, fechar grandes negócios e conseguir grandes empréstimos para seus projetos de desenvolvimento. Ocorre que os planos do presidente Dutra não puderam se concretizar, ou não encontraram eco, ele voltou das terras de Tio Sam, sem fechar grandes negócios nem conseguir grandes empréstimos. Washington, somente, ofereceu ao Brasil a quantia de US$14,5 milhões em créditos de exportação-importação.

Em janeiro de 1950, o ministro brasileiro das relações exteriores, Raul Fernandes, ainda respondendo às aspiração do presidente, enviou um memorando para o embaixador dos Estados Unidos, Herschel V. Johnson, destacando a grande decepção do governo brasileiro quanto ao papel desempenhado no passado na luta contra o nazi-fascismo e a atenção dispensada ao Brasil no presente. Johnson enviou um memorando para o Departamento de Estado destacando a importância de nossa nação no cenário mundial e solicitando o auxílio da missão Abbink no sentido de encontrar uma solução para os problemas do Brasil. O embaixador chega a demandar auxilio do plano Marshall[71] ao Brasil porém essas solicitações não encontraram ouvidos em Washington.[72] O Presidente Truman numa entrevista à imprensa, em agosto de 1947, rejeitou a ideia de um Plano Marshall para a America Latina. "Faz um século e meio que existe um Plano Marshall para o hemisfério ocidental", disse ele. "[É] conhecido como Doutrina Monroe".[73]

71 O Plano Marshall foi um apendice da Doutrina Truman. Conhecido como *European Recovery Plan* – ERP, foi o principal plano do Estados Unidos para recuperar a economia da Europa depois da Segunda Guerra Mundial – em termos capitalistas e liberais –, com o intuito de combater a influência da URSS na região. Recebeu o nome do Secretário de Estado dos Estados Unidos, George Marshall e foi desenha por Willian L.Clayton e George F. Kennan do Departamento de Estado. O plano teve início em julho de 1947 e permaneceu em operação por quatro anos fiscais. Durante esse período, aproximadamente US$ 13 bilhões de assistência técnica e econômica foram injetados na Europa.

72 Memorando do Departamento de Estado, 27/6/1949, RG 59 – 832.00/6-1749 – DF-DS/USNA ; Citados em Stanley Hilton HILTON, Stanley E. *"The United States, Brazil, and the Cold War, 1945-1960. End of the Special Relationship"*. The Journal of American History, vol.68, no.3(Dec.,1981), pag.605. Ministério das Relações exteriores para Johnson 12/1/1950. Arquivo Macedo Soares; Johnson para George Kennan, 3/4/1950, Box 6 Johnson Papers.

73 New York Times, 15 de agosto de 1947, p.8. Citado por BETHELL, Leslie. Brasil. IN: BETHELL, Leslie;

A Guerra da Coreia trouxe mais um alento para o governo Dutra. Quando os Estados Unidos solicitaram tropas brasileiras para a guerra na Ásia, o governo Dutra discutiu a questão com grupos internos e propôs participar de alguma maneira[74], esperando receber em troca os empréstimos solicitados. Não foi o que ocorreu, mais uma vez o que restou foi espera.

O Departamento de Estado, diante do desencanto brasileiro, acenou com um breve apoio que seria oferecido pelo programa de Truman *Ponto Quatro*, plano Americano que pretendia "substituir" o plano Marshall para a América Latina. O que ocorreu, no entanto, foi que o presidente Dutra já estava em final de mandato e nunca viu sua solicitação atendida.

A falta de recursos dificultou, inclusive, a manutenção do plano SALTE, que apresentado em mensagem presidencial ao Congresso em maio de 1947, contava com apoio financeiro externo. O Plano havia sido inserido no projeto de orçamento federal para o ano 1949 mas nunca conseguiu ser aplicado integralmente. Para o ano de 1950, o governo esperava ainda recursos que pudessem fazer funcionar esse projeto, mas como os empréstimos não vieram acabou sendo abandonado no ano seguinte. O fracasso do plano SALTE, o aumento do custo de vida, a edição de centenas de decretos-lei que limitavam as liberdades democráticas, principalmente no que se referia à organização no trabalho e dos sindicatos, desgastaram muito a imagem do presidente Dutra.

Esses fatores, aliados a outros tantos, favoreceram a campanha que Vargas já vinha fazendo desde dezembro de 1946, quando em seu primeiro discurso no Senado defendeu as intenções de seu governo anterior e os grandes ganhos alcançados na defesa dos interesses nacionais. Tal discurso, muito habilmente preparado – além de longo, foi interrompido para saudar admiradores de uma janela do palácio Monroe –, evidenciou sua ruptura política com seu ex-escudeiro fiel e preparou campo para a mudança de sua imagem.

Seu retorno, no entanto, estava sendo arquitetado de forma eficaz, principalmente porque os partidos da situação, extremamente conservadores, não haviam conseguido edificar uma ideia de coesão nacional. Era nesse vácuo, também, que o ex-caudilho mudava de trajes e construía um discurso

---

ROXBOROUGH, Ian(org.). *América Latina entre a Segunda Guerra Mundial...* 1996. Op. Cit. p.59

74 O Brasil não enviou tropas para a Guerra da Coreia. Somente auxiliou as Nações Unidas com envio de medicamentos e café.

que privilegiava a luta contra a interferência estrangeira no Brasil e a democracia dos trabalhadores.

Último governo Vargas

Respeitando nosso recorte, 1943-1952, optamos por contextualizar e analisar o último governo Vargas e suas relações com os norte-americanos no período que compreende a ação política antes de sua última eleição para a presidência e da posse até o ano de 1952.

A posição adotada por Getúlio Vargas com relação ao governo Americano durante o sua estada no poder – 1930 a 1945 – nunca respondeu plenamente às expectativas do Departamento de Estado e dos *policy-makers* de Washington. Deposto Vargas, iniciada outra administração, então baseada numa "democracia tolerante", a liberdade política permitida a Getúlio sempre foi razão de preocupação por parte dos norte-americanos.

Garantida a realização das eleições em dezembro de 1945, todas as atenções passaram a ser voltadas para os acontecimentos vindouros. Memorandos e telegramas eram, regularmente, enviados da embaixada dos Estados Unidos no Rio para o Departamento de Estado, não só desenhando um panorama das eleições para presidência que elegeu Dutra, como fornecendo dados sobre os eleitos, com destaque a posições alcançadas por Vargas em termos de representatividade e força política.[75]

Getúlio, apesar do medo americano de que pudesse voltar através de um novo golpe, não o fez segundo a crença de Washington. Depois de sua retumbante vitória nas urnas, resolveu "descansar" em sua estância gaúcha. Somente tomaria posse como constituinte em junho de 1946. Desde sua deposição, porém, fortalecia as bases a partir de seu reduto político, o estado do Rio Grande do Sul. Foi naquele ano de 1946, depois de seu "retiro", aproveitando-se de sua estatura política ainda não arranhada entre as massas, que iniciou o grande trabalho de reconstrução do PTB, criado aos 15 de maio de 1945. De sua cidade natal, conclamou os trabalhadores a que apoiassem o Partido Trabalhista

---

75 Getúlio Vargas foi o candidato que mais se destacou nas eleições Constituintes. Obteve resultados espetaculares. Foi eleito senador por dois Estados (a legislação permitia que um mesmo candidato apresentasse chapas em vários estados): São Paulo (PTB) e Rio Grande do Sul (PSD). Para a Câmara dos deputados foi eleito pelo Rio Grande do Sul , São Paulo, Distrito Federal, Rio de Janeiro, Minas Gerais, Bahia e Paraná, sempre pelo PTB. Vargas obteve um total de 1.150.000 votos.

Brasileiro, que, segundo suas palavras, era "o melhor indicado para realizar a felicidade de todos os brasileiros". Sua ação política recomeçava.

No Relatório Mensal de numero 19, de junho de 1946, Edward Rowell especulava sobre a posse de Vargas, sua volta à cena política e a campanha de fortalecimento do PTB.

> Ainda é incerta a data de chegada à cena política do ex-presidente Getúlio Vargas assim como sua orientação política específica. O ex-Presidente enviou mensagem do Rio Grande do Sul no dia 1º. de Maio na qual ele diz que se reconhece como representante de toda a nação e defensor dos trabalhadores e disse que 'sempre os protegerá como fez enquanto era presidente da República'. Ele destacou que o regime de partidários políticos existe e que os trabalhadores precisam uma sólida organização partidária em defesa de seus direitos e afirmou que o PTB foi o instrumento que foi capaz de 'constituir essa irresistível força de massa'. Ele também conclamou o partido a lançar um jornal de caráter nacional que reflita seus objetivos.[76]

O monitoramento das ações de Vargas por parte das autoridades americanas permitia ao Departamento de Estado a montagem de um quadro real dos caminhos políticos que estavam sendo construídos pelo ex-presidente. O que se percebe pelos comentários de Rowell é que o trabalho de análise desse Adido propiciava tanto à Embaixada quanto a Washington a clara idéia de que o retorno de Vargas se faria pela reconstrução da filosofia do *trabalhismo,* que, surgida no Estado Novo, serviria, agora, para dar a Getúlio a sustentação política necessária para a volta ao poder.

Em 30 de agosto, Rowell voltou a relatar a Washington que:

> parece ser de grande consenso que a influência de Vargas ainda é grande entre as massas, mas que pode perder lastro devido à sua falta de atividade política.

E justificando a ação do ex-presidente rumo à conquista dos trabalhadores à sua causa, ele declara que:

---

76 MLR nº 19 (1 de maio a 1 de junho de 1946) - Edward J. Rowell RG 84 - 850.4 – Box 370 - DF-DS/ USNA.

existem rumores de que Vargas lançará um manifesto aos trabalhadores que dê ensejo à sua grande campanha política.[77]

O ano de 1947 é descrito nos documentos da embaixada americana enviados para a capital dos Estados Unidos como de "fervilhamento político". Há uma preocupação em fiscalizar os acontecimentos e verificar a veracidade dos rumores. Especificamente com relação ao PTB, Rowell descreve a divisão do partido, a ação de Hugo Borghi em São Paulo, com a formação do PTN, e o acordo de Vargas com Ademar de Barros no estado paulista. Aponta também que:

> no Rio Grande do Sul Vargas em discurso proferido em apoio ao candidato ao governo, disse ser amigo dos trabalhadores reforçou a necessidade de reformas no campo, aparentemente empurradas pela influência do partido comunista sobre Vargas, alegou que os partidos políticos clássicos eram reacionários e que olhavam para uma era que já havia sido extinta, sem olhar para a frente e especificamente afirmou que a democracia capitalista estava falida e que ele havia sido vítima dos agentes financeiros internacionais no que se refere a dificuldades enfrentadas por ele em sua administração e em conexão com o golpe de estado de 29 de outubro de 1945 que o havia tirado do poder.[78]

O governo norte-americano e seus representantes não confiavam em Vargas, acreditavam que sua ligação com o Partido Comunista ainda era forte.

O receio, ainda, de que Vargas, por alguma "artimanha", reassumisse o poder levou o Departamento de Estado a solicitar à O.S.S. um relatório sobre o "potencial Político de Getúlio Vargas". No dia 09 de maio de 1947, o trabalho de inteligência estava pronto. Em 12 páginas, a agência de espionagem americana tentava analisar as possibilidades políticas do ex-ditador. Os agentes iniciavam suas considerações apontando o fortalecimento de Vargas e das oposições em decorrência do delicado equilíbrio do governo Dutra. Afirmavam que:

---

77 MLR nº 20 (1 de junho a 1 de agosto de 1946) - Edward J. Rowell RG 84 - 850.4 – Box 370 - DF-DS/USNA.

78 MLR nº 25 (1 de dezembro a 1 de janeiro de 1947) - Edward J. Rowell RG 84 - 850.4 – Box 394 - PF-DS/USNA.

a inflação, que tem chegado a níveis perigosos com indicação de que o governo não consegue controlá-la e que
por isso precisa de ajuda externa, enfraquece a administração e dá a Dutra a reputação de inepto e fraco. [79]

Apontavam uma provável coalizão entre Vargas e Prestes e, num exercício de futurologia, enxergavam uma futura guerra civil no Brasil.

Provavelmente, influenciados pelo que ocorria na China. Uma Guerra
Civil que envolveu partidários de Chiang kay-chek contra os de Mao tsé tung
e que termina com a proclamação da República Popular da China em 1949,
por Mao tsé Tung vencedor do conflito, e a questão da Independência da
Índia em 1947 quando o Paquistão se separa da Índia provocando grande
conflito interno.

Ainda no relatório, destacavam as campanhas políticas feitas por
Vargas para as eleições de 19 de janeiro de 1947 e sua frustração em não
ter conseguido eleger nenhum deputado de expressão. Denunciavam o que
chamavam de "oportunismo de Vargas e Prestes" mesmo naquele momento
de disputa por votos. Enumeravam cinco razões para justificar que Vargas
ainda não havia perdido sua força política e que se por um lado poderia fazer
um acordo com os comunistas no futuro, por outro desejava o apoio de toda
a classe trabalhadora e a liderança do movimento operário do Brasil.

A figura política de Vargas tinha grande peso no cenário nacional e ele
sempre foi um estadista hábil. O receio de ter de enfrentar, mais uma vez,
Getúlio no comando do Brasil fez com que os Estados Unidos subestimassem
sua astúcia como político: suas ligações com antigos "caciques" do PSD, seus
acordos com Ademar de Barros e com a ala fiel do PTB, mais a promessa de
Góis Monteiro de que apoiaria a posse de Vargas se ele, lançado democraticamente como presidente, fosse eleito. Não conseguiram impedir que, a
partir do jogo democrático, o ex-ditador pudesse se lançar em campanha ao
cargo de presidente sem ter que adotar meios que fugissem do jogo político
em vigência como acreditavam os homens de Washington.

Getúlio, depois de costurados os acordos políticos e divididas as oposições, iniciava sua campanha para a volta ao Palácio do Catete e, desta vez,
pelo voto direto do eleitorado – em 1934, foi eleito pelo Congresso Nacional.

---

79 Relatório da O.S.S. "Getúlio Vargas political potential ", 09/05/1947, p. 67 *Reel VI* – Brazil – CEDEM
    – Coleção UPA – University Publications of America.

Especulações à parte, a embaixada americana no Rio, nesse momento, limitava-se a descrever a campanha de Vargas e não arriscava apoio oficial a nenhum candidato.

Extraoficialmente, o embaixador norte-americano preferia o candidato escolhido por Dutra, Cristiano Machado, um político sem expressão, porque sabia que apesar das ligações de amizade entre os EUA e o Brasil, o governo de Vargas seria pautado pela continuidade do controle sobre o movimento operário pelo Estado – o que não interessava ao Departamento de Estado que, desde o governo Dutra, já vinha tentando, através da AFL, modificar a situação – e principalmente, por uma política de desenvolvimento nacionalista que seria adotada se Vargas fosse eleito. O programa de governo de Getúlio era sempre destacado nos Relatórios Mensais, quando Rowell, e depois Hammond, relatavam as campanhas e discursos do ex-presidente.

Atendendo ao que os norte-americanos esperavam em um jogo político democrático, Vargas fez uma campanha eficaz. Sua campanha esteve centrada na ideia de defesa dos direitos dos trabalhadores, na ampliação pacífica de suas conquistas, na substituição da "democracia capitalista" pela "democracia social" e num programa de desenvolvimento nacional, com proposição da criação da Cia Vale do Rio Doce, da Fábrica Nacional de Motores e da Usina Siderúrgica de Volta Redonda. Estes, segundo ele, seriam marcos na luta pela independência econômica do Brasil. Os receios de Washington em ter de lidar com um presidente que defendesse um programa de desenvolvimento nacional tornaram-se realidade. Getúlio foi eleito em 3 de outubro com 3.849.040 votos, o que representava 48,7% do total. Vargas estava eleito democraticamente e iniciava-se, então, nova etapa na relação entre o Brasil e os Estados Unidos.

Visando iniciar seu governo sem ter de enfrentar o problema deixado por Dutra, com relação à posição do Brasil no conflito da Coréia, Vargas, antes de tomar posse, convida João Neves da Fontoura – escolhido como Ministro das Relações Exteriores logo após a eleição – a formular posição do Brasil na IV Reunião Consultiva dos Chanceleres Americanos, que seria organizada em março de 1951 em Washington.[80] Sua intenção, além de resolver

---

80 A Reunião tinha por objetivo conquistar o apoio dos países da América Latina à intervenção dos Estados Unidos na Coreia.

esta "questão diplomática", era tomar posse provando aos Estados Unidos sua "fidelidade".

O governo americano, contando, também, com a possibilidade de ter apoio do Brasil em sua causa na Ásia, resolve organizar uma comissão "especial" para preparar o envio de representantes dos Estados Unidos à posse do presidente eleito Getúlio Vargas. Em seus documentos os preparativos, levam a referência *Special Mission to Brazil for the Inauguration of President Vargas*.[81]

Washington enviou para o Rio uma delegação, que foi chefiada pelo Embaixador Johnson e que contou com a presença de Nelson Rockfeller[82], além da de Deputados e Senadores, representantes do legislativo federal americano. Estiveram compondo o mesmo grupo autoridades militares e seus adidos no Brasil e a presença do cruzador pesado USS Albany, da Frota Americana, do Atlântico chefiada pelo comandante Holloway. Apesar das festividades da posse estarem programadas para durarem quatro dias, não contaram com o mesmo aparato apresentado pelos norte-americanos por ocasião da posse de Dutra.

A cerimônia da posse, que ocorreu dia 31 de janeiro de 1951, assim como os discursos de Vargas foram prontamente descritos em telegrama, no mesmo dia, pelo embaixador, ao Secretário de Estado. Em telegrama prioritário, ele descreve:

> Getúlio Vargas tomou posse como presidente do Brasil com Café Filho como vice-presidente esta tarde. Seu discurso proferido tinha um tom conciliatório com ênfase na ideia de união nacional e esquecimento das diferenças do passado em nome do bem da nação.
>
> Não houve menção das relações passadas ou Comunismo. Fazendo leve referência as tentativas de impedimento de sua posse, afirmou que esses inimigos da paz social não encontrarão campo fértil no Brasil.

---

81 Brochura produzida pelo Governo Americano para a Comissão dos Assuntos Exteriores e liderada pelos Deputados Thomas S.Gordon e Roert B. Chiperfield. "Special Mission to Brazil to Attend the Inauguration of His Excellency President Getúlio Dorneles Vargas" RG 84 Box 450 General Records 1936-1955 – 1950-52 – (361.1-363) - PF-DS/USNA

82 Nelson Rockfeller era, na ocasião, presidente da "International Development Corporation New York City" que tinha criado programas agrícolas e de economia para o Brasil e Venezuela, Representava, também a Comissão especial para estudos e desenvolvimento de programas do projeto "Ponto IV" de Truman.

Elogiou a condução das eleições e disse que sua candidatura não foi resultado de maquinação política mas de reflexo da vontade do povo. Advertiu o povo contra falsas esperanças, e pediu que não tenham expectativas muito grandes de seu governo.

Disse que vai esforçar-se para garantir oportunidades iguais a todos, melhores condições de trabalho e remuneração e recompensas por esforços. Garantiu lutar contra todas as formas de exploração, prometeu que exploradores e mercadores da miséria não terão impunidade diante da lei.

Conclamou a todos elementos da nação que participem de sua administração, disse que o governo refletirá a vontade da nação e não de um partido político.

Encerrou com renovado apelo à unidade em tempos difíceis e pediu a todos grande patriotismo.

Johnson [83]

Havia todo interesse do governo norte-americano na nova administração de Vargas e nas ideias que orientariam sua administração. Por isso, era necessário que o Secretário de Estado soubesse, o mais rápido possível, os caminhos que Vargas pretendia trilhar.

O telegrama enviado pelo embaixador não foi a única comunicação que as autoridades americanas ofereceram aos *policy-makers*. A visita da delegação norte-americana foi alvo de mais dois relatórios. Um enviado ao Congresso estadunidense, descrevendo as festividades, o discurso do presidente eleito, as peculiaridades do Brasil, sua relação com os Estados Unidos, possibilidades de manutenção de acordos econômicos, políticos e militares e as prováveis aceitações do programa "Ponto IV", de Truman, pelo novo governo.[84] O outro documento, escrito pelo Conselheiro da Embaixada,

---

83 Telegrama prioritário enviado pelo embaixador Johnson para o Secretário de Estado em 31 de janeiro de 1951. RG 84 Box 450 General Records 1936-1955 – 1950-52 – 361.1 - PF-DS/USNA.

84 Relatório produzido pelos Deputados Thomas S.Gordon e Roert B. Chiperfield em 16/07/1951 "Special Mission to Brazil to Attend the Inauguration of His Excellency President Getúlio Dorneles Vargas" RG 84 Box 450 General Records 1936-1955 – 1950-52 – (361.1-363) - PF-DS/USN.A

Sheldon T. Mills – apenas descritivo –, relata, igualmente, as ocorrências ligadas à posse de Vargas: recepções, encontros diplomáticos, entrega de credenciais e movimento da delegação no Brasil, inclusive com detalhes de visitas do grupo a pontos turísticos da Capital Federal.

Vargas sabia, e isto fica claro pelo seu discurso, que enfrentaria problemas de várias ordens em seu novo governo. Problemas eram resultados da condição econômica em que o Brasil se encontrava naquele janeiro de 1951.

Em mensagem enviada ao Congresso, em março de 1951, por ocasião da abertura da sessão legislativa, Getúlio apresentava os pontos básicos de seu programa de governo. Entre os principais, destaca-se a preocupação do presidente com a questão econômica. Sua meta era desenvolvimento econômico baseado no aumento de produção de bens de consumo, incentivo ao desenvolvimento do mercado interno, maior intervenção do Estado na economia e, como conseqüência, expansão industrial. Apesar de sua política econômica estar centrada no desenvolvimento de um Capitalismo nacional, percebe-se também que Vargas reconhecia que os tempos eram outros. Nessa mesma mensagem, destacou a importância da inserção do Brasil nas tendências mundiais.[85]

A leitura clara da situação em que o Brasil se encontrava levou o recém-empossado presidente, ainda no mesmo dia de sua posse, a conversar com o embaixador dos EUA, Herschell Johnson, e com Nelson Rockfeller sobre a organização da comissão mista Brasil-EUA para o desenvolvimento econômico, que já havia sido proposta por Johnson ainda durante a administração Dutra.

O governo norte-americano esperava contar com o Brasil em sua cruzada contra o Comunismo na Ásia e esta foi a questão que orientou João Neves da Fontoura, ministro das relações exteriores, a propor, na IV Reunião de Chanceleres Americanos, que a formação da comissão mista e a ajuda financeira dos Estados Unidos deveria vir primeiro. Apresentava, em Washington, o argumento de que, primeiro, era preciso organizar a economia brasileira e lutar contra a "agressão interna" para depois fazer parte da luta contra a agressão externa.

---

85   ABREU, Alzira Alves de, et al. (coords.) *Dicionário histórico...* 2001, Op. Cit. p. 5954.

Washington acenava com um empréstimo, através do BIRD e do Eximbank, de US$ 250 milhões para o financiamento de programas de industrialização e obras públicas para o Brasil, o que era insuficiente para as necessidades nacionais, segundo Vargas. Cartas do presidente Truman e solicitações da ONU para que o Brasil enviasse tropas para a Coreia não dobraram a crença de Vargas de que o Brasil somente faria parte desse conflito se pudesse contar com o auxílio econômico dos Estados Unidos.

Góis Monteiro, chefe da EMFA (Estado Maior das Forças Armadas), respondendo à solicitação da ONU, vai a Washington e recebe de Vargas orientação precisa de que deve negociar os termos da colaboração brasileira. O presidente brasileiro não abria mão da "troca de favores". O Brasil somente colaboraria com a ONU e com os EUA em troca de auxílio financeiro. Além disso, não havia apoio popular e mesmo engajamento de parte do grupo militar nacionalista para a campanha da Coreia, o que dificultava qualquer acordo. A viagem de Monteiro não obteve o êxito esperado pelo presidente brasileiro.

Irredutível em seu plano de não enviar tropas se não houvesse contrapartida, Vargas apenas concordou em fornecer matéria prima estratégica aos Estados Unidos. Como nos esclarece Brandi, havia uma lei de janeiro de 1951, que criou o Conselho Nacional de Pesquisa (CNPq) e condicionava o envio de minerais atômicos à exigência de "compensações específicas" como auxílio técnico e facilidades para a aquisição de equipamentos que permitissem ao Brasil o desenvolvimento de experimentos nucleares.

O Almirante Álvaro Alberto da Mota e Silva, presidente do CNPq e do grupo dos militares nacionalistas, defendia a aplicabilidade da lei das "compensações", o que dificultava o envio desse material cobiçado pelos Estados Unidos. Ocorre que – como outros exemplos no Brasil –, quando Mota e Silva empreendeu viagem aos Estados Unidos e o órgão passou a ser interinamente chefiado pelo coronel Armando Dubois Ferreira, vice-presidente do CNPq, em reunião extraordinária em janeiro de 1952, este aprovou a operação, omitindo-se as compensações.[86]

O jogo de forças entre as pretensões americanas e a posição adotada por Vargas terminou, provavelmente, por volta da metade do ano de 1952,

---

86   BRANDI, Paulo. *Vargas da vida para a*....... 1983. Op. Cit. pág.247

quando o presidente brasileiro deixou de acreditar que fosse possível aproveitar-se do conflito da Coreia para alcançar ajuda americana.[87]

O governo de Vargas, apesar das pressões americanas, continuava em seu caminho rumo à implantação de um programa de desenvolvimento nacionalista. No final de dezembro de 1951, o presidente envia ao Congresso projeto de Lei para a criação da Petrobrás, para a fixação de recursos para o programa do petróleo e para o Fundo Rodoviário Nacional.

Sempre percebendo que era necessária a inserção do Brasil na economia mundial e sabendo que este projeto acarretaria grandes críticas, principalmente da parte dos norte-americanos, Getúlio manda elaborar o projeto da Petrobrás sem determinar o monopólio estatal, ou seja, permitindo que 1/10 das ações fossem adquiridas por estrangeiros. Getúlio foi muito criticado por isto, sendo acusado pelos nacionalistas de "entreguista". Esta abertura, porém, não foi suficiente para aplacar as críticas e ameaças dos norte-americanos.

Combatendo a lei de remessas de lucros adotada em 1946, Getúlio, assina em 3 de janeiro de 1952 um decreto que impunha um limite de 10% para as remessas de lucros. A reação dos Estados Unidos veio pronta.[88] Os tempos eram outros, os caminhos tortuosos procurados pelo presidente brasileiro levavam-no a enfrentar críticas de grupos mais afinados aos interesses externos[89] enquanto os nacionalistas também o criticavam, apontando algumas de suas ações[90] como de traição nacional.

A sua posição em termos de política externa também era questionada. No segundo ano de governo, sua antiga força política e habilidade já estavam sendo colocadas em xeque.[91]

---

87 Como comenta mais tarde Mervin Bohan comissário Americano da Comissão mista Brasil-EUA, para o desenvolvimento econômico, Vargas deixou de ter fé no jogo de troca de favores. Merwin Bohan para Thomas Mann, 29 de janeiro de 1953. Box 7 – Merwin Bohan Papers – Harry S. Truman Library.

88 "O subsecretário de Estado Edward Miller, chegou a ameaçar a suspensão de todos os financiamentos ao Brasil."ABREU, Alzira Alves de, et al. (coords.) *Dicionário histórico...* 2001, Op. Cit. p. 5957

89 Grupo de parlamentares udenistas, conhecidos como "banda de música" liderados pelo deputado Olavo Bilac Pinto, José Bonifácio Lafayette de Andrada, Aliomar Baleeiro, Adauto Lúcio Cardoso, fizeram críticas violentas ao projeto da Petrobrás e à política econômica do governo.

90 Os nacionalistas, além de criticarem o projeto da Petrobrás, recriminaram veementemente o Acordo Militar Brasil-Estados Unidos, assinado no início de 1952.

91 Discurso proferido por Vargas em 31 de dezembro de 1951, que criticava a lei de remessas de lucros, provocou grande reação do governo Truman. A Revista *Time* publicou um artigo reprovando o primeiro ano de governo Vargas. Opinião clara do governo norte-americano.

O Departamento de Estado continuava a exigir o monitoramento da situação política e econômica do Brasil, principalmente, aquele que definia as questões de custo de vida e legislação trabalhista. Em seu *Quarterly Labor Report – Third Quarter* 1951, o Adido Trabalhista Henry S. Hammond destacou que

> a preocupação de grupos organizados dos trabalhadores por aumento de seus vencimentos tem crescido porque o governo não tem tomado providências efetivas para baixar a inflação e garantir melhores condições aos trabalhadores.[92]

Em 24 de dezembro, Vargas assinava decreto elevando o salário mínimo em 300%, determinando seu maior nível para São Paulo e Rio, estipulado em Cr$1.200,00. Conclamava, na ocasião, os operários a manterem confiança em seu governo e evitarem greves e disputas "levadas por agitadores e perturbadores da ordem".[93]

Apesar de ter apelado aos trabalhadores e convidado-os a subirem ao Palácio para com ele governar, usava, na realidade uma figura de retórica pois o governo não admitia a liberdade sindical. Apesar do afrouxamento das leis criadas na administração anterior, como aquela que exigia "atestado de ideologia" para a participação das eleições sindicais de 1950, o controle dos sindicatos pelo Estado ainda era uma arma de Vargas.

Ainda em seu *Quarterly Labor Report – Third Quarter* 1951, Hammond, pontuou:

> Eleições foram marcadas para uma série de sindicatos durante o restante deste ano. De acordo com palavras do Ministro do Trabalho, pretende-se organizar, o mais rápido possível, eleições em todos os sindicatos, ainda operando sob intervenção. Estima-se, ainda que haja mais de 80 sindicatos nessa condição. Eleições nas Confederações e Federações ainda não foram designadas.[94]

---

92 Quarterly Labor Report – Third Quarter 1951 preparado por Henry S. Hammond, 17/10/1951, Air Pouch – 0019Q. Da Embaixada dos EUA no Rio para o Departamento de Estado. RG84. 560 – Box 453 - 1950-52. PF/ DS/USNA.

93 VARGAS, Getúlio. *A política trabalhista do Brasil*, v.2, RJ: José Olympio, 1950. p.58-60.

94 *Idem* – Quarterly Labor Report – Third Quarter 1951 preparado por Henry S. Hammond, 17/10/1951, Air Pouch – 0019Q. Da Embaixada dos EUA no Rio para o Departamento de Estado. RG84. 560 – Box 453 - 1950-52. PF/ DS/USNA.

Hammond, nesse Relatório, destacou a importância da visita de Sr. Jacob S. Potofsky, representante da CIO, ao Rio de Janeiro e a São Paulo, onde pode visitar líderes sindicais, empresários e industriais, estabelecendo com eles estreitas ligações e causando muito boa impressão, resultando em favoráveis comentários da Imprensa.

Na seção *Labor Legislation*, Henry Hammond ressaltou a importância das novas proposições no Congresso Brasileiro, que discutiam mudanças nas leis trabalhistas, e esclareceu que, depois de um ano engavetada, a "Lei Mangabeira", que permitiria a independência dos sindicatos em relação à tutela do Estado, voltava a ser razão de discussão na Câmara dos Deputados, porém sem nenhuma perspectiva de aprovação.

O receio de que o trabalho dos Peronistas no Brasil rivalizasse com os planos de Washington, também, exigem de Hammond muita atenção. Ainda neste Relatório, esclarece que:

> o Plano dos Peronistas em desenvolver campanha rumo a formação de uma Federação Latino-Americana que compita com a ORIT, não encontrou ressonância.

Independentemente dessa constatação do Adido Trabalhista Americano, havia uma grande preocupação, nesse ano de 1951, com o avanço dos Peronistas. Há nos relatórios já a partir de 1950 um item para descrição e análise das "Atividades Comunistas e Peronistas".

Vargas que esperava manter o controle das massas trabalhadoras através da ideologia do trabalhismo, mais uma vez respondendo às pressões norte-americanas pela mudança na Legislação Trabalhista, indica o novo Ministro do Trabalho, Indústria e Comércio José de Segadas Viana. Político do PTB, com livre circulação entre a classe operária, além de Ministro do Trabalho, deveria ser o representante dos operários do Brasil na OIT, como aspirava Getúlio.

O plano de Vargas era indicá-lo para a presidência da Organização Internacional do Trabalho e, por meio dele, continuar a ser visto como o grande representante e defensor dos interesses da classe operária brasileira. Ocorre que para que isto fosse possível, era preciso modificar a legislação vigente, permitindo que instituições trabalhistas brasileiras pudessem participar de organizações internacionais, o que era proibido até àquele momento.

A autorização veio em julho de 1952, quando Vargas, depois de ter conquistado o Congresso Nacional para essa causa, assina a lei nº 1646 de 16/07/1952. Permitia-se finalmente que organizações sindicais brasileiras pudessem filiar-se à organização Internacional ICFTU. O governo Americano comemorou. O embaixador Johnson enviou para o Secretário de Estado, um telegrama, no dia posterior à assinatura, comunicando o fato.

> O Presidente Vargas assinou , ontem 16 de julho, legislação permitindo que sindicatos brasileiros se filiem ao ICFTU.[95]

O jogo varguista continuava a dar lastro para o governo. A permissão de filiação foi conseguida, o Departamento de Estado e seus representantes – AFL, CIO, ORIT etc – festejaram a aproximação e o fortalecimento das relações trabalhistas entre brasileiros e norte-americanos. Os sindicatos brasileiros estavam, relativamente, abertos à influência americana porém não independentes do controle do Estado.

Getúlio Vargas governou o país, pela última vez, de 1951 a 1954 e deixou como herança modificações importantes que permitiram ao Brasil um surto de desenvolvimento que apresentaria reflexos para além dos anos 1950: a criação do BNDE, da Petrobrás, o Plano do Carvão Nacional, o Banco do Nordeste do Brasil, a Comissão Nacional de Política Agrária, o Plano Nacional de Eletrificação e a criação da Eletrobrás, entre tantos outros projetos que pretendiam inserir nossa Nação na nova realidade econômica do pós-guerra.

Um aspecto importante a se destacar, no entanto, é que o modelo de desenvolvimento nacionalista adotado por Vargas não agradava aos homens de Washington. As constantes necessidades de financiamento externo para fazer frente a esses projetos e as tentativas do governo brasileiro de ganhar a confiança de seus financiadores sem ter de mudar sua linha de conduta acarretaram dificuldades a Vargas.

Getúlio enfrentaria maiores problemas quando, terminado o governo Truman e a Guerra da Coreia, a administração Eisenhower abandonou os planos de cooperação econômica. A política externa norte-americana, com o

---

95 Telegrama nº 101, enviado pelo Embaixador Johnson para o Secretário de Estado, 17/7/1952. RG84 - 560.1 Box 453 - 1950-52. PF/ DS/USNA.

fim da Guerra da Coreia, modificou sua tática iniciada com a Segunda Guerra Mundial, a do financiamento de governo a governo. A partir do ano de 1953, o governo americano adotava novas estratégias para segurar seus aliados da Guerra Fria e estas não previam mais "auxílio para o desenvolvimento".

É preciso lembrar, também, que nesses anos 1950, internamente, havia uma oposição dura a Getúlio vinculada aos interesses estadunidenses e chefiada por Carlos Lacerda e grande parte dos políticos da UDN, articulada aos argumentos anti-comunistas e antinacionalistas da Guerra Fria.

CAPÍTULO 5

O DEPARTAMENTO DE ESTADO E A QUESTÃO TRABALHISTA NA AMÉRICA LATINA

Projeto igual para as "Outras Repúblicas"

As questões discutidas até aqui, parecem estar ligadas exclusivamente ao Brasil. Sem dúvida, este é um trabalho de História do Brasil. No entanto, nosso país está na América Latina – a intenção é destacar este particular também – e que durante muito tempo (apesar de ter aprendido apenas, nas escolas, que o Brasil teve vizinhos com os quais lutou: Argentina, Uruguai, Paraguai, Bolívia), como refere o clichê, "estivemos de costas para a América Latina". Quando referido, por exemplo, aos vizinhos, usamos mesmo esta designação "Os Latino-Americanos". Devemos nos enxergar dentro de um contexto maior sob pena de reproduzirmos, mais uma vez, esta posição de isolamento que cada nação adotou.

Provavelmente, esta postura guarda muito da posição que todos os países da América Latina assumiram após suas independências. As ideias de Simon Bolívar de "Unidade Latino-Americana" não foram avante porque, como é sabido, os aristocratas ou *terratenientes,* que se fizeram representantes dos grupos humanos habitantes dessas regiões, após sua libertação do domínio ibérico, não aceitaram a formação de uma Confederação.

O antigo império colonial espanhol na América esfacelou-se em uma série de Repúblicas, fracas e dependentes – que os norte-americanos resolveram chamar de "Outras Repúblicas" –, primeiro da Inglaterra e depois dos Estados Unidos. Mantendo o "destino" de produzir para atender aos interesses externos, conservaram uma economia agro-exportadora e "cuidaram" de seus pedaços defendendo os interesses não da população de seus países mas, sim, seus próprios.

A falta de unidade econômica e a manutenção das populações nas áreas litorâneas, resultado de seu "modelo econômico", propiciou a formação de pólos econômicos ligados ao mercado externo – necessidade da proximidade entre colônia e metrópole. Esses fatores, aliados à falta de comunicação entre as colônias, dificultaram, em grande parte, uma provável unificação.

Muitos historiadores apontam o Brasil como peculiar no contexto das lutas pela independência na América Ibérica. Mesmo sabendo que aqui os conflitos armados contra a manutenção do domínio português foram poucos e que a população civil mal participou do processo de independência, esta peculiaridade somente se dá nesse aspecto – independência sem muito sangue. É preciso destacar que nossa independência, fora a questão do conflito, foi muito semelhante a todas as outras da região, ou seja, um movimento de elite.

Sabemos que nos países de língua espanhola, as lutas foram mais violentas e que contaram com a participação de grande parte da população como soldados, mas que não foi a simples participação que deu a esta mesma população condições de ser representada politicamente. Tanto no Brasil quanto em todos os países hispano-americanos, após a conquista de suas independências políticas, foram construídas estruturas de poder que, apesar do discurso liberal – comum na formação dessas Repúblicas – e da existência de constituições adotadas por todas essas nações garantidoras da igualdade social, não vivenciaríamos essa igualdade.

Como destaca Otávio Paz[1], a adoção dos ideais do liberalismo, ao contrário do que ocorria na Europa e nos Estados Unidos, onde essa ideologia representava uma consequência das lutas burguesas do início do século XIX, na América escondia nossa situação histórica concreta.

Resolvi abrir esse capítulo com tal discussão porque uma característica que, infelizmente, ainda está presente entre nós – de não reconhecimento mútuo e de defesa de interesses próprios em cada país da América Latina –, explica, em parte, porque os sucessivos governos norte-americanos conseguiram influenciar de maneira ativa todas as "Outras Repúblicas". Desde a "Doutrina Monroe", passando pelo "Corolário Roosevelt" e a "Política da Boa

---

1 PAZ, Otávio. *O labirinto da solidão e post scriptum*. Rio de Janeiro: Paz e Terra, 1976.

Vizinhança", o que se viu foi uma estratégia, bem montada, às vezes com o uso da força, como na política do "Big Stick", às vezes de forma amena, como o trabalho executado por Nelson Rockfeller na década de 40 do século XX. Sempre, entretanto, com o intuito preciso de construir na América a hegemonia dos Estados Unidos.

A dependência da América Latina

A existência da figura do caudilho[2] – chefe militar e político – seria comum na maioria das Repúblicas hispano-americanas – como os coronéis no Brasil, guardando as devidas proporções. Esses representantes de aristocratas assumiriam, em grande parte, o poder político através de golpes ou eleições fraudulentas, organizando Estados fracos e sem estrutura legitima de representatividade.

A estrutura econômica pouco foi modificada com as independências. A grande propriedade ou a existência de minas foram mantidas e como a produção desses recursos estava organizada segundo os interesses externos, não houve vontade por parte dos grandes proprietários em modificar sua estrutura de exploração.

Nas Repúblicas Oligárquicas, onde o poder era dividido entre grandes proprietários e grandes comerciantes, houve uma grande preocupação com a manutenção do *status quo*. Nada podia por em risco a sacralidade da grande propriedade e de seus vínculos com o interesse externo.

A falta de participação política das camadas tidas como inferiores e a postura adotada pelos "senhores da terra"de manter seus interesses atrelados aos do exterior dificultaram o desenvolvimento de forças produtivas que levassem esses países a desenvolver uma "Revolução Industrial".

Comerciantes, que ganhavam muito importando produtos industrializados, e latifundiários, cujo consumo era satisfeito pelas importações, não tiveram interesse em investir capital para o desenvolvimento de indústrias. O que existia, na América Latina, era manufatura e produção artesanal. O

---

2   A figura do caudilho surge na Espanha Colonial como um líder de milícia. Em muitas ocasiões, era identificado como um chefe indígena, principalmente em regiões em que a população de origem nativa ainda era grande. De personalidade carismática, quando no poder, apresentava programas populistas de reformas genéricas e conquistava a atenção e o apoio, principalmente, de pessoas mais simples. O caudilhismo, como na Espanha de Franco, sustentava-se no culto ao líder.

mercado interno, que seria importante para o desenvolvimento industrial, também era pouco significativo. Como no Brasil, os *terratenientes* acreditavam que o destino de seus países era a agricultura.

A manutenção do *status quo* que garantiria o controle político e econômico dessas nações "livres" passava, também, pela "política educacional". Limitava-se o acesso da população à educação porque defendia-se a ideia de que os mestiços e índios não precisavam de educação e sim de liderança. Em ocasiões em que a sociedade dos "não-brancos" se organizava para questionar certos direitos, os aristocratas, a fim de manter seus privilégios, permitiam a participação das classes inferiores em certos setores, desde que isso não representasse ameaça à ordem vigente.

Em meados do século XIX, no período conhecido como "Segunda Revolução Industrial", quando o modelo inglês foi copiado por outras nações e a concorrência gerou disputas, mais uma vez, a América Latina seria alvo. Nessa etapa do desenvolvimento capitalista, com o surgimento dos trustes, cartéis e *holdings*, o sistema financeiro tornou-se internacional, ganhando grande poder. A partir dessa etapa, a saúde do sistema passou a depender, também, da exportação de capital e não simplesmente do investimento para o aumento de produção. Na América Latina, alguns latifundiários e principalmente grandes comerciantes, nesse momento, fizeram parceria com o capital externo.

A entrada de capital externo nessas regiões, que antes eram exclusivamente agrícolas, permitiu um pequeno surto de desenvolvimento industrial e o aparecimento de uma classe burguesa atrelada aos aristocratas ou mesmo sendo parte deles, e que não os combatia, ao contrário, defendia suas posições políticas. Ocorre que esse pequeno surto, que aparece no final do século XIX, seria responsável por transformações importantes nos principais países latino-americanos. O êxodo rural, a urbanização, o surgimento de um setor de serviços e o aparecimento, como consequência, de uma classe média começariam a modificar o cenário político-econômico da América Latina.

No início do século XX, alguns países, afastando-se da influência inglesa – que havia dominado economicamente a América Latina até aquele momento –, em decorrência da Primeira Guerra Mundial, ganharam "fôlego" para atingir índices significativos no desenvolvimento industrial. O Brasil, o México, o Uruguai e mesmo a Argentina – que só desfez seu "pacto" com os ingleses no final da Segunda Guerra – apresentaram desenvolvimento industrial digno de nota, com reflexos nos níveis econômico, social e político.

A classe média na América Latina, em muitas nações, na falta de organizações partidárias que a representasse, conseguiu ocupar espaço político através de um grupo ligado ao Exército, Oficiais de baixa patente. Em grande parte dos países, os *tenentes* tiveram papel de destaque na critica e derrubada do Estado Oligárquico.

O aparecimento da classe operária, resultado desse desenvolvimento industrial, também mudaria o cenário latino-americano. O movimento operário que após a Primeira Guerra, ganhou destaque, desempenharia papel importante nesse novo contexto do século XX. Como em muitos países essa industrialização contou com mão de obra estrangeira, as primeiras orientações políticas do operariado tiveram influência do movimento anarquista. Isto se verificou em Brasil, Argentina, Uruguai e Chile, por exemplo.

O Estado oligárquico que, como dissemos, havia permitido, em algumas ocasiões, a participação das classes chamadas inferiores, à guisa de perpetuidade no poder – reconhecendo a existência da classe média e operária –, seria questionado e desmontado a partir da grande Crise de 1929. Exemplos como os da Argentina[3] e do Uruguai[4] – com o Battlismo[5] –, que entenderam a importância da classe operária, permitindo a existência de sindicatos e uma legislação trabalhista antes da crise, são muito raros na América Latina. Ao mesmo tempo evidenciam sintonia com discussões surgidas no primeiro pós-guerra que estiveram ligadas à necessidade de criação de uma

---

3 Hipólito Yrigoyen, presidente da Argentina por duas ocasiões (1916-1922 e 1928-1930) , apoiado por latifundiários, burgueses, classe média e operários, promoveu mudanças importantes como as conquistadas com a Lei Sáenz Peña: permissão de partidos políticos e sufrágio secreto e dito universal – apesar da ausência das mulheres – obrigatório.

4 José Pablo Torcuato Batlle Ordóñez, presidente da República por dois períodos (1903-1907 e 1911-1915). Permitiu a participação política dos brancos imigrantes, desenvolveu um sistema de educação que atingiu quase toda a população, nacionalizou os serviços públicos e quase todos os setores importantes para a economia: petróleo – Uruguai foi o primeiro país da América Latina a ter uma refinaria – ferrovias, eletricidade, etc. Os trabalhadores urbanos tiveram legislação própria, previdência social e estabilidade no emprego. Empresas frigoríficas e de laticínio, por exemplo, eram administradas, também, pelo governo que rivalizava com a iniciativa privada.

5 Batllismo é o nome dado a uma corrente de pensamento do Partido Colorado do Uruguai inspirada pelas ideias e doutrina política desenvolvida por José Battle y Ordoñez que sustenta que para o desenvolvimento de um país e uma sociedade o Estado deve controlar aspectos básicos da economia por meio de monopólios estatais, assim como criar um amplo corpo de leis sociais, que resultariam numa sociedade de classes médias sob o amparo de uma economia forte e de um Estado Benefactor, intervencionista e redistribuidor de riquezas.

legislação trabalhista que "protegesse" o trabalhador ocidental, impedindo que ele tomasse como exemplo a Revolução Russa o que evitaria a expansão do socialismo soviético.

Com a crise provocada pela "Queda da Bolsa", a alternativa encontrada por muitas nações (o Brasil é um grande exemplo) foi procurar novos modelos para sua economia, só a produção agrícola deixou de ser suficiente, era preciso desenvolver a indústria. Nem todas as nações latino-americanas tiveram êxito em implantar mudanças consistentes, mas o que se notou é que aquelas características anteriores ao "Crack da Bolsa" não mais seriam aceitas de forma passiva nessas sociedades. Grupos com interesses diferenciados daqueles dos grandes proprietários lutariam pelo poder e, uma vez aí encastelados, fariam acordos e organizariam seus estados contando com as forças que já haviam adquirido certo peso político, incluindo classes médias e operários.

A análise do chamado período entre-guerras é particularmente importante para se compreender como essas forças que começaram a se destacar nos primeiros 30 anos do século XX – burguesias, classe média, operariado – teriam papel de destaque na História da América Latina e como o embate político entre elas e os antigos donos de terras provocaria grandes transformações que incomodariam os Estados Unidos – "isolados" desde a Primeira Guerra Mundial – e suas pretensões, depois do Grande conflito Mundial, de retomada do controle da América Latina iniciada com Theodore Roosevelt.

A quebra da Bolsa de Nova York em 1929 e a crise que se seguiu fizeram com que os países americanos corrigissem sua rota. Até entre os norte--americanos houve um significativo abandono dos cânones do liberalismo. John Maynard Keynes, com sua assessoria ao New Deal, passou a propor o controle da economia pelo Estado. Na América Latina, como em muitos países, inclusive da Europa, passou-se a advogar o desenvolvimento de um capitalismo nacional com predomínio do Estado. A crise deixava claro que somente o Estado teria condições de reorganizar a economia, conquistando capital ou crédito e adotando políticas que favorecessem melhores condições de vida e de trabalho para as classes médias e operárias. Ajustando a economia e gerando empregos, seriam garantidos o consumo e a circulação de capital. Getúlio Vargas, no Brasil, foi um desses exemplos.

Durante a década de 1930, veremos muitos países latino-americanos, como Chile, Argentina, Brasil, Uruguai, México, Venezuela, organizarem-se economicamente, tendo à frente do processo o Estado. Como em outros países – Espanha, Itália, Alemanha, Japão e até Estados Unidos –, o controle não se dava apenas sobre a economia. O Estado estava presente, também, na reorganização da sociedade e da política.

No início dos anos 1930, muitos foram os países que abraçaram a ideia do "Estado Total", como especificou Carl Schmitt[6], um Estado que define não só a importância da mobilização total, mas o predomínio do trabalho e, mais do que isto, do "homem novo". Assim, veremos, por exemplo, a Argentina de Perón e o Brasil de Vargas. A mobilização para a guerra da produção, a partir de 1939, leva esses Estados a investir no desenvolvimento industrial e nas forças produtivas e propor um pacto de paz social em nome de um futuro próspero para todos.

Apesar do caudilhismo[7] e do populismo[8], fenômenos muito característicos dessa região e que se desenvolveram na América Latina antes e depois da Segunda Guerra Mundial, e do consequente controle exercido pelo Estado sobre a sociedade, o reconhecimento da importância desse grupo humano (classes médias e principalmente o proletariado[9]) e o "diálogo" entre os representantes desse Estado e a "sociedade civil", naquele momento de conflito, daria abertura a transformações nunca vistas em países latino-americanos.

Iniciada a Segunda Guerra Mundial, em setembro de 1939, a América assistiu ao conflito – pelo menos em seu começo – como uma ocorrência exclusivamente europeia. Muitas foram as nações latino-americanas que se identificaram com as vitórias alemãs e o motivo pode ser encontrado nos modelos político-econômicos semelhantes ao teutônico nessas nações. A crise de 1929 havia levado muitos países a desenvolver novo "modelo eco-

---

6   MURARD, Lion e ZYLBERMAN, Patrick (éd). *Le soldat du travail: guerre, fascisme et taylorisme.* Recherches, 1978. p. 9.

7   Fenômeno político característico da América Latina, principalmente entre os países de língua espanhola. Evidencia-se a figura do caudilho, chefe militar e político, que em muitas ocasiões era identificado como um chefe indígena, principalmente em regiões em que a população de origem nativa ainda era grande.

8   Populismo, em linhas gerais, foi uma prática política típica da urbanidade. Característico da passagem da sociedade rural para a urbana-industrial. Ações políticas populistas caracterizam-se por planos de reforma social e leis de "defesa" dos menos favorecidos e pela defesa da Nacionalidade. As classes médias e o operariado são o principal alvo dos partidos e políticos populistas.

9   Fortalecidos pela política de desenvolvimento nacional comum a muitos países latino-Americanos

nômico" centrado no fortalecimento do Estado, no desenvolvimento de um capitalismo nacional e no culto ao "chefe" ou líder da nação que, invariavelmente, era o presidente.

Estados "fortes" e sociedade apaziguada eram as características, então, dessas nações latino-americanas no início do segundo conflito mundial. O controle do Estado começa a ser rompido, no entanto, quando os Estados Unidos desenvolvem uma nova política externa para a América Latina. A política da "Boa Vizinhança" afrouxaria as resistências a uma aproximação maior entre os EUA e seus "irmãos" latino-americanos. A constituição da OCIAA – tendo à frente Nelson Rockfeller, grande conhecedor da região e amigo de muitas autoridades influentes – foi uma estratégia do governo Roosevelt para a efetivação de sua política externa. Muito habilmente, essa aproximação foi feita através de um programa de propaganda dos ideais norte-americanos – revistas, moda, musica, cinema –, vendendo a seus vizinhos o *American way of life* como a forma superior de viver. Inseridos dentro do contexto da propaganda, estavam os princípios do liberalismo, da ideia de liberdade e democracia e da luta contra formas autoritárias de governo.

Como o programa da política da "Boa Vizinhança" era desenvolvido para toda a América Latina, a eficácia deste plano logo foi sentido em todos os países. Revistas como *Seleções do Reader's Digest*, filmes de Hollywood, edições especiais sobre a vida dos artistas, além dos programas de rádio, como *A voz da América*, produzida em todas as línguas da região, passaram a ter grande audiência. As ideias veiculadas por esses meios de comunicação logo surtiram efeito.

Um fato histórico, no entanto, desencadearia as transformações esperadas por Washington que já cooptava os latino-americanos para sua causa. O ataque japonês a Pearl Harbour, em dezembro de 1941. A entrada dos EUA na Guerra levaria seu Departamento de Estado a desenvolver táticas mais precisas, fazendo acordos com os estados latino-americanos e os "convidando" a participar do conflito a seu lado.

As pressões dos EUA, tanto diplomáticas quanto militares, levaram a população desses países, principalmente as camadas médias urbanas, compostas por intelectuais, estudantes e profissionais liberais, e a classe operária a pressionar, também, seus governantes por mudanças rumo à democratização de seus regimes. O governo norte-americano, representado pelo seu Departamento de Estado, apoiava essas iniciativas. Como, antes e depois, apoiou e apoiaria ditaduras que lhes fossem úteis.[10]

Alguns exemplos de democracia representativa podiam ser vistos nesse período, como foi o caso de Uruguai e Chile.[11]

A vitória soviética em Stalingrado (1943) fez com que os norte-americanos, diante da quase certeza da vitória dos aliados, pressionassem todos aqueles países latino-americanos, onde ainda predominavam regimes ditatoriais, a promoverem mudanças democráticas. Assim, foi o caso do Brasil e de Cuba, por exemplo, quando Fulgêncio Batista, que dominava a política cubana por mais de uma década e era presidente desde 1940, permitiu eleições livres em junho de 1944, vencidas por Ramon Grau San Martín, herdeiro da revolução popular de 1933-1934 e candidato dos "Auténticos" da oposição".[12]

Cuba, como o Brasil, havia recebido um empréstimo no programa *Lend-lease* de US$ 2.415.079,74, em acordo assinado, exatamente, um mês antes do ataque japonês a Pearl Harbour. Dentro dos planos do Departamento de Estado de democratização da América, estava também, o apoio a políticos "liberais" que deveriam aceitar as regras norte-americanas, depois da Guerra. Mais uma vez, semelhanças ocorreriam. O governo de Washington que havia apoiado Fulgêncio Batista, mas que agora, como no caso de Vargas, prescindia desse apoio, fazia comentários sobre a postura do ditador e os problemas que o novo governo enfrentaria:

> No curso de uma entrevista que tive com o Ministro de Estado[13], no dia 14 de julho de 1944, ele me perguntou se ha-

---

10 As iniciativas apoiadas pelo Departamento de Estado estavam ligadas às transformações esperadas pelo governo norte-americano, que ligassem essas "novas democracias" aos ideais liberais. Elemento essencial na construção de uma hegemonia que seria conquistada em breve, onde, a partir da identificação com o ideal americano cada nação latino-americana, acreditando que pudesse contar com os Estados Unidos como parceiro, abrisse seus mercados e praticasse essa democracia formal, com eleições e congresso organizado. Essa democracia formal sem preocupação com democracia social além de não resultar em mudanças efetivas, não dava a essas nações condições de igualdade no cenário político--econômico mundial .

11 Nesses países, "seus governos eram civis e haviam sido eleitos (embora com sufrágio limitado e pequena participação política); até certo ponto, permitia-se a disputa política (apesar da debilidade do sistema partidário); e o império da lei, mais as liberdades civis básicas – liberdade de expressão, associação, reunião etc. – era ao menos formalmente respeitado". BETHELL, Leslie; ROXBOROUGH, Ian(org.). *América Latina entre a Segunda Guerra Mundial.*1996. Op. Cit. p.19.

12 *Idem*, p. 21.

13 Jorge Mañach y Robato.

via urgência no pagamento da soma de $1.400.000, para a data e 01/07/1943, para cobrir os materiais fornecidos ao governo Cubanos dentro do programa de *Lend-Lease*.

Parece bem provável que o presidente Batista pretende sabotar a nova Administração, de todas as maneira possíveis, principalmente a financeira. O sistemático **raid** ao Tesouro resultará para o Dr. Grau cofres vazios quando assumir seu cargo de Presidente em 10 de outubro. Está muito claro que o Presidente Batista deseja que o Dr. Grau San Martin , assuma grandes obrigações dos acordos anteriores.

Da próxima vez que encontre o Ministro direi que o acordo do *Lend-Lease* [...] deve ser pago no dia 01/07/1944, e que o governo dos Estados Unidos espera que o valor de $1.400.000, [...]. Eu diria que, assim como meu governo apresenta a conta para pagamento, espera que a porção devida seja paga o mais rápido possível.[14]

Apesar do "sucesso" dos planos do Departamento de Estado – com mudanças nesses países que abraçariam o liberalismo, o que interessava, para o final da Guerra, atrelando essas economias aos interesses estadunidenses –, havia, ainda, um fator de risco. Todas as manifestações populares denotavam que as sociedades latino-americanas ganhariam consciência de seu papel, principalmente o movimento operário que crescia muito nesse período. Foi dentro desse contexto que desenvolveu-se o programa dos Adidos Trabalhistas, a partir de 1943.

Dois fatores justificam a preocupação americana ainda no ano de 1943. Um era o perigo da mobilização popular que precisava ser controlada, senão limitada; outro a necessidade de aliados fiéis na luta contra o nazi-fascismo, que fortalecessem a posição americana e dessem condições aos Estados Unidos de serem hegemônicos na América após o conflito.

Era importante, também, conhecer com detalhes as características de cada "Outra República", não só por uma questão de domínio estratégi-

14 Despacho número 7438, enviado pelo Embaixador Spruille Braden para o Secretário de Estado em 17/07/1944. 837.24/7-1744. United States Department of State/Foreign relations of the United States: diplomatic papers, 1944. The Américan Republics (1944). University of Wisconsin Digital Collections.

co como, também, subsídio aos agentes norte-americanos que circulariam por essas Repúblicas, já que o mundo ainda estava em guerra e, portanto, justificava-se um levantamento, inclusive, geográfico.

Em janeiro de 1943, em Relatório Confidencial[15], a O.S.S. enviava ao Departamento do Estado informações apuradas e completas sobre a geografia da Venezuela. Descrevem com detalhes seus acidentes geográficos como montanhas, rios, pântanos, ilhas, praias importantes, além de clima, precipitação, vegetação; destacam regiões com densidade populacional, meios de transportes e áreas vitais. Enfim, conseguem descrever o país de maneira tão precisa que qualquer agente designado não teria nenhuma dificuldade em circular por esse território.

As agências norte-americanas cumpriam funções importantes fazendo levantamentos históricos, geográficos, sociais e políticos.

Apesar das peculiaridades de cada país latino-americano, Washington havia preparado uma só estratégia, ou seja, propunha "aberturas políticas" a todas elas, fazendo acordos com grupos liberais em cada nação, fomentava a independência do movimento operário através da formação de sindicatos livres – que seriam influenciados por eles mais tarde – e apoiava movimentos sociais de reivindicação por transformações democráticas.

Podemos enumerar alguns exemplos de ação popular rumo à democratização em toda a América Latina no período anterior ao final da Guerra. Na Guatemala, em julho de 1944, a ditadura foi derrubada por uma ação popular, foram marcadas eleições para dezembro daquele ano. Na Nicarágua, também, houve mudança política pressionada por movimento popular. Anastácio Somoza, em junho de 1944, foi obrigado a marcar eleições que elegeram Leonardo Argüello para presidente. Na República Dominicana, pressões da população, do movimento operário e dos Estados Unidos fizeram com que seu presidente Rafael Leônidas Trujillo propusesse, como Vargas, um plano para a abertura política.

Outros exemplos podem ser somados aos descritos acima, como os de Costa Rica, Colômbia e Chile, que escolheram presidentes através de eleições livres, a partir de 1944 até 1946. Mudanças seriam vivenciadas no mesmo período em outros países da América Latina, a partir de golpes ou de ações

---

15 Venezuela – section II – Geography Jan 09,1943 (26pp). Prepared by Branch of Research and Analysis – Office of Strategic Services) – Nº 80. – CONFIDENTIAL (Department of State Intelligence Reference Division . Received dec 3, 1946.) - Arquivo Edgard Leuemroth - AEL– UNICAMP – Campinas. SP.

organizadas por coalizões de partidos de esquerda na derrubada de ditaduras e na implantação de sistemas mais liberais – logicamente, apoiados pelos Estados Unidos. Equador foi um exemplo desses em maio de 1944, quando a Aliança Democratrica Ecuatoriana (ADE) – coalizão de socialistas, comunistas, conservadores e liberais dissidentes – apoiou o golpe militar que extinguiu o governo corrupto e ditatorial de Carlos Arroyo Del Rio, elegendo o exilado político equatoriano José Maria Velasco Ibarra.[16]

Os ventos democráticos patrocinados pelos Estados Unidos continuaram a soprar, influenciando não só os movimentos sociais como os dos trabalhadores. As sindicalizações aumentaram muito no período 1943 a 45, mas passaram a dobrar e triplicar logo após a Segunda Guerra Mundial.[17]

O que Washington não esperava, ou não queria, é que essa grande massa trabalhadora, influenciada, como no Brasil, pelos partidos comunistas de cada país – que nesse momento conquistavam grandes espaços – adotasse uma postura mais à esquerda, caindo na área de influência da CTAL, Confederación de Trabajadores de América Latina, organização fundada em 1938 e dirigida pelo mexicano Vicente Lombardo Toledano, líder sindical marxista. Esta Central conclamava a todos os trabalhadores latino-americanos que se filiassem a ela de maneira a combater o poder dos Estados Unidos, nação cujos trabalhadores não seriam convidados a fazer parte como filiados.

É dentro deste contexto que veremos o acordo secreto entre o Departamento de Estado e a grande central sindical norte-americana AFL. Era o combate à CTAL que interessava ao governo estadunidense e à American Federation of Labor. Serafino Romualdi – representante da central norte-americana – teve papel de destaque em suas viagens à América Latina, dentro do programa de cooptação dos trabalhadores latino-americanos ao projeto norte-americano da AFL de formação de uma Central Única

---

16   DONGHI, Halperin. *História da América Latina*. Rio de Janeiro: Paz e Terra. 1975. p. 232.

17   Como relaciona Leslie Bethell, "no México, o número de empregados nas manufaturas subiu de 568 mil em 1940 a 922 mil em 1945, na Argentina de 633 mil em 1941 a 938 mil em 1946. No Brasil, entre as décadas de 1940 a 1950 o número desses trabalhadores passou de 995 mil a 1.608 milhão. Apesar de nem todos os países conhecerem aumentos de tal magnitude, a taxa de crescimento da classe trabalhadora urbana, especialmente dos empregados na indústria, foi de um modo geral impressionante na América Latina durante o período da guerra. Pela primeira vez passava a existir algo que se assemelhava a um proletariado moderno reconhecível como tal". BETHELL, Leslie; ROXBOROUGH, Ian (org.). *América Latina entre a Segunda Guerra Mundial*.1996. Op. Cit. p.33.

de Trabalhadores de toda a América, que seria chefiada, como é lógico, por esta central sindical.

Além do trabalho de Romualdi, descrito no caso brasileiro e que não foi diferente em outros países da América Latina, encontramos, também, o pesquisador norte-americano do movimento operário Robert J.Alexander, que, às expensas do Departamento de Estado, conduziu uma "pesquisa de campo" por todos os países. Do Caribe à Patagônia, levantou todas as informações possíveis relacionadas às organizações operárias e ao movimento dos trabalhadores. Alexander especializou-se, então, nos seis maiores países da América Latina – Argentina, Brasil, Chile, Bolívia, Venezuela e Peru. Sua tese de doutorado, nunca publicada, teve como tema "Trabalho organizado no Chile."[18]

Enquanto Robert Alexander subsidiava o Departamento de Estado com informações precisas sobre tudo que se relacionava ao movimento operário latino-americano, compiladas com metodologia científica, Serafino Romualdi, em suas várias viagens, conquistava grandes espaços no cenário do movimento operário latino-americano. Em 1948, junto com várias pequenas centrais sindicais que apoiavam os Estados Unidos, funda a CIT[19] em Lima, Peru. Mais tarde, estabelecendo uma ligação entre AFL e CIO, organiza a Organização Regional Interamericana de Trabalhadores (ORIT), numa Conferência no México, em janeiro de 1951. Esta nova instituição tinha o intuito preciso de sufocar a CTAL e eclipsar a liderança de Vicente Lombardo Toledano junto aos Trabalhadores latino-americanos.[20]

---

18 Esse material levantado pelo professor Robert J. Alexander daria subsídios a uma outra tese. Seus arquivos estão aguardando pesquisadores latino-americanos que se debrucem sobre eles para uma análise crítica. Como afirma John French "a única documentação criada e montada por Alexander (a maior e mais importante arquivo privado desse tipo) está depositado como *Special Collection* no Arquivo da Universidade de Rutgers". FRENCH, John. "The Robert J. Alexander Interview Collection" IN: *Hispanic American Historical Review*, may 2004; 84, p. 315. O guia preliminar está disponível em HTTP://www.scc.rutgers.edu/projects/ead/eadmain.htm.

19 A Confederación InterAméricana de Trabajadores (CIT) foi criada em 13 de janeiro de 1948 em Lima. Foi o resultado do cisma entre a Federação Sindical Mundial (WFTU) e de sua filial latinoAméricana, a CTAL entre comunistas e social-democratas. A CIT foi criada pela AFL dos EE.UU. e outras centrais de trabalhadores e federações da América Latina . Posteriormente daria origem à ORIT em 1951. Seu primeiro presidente foi Bernardo Ibáñez da CTCH (Confederación de Trabajadores de Chile) de Chile.

20 Como nos relata Serafino Romualdi em seu diário, a Comissão especial nomeada para a Conferência que fundou a ORIT conseguiu apoio para "em recomendação da Comissão especial, a Conferência unanimemente escolheu a cidade de Havana, Cuba, para ser o quartel-general da Organização Regional, e elegeu Arturo Sabroso Montoya do Peru para o posto de Presidente e Francisco Aguirre de Cuba para o cargo de Secretário Regional. Ela também elegeu os sete seguintes membros do Comitê Executivo e seus substitutos (os últimos destacados por parênteses): Bernardo Ibáñez do Chile (Luiz Colotuzzo do Uruguay); John L. Lewis do UMW (John Owens, mesma organização); George Meany do AFL (Percy

Todos os principais países da América Latina, desde os anos de 1944-45, contaram com o trabalho de Adidos Trabalhistas. Estes, a partir das embaixadas dos Estados Unidos, tinham como função o levantamento de dados, a análise e o envio para Washington de tudo que fizesse referência aos últimos acontecimentos relacionados ao mundo do trabalho nessa imensa região. Seu trabalho era de primordial importância dentro do projeto estadunidense de interferência em assuntos estrangeiros, principalmente, aqueles ligados ao mundo operário.

É preciso destacar que tanto a presença de Robert Alexander quanto a de Serafino Romualdi somente tiveram certo êxito porque puderam contar com o acesso aos relatórios desses Adidos Trabalhistas. Esses funcionários de embaixada ainda se destacaram como elo entre os líderes sindicais dos países para o quais foram designados e esses "visitantes".

O Trabalho da AFL na América Latina era contraposto pelos partidos comunistas, que ainda enfrentavam, de país para país, repressões e combates em suas ações. Entre os anos de 1946 e 1947, muitos foram os partidos Comunistas que, legalmente instituídos, participaram de eleições e conquistaram posições políticas. No Brasil, por exemplo, os comunistas eram combatidos por UDN e PSD, assim como no México eram combatidos pelo PRM depois PRI[21], que tentavam limitar, como os EUA, a ação de Vicente Lombardo Toledano.

Os ventos começaram a mudar de direção quando em 1947, Truman iniciava a Guerra Fria. Movimentos Sociais e Operários, Partidos Comunistas e oposições de esquerda passaram a ser taxados de "movimentos comunistas", portanto contra a Segurança Nacional. De 1948 a 1952[22], todos os ganhos ob-

---

Bengough do TLC do Canadá); Henry Middleton das Honduras Britânicas (L.E. Eleazer da Guiana Holandesa); Eusébio Mujal de Cuba (Hipólito Márcano de Porto Rico); Jacob Potofsky da CIO (Pat Conroy da CCL do Canadá); Manuel Rivera do México (Claudio González da Costa Rica)." ROMUALDI, Serafino. *Presidents and Peons*.1967. Op.Cit. p. 119.

21 O Partido Nacional Revolucionário (PNR) foi fundado em 4 de março de 1929, pelo ex-presidente mexicano Plutarco Elias Calles com o intuito de permitir aos veteranos da Revolução mexicana de 1910, o acesso ao poder político. Em 1938 o então, presidente Lázaro Cárdenas de Rio, com o aval das centrais sindicais operárias e camponesas , muda, apenas o nome do partido para Partido da Revolução Mexicana (PRM). Em 1946 , mais uma vez, o nome do partido foi mudado para Partido Revolucionário Institucional (PRI), para que não fosse identificado exclusivamente como partido dos revolucionários e sim como representante de toda a sociedade.

22 Ano em que o Departamento de Estado dos Estados Unidos modifica sua estratégia, principalmente, na América Latina.

tidos pelas organizações populares e trabalhistas entre os anos de 1945 a 1947, praticamente em toda a América Latina, foram derrubados, um a um.

O "Caso Argentino"

A Argentina é tratada como um "caso à parte" pelo Departamento de Estado. Esta peculiaridade, que destaca o país dentro das nações latino--americanas, deveria ser melhor estudada. Na historiografia corrente, quase não se encontra nada sobre a ação dos Adidos Trabalhistas nesse país. Não pretendemos tratar deste assunto que demandaria uma pesquisa específica nos Arquivos norte-americanos e argentinos. O que desejamos, entretanto, é destacar apenas essa peculiaridade no período de nosso recorte – 1943-1952 –, abrindo espaço para a continuidade deste estudo tão interessante e ainda pouco explorado.

Apesar do destaque dado ao recorte, é preciso pontuar certas características, no que se refere ao movimento operário, particulares da Argentina. Sabemos que desde o segundo mandato de Hipólito Yrigoyen[23], os trabalhadores já contavam com uma legislação própria e que tinham sua legalidade reconhecida, quando no resto da América Latina esta situação ainda não era vivida. Esse reconhecimento levou o movimento operário, a partir de 1930, à união de vários sindicatos, cujos líderes criaram a *Confederación Nacional del Trabajo*. O fortalecimento dos trabalhadores organizados era uma realidade já em 1930 na Argentina.

Apesar de sabermos que essa mão de obra era de origem rural e que não conhecia a fundo as relações de capital-trabalho, apesar da presença de anarquistas e comunistas (o que favorecia, desde aquela época a ação de políticos populistas), é preciso ressaltar este particular que será importante, na época de Perón.

Alguns historiadores argentinos[24] distinguem o governo de Yrigoyen como sendo *sui generis* na América Latina do período, devido a algumas de suas características: a liberdade partidária, o sufrágio universal e secreto, a

23   Hipólito Yrigoyen governou a Argentina por duas ocasiões: de 1916 a 1922 e 1928 a 1930.
24   FELISATTI, Antonio. Hipólito Yrigoyen, Buenos Aires:Pleamar,1984 ; LUNA, Félix . *Yrigoyen*. Buenos Aires: Desarrollo. 1964; ZANINI, Eduardo. *Hipolito Yrigoyen, a 150 de su nacimiento* (biografia). Quintana Ediciones, 2003.

legislação trabalhista e a experiência de sindicatos organizados e independentes do Estado. Condenam, portanto, o golpe que depôs o presidente como
um retrocesso. O retorno das oligarquias – *terratenientes* – ao poder sufo-
cou as conquistas alcançadas principalmente pelos trabalhadores e retomou
o controle da sociedade.

Em 1930, Yrigoyen é deposto por um golpe militar, acusado de corrupção. Inicia-se a chamada "Década infame" – 1930-1943. Assume seu lugar
o General José Félix Uriburu, que convoca eleições presidenciais depois de
muitos protestos populares contra o domínio dos militares.

Segundo a historiografia Argentina, tem início nesse momento um período caracterizado por governos corruptos fraudulentos e que se estenderão
até o ano de 1943. É eleito num pleito não muito confiável o candidato do
governo Augustin P. Justo, que governa tendo de enfrentar uma grande oposição e usando forças repressivas contra todo tipo de protestos.

Findo o governo Justo, assume o poder o presidente Roberto Maria
Ortiz, que toma posse em 1938, depois de ter enfrentado grandes problemas em sua campanha, com protestos e pancadarias. É durante o governo
de Maria Ortiz que os Estados Unidos iniciam na Argentina, com apoio do
presidente, a caça aos fascistas.

Apesar do afundamento de um navio Argentino, o "Uruguay", por
submarinos alemães, o governo propõe a "não beligerância", enfrentado os
protestos de Washington, que desejava que os países latino-americanos rompessem relações diplomáticas com o Eixo. Em junho de 1940, a Argentina é
visitada por uma delegação militar norte-americana que propõe um plano
para instalação de bases estadunidenses em seu território, como estratégia
para proteção do continente, contra as pretensões nazi-fascistas. O governo
argentino não aceita a proposta.

Na Conferência dos Chanceleres – III Reunião de Consulta dos
Ministros das Relações Exteriores das Repúblicas Americanas –, realizada no Rio de Janeiro entre os dias 15 e 28 de janeiro de 1942 e convocada
pelos Estados Unidos logo após o ataque japonês a Pearl Harbour, cujo intento era a aprovação unânime de uma resolução de rompimento imediato
de relações diplomáticas e comerciais dos países de toda a América com o
Eixo, a Argentina e o Chile recusaram-se a firmar o acordo, o que levou a

Conferência a aprovar apenas a recomendação de rompimento, deixando a liberdade para os países de fazê-lo, ou não.[25]

Com a renúncia de Ortiz, assume, em seu lugar, Ramon Castillo em 12 de agosto de 1942. O novo presidente mantém a neutralidade, apesar das pressões norte-americanas. É famosa a ação do ex-presidente Justo, que, opondo-se ao novo governo e a sua política de neutralidade, oferece a espada à embaixada brasileira para lutar junto ao Brasil contra o Eixo[26].

A continuidade no fornecimento de alimentos para a Grã-Bretanha, por parte da Argentina, permitia que o Reino Unido fosse tolerante quanto às decisões portenhas de política internacional. O governo de Washington, por sua vez, não aceitava a postura da Casa Rosada e os *policy-makers* irritavam-se com a falta de cooperação e apoio político às iniciativas do governo norte-americano.

Em junho de 1943, mais um golpe de Estado derruba o governo. O Grupo de Oficiais Unidos (GOU)[27], composto por militares pró-fascismo, ultra-católicos e anticomunistas, que era liderado pelo General Arturo Rawson Corvalán, foi destituído por novo golpe três dias após. Em seu lugar, assume a presidência Pedro Pablo Ramirez, que escolhe o coronel Juan Domingo Perón[28] para o cargo de secretário no Ministério da Guerra.

---

25 DONGHI, Halperin. *História da América Latina...* 1975.Op.Cit. p. 221.

26 O Brasil declara guerra ao Eixo em Agosto de 1942.

27 O GOU era um grupo secreto de orientação nacionalsocialista com características de extremismo de direita que simpatizava com os países do Eixo. Esses oficiais tinham certeza de que os países do Eixo seriam vencedores porque apresentavam superioridade em tática e material bélico. Defendiam a ideia de que a Argentina deveria manter-se associada a eles para obter os benefícios econômicos que resultaria da vitória. Os membros do GOU apoiaram, no entanto, Pedro Pablo Ramírez, um oficial que quando era primeiro tenente , entre 1911 a 1913, esteve incorporado ao Exército alemão e portanto era um fiel admirador das forças armadas alemãs. POTASH, Robert A. *El ejército y la política en Argentina*, 4 Tomos. Buenos Aires: SudAmericana. 1994, p. 289.

28 Há uma bibliografia imensa Sobre Perón e o Peronismo. Destacamos, aqui, algumas obras que nos serviram como referencia: GARCIA SEBASTIANI, Marcela. *Los antiperonistas en La Argentina Peronista. Radicales y socialistas en la política argentina entre 1943 y 1951*. Buenos Aires: Prometeo, 2005.; GAMBINI, Hugo. *Historia del peronismo*. Buenos Aires: Planeta Argentina, 2001; GAMBINI, Hugo. *La primera presidencia de Perón*. Testimonios y Documentos, Buenos Aires: CEAL 1985.; GERCHUNOFF, Pablo; LLACH, Lucas. *El ciclo de la ilusión y el desencanto: un siglo de políticas económicas argentinas*. Buenos Aires: Ariel. 1998.; LUNA, Félix. *Argentina: de Perón a Lanusse* (1943-1973). Rio de Janeiro: Civilização Brasileira,1974.; LUNA, Félix. *El 45*. Buenos Aires: SudAméricana. 1971; LUNA, Félix. *Perón y su tiempo*. I. La Argentina era una fiesta, Buenos Aires: SudAméricana 1984.; METHOL FERRÉ, Alberto. *Perón y la alianza argentino-brasileña*. Buenos Aires: Theoria Ediciones. 2000.; MURMIS, M. E portantiero, J.C. *Estudos sobre as Origens do peronismo*. São Paulo: Editora Brasiliense, 1973.; PAGE, Joseph. *Perón: una biografia*. Buenos Aires: Grijalbo. 1999. ; POTASH, Robert A. *El ejército y la política en la Argentina; 1928-1945*. Buenos Aires: SudAmérica-na.1981. ; SCENNA, Miguel A. *Braden y Perón*. Buenos Aires:Korrigan, 1974. SIGAL, Silvia: *Intelectuales y peronismo en Nueva historia argentina* tomo VIII . Buenos Aires : SudAméricana,2002. ; TRONCOSO, Oscar A. *La revolución del 4 de junio de 1943. El peronismo en el poder*. Buenos Aires: CEAL. 1976.

O governo de Pedro Ramirez foi muito tenso. O Chile – não sustentando mais sua posição, devido às pressões norte-americanas – rompeu com o Eixo em janeiro de 1943. A Argentina ficava sozinha, agora, na manutenção de sua "neutralidade". O governo de Ramirez, apoiado pelos militares do GOU, pouco podia alterar sua política externa e continuava a sofrer pressões dos Estados Unidos.

Os documentos do Departamento de Estado, que eram enviados para a embaixada do Brasil, no Rio de Janeiro, não escondiam a crença de que a Argentina pretendia a hegemonia na América Latina[29]. Provavelmente, temia um concorrente no Cone Sul. Havia, também, uma desconfiança com relação à posição argentina na América, principalmente depois que a inteligência dos Estados Unidos descobriu as intenções do governo portenho em negociar a compra de armas alemãs durante a Guerra.

A Argentina sustentava sua posição contrária aos planos norte-americanos para a América do Sul e Latina. As pressões de Washington foram duras mas o governo Ramirez manteve-se firme, até que o "plano de auxilio alemão"[30] foi descoberto pelas agencias de espionagem inglesa e norte-americana levando, então, Ramirez a romper relações diplomáticas com o Eixo em 26 de janeiro de 1944.

O Departamento de Estado, na figura de seu Secretário Cordell Hull, enviou um telegrama ao Ministro Argentino Gilbert, das Relações Exteriores, comemorando o fato:

---

29 Mais de 250 documentos deixam evidenciada dessa crença entre 1945-48 RG84 e RG59 – PF/CF- DS/ USNA.

30 O presidente Ramírez e alguns de seus colaboradores decidiram, no mês de setembro de 1943, enviar uma missão especial a Berlim, com a esperança de conseguir armas não conseguidas em tratativas com os Estados Unidos. O homem escolhido foi Osmar Alberto Hellmuth, que era um agente reservado da marina argentina e tinha uma larga historia de associação com a espionagem nazista. Atuava entre o empresário alemão espião Hans Harnisch e o Ministério de Marinha, e coordenava o seguimento de agentes dos serviços de espionagem aliados na Argentina, cujas atividades poderiam por em perigo o governo surgido do golpe de 4 de junho. Em 1941, a Comissão Especial Investigadora das Atividades Antiargentinas da Câmara de Deputados já o tinha registrado como subchefe do "subgrupo Seção Vigilância" da Gestapo, cumprindo funções junto ao "subgrupo Seção Especial" cujo chefe era Siegfried Becker, o espião alemão mais importante da Argentina. Hellmuth devia viajar a Berlim para oferecer a Hitler garantias de lealdade em troca de armas alemãs que permitissem `a Argentina resistir a pressão dos Estados Unidos. (Declaración de Hellmuth, 26 de octubre de 1945, AGPJN, Causa 793/45, folios 182-183; declaración de Neiling, 10 de diciembre de 1944, AGPJN, Causa 793/45, 2º Sumario de Espionaje Alemán, CF, Cuerpo 4; Diagrama de la Gestapo en la Argentina, 7 de junio de 1941, archivo de la CEIAA, archivo de la Cámara de Diputados). Citado por CISNEROS, Andrés; ESCUDE, Carlos. *Historia de las Relaciones Exteriores Argentinas* (1806-2000). Buenos Aires: CEMA, 2000. Tomo XIII, Capítulo 60. p. 44.

> Apreciei profundamente seu telegrama de 26 de Janeiro
> informando-me que o governo Argentino tinha rompido
> relações com os governos da Alemanha e Japão. É parti-
> cularmente gratificante saber que este importante passo
> está sendo dado em direção à preservação da segurança
> e solidariedade das Nações Americanas.

> Estou igualmente confiante que este passo resultará
> num sempre maior espírito de colaboração e unidade
> entre nossos respectivos países.[31]

No mesmo dia, Cordell Hull envia uma circular, por Telegrama, aos Representantes Diplomáticos das Repúblicas Americanas, reproduzindo sua conferência à imprensa naquele dia.

> Será gratificante para todas as Nações Aliadas, incluindo
> especialmente , as Repúblicas Americanas, saber que a
> Argentina rompeu relações diplomáticas com Alema-
> nha e Japão . Esta ação foi tomada porque o governo
> Argentino percebeu que os países do Eixo estavam usan-
> do Argentina como uma vasta base de operações de es-
> pionagem e outras atividades altamente perigosas para
> a segurança e a paz interna do hemisfério. A Argentina
> precisa assumir que precederá energicamente na adoção
> de outras medidas que todas as outras nações da Amé-
> rica já adotaram.[32]

Ainda naquela data, o embaixador norte-americano em Buenos Aires, Armour, envia telegrama ao Secretário de Estado solicitando-lhe permissão para informar ao Ministro das finanças argentino que o *Banco de La Província* e o *Banco de La Nacíon*, haviam sido removidos da lista de boicote.[33]

---

31 Telegrama enviado pelo Secretário de Estado Cordell Hull para o Ministro das Relações Exteriores da Argentina 26/01/1944. 740.0011 European War 1939/32857: Telegram. United States Department of State / Foreign relations of the United States : diplomatic papers, 1944. The American Republics (1944). University of Wisconsin Digital Collections.

32 Circular telegrama Departamento de Estado para os Representantes Diplomáticos das Repúblicas Americanas em 26/01/1944. 740.0011 European War 1939/32853ᵃ: Circular Telegram. United States Department of State / Foreign relations of the United States : diplomatic papers, 1944. The American Republics (1944). University of Wisconsin Digital Collections.

33 Telegrama enviado pelo Embaixador norte-Americano Armour para o Secretário de Estado Cordell Hull 26/1/1944. 840.51 Frozen Credits 35/293:Telegram. United States Department of State / Foreign

O rompimento de relações diplomáticas não significava declaração de guerra. As reações, porém, foram grandes, principalmente por parte dos militares nacionalistas, que, mais uma vez, através de um golpe, depuseram Ramirez. A presidência foi ocupada pelo Ministro da Guerra Edelmiro Farrel. O presidente Farrel nomeou Perón – que ocupava a Secretaria do Trabalho (desde novembro de 1943) com grande êxito, aumentando salários, reforçando grêmios e sindicatos e perseguindo e eliminando comunistas e socialistas do seio do operariado – Ministro da Guerra e, meses depois, vice-presidente.

O governo argentino, atendendo às pressões norte-americanas, chegou a fechar alguns jornais ligados aos nazi-fascistas, porém não declarou guerra ao Eixo. O boicote proposto por Franklin Delano Roosevelt, desde 1942, contra a Argentina não foi de todo suspenso. Como o governo militar não cedia às pressões de Washington, Roosevelt manteve o boicote[34] ao governo da Casa Rosada, congelando as reservas de ouro argentinas nos Estados Unidos, como havia feito com o Japão, e retirando seu embaixador de Buenos Aires.

Alguns governos da América Latina, mais submissos a Washington, fariam o mesmo. O embargo não surtiu o efeito desejado já que os aliados continuavam a precisar da carne argentina. A iminência do final da guerra, como ocorreu no Brasil, levou os cidadãos argentinos a organizarem grupos de oposição ao governo militar. O governo argentino se viu obrigado a declarar guerra à Alemanha e ao Japão em fins de março de 1945, quando a guerra já estava no final. A Argentina teve também que assinar o acordo de Chapultepec para poder ingressar na constituição das Nações Unidas.

Dois fatores são importantes para se compreender a retomada das relações "normais" entre Estados Unidos e Argentina:

Primeiro, a morte de Roosevelt, que permitiu ao novo presidente Truman deixar de lado a "política da Boa Vizinhança" e assumir um plano, dentro da política externa americana, coordenado por Cordell Hull. Esse plano estava dividido em duas etapas. A primeira seria a reabertura da embaixada americana em Buenos Aires e a segunda consistiria em impor uma linha dura à Argentina, que seria iniciada pelo envio do embaixador Spruille Braden.

---

relations of the United States : diplomatic papers, 1944. The American Republics (1944). University of Wisconsin Digital Collections.

34 O boicote durou de 1942 até 1949 com intensidades variadas.

Segundo, porque a ação de Perón junto à classe operária, propondo o "Justicialismo"[35], preocupava os Estados Unidos que, mais uma vez, desejavam ter controle – como vinha tentando nos outros países latino-americanos – da classe operária e dos Sindicatos em toda a região.

O embaixador Braden assumiu suas funções, em 19 de maio de 1945, em Buenos Aires e municiou sua embaixada com todo seu *staff*, principalmente com a presença dos Adidos Trabalhistas, que já compunham o quadro de funcionários em Buenos Aires desde o início de 1944. Destacamos o labor de Livingston D. Watrous como Adido Trabalhista, na Argentina, que permaneceu em Buenos Aires por dois anos, até ser transferido para o Brasil em novembro de 1948.

A presença de Spruille Braden em Buenos Aires provocou conflitos. Como afirma o Embaixador Britânico David Kelly em correspondência enviada a Londres "o embaixador norte-americano chega com a ideia fixa de que havia sido eleito pela Providência para derrotar o Regime Farrel-Peron".[36] Em carta a seu colega britânico, Braden pontua:

> Enquanto que a eliminação de Perón e seu regime militar seria certamente um passo importante, a segurança dos Estados Unidos e por fim da Grã-Bretanha não estará assegurada até que os últimos vestígios dos princípios e métodos malévolos que o atual governo representa e pratica, tenham sido extirpados, e exista uma democracia razoavelmente efetiva na Argentina. Para alcançar estes fins será necessária uma cooperação real e completa de todas as democracias, sob a liderança americana e britânica.[37]

Assim que assume o cargo, inicia uma crítica violenta ao governo, exigindo a suspensão do estado de sítio decretado por Farrel e organizando grupos nacionais opositores ao governo militar. Em fins de setembro, após o aborto de uma tentativa de golpe, o presidente Farrel reinstaura o estado de

---

35 O "Justicialismo" de Perón propunha nova forma de organização econômica. "Nem socialismo, nem capitalismo".

36 Kelly para Foreign Office (F.O.) , 27 april, 1945, F.O., 371/44710, AS 2321/92/2; Carta enviada por David Kelly para Churchill, 15 may, 1945, F.O. 371/44710, AS 2594/92/2 *APUD*: CISNEROS, Andrés; ESCUDE, Carlos. *Historia de las Relaciones Exteriores...* 2000. Op.Cit. Tomo XIII capítulo 60, p. 69.

37 AS 3686/12/2, FO 371/44687, *APUD*: ESCUDE, Carlos. *Gran Bretaña, Estados Unidos y la declinación argentina, 1942-1949*, Buenos Aires: ed. de Belgrano, 1988, p.182.

sitio, fechando universidades e realizando detenções em massa. Os ânimos exaltados e a pressão de militares antiperonistas, descontentes com os benefícios outorgados pelo Secretário do Trabalho à classe operária, leva Farrel a retirar de Perón os cargos atribuídos a ele (vice-presidente, Ministro da Guerra e Secretário do Trabalho) e a ordenar sua detenção.

Uma manifestação popular, organizada pelos nacionalistas, com a presença de operários e sindicalistas, exige, na Praça de Maio, a libertação de Perón e sua reinstalação no governo.

Em 25 de agosto de 1945, com a renúncia de Rockfeller do cargo de Assistente de Secretário de Estado para os Assuntos das Repúblicas Americanas, assume seu o lugar, no Departamento de Estado, Spruille Braden. Seu retorno a Washington não permite, no entanto, que se desligue das "questões" argentinas. Com financiamento do Departamento de Estado, publica e espalha pela Argentina o "Livro Azul", que apresentava acusações de envolvimento de líderes e presidentes argentinos com forças alemãs nazistas. Esta campanha norte-americana, apesar de encontrar ecos entre as oposições como os partidos Radical, Socialista, Democrata Progressista e até mesmo Comunista, não atingiu os objetivos desejados, pois a população argentina viu este documento como instrumento de interferência estrangeira no país.

Perón, muito habilmente, explorou a idéia de interferência norte-americana nas questões internas da Argentina em sua campanha para a presidência e lançou o *slogan* que lhe deu grande destaque como defensor da Pátria: *Perón o Braden*. As eleições correram relativamente tranquilas em 24 de fevereiro de 1946 e Perón foi eleito com 52,4% dos votos. Em 4 de junho de 1946, Juan Domingo Perón iniciou seu governo democraticamente eleito.

Perón começou o mandato fundindo os partidos que o apoiaram, formando o Partido Único da Revolução, logo intitulado Partido Peronista ou Justicialista. Reformas importantes foram levadas a cabo pelo presidente argentino, de maneira a fortalecer seu poder. A reforma da Constituição de 1853, que permitia sua reeleição e o voto feminino, a "independência" dos sindicatos, que não estavam atrelados ao Estado, apesar de controlados politicamente por líderes peronistas, a política do "bem estar social", que efetivava novos direitos sociais e garantias aos trabalhadores.

A situação alcançada pela Argentina como credora nos países da Europa permitiu o investimento em saneamento básico, saúde, educação e energia, garantindo a Perón apoio da massa trabalhadora e das classes médias. Seu casamento com Eva Duarte e todo o trabalho de propaganda que foi iniciado, apelando pelo apoio dos "descamisados", e a criação da fundação Eva Perón deram ao presidente a maior aceitação que um governante jamais tivera na Argentina.

O plano econômico peronista tinha como meta a substituição de importações. Isto deu impulso ao grande desenvolvimento industrial na Argentina, permitindo um nível de autossuficiência nunca visto em sua História. Os trabalhadores, por exemplo, chegaram a compartilhar mais de 50% da renda nacional no ano de 1946. Com o aumento da renda nacional, o ingresso no mercado de classes antes marginalizadas provocava grande crescimento do consumo e modernização de grande parte da sociedade.[38]

A política trabalhista de Perón, alicerçada no Populismo, recebia grande apoio dos operários e respaldo da *Confederación General del Trabajo de la República Argentina* (CGT) – a única permitida e que passava a rivalizar, também, em mais este aspecto com os planos norte-americanos para a América Latina. Enquanto a economia argentina vivia momento de pujança, seu presidente, que mantinha uma estratégia de desenvolvimento de um capitalismo nacional *sui generis*, fundado no *justicialismo*, influenciava, também, outros países latino-americanos.

O ano de 1947 desponta na América Latina "sob os olhos de Perón". O Programa de "Agregado Obrero", ou Adido Trabalhista Argentino, é iniciado[39] com a indicação de 46 *Agregados Obreros* para vários países da América e do Mundo. Ao contrário do programa americano, este conta, exclusivamente, com operários e pequenos prestadores de serviços, como eletricistas, motoristas, escriturários etc. Para a América Latina, Perón enviou à suas embaixadas e legações representantes para Bolívia, Colômbia, Cuba, Chile, Equador, Brasil, México, Paraguai, Peru, República Dominicana, Uruguai, Venezuela, Costa Rica e Nicarágua, El Salvador e Honduras, Guatemala e Panamá. No

---

38 GERCHUNOFF, Pablo e LLACH, Lucas. *El ciclo de la ilusión y el desencanto: un siglo de políticas económicas argentinas*. Buenos Aires: Ariel. 1988.

39 O programa é criado em dezembro de 1946 e descrito por Edward Rowell em seu *MLR* de número 22, página 10, datado de 16/12/1946. RG84 850.4 Box 370 - PF– DS/USNA.

caso das embaixadas argentinas na América Anglo-Saxônica, no Oriente próximo, na Ásia e na Europa, mandou *agregados obreros* para Canadá, Estados Unidos, Nações Unidas, Líbano e Síria, Turquia, China, Espanha, França, Grã-Bretanha, Itália, Vaticano, URSS, Bélgica e Luxemburgo, Tchecoslováquia e Dinamarca, Finlândia, Noruega, Holanda, Polônia, Portugal, Suécia, Suíça, Iugoslávia e Romênia. O Departamento de Estado noticiou com destaque, em seus despachos, o início do programa argentino.[40]

Edward J.Rowell, Adido Trabalhista norte-americano, destacou a chegada do Adido Trabalhista Argentino ao Brasil, em 30 de janeiro de 1947 em seu *MLR* de numero 25:

> O Adido Trabalhista Argentino, Cipriano Barreiro, chegou a seu posto no Rio de Janeiro no dia 30 de Janeiro, Barreiro é o secretário geral do Sindicato dos Cortadores de Confecções e Cortes em Buenos Aires. Em sua chegada ele descreveu sua missão para o Brasil nos seguintes termos:
>
> 'Nossa missão é aquela que todo o Adido Trabalhista designado para nossas embaixadas, tem como objetivo principal qual seja o estabelecimento de solidas alianças de amizade entre os trabalhadores de todo o mundo e ao mesmo tempo realizar da melhor maneira possível estudos sociais, especialmente com respeito às leis sociais.
>
> 'De minha parte, eu reafirmo a intenção de estabelecer a mais sólida aliança com nossos irmãos trabalhadores Brasileiros e conhecer a aplicação pratica da legislação social desta grande nação amiga da Argentina, pela qual nutrimos grande simpatia e afeição'.[41]

Rowell não faz comentários sobre a visita, além da transcrição da entrevista de Cipriano Barreiro.

---

40 Despacho nº 1521 enviado por Duwayne C.Clark para a Divisão de Assuntos Internacionais do Trabalho, Social e Saúde do Departamento de Estado em 23/01/1947 . Assunto: Adidos Trabalhistas Argentinos. Anexo com 3 páginas. RG 84. 850.4/701 Box 394 – PF - DS/USNA.

41 *Monthly Labor Report* number twenty-five (1 de Fevereiro a 1 de março de 1947) Preparado por Edward J. Rowell. Pag.15 - RG84. 850.4 - Box 394. PF - DS/USNA.

A compreensão deste contexto é importante para que possamos entender o porquê das visitas de Serafino Romualdi e Robert J. Alexander[42] à América Latina. A desconfiança dos homens de Washington de que Perón organizaria uma Confederação Latino-Americana, onde os Estados Unidos não poderiam estar representados[43], permite-nos compreender, também, uma das tantas razões que justificaram o acordo entre Departamento de Estado e AFL.

O modelo justicialista de Perón, no entanto, tinha "prazo de validade", ou seja: enquanto a economia da Europa não se reorganizava e o continente era devedor da Argentina, tudo corria bem. Seu desenvolvimento industrial, aliado ao superávit, proporcionavam tranqüilidade à nação. Ocorre que a situação começaria a mudar a partir do ano de 1947, quando os Estados Unidos, com seu Plano Marshall, passaram a colocar seus excedentes na Europa e junto à ECA (Administração para a Cooperação Econômica), boicotaram a venda de produtos industriais e principalmente agrícolas argentinos no continente.[44]

A partir dos anos 1950, a bonança argentina começava a se dispersar. Oposições político-militares e até operárias passaram a ser vistas nas terras

---

42 "Durante esta viagem inicial para a América do Sul, Alexander também parou no Brasil e Argentina, nações que tiveram cada qual experiências destacadas de mobilização política de massa. Na Argentina, em particular, a ascensão de Juan Perón à presidência em 1946 abriu uma nova época na História da América Latina, que os acadêmicos preferem chamar de Era Populista. A figura *sui generis* de Juan Perón e seu regime foram denunciados vigorosamente e publicamente pelo governo Américano, como fascistas, assim como pelos social democratas e comunistas na Argentina e no exterior. Devido a esses fatores, Alexander faria do fenômeno o objeto de seu primeiro livro, *The Perón Era (1951)*. FRENCH, John D. "The Robert J. Alexander Interview Collection" IN : *Hispanic Américan Historical Review*, may 2004; 84. p.317.

43 Despacho 494 enviado pelo primeiro secretário da Embaixada Américana em Buenos Aires, Thomas J.Maleady para o Secretario de Estado em 14/07/1949. Comentários sobre entrevista de Perón na apresentação de seu programa "justicialista". RG84. 350. Argentina, Box 438 - PF - DS/USNA.

44 "Não obstante, um boicote encoberto e ilegal, oposto a política oficial, continuou sendo implementado pela Administração para a Cooperação Econômica (ECA), a cargo do Programa de Recuperação Europeia (ERP). Desde o começo, a ECA colocou em prática uma política que previnia as compras europeias com dólares do plano Marshall na Argentina, permitindo-as, ao contrário, no Canadá e Austrália, competidores da Argentina no mercado de alimentos. Alem do mais a ECA exerceu pressões para evitar as compras européias com outras moedas na Argentina. O assunto foi descoberto pelos comentários anti-argentinos que funcionários subalternos da ECA fizeram à imprensa, que originou grande comoção na Argentina". A "Export Policy I" dos Estados Unidos se encontra em FRUS, 1945, IX, 526-599. O memorando sobre a política da ECA com relação à Argentina (25 de janeiro de 1949; EW 840, 50 Recovery/1-2549, Dep. de Estado, NA) é um documento extraordinariamente significativo que deixa muito poucas dúvidas com respeito à obstrução do comércio e das finanças argentinas levadas a cabo pela ECA. Citado em ESCUDE, Carlos. *Historia de las Relaciones Exteriores Argentinas...* CEMA, 2000. Op. Cit. Tomo XIII, capítulo 60, p. 89.

de Perón. Como cartada final, o presidente argentino, como nos descreve Hamilton Almeida[45], propôs um pacto secreto. A união econômica, política e militar entre Argentina, Brasil e Chile era o "Plano do ABC". Um bloco no Atlântico Sul que deveria funcionar como eixo de resistência aos Estados Unidos. Como nos conta Almeida, Getúlio, após ser eleito, fez saber a Perón que não estava em condições de cumprir o acordo.

Reforçando sua posição, principalmente, na América Latina, Perón fortaleceu o papel de seus Adidos Trabalhistas, ou *Agregados Obreros*, na luta por espaço entre a classe operária Latino-Americana. É a partir de dezembro de 1950 que os Adidos Trabalhistas norte-americanos, em seus Relatórios Mensais, inserem, no mesmo item que descrevia as ações dos comunistas, a ação dos Peronistas. De dezembro de 1950 a dezembro de 1952, o componente *Atividades Comunistas e Peronistas* foi destacado nos Relatórios Mensais.

O segundo mandato de Perón teve início em 4 de junho de 1952 e foi marcado por grandes dificuldades econômicas e forte oposição. A morte de sua esposa Eva Duarte de Perón, em 26 de julho do mesmo ano, roubou-lhe o "brilho" que havia ganho com os espetaculares discursos da primeira dama aos descamisados do balcão da Casa Rosada. Perón foi deposto por um golpe militar – pela chamada *Revolução Libertadora* –, liderado por Eduardo Lombardi em setembro de1955. E o governo norte-americano, apesar da implantação de uma ditadura militar, comemorou a queda de Perón.

Resultados

Existem três períodos básicos que explicam os caminhos do projeto de construção da hegemonia norte-americana para a América Latina. O primeiro é aquele iniciado em 1933, com a ascensão de Roosevelt ao poder nos Estados Unidos. É a política da "Boa Vizinhança", iniciada com o intuito de apresentar ao governo americano um escape contra a Grande Depressão. Mudança de relações políticas e principalmente econômicas

---

45 Hamilton Almeida baseia suas afirmações em pesquisa e análise de documentos secretos argentinos e brasileiros – do Itamaraty – reproduzindo alguns deles em sua obra "Sob os olhos de Perón". ALMEIDA,Hamilton. Sob os Olhos de Perón . O Brasil de Vargas e as relações com a Argentina. Rio de Janeiro:Record, 2005.

que permitiriam aos Estados Unidos, agora, usando nova tática – diferente daquela adotada por Theodoro Roosevelt –, a aproximação com forças políticas que, apoiadas pelo governo de Washington, permitiriam o estabelecimento de certos monopólios em seus países. Nelson Rockfeller foi um grande articulador desse projeto inicial.

Há que se destacar, também, que os modelos políticos comuns dos países latino-americanos nos anos trinta apresentavam mais semelhanças aos modelos alemão e italiano do que o norte-americano. Esta identificação e aproximação, tanto em termo políticos quanto econômicos, punha em risco a posição já alcançada pelos Estados Unidos desde a Doutrina Monroe. Era preciso, portanto, combater esses concorrentes.

Iniciada a Guerra na Europa em 1 de setembro de 1939, a política da Boa Vizinhança ganhou mais fôlego e novos mecanismos de "domínio subliminar" seriam criados. Agências especiais foram montadas de maneira a estreitar, ainda mais, os laços de união entre todos os países das três Américas. Nesse momento, veremos – como vimos no Brasil e que ocorreria, também, no México – o envio de representantes norte-americanos que venderiam para esses países o *American way of life* como a forma superior de viver. Walt Disney, *Seleções*, Cinema, artistas de Hollywood , música e moda.

Quando a Guerra bateu à porta dos Estados Unidos, a partir de dezembro de 1941, com o ataque japonês a Pearl Harbour, então, mais uma vez, o Departamento de Estado mudou sua tática com relação a esses países, até então, chamados de irmãos. Irmãos menores precisam ser orientados e "educados" dentro dos preceitos do bom viver. Assim, era a posição adotada, após Pearl Harbour. Estaríamos diante da segunda fase, ou seja, novo período que envolve os anos de 1941 a 1945. O governo norte-americano passou a convocar certas reuniões, como a Conferência de Chapultepec, para garantir que seus irmãos cumprissem sua função, ou seja, o combate à expansão do nazifascismo.

As pressões norte-americanas, que não foram feitas, apenas, envolvendo questões econômicas e políticas mas, também, ideológicas – luta da democracia contra a ditadura –, surtiram o efeito esperado quando os aliados na Europa e Ásia começaram a garantir sua vitória, a partir de 1943. Finda a Guerra, eliminados os resquícios do autoritarismo entre os latino-americanos, iniciou-se nova fase nos planos de Washington.

A luta contra o ataque alemão, tanto no Brasil quanto em outras nações latino-americanas, aliada à organização da sociedade contra os modelos políticos nacionais, que invariavelmente eram ditaduras, levou a um desenvolvimento grande das forças de oposição – com a presença, inclusive, dos comunistas –, com reflexos nas sociedades latino-americanas que passaram a apresentar modificações nunca vistas anteriormente.

Organização de sociedades civis, mudança nas leis trabalhistas, Sindicatos que lutavam contra o controle do Estado, greves e principalmente o fortalecimento da classe operária propiciavam o aparecimento de resistências que os Estados Unidos não queriam enfrentar. Esse momento de liberdade democrática patrocinado, também, pelo governo de Washington não poderia durar muito sob o risco de perda de controle da região por parte do Departamento de Estado americano. Era preciso mudar, mais uma vez, de tática.

A última fase – dentro de nosso recorte – é aquela que vai dos anos de 1946 até 1952 e pode ser dividida em duas etapas. A primeira, 1946 a 1948, quando organizando um plano de ação que envolvia o trabalho de Adidos Trabalhistas – já presentes nas "outras Repúblicas" desde os anos de 1944 –, agentes de inteligência e participação de representantes de grandes centrais sindicais americanas, partiu-se para a "domestificação" das forças político-sociais latino-americanas. O trabalho do Departamento de Estado foi eficaz pois os subsídios conseguidos por esses agentes e enviados aos Estados Unidos permitiram que, junto às autoridades "reconhecidas" por Washington em cada país latino-americano, essas forças sociais e políticas que punham em risco a hegemonia norte-americana pudessem ser controladas.

Derrotada a experiência de construção de uma democracia autêntica, ou seja, aquela baseada na organização social – cujo poder emanasse dela – com representatividade nos poderes Legislativo, Executivo e Judiciário, e onde a sociedade pudesse estar representada, também, por partidos políticos livres e independentes, por exemplo, apertados os laços que impediam nova organização livre, a América Latina, mais uma vez, ficava nas mãos de grupos socioeconômicos que se auto-intitulavam representantes dessa sociedade, dominavam as políticas nacionais e defendiam seus interesses – neste caso, ainda ligados àqueles externos.

Os anos de 1948 a 1952 foram "anos do rescaldo". Quando o governo norte-americano, sob o comando de Departamento de Estado, conseguiu, indiretamente, influenciar os Sindicatos – com o trabalho de representantes das Centrais Sindicais "livres" norte americanas, como o de Serafino Romualdi – e eliminando os elementos de oposição a esse modelo de controle, chamados de esquerdistas, "pacificar" a luta dos trabalhadores anteriormente organizados, contra o controle externo e o domínio dos Estados sobre o movimento operário.

CAPÍTULO FINAL

O trabalho que ora completo está longe de ser definitivamente encerrado. Principalmente porque o conhecimento histórico não deve ser entendido como algo fechado e exato, acabado. Entendo o conhecimento histórico, como ocorre com tantas outras ciências humanas, como algo inacabado e aberto. Não existem leis universalizantes que, como queriam os positivistas, encerram discussões. Abomino as certezas que nos levam invariavelmente, ao dogmatismo. Prefiro, ao invés de optar por conclusões estanques, apontar as considerações finais sobre este trabalho.

Três foram os questionamentos que serviram como fio condutor para a investigação. Apresento, então, considerações sobre esses pontos básicos que o trabalho de organização das fontes e reflexão sobre elas me permitiu atingir.

O ponto principal e que pode ser identificado como sua tese central, é a identificação do trabalho dos Adidos Trabalhistas, no Brasil – e no mundo – como elemento primordial e determinante na política intervencionista norte-americana no período identificado por nós: 1943 a 1952. Esse labor profissional e de inteligência somente pode ser entendido a partir das questões levantadas na apresentação deste trabalho.

Apresenta-se como se fosse numa teia de aranha, um núcleo inicial – o trabalho do Adido Trabalhista –, que só explica a existência da teia porque é composto for fios que se interligam. Tal teia começa a ser construída por três fios ligados a esse núcleo. O primeiro é aquele que faz referência à intervenção norte-americana em assuntos estrangeiros, como elemento constitutivo de um projeto de construção de uma hegemonia. O segundo é aquele que, representado pelos antagonismos de forças políticas internas de cada país, nos explica, em parte, o sucesso da interferência externa. E o terceiro é o composto por elementos sociais que em tempos de "abertura" conseguem atingir, em sua práxis, consciência possível de força transformadora da sociedade e do Estado.

De um lado, o interesse da potência capitalista – os EUA – pela hegemonia no mundo antes e após a guerra. De outro, a sociedade civil e o proletariado organizado adquirindo consciência de sua capacidade de autodefesa e força na transformação do Brasil, em termos políticos, sociais e econômicos. E de outro, ainda, o poder interno dividido em duas facções.

O primeiro questionamento liga-se à preocupação em entender porque interferências externas ocorrem nos países, como o Brasil, com certo sucesso, já que existe, em tese, a crença de que os Estados são soberanos e que sua soberania repousa no respeito às garantias de equidade entre todos os cidadãos.

O período da Segunda Guerra permitiu, em decorrência das contingências já apontadas, que a sociedade brasileira alcançasse um nível de consciência de seu papel nunca visto. Essa consciência transformadora , no entanto, não apresentou resultados mais profundos e duradouros. Ela não passou de um evento efêmero. Como a Sociedade civil organizada e o operariado, junto com os partidos de esquerda, principalmente o PCB, lutaram contra a limitação das garantias já conquistadas até àquele momento? Havia consciência, por parte do proletariado e da sociedade civil, de que o governo norte-americano, auxiliado pelo inglês, pretendia limitar sua liberdade e impedir sua organização? Se a Classe Operária Brasileira teve ou apresentava consciência de classe, como não pôde se impor frente às limitações que foram criadas a seu desenvolvimento durante e após a Segunda Guerra?

Dificilmente, poderemos responder a essas perguntas sem antes nos voltarmos para o problema da conceituação de classe social e a definição de consciência de classe. Quando se fala em classe social, é preciso estar muito atento, este é um terreno cuja conceituação nos leva, facilmente, a deslizes. Muito se tem escrito e teorizado sobre as classes sociais e a consciência de classe, muitas são as interpretações discutidas, principalmente aquelas fundadas na teoria marxista.

A própria noção de classe social enquanto elemento de análise é apresentada por Lukács, por exemplo, como sendo uma "divisão definida, no espírito do marxismo, pelo lugar que elas ocupam no processo de produção."[1]

---

1   LUCAKS, Georg. *Historia y consciencia de clase*. Barcelona: Grijalbo.1975.p.1.

A alta teorização do que seja classe social, tira dela sua característica primordial, ou seja, aquela histórica, ligada ao que é humano.[2]

A história do homem é, segundo Marx, a história da *luta de classes*, da luta constante entre interesses opostos, embora esse conflito nem sempre se manifeste socialmente sob a forma de guerra declarada. As divergências, oposições e antagonismos de classes estão subjacentes à toda relação social, nos mais diversos níveis da sociedade, em todos os tempos, desde o surgimento da propriedade privada.

É evidente que não pretendo, nestas considerações, enveredar pelo estudo conceitual das classes sociais e da consciência de classe: só este já seria o tema de uma tese, tamanho campo de discussão que suscitaria.

Tentar entender a Classe Operária brasileira, dentro de um contexto teórico, como querem os marxistas ortodoxos, no entanto, é não poder dar respostas às perguntas feitas. Em primeiro lugar, como nos mostra Thompson, ela deve ser vista como componente de uma estrutura social, e não como um modelo feito e acabado; em segundo, não podemos comparar esta classe brasileira a outras, principalmente de países onde o movimento operário já era mais antigo que o nosso e, portanto, com condições diferentes de percepção e organização; e em terceiro lugar, penso ter demonstrado que o movimento operário brasileiro, dentro de seu percurso, sempre foi limitado pelos poderes instituídos, o que ocorria, também, nos outros países.

A lei nunca foi literalmente um instrumento do bem comum. No Brasil, assim como na maioria dos países capitalistas, ela quase sempre se identificou com o domínio de classe, o domínio dos poderosos, dos proprietários. Nesse sentido, nunca houve liberdade para identificações e lutas que tivessem raízes profundas. Estas foram sempre arrancadas.

Está claro que aqui, pelo que pude levantar e discutir, identificamos o que já chamo, parafraseando Lucien Goldmann, de "consciência possível". Com certa segurança, podemos afirmar que havia certa identificação de princípios entre os trabalhadores brasileiros de então. Se não a caracterizamos como quer Hobsbawm – que a classe operária, em seu sentido mais pleno,

---

2   *"As classes acontecem ao viver os homens e as mulheres suas relações de produção e ao experimentar suas situações determinantes, dentro "do conjunto de relações sociais", com uma cultura e expectativas herdadas, e ao modelar estas experiências em formas culturais".* THOMPSON, E.P. *Tradición...1989*, p.38.

somente chega a existir no momento histórico em que ela começa a adquirir consciência de si mesma como tal –, pelo menos podemos identificá-la, dentro de um contexto da luta de classes[3] e de "objeto" de disputa , tanto pelo Partido Comunista, quanto pelo trabalhismo getulista.

Se não houve, no entanto, o que se esperava, força política de uma classe de explorados contra os exploradores, pelo menos houve – do que se mostrou no trabalho – resistência e organização, estas habilmente desarticuladas pelas forças políticas brasileiras através da reedição de leis de exceção, controle do operariado via domínio de sindicatos, limitação da participação da sociedade em eventos e reivindicações que pudessem por em risco tanto o *status quo* interno quanto as pretensões externas em controlar nossos sindicatos e expurgar oposições, principalmente aquelas de tendência de esquerda, como o Partido Comunista, ação perpetrada, como demonstramos, a partir da intervenção de agentes norte-americanos, capitaneados pelo trabalho dos Adidos Trabalhistas.

O segundo questionamento partiu da necessidade de se entender como estruturas políticas nacionais deixaram-se influenciar por interesses externos e de que maneira isto ocorreu.

A pergunta que nos remete à tentativa de encontrar respostas para este segundo questionamento é aquela referida ao período de quinze anos contínuos de governo Vargas, sobretudo, durante o Estado Novo (1937-1945). Por que Getúlio Vargas, com sua política populista, as leis trabalhistas de "proteção" ao trabalhador Brasileiro, a criação do PTB e as ações de tutela do movimento operário, permitiu a entrada, no Brasil, de "agentes" norte-americanos, franceses e ingleses, para construir um quadro analítico do movimento operário brasileiro e rivalizar com seu controle sobre a massa trabalhadora?

O político Vargas não era ingênuo. Sem dúvida, sabia do programa dos Adidos Trabalhistas porque conhecia Edward J. Rowell, como foi demonstrado

---

3   Marx quando define classes no mundo capitalista – burguesia e proletariado –, mostra-as dentro de um princípio dialético, ou seja, com interesses antagônicos e ao mesmo tempo complementares. O capitalista deseja preservar seu direito à propriedade dos meios de produção e dos produtos e à máxima exploração do trabalho do operário, seja reduzindo os salários, seja ampliando a jornada de trabalho. O trabalhador, por sua vez, procura diminuir a exploração ao lutar por menor jornada de trabalho, melhores salários e participação nos lucros. Aí está a luta de classes. Dentro do mundo capitalista as classes sociais só podem ser entendidas a partir de uma visão onde a existência de um dependa da do outro. As classes sociais são, pois, apesar de sua oposição intrínseca, complementares e interdependentes.

pela apresentação da documentação pesquisada. Se no começo do Estado Novo o controle do operariado e dos sindicatos ainda estava nas mãos de Getúlio, com o início da Guerra, as pressões sociais e norte-americanas levariam o presidente brasileiro a afrouxar esse controle. Foi no lapso desse afrouxamento que os agentes norte-americanos adentraram. Provavelmente, Getúlio tinha conhecimento dos Relatórios desses adidos – senão do conteúdo, pelo menos da existência deles. Ocorre, porém, que mesmo conhecendo esse mecanismo – de "controle" do operariado por forças externas – pois o governo norte-americano, a partir de 1944, não fazia segredo de sua crença na possibilidade de "libertação" dos operários da tutela do Estado nacional –, Vargas resistia às pressões.[4] E resistiu o quanto pode, até 29 de outubro de 1945.

Ainda procurando respostas ao segundo questionamento – a tentativa de se compreender como estruturas políticas nacionais deixaram-se influenciar por interesses externos e de que maneira isto ocorreu –, surge nova pergunta:

Quais foram as forças internas que junto aos interesses externos limitaram a ação operária e, por conseguinte, social do Brasil no pós-guerra?

A resposta a essa pergunta deve ser procurada no governo que substituiu Vargas. Não naquele interino, que contou com o apoio dos Estados Unidos – mesmo porque não houve tempo para conclusões –, mas no de Dutra. As forças internas, representadas, principalmente pelos partidos de direita, a UDN, por exemplo, defendiam uma aproximação com os interesses externos, ao contrário do que queria grande parte da população brasileira. Os decretos-leis e as reedições de leis antigas, como a Lei de Segurança Nacional, foram responsáveis pelo sufocamento daquelas manifestações democráticas do final do governo Vargas. Tanto o cidadão comum quanto o operariado tiveram seus movimentos cerceados, principalmente, porque não tiveram tempo nem permissão para se organizar. As organizações operárias permitidas por Dutra foram aquelas identificadas com os interesses da AFL, apesar de continuarem a ser tuteladas pelo Estado.

Parte da classe dominante, aquela não identificada totalmente com os interesses externos, abrigada no PSD, por exemplo, não conseguiu impor um modelo de desenvolvimento autônomo nem contou com o apoio da Classe

---

4   Apesar de termos visto como certos elementos ligados ao governo demonstravam proximidade e quase intimidade com autoridades norte americanas. Como demonstramos na página 66 o caso de Francisco e Assis do DIP com Berent Friele.

Média, que esteve, nesse momento, a reboque do conservadorismo, ou seja, identificando-se com os dirigentes políticos pró-Estados Unidos, tendência que quase sempre orientou as elites brasileiras. O PSD, negando sua orientação inicial, por questões puramente político-partidárias, "esqueceu" a linha de conduta que havia orientado sua fundação com Getúlio, um projeto de desenvolvimento nacionalista, pelo menos no período Dutra.

A dependência em relação ao capital e à tecnologia internacionais limitou, também, um projeto que desse independência econômica ao Brasil. Finalmente, as estruturas políticas, apesar da revolução de 1930 (que restringiu parcialmente o poder das oligarquias), ainda estavam muito ligadas ao poder oligárquico. O Brasil da Segunda Guerra era um país onde predominava a mentalidade das aristocracias agrárias, fundada na grande importância dada ainda à propriedade rural, apesar da existência de uma classe burguesa, que em muitas ocasiões, governava junto com esse grupo. É preciso lembrar que na America Latina, a classe burguesa Nacional surge, em grande parte, a partir dos próprios proprietários de terra que aplicaram seus excedentes no desenvolvimento industrial.

O terceiro questionamento e que dá sustentação à imagem da "teia" está relacionado à tentativa de encontrar respostas que justificassem a interferência norte-americana nos assuntos internos do Brasil. A pergunta que surge e que foi pesquisada a partir da análise de material coletado nos Estados Unidos (arquivos), na pesquisa de documentos secretos , divide-se em três partes :

- Como a criação do programa de Adidos Trabalhistas, pelos Estados Unidos, a partir de 1943, contribuiria para a construção de bases que desse ao governo norte-americano condições de se tornar hegemônico no Hemisfério Ocidental?

- Como os relatórios mensais, produzidos por esses Adidos Trabalhistas seriam usados para impedir a livre organização dos trabalhadores?

- Havia uma interação entre autoridades norte-americanas e brasileiras na construção de leis trabalhistas, apesar das diferenças de organização dos trabalhadores, que os permitiam estabelecer controles sobre o movimento operário em cada país?

O programa de Adidos Trabalhistas, criado durante a Segunda Guerra Mundial, tinha como intuito principal o controle sobre o movimento operário de Europa, Ásia e América Latina. A guerra e o pacto feito entre o Estado e os trabalhadores tinham permitido uma maior organização do movimento operário, o que lhe dava certa posição de destaque naquele momento.

O governo dos Estados Unidos desejava que o horizonte do pós-guerra fosse feito pelo modelo liberal norte-americano e este, necessariamente, passava pela construção de uma sociedade sem luta de classes ou que negasse a existência dessa luta. Era preciso, portanto, sustar qualquer tentativa de oposição a esse modelo no pós-guerra já que a economia do mundo Ocidental seria capitaneada pelos EEUU. Encontramos aí a importância da criação de um programa que permitisse às autoridades de Washington uma visão geral sobre os acontecimentos relativos à organização dos trabalhadores e suas perspectivas no Brasil – como ocorreria em outros países.

A presença dos Adidos Trabalhistas e seus relatórios mensais são algumas das peças de um quebra cabeças, que vagarosamente vão compondo um cenário que permite a quem vê uma imagem completa da situação. Esses documentos, enviados ao Departamento de Estado todo mês, iam compondo um quadro completo da situação do operário e da sociedade brasileira e municiando o Secretário de Estado de dados para ações futuras.

O que me levou a pensar na possibilidade de um canal de ligação entre autoridades brasileiras e norte-americanas no controle do movimento operário foram palavras de István Mészáros. Para ele, um Estado que pretende dominar outro somente obtém êxito quando pode contar com a cumplicidade de seus cidadãos politicamente ativos no exercício da dominação.[5] Tal ideia já fora discutida na década de 1970 por Ianni, que reafirmara:

> nessas ocasiões, as lutas pela emancipação nacional, ou pela revolução social, têm revelado e posto em movimento a ciência e a tecnologia, os cientistas e os técnicos dos países dominantes, aliados com os dos países subordinados.[6]

---

5   MÉSZAROS, István. *O poder*.....2007. Op.Cit. p.31.
6   IANNI, Octavio. *Imperialismo e cultura*...1976. Op. cit. p.8.

Sabemos, por exemplo, que o modelo mais habitual de economia brasileira (exportador de produtos primários), sempre teve como princípio a identificação com os interesses externos. As elites nacionais se beneficiaram desse modelo. Mesmo que o governo brasileiro não tivesse acesso aos documentos secretos norte-americanos e ingleses, contava com a "assessoria" destes no controle das manifestações populares, principalmente no que diz respeito à manutenção do *status quo*, pois os interesses governamentais eram mútuos.

A apresentação de documentação brasileira, neste trabalho, procura provar a tese de que havia, entre as autoridades nacionais e estrangeiras – no caso dos Estados Unidos –, um diálogo, com trocas de leis que favorecessem o Estado no controle do movimento operário. A questão discutida que envolve a *Lei Taft-Hartley* dos Estados Unidos é o principal prova dessa tese.

Podemos enumerar outras evidências que demonstram essa ligação, como por exemplo a livre circulação de representantes norte-americanos das centrais sindicais AFL e CIO, em círculos restritos do Palácio do Catete, a então sede do governo. Como foi o caso de Serafino Romualdi em seus encontros com o Ministro do Trabalho e com o próprio presidente da República.

Sem tentar encerrar esta discussão com conclusões taxativas (evidências da construção de um mecanismo de controle norte-americano no Brasil com apoio de forças políticas nacionais, foram apresentadas – apesar de não terem atingido plenamente o que pretendiam, ou seja, o controle do movimento operário via Centrais Sindicais norte-americanas), pretendo oferecer este trabalho como um argumento para novas tangências que contribuam para nos permitir entender melhor o Brasil, a relação dele com o mundo e nossa posição enquanto cidadãos e sujeitos da História.

BIBLIOGRAFIA

Livros de Época e Memórias.

BASBAUM, Leôncio. *Uma vida em seis tempos (memórias)* São Paulo: Alfa Omega, 1976.

BERLE, e T. Jacobs (ed.*): Navigating the rapids,* 1918-1971, New York, Harcourt-Brace, Jovanovich,1973.

BEZERRA, Gregório. *Memórias.* Primeira parte: 1900-1945. Rio de Janeiro: Civilização brasileira. 1979.

_____. *Memórias.* Segunda parte: 1946-1969. Rio de Janeiro: Civilização Brasileira. 1979.

CAMPOS, Roberto. *A Lanterna na Popa: Memórias.* Rio de Janeiro: Top-Books, 1994.

CHAVES NETO, Elias. *Minha Vida e as Lutas de meu Tempo.* São Paulo: Alfa- Omega. 1978.

DIAS, Eduardo. *Um imigrante e a revolução* – Memórias de um militante operário: 1934-1951. São Paulo: Brasiliense, 1983.

LACERDA, Carlos. *Depoimento.* Rio de Janeiro: Nova Fronteira. 1978.

MORAES, Denis (org.) *Prestes com a palavra. Uma seleção das principais entrevistas do líder comunista.* Mato Grosso do Sul: Letra Livre. 1997.

PRESTES, Luiz Carlos. *Problemas atuais da democracia.* Rio de Janeiro, Vitória, 1947.

TRUMAN. Harry S. *Memoirs. Year of decisions.*V.I - 1945. New York: Signet Books/The New American Library, 1965.

_____. *Memoirs. Years of trial and hope.* V.II – 1946-1952. New York: Signet Books/ The New American Library, 1965.

VARGAS, Getúlio. *Diário.* V.2 (1937-1942). Rio de Janeiro: Siciliano/FGV, 1995.

_____. *A nova política do Brasil.* Rio de Janeiro: José Olimpio, 1938.

Bibliografia analítica

1. Brasil

ABREU, Alzira Alves de, et al. (coords.) *Dicionário histórico-biográfico brasileiro: pós-1930*. Rio de Janeiro: FGV. 2001.

AFONSO, Eduardo J. *O PCB e o poder. 1935 o poder pela força – 1945 o poder pelo voto (Os Comunistas na Assembleia Legislativa – 1947-1948)*. Dissertação de Mestrado – FFLCH-USP, 2004. Tombo: 251099.

_____. *O PCB no Legislativo Paulista - 1947-1948*. Revista do Acervo Histórico da Assembleia Legislativa de São Paulo. v 3 , 1º semestre de 2005. p.19-31.

_____. *Revolução, democracia e legalidade. A Cassação dos Comunistas na Assembleia Legislativa de São Paulo (1947/1948)*. Projeto História, nº 33, São Paulo: PUC, dez.2006. p.289-297.

_____.*"Do Bonde de São Januário a Jesus Cristo"* Artigo apresentado no XX Encontro Regional de História – ANPUH-SP – História e Liberdade - UNESP-Campus de Franca.

ALMEIDA, Antonio de. *Lutas, Organização Coletiva e Cotidiano*. Tese de Doutorado em História Social, defendida na FFLCH/USP. São Paulo: digitado, 1996.

ALMEIDA JR. Antonio Mendes. "Do declínio do Estado Novo ao Suicídio de Getúlio Vargas". IN: FAUSTO, Boris (direção geral) *Historia Geral da Civilização Brasileira V*. III - Sociedade e política –1930-1964. São Paulo: Difel. 1981. p.228-255.

AQUINO, Maria Aparecida de e outros (org.) *O dissecar da estrutura administrativa do DEOPS/SP - o Anticomunismo: Doença do aparato repressivo brasileiro. Famílias 30 e 40*. Dossiês DEOPS/SP. Radiografias do Autoritarismo Republicano Brasileiro – v. 3 São Paulo: Arquivo do Estado, Imprensa Oficial do Estado, 2002.

AZEVEDO, Ricardo de. & MAUÉS, Flamarion.(org.) *Rememória: Entrevistas sobre o Brasil do século XX*. São Paulo: Fundação Perseu Abramo, 1997.

BASBAUM, Leôncio. *História sincera da República*. 4 v. São Paulo: Alfa-Omega, 1977.

BRANDÃO, Gildo Marçal. *A esquerda positiva: As duas almas do Partido Comunista*. São Paulo: Hucitec. 1997.

BRANDÃO, J. R. , *Sociedade Industrial no Brasil*. São Paulo: DIFEL, 1964.

BRANDI, Paulo. *Vargas da vida para a História*.Rio de Janeiro: Zahar, 1983.

CANDIDO FILHO, José. *O movimento operário: o sindicato, o partido*. Rio de Janeiro: Vozes, 1982.

CARDOSO, Fernando Henrique. *O modelo político brasileiro*. São Paulo: DIFEL, 1972

CARONE, Edgard. *Brasil: Anos de crise – 1930-1945*. São Paulo: Ática. 1991.

_____ . *A República Liberal (1945-1964)*. Vol I. Instituições e classes sociais. São Paulo: DIFEL, 1985.

_____. *A República Liberal (1945-1964)*. Vol. II – Evolução Política. São Paulo: DIFEL, 1985.

_____. *A Terceira República* (1937-1945). São Paulo: Difel, 1976.

_____. *A Quarta República*. (1945-1964).São Paulo: Difel, 1979.

_____. *Classes Sociais e Movimento Operário*. São Paulo: Ática. 1989.

_____. *Movimento Operário no Brasil* (3 v.) São Paulo: Difel, 1981.

_____. *O Estado Novo (1937-1945)* São Paulo/Rio de Janeiro: Difel, 1977.

_____. *O P.C.B (1943-1964)*. São Paulo: Difel, v.2, 1982.

_____. *Da Esquerda à Direita*. Série nossa terra. Belo Horizonte: Oficina de Livros. 1991.

CHILCOTE, Ronaldo H. *O Partido Comunista Brasileiro: conflito e integração - 1922-1972*, Rio de Janeiro: Graal, 1982 .

COSTA, Hélio da. *Em busca da memória: comissão de fábrica, partido e sindicato no pós-guerra,* São Paulo: Scritta, 1995.

CYTRYNOWICZ, Roney. *Guerra sem guerra: A mobilização e o cotidiano em São Paulo durante a Segunda Guerra Mundial,* São Paulo: Geração Editorial: EDUSP, 2000.

DEAN, Warren, *A Industrialização de São Paulo*. São Paulo: DIFEL, 3. ed. 1983.

DECCA, Edgar Salvadori de. *O Silêncio dos Vencidos*. São Paulo: Brasiliense, 1981.

DIAS, Everardo. *História das lutas sociais no Brasil*. São Paulo: Alfa-Omega,1977.

DINAMARCO, Patrícia da Silva Mueller. "*Depois da Guerra – O combate Silencioso. Getúlio Vargas e o trabalhismo em memória de trabalhadores da Companhia Siderúrgica Nacional*". IN : Projeto História, São Paulo,(31), p.397-411, dez.2005.

DINES, Alberto, FERNANDES JR, Florestan e SALOMÃO, Nelma. (org.) *Histórias do Poder: 100 anos de política no Brasil*. v. 1: Militares, Igreja e Sociedade Civil. 2. ed., São Paulo: 34, 2001.

DINIZ, Eli. "O Estado Novo: Estrutura de poder Relações de Classes" IN: FAUSTO, Boris (dir.). *História Geral da Civilização Brasileira – O Brasil Republicano: Sociedade e política (1930-1964)*. São Paulo: Difel, 1981 T. III, v.3. p.77-120.

DULLES, John Foster. *Getúlio Vargas: biografia política*. Rio de Janeiro: Renes, 1974.

DUTRA, Eliana Regina de Freitas. *O ardil totalitário: imaginário político no Brasil dos anos 30*.Rio de Janeiro/Belo Horizonte:UFMG,1997.

FACÓ, Rui. *A classe operária: 20 anos de luta*. Rio de Janeiro, s/d.

FAORO, Raymundo. *Os donos do Poder. Formação do Patronato político brasileiro*, v.2 Porto Alegre: Globo,1979.

FAUSTO, Boris. *Trabalho Urbano e Conflito Social*. São Paulo: Difel, 1983.

_____. (dir.). *História Geral da Civilização Brasileira – O Brasil Republicano: Economia e cultura (1930-1964)*. T. III, v.11. São Paulo: Bertrand Brasil, 2007.

FONTES, Paulo. *Trabalhadores e cidadãos. Nitro Química: A fábrica e as lutas operárias nos anos 50*. São Paulo: Anna Blume, 1997.

FOOT HARDMAN,Francisco e LEONARDI, Victor. *História da Indústria e do Trabalho no Brasil*. São Paulo: Ática, 1991

FRANCO, Afonso Arinos de Melo. *História e teoria do partido político no direito constitucional brasileiro*. RJ: [s.n.], 1948.

FREDERICO, Celso. *Consciência operária no Brasil*. 2. ed., São Paulo: Ática, 1979.

FRENCH, John D. "Workers and the rise of adhemarista populism – Brazil 1945-47" *The Hispanic American Historical Review*, (HAHR) v. 68, n. 1 (Feb., 1988), p. 1-43.

_____. *O ABC dos Operários (1900 -1950)*. São Caetano do Sul: Prefeitura de São Caetano do Sul/Hucitec. 1995.

_____. *Afogados em Leis. A CLT e a cultura política dos trabalhadores brasileiros*. São Paulo: Fundação Perseu Abramo. 2002.

GASPARI, Helio. *A Ditadura Derrotada*. São Paulo: Cia das Letras. 2003.

GIOVANETTI NETTO, Evaristo. *O PCB na Assembleia Constituinte de 1946*, São Paulo: Novos Rumos, 1986.

GOMES, Ângela de Castro.(coord.). *Velhos Militantes*. Rio de Janeiro: Jorge Zahar,1988.

_____. *Burguesia e trabalho*. Rio de Janeiro: Campus. 1979.

IANNI, Otávio. *Estado e Planejamento Econômico no Brasil (1930-1970)*. 2. ed. Rio de Janeiro: Civilização Brasileira, 1977.

KAREPOVS, Dainis. *A Esquerda e o parlamento no Brasil: O Bloco Operário e Camponês (1924-1930)*. Tese de doutoramento, USP, 2001. Tombo: 223340

KOVAL, Boris. *História do proletariado brasileiro: 1857 a 1967*. São Paulo: Alfa-Omega, 1982.

LAMPEDUSA, Giuseppe Tomasi di. *O Leopardo*. São Paulo: Abril Cultural, 1974.

LEITE, Márcia de Paulo. *O movimento grevista no Brasil*. Série: tudo é história, 120, São Paulo: Brasiliense, 1987.

LEITE, Mauro Renault e NOVELLI JR (org.). *Marechal Eurico Gaspar Dutra: o dever da verdade*. Rio de Janeiro: Nova Fronteira, 1983.

LENHARO, Alcir. *Sacralização da Política*, Campinas: Papirus, 1986.

LEVINE, Robert M. *O regime de Vargas: Os anos críticos 1934-1938*. Rio de Janeiro: Nova Fronteira.1980.

LINHARES, Hermínio. *Contribuição à história das lutas operárias no Brasil*. 2. ed. São Paulo: Alfa-Omega,1977.

MARANHÃO, Ricardo. *Sindicatos e democratização* (Brasil 1945/1950) São Paulo: Brasiliense. 1979.

_____ & Mendes Jr, Antonio. *A Era Vargas*. Brasil História. São Paulo: Brasiliense, 1981.

MARIGHELLA, Carlos. "Nossa Política" IN: *Revista Problemas* n. 13, agosto/ setembro de 1948, p. 3 a 12.

MARINHO, Maria Gabriela S.M.C., *Trajetória da Faculdade de Medicina da Universidade de São Paulo: aspectos históricos da "Casa de Arnaldo"*. São Paulo: FMUSP. 2006.

MAUAD, Ana Maria. Genevieve Naylor, fotógrafa: impressões de viagem (Brasil, 1941-1942). *Revista Brasileira de História*, São Paulo, v.25, nº 49, p.47-75, 2005.

MAZZEO, Antonio Carlos. *Sinfonia inacabada: a política dos comunistas no Brasil*. Marília: Unesp-Marilia-Publicações. São Paulo: Boitempo, 1999.

MELLO FRANCO, Virgílio. *A campanha da U.D.N.*, Rio de Janeiro: Zélio Valverde, 1946.

MESQUITA, Silvana de Queiroz Nery. *A política cultural norte-americana no Brasil: o caso do OCIAA e o papel das Seleções Reader's Digest 1940-1946*. Dissertação apresentada ao Curso de Mestrado em História da Universidade do Estado do Rio de Janeiro – UERJ , 2002.

MOISES, José Álvaro. *Greve de massa e crise política*. (Estudo da Greve dos 300 Mil em São Paulo – 1953/54). São Paulo: Polis,1978.

MORAES, João Quartim. "Concepções comunistas do Brasil democrático: esperanças e crispações (1944-1954)". *História do Marxismo no Brasil. Teorias- interpretações.* Vol. III. Ed. UNICAMP, Campinas, 1998.

MOURA, Gerson. *Tio Sam chega ao Brasil: a penetração cultural Americana.* Série:Tudo é História, 91, 4. ed., São Paulo: Brasiliense, 1986.

MUNAKATA, Kazumi. *A legislação trabalhista no Brasil.* Série: Tudo é História, 32, 2. ed. São Paulo: Brasiliense, 1982.

_____. *Algumas cenas brasileiras.* Dissertação de Mestrado apresentada ao Departamento de História do Instituto de Filosofia e Ciências Humanas da Universidade de Campinas, sob orientação da Professora Maria Stella M. Bresciani, 1982 Tombo: 147D.

O SESI, o Trabalhador e a Industria: Um resgate Histórico. Estudos de Tendências Sociais, Observatório . SESI/DN. – Brasília: SESI/DN, 2008.

ORTRIWANO, Gisela Swetlana. *A informação no rádio: os grupos de poder e a determinação dos conteúdos.* São Paulo: Summus, 1985.

PACHECO, Eliezer. *O Partido Comunista Brasileiro (1922-1964).* São Paulo: Alfa-Omega, 1984.

PAOLI, Maria Célia Pinheiro Machado. "*Os trabalhadores urbanos na fala dos outros*" IN: LOPES, Jose Sergio Leite . (Coord.) *Cultura e identidade operária.* Rio de Janeiro: Editoria da UFRJ, 1987. p. 53-101.

_____. *Labour, law and the state in Brazil: 1930-1950.* Thesis (PhD) University of London, 1988. 464 p.

_____. "Trabalhadores e cidadania: Experiência do mundo público na história do Brasil Moderno". IN : *Estudos Avançados*, setembro/dezembro, v.3 n. 7. p.40-65. 1989.

_____. "Os direitos do trabalho e sua justiça". IN: *Revista USP*, março/abril/maio 94, nº 21, p.100-115.

_____. "Working-class São Paulo and its representations, 1900-1940". IN: *Latin-American Perspectives Riverside*, 1987, n.53, p.204-25.

PERALVA, Oswaldo. "O Imperialismo Ianque Domina o Aparelho Estatal do Brasil" IN: *Revista Problemas* nº. 13, agosto/setembro de 1948, p.13 a 73.

PIERRUCCI, Antonio Flávio de Oliveira et Alii. "A Economia Brasileira e a Segunda Guerra Mundial" IN : FAUSTO, Boris (dir.) *História Geral da Civilização Brasileira – O Brasil Republicano: economia e cultura (1930-1964).* T. III, v.11. São Paulo: Bertrand Brasil, 2007, p.54-66.

_____. "Relações econômicas internacionais do Brasil (1945-1964) IN: FAUSTO, Boris (dir.) *História Geral da Civilização Brasileira – O*

Brasil Republicano: Economia e cultura (1930-1964). T. III, v.11. São Paulo: Bertrand Brasil, 2007, p.67-89.

PINHEIRO, Paulo Sérgio. *Política e trabalho no Brasil.* Paz e Terra: Rio de Janeiro,1977.

PINHEIRO, Paulo Sérgio de M.S. *" Getúlio Vargas (1883-1954): reexame de alguns mitos".* Estudos CEBRAP 10 abril-junho 1974, pág. 131-140.

POMAR, Pedro Estevam da Rocha. *A democracia intolerante. Dutra, Adhemar e a repressão ao Partido Comunista (1946-1950).* Coleção Teses e monografias V.4, São Paulo: Arquivo do Estado/Imprensa Oficial do Estado. 2002.

PRADO JR, Caio.. *A Revolução Brasileira.* 3ª ed. São Paulo: Brasiliense, 1968.

PRESTES, Luiz Carlos. *Problemas atuais da democracia,* Rio de Janeiro: Editorial Vitória, s/d.

RAINHO, Luís Flávio. *Os Peões do grande ABC:* estudo sobre as condições de vida e consciência de classes do operário metalúrgico (sem especialização e especializado) ligado à indústria automobilística. Petrópolis: Vozes, 1980.

RANIERI, Nina Beatriz Stocco (org.) *Autonomia Universitária na USP - 1934-1939,* vol.1, São Paulo:Edusp, 2006.

REIS, Dinarco. *A luta de classes no Brasil e o PCB.* São Paulo: Novos Rumos, 1985.

RICUPERO, Bernardo. *Caio Prado Jr. e a nacionalização do marxismo no Brasil.* São Paulo: Editora 34, 2000.

RIDENTI, Marcelo e REIS FILHO, Daniel Aarão.(orgs.) *História do Marxismo no Brasil.* Volume V. Partidos e organizações dos anos 20 aos 60. Campinas: Unicamp, 2002.

RODRIGUES, Fernando da Silva. "As relações político-militares entre Brasil e Estados Unidos no contexto da Segunda Guerra Mundial". IN: *Diálogos & Aproximações* - Seminário de Pesquisa de Pós-Graduação em História da UFRJ, 2008, Rio de Janeiro. v. 1. p. 1-12.

RODRIGUES, Leôncio Martins. *Conflito industrial e sindicalismo no Brasil.* Difel: São Paulo,1966.

_____. *Industrialização e atitudes operárias.* São Paulo: Brasiliense,1970.

_____.*Trabalhadores, sindicatos e industrialização.* São Paulo: Brasiliense,1974.

_____. "Sindicalismo e classe operária (1930-1964)" IN: FAUSTO, Boris (dir.). *História Geral da Civilização Brasileira – O Brasil Republica-*

no: sociedade e política (1930-1964). São Paulo: Difel, 1981 T. III, v.3. p.509 a 555.

SAES, Décio A.M. "Classe média e política no Brasil – 1930-1964" IN: FAUSTO, Boris (dir.). *História Geral da Civilização Brasileira – O Brasil republicano: sociedade e política (1930-1964)*. São Paulo: Difel, 1981 T. III, v.3. p.449-506.

SANTANA, Marco Aurélio. *Homens partidos. Comunistas e sindicatos no Brasil*. Rio de Janeiro:UNIRIO/BOITEMPO, 2001.

SANTOS, Abdias José dos e CHAVES, Ercy Rocha. *Consciência operária e luta sindical: metalúrgicos de Niterói no Movimento Sindical Brasileiro*. Petrópolis: Vozes, 1980.

SILVA, Hélio. *1939: Véspera da Guerra*. Rio de Janeiro: Civilização Brasileira, 1972.

_____. *1942: Guerra no Continente*. Rio de Janeiro: Civilização Brasileira, 1972.

_____. *1945: Porque depuseram Vargas*. Rio de Janeiro: Civilização Brasileira. 1976.

SILVA, Julio Cesar dos Santos. A Construção do Pan-americanismo na Revista Em Guarda: o olhar norte-americano pela "defesa" das Américas. (1941-1946). *Revista Patrimônio e Memória*. UNESP- FCLAs – CEDAP, v. 5, n. 2, p.222-250, Dez.2009.

SIMÃO, Aziz. *Sindicato e Estado: suas relações na formação do proletariado de São Paulo*. Série Ensaios, 78. São Paulo: Ática, 1981.

_____. "O voto operário em São Paulo" IN: *Revista Brasileira de Estudos Políticos*. Belo Horizonte, 1956.

SIMONSEN, Roberto. *Evolução Industrial do Brasil e outros estudos*. São Paulo: Cia. Editora Nacional, 1973.

SKIDMORE, Thomas. *Brasil, de Getúlio a Castelo*. 5ª. edição, Rio de Janeiro: Paz e Terra, 1976.

SOARES, Gláucio Ary Dillon. *Sociedade e Política no Brasil* (Desenvolvimento, Classe e Política durante a Segunda República) São Paulo: Difel. 1973.

SODRÉ, Nelson Werneck. *Memórias de um Soldado*. Rio de Janeiro: Civilização Brasileira, 1967.

_____. *Contribuição à história do PCB*. São Paulo: Global, 1984.

SOUZA, Maria do Carmo Campello de. *Estado e partidos políticos no Brasil (1930 a 1964)*, São Paulo: Alfa-Omega, 1976.

TAVARES, Rodrigo Rodrigues. *O porto vermelho: a maré revolucionária (1930-1951)*. Módulo VI – Comunistas. Coleção Inventário DEOPS. São Paulo: Arquivo do Estado/Imprensa Oficial. 2001.

TELLES, Jover. *O movimento sindical no Brasil*. Série: A questão social no Brasil, São Paulo: Ciências Humanas.1981.

TINHORÃO, José Ramos. *História Social da Música Popular Brasileira*. São Paulo: Editora 34, 2002.

TOTA, Antonio Pedro. *O imperialismo sedutor: a americanização do Brasil na época da Segunda Guerra*. São Paulo: Cia das Letras, 2000.

VARGAS, Getúlio. *A política trabalhista do Brasil*, vol.2, Rio de Janeiro: José Olympio, 1950.

VESENTINI, Carlos Alberto e DE DECCA, Edgar. "A revolução do vencedor" revista *Ciência e Cultura*, v. 29, n. 1, p. 25-32, jan. 1977.

VIANNA, Luis Werneck. *Liberalismo e sindicato no Brasil*, Rio de Janeiro: Paz e Terra,1976

VINHAS, Moisés. *Estudos sobre o proletariado brasileiro*. São Paulo: Civilização Brasileira, 1970.

_____. *O Partidão: A luta por um partido de massas*: 1922-1974. São Paulo: Hucitec, 1982.

WEFFORT, Francisco. *"Origens do sindicalismo populista no Brasil - (A conjuntura do após-guerra)* – Estudos CEBRAP, 4 abril-junho 1973 p. 65-105.

_____. "Democracia e movimento operário: algumas questões para a história o período (1945/1964)", *Revista de Cultura Contemporânea*, n. 1, São Paulo: Cedec,1978b.

_____. *O populismo na Política Brasileira*. 2ª ed. Rio de Janeiro: Paz e Terra,1980.

WEINSTEIN, Bárbara. "The industrialists, The State, and the Issues of Workers Training and Social services in Brazil, 1930-50". *Hispanic American Historical Review*, v.70, n. 3, august, 1990. p. 379-404.

WILLIAMS, Daryle. *Culture wars in Brazil: The first Vargas Regime, 1930-1945* Duke University Press: Durham & London 2001.

2. EEUU

AGEE, Philip. *Inside the Company: CIA Diary*, New York: Bantam Books, 1976.

ALSOP, Stewart and BRADEN, Thomas. *Sub Rosa: The OSS and American Espionage* (New York: Reynal & Hitchcock, 1946).

BEATTIE, Peter M. "Class Politics and Class identity in mid-twentieth-Century Brazil". IN : *Latin American Research Review*, v. 36, n. 2. (2001), p. 193-201.

BEMIS, Samuel Flagg, ed. The American Secretaries of State and their Diplomacy. New York: Alfred A. Knopf, 1928.

_____. The Latin American policy of the United States: an historical interpretation. New York : Harcourt Brace and Company,1943.

BILLINGTON, Ray A. & RIDGE, Martin. American History after 1865.New Jersey:Littlefield, Adams,1981.

CAMBONE, Stephen A. A New Structure for National Security Policy Planning. Washington, D.C.: CSIS, 1998

CARVALHO, José Murilo de *"Armed Forces and Politics in Brazil 1930-1945"*, Hispanic American Historical Review v.62, n. 2 (May,1982): 193-223.

COHEN, Youssef. *The Manipulation of Consent. The State and Working--Class Consciousness in Brazil*. Pittsburgh:University of Pittsburgh Press, 1989.

COOBS, Elizabeth A. *The rich neighbor policy: Rockefeller and Kaiser in Brazil*. New Haven: Yale University, 1992.

DIVINE, Robert Alexander. *The Illusion of Neutrality*. Chicago:University of Chicago Press,1962.

_____. *The Reluctant Belligerent: American Entry into World War II*, 2. ed. New York: Knopf, 1979.

DUR, Philip F. Jefferson Caffery of Louisiana:Ambassador of Revolutions - An outline of his career. Lafayette, University of Southwestern Louisiana Libraries, 1982.

EGGERT,Gerald G. *Richard Olney: Evolution of a Statesman*. University Park, Pa.: Pennsylvania State University Press, 1974.

ELDER, Robert Ellsworth. *The Policy Machine : The Department of State and American Foreign Policy* , Syracuse University Press, 1960.

ESTES, Thomas S. e LIGHTNER JR., E. Allan. *The Department of State,* New York:Praeger Publishers, 1976.

FISZMAN, Joseph R. "The Development of Administrative Roles: The Labor Attaché Program of the US Foreign Service." IN: *Public Administration Review*, v. 25, n. 3 (Sep.,1965), p.203-212.

_____. *The U.S. Labor Attaché: Expectations and Reality*. Michigan State University, Ph.D., 1964.

FOSTER, Willian Z. "O Imperialismo Americano e o perigo da Guerra" IN: *Revista Problemas* n. 3, outubro de 1947, p. 31 a 43.

_____. "O Excepcionalismo norte-americano" IN: *Revista Problemas*, n. 7, fevereiro de 1948, p.144-162.

FRANK, Dana. *"The AFL-CIO'S Cold War in Honduras: the early years, 1945-59".* Paper apresentado na Conferência da LASA (Latin American Studies Association), Rio de Janeiro em 12/6/2009.

FRENCH, John David. "Workers and the Rise of Adhemarista Populism in São Paulo, Brazil 1945-1947" *Hispanic American Historical Review*, v. 68, n.1 (February 1988): 1-43.

_____. "The Robert J. Alexander Interview Collection" IN : *Hispanic American Historical Review*, May 2004; 84: 315 - 326.

GREENE, Julie. *The Canal Builders: Making America's Empire at the Panamá Canal*. New York: Penguin Press, 2009.

HENRY, Jules. "Developments in Brazilian Labor Organization since VJ Day" *Monthly Labor Review*, march, 1947, p. 433-443.

HILTON, Stanley E. *"The United States, Brazil, and the Cold War, 1945-1960. End of the special relationship".* The Journal of American History, v.68, n. 3 (Dec.,1981), p. 599-624.

_____."The Overthrow of Getúlio Vargas in 1945: Diplomatic intervention, defense of democracy or political retribution?*, Hispanic American Historical Review* v.67, n. 1 (february, 1987) : 1- 37.

HIRSCH, Fred. *An analysis of Our AFL-CIO role in Latin America or under the covers with the CIA*. San Jose, CA: F. Hirsch, 1974.

HORWOTZ, D. *The free world colossus: A critique of american foreign policy in the cold war,* Hill&Wang: New York, 1965.

HOWARTH, Tony. *Twentieth century history: the world since 1900*. Essex: Longman, 1979.

JAKUB, Jay. *Spies and saboteurs: Anglo-American collaboration and rivalry in human intelligence collection and special operations, 1940-45*, New York: St. Martin's, 1999.

Eduardo José Afonso

KATZ, Barry M. *Foreign Intelligence: Research and Analysis in the Office of Strategic Services, 1942-1945*. Cambridge: Harvard University Press, 1989.

KOLKO, G. *Politics of the War: The World and United States Foreign Policy: 1943-1953*, Random House, New York, 1968.

KROUT, John A. *United States to 1877*. 7. ed. New York:Barnes &Nobles Books.1971.

LICHTENSTEIN, Nelson. *Walter Reuther: The Most Dangerous Man in Detroit*. New York:Basic Books.1997.

LICHTENSTEIN, Nelson et alli. *Who Built America? V.2: Since 1877*. New York: Worth Publishers, 2000.

LINEBAUGH, Peter e REDIKER, Marcus. *The Many-Headed Hydra. Sailors, Slaves, Commoners, and the Hidden History of the Revolutionary Atlantic*. Boston: Beacon Press, 2000.

MILLIS, Harry A. *From the Wagner Act to Taft-Hartley: a study of national labor policy and labor relations*, Chicago: University of Chicago Press., 1950.

MORGAN, Ted. *A Covert Life. Jay Lovestone. Communist, Anti-Communist, and Spymaster*. New York:Random House,1999.

NEVINS, Allan. Hamilton Fish: *The Inner History of the Grant Administration*. New York: Dodd, Mead & Co., 1937.

NIXON, Edgar Burkhardt.(edit). *Franklin D. Roosevelt and Foreign Affairs:* V I, Cambridge: Belknap Press of Harvard University Press, 1969, p. 559-60.

REUTHER, Victor. *The brothers Reuther and the story of the UAW*. Boston: Houghton Mifflin, 1976.

SLOANE, Arthur, e WITNEY, Fred. *Labor Relations,* Upper Saddle River:Prentice Hall, 1997.

SMITH, Richard Harris. *OSS: The Secret History of America's First Central Intelligence Agency*. Berkeley: University of California Press, 1972.

STUART, Graham H. *The Department of State: A History of its organization, procedure, and Personnel*. New York: MacMillan,1949.

TOCQUEVILLE, Alexis de. *A democracia na América*. Belo Horizonte/São Paulo, Itatiaia/Edusp, 1977.

WAGNER, R.H. *United States Policy Toward Latin America*, Stanford University Press, 1970.

WARNER, Michael. *The Office of Strategic Services : America's First Intelligence Agency* (Washington, D.C.: Central Intelligence Agency, [2001])

WILLIAMS, William Appleman. *The tragedy of american diplomacy*. New York: WW Norton & Company, 2009.

WOLFE, Joel. *Working women, working men: São Paulo and the rise of Brazil's industrial working class, 1900-1955. Durham. Duke University Press, 1993*.

ZIEGER, Robert. *American Workers, American Unions*. Baltimore: The John Hopkins University Press, 1994.

3. Conjuntura internacional.

ALMEIDA, Hamilton. *Sob os olhos de Perón*. O Brasil de Vargas e as relações com a Argentina. Rio de Janeiro: Record, 2005.

BEER, Max. *História do Socialismo e das lutas sociais*. Rio de Janeiro: Laemmert, 1968.

BETHELL, Leslie. Brasil. IN: BETHELL, Leslie; ROXBOROUGH, Ian (org.). *América Latina entre a Segunda Guerra Mundial e a Guerra Fria*. Rio de Janeiro: Paz e Terra, 1996.

BIRENBAUM, N., "Classes Sociais na Sociedade Industrial", IN: *Sociedade tecnocrata: ideologia e classes sociais*, São Paulo: Documentos, 1968.

BUARQUE DE HOLANDA, Sérgio. "Considerações sobre o Americanismo", IN: *Cobra de vidro*. São Paulo: Perspectiva/ Secretaria da Cultura, Ciência e Tecnologia do Estado de São Paulo, 1978.

CASTORIADIS, Cornelius. *A Experiência do Movimento Operário*. São Paulo: Brasiliense, 1985.

CERTEAU, Michel de. *A invenção do cotidiano: artes de fazer*, Rio de Janeiro: Vozes, 1994.

CISNEROS, Andrés e ESCUDE, Carlos. *Historia de lãs relaciones exteriores argentinas (1806-2000)*. Buenos Aires: CEMA, 2000.

DECCA, Edgar Salvadori de. *O nascimento das fábricas*. Tudo é história n. 51, São Paulo: Brasiliense,1982.

DIFFIE, Bailey W. *Some foreign influences in contemporary brazilian politics, The Hispanic American Historical Review*, V. XX, n. 3, August,1940. p. 402-429.

DONGHI, Halperin. *História da América Latina*. Rio de Janeiro: Paz e Terra. 1975.

ESCUDE, Carlos. *Gran Bretaña, Estados Unidos y la declinación argentina, 1942-1949*, Buenos Aires: ed. de Belgrano, 1988.

FEDMAN-BIANCO, Bela (org.). *A antropologia das sociedades contemporâneas*, São Paulo: Global, 1987.

FELISATTI, Antonio. *Hipólito Yrigoyen*, Buenos Aires: Pleamar,1984.

FURTADO, Celso. *A hegemonia dos Estados Unidos e o subdesenvolvimento da América Latina*. Rio de Janeiro, Civilização Brasileira, 1973.

GAMBINI, Hugo. *La primera presidencia de Perón*. Testimonios y Documentos, Buenos Aires: CEAL 1985.

GARCIA SEBASTIANI, Marcela. *Los antiperonistas en La Argentina Peronista. Radicales y socialistas en la política argentina entre 1943 y 1951*. Buenos Aires: Prometeo, 2005.

GERCHUNOFF, Pablo; LLACH, Lucas. *El ciclo de la ilusión y el desencanto: un siglo de políticas económicas argentinas*. Buenos Aires: Ariel. 1998.

GORZ, André. *Adeus ao proletariado: para além do socialismo*, Rio de Janeiro: Forense-Universitária, 1982.

HANDLEY, Willian. American labor and world affairs. *The Annals of the American Academy of Political and Social Science*. March,1951. pp. 131-138.

HILTON, Stanley E. . "Brazilian diplomacy and the Washington-Rio de Janeiro "Axis" during the World War II era" *Hispanic American Historical Review*, v. 59, n. 2 (may, 1979): 201-31.

_____. "The United States, Brazil, and the Cold War, 1945-1960 : End of the Special Relationship", *The Journal of the American History*, v. 68, n. 3(Dec.,1981), p. 599-624.

HOBSBAWM, Eric J.(org.) *História do Marxismo. O Marxismo na época da Terceira Internacional: O Novo Capitalismo o Imperialismo , O Terceiro Mundo*. v.8 .São Paulo: Paz e Terra, 1987.

_____.(org.) *História do Marxismo. O Marxismo na época da Terceira Internacional: De Gramsci à crise do stalinismo*. v.10. São Paulo: Paz e Terra, 1987.

_____. "História operária e ideologia" IN: *Mundos do Trabalho*. Rio de Janeiro: Paz e Terra, 1987.

_____. *A era dos impérios*. Coleção Oficinas da História, Rio de Janeiro: Paz e Terra. 1989.

_____. *A era dos extremos*. São Paulo: Cia das Letras. 1995.

HOBSBAWM, Eric J. e Terence Ranger (org.). *A invenção das tradições*. 2. ed., Rio de Janeiro: Paz e Terra, 1997.

_____. *Sobre história*. São Paulo: Cia das letras, 1998.

_____. *Os trabalhadores. Estudos sobre a história do operariado*, 2. ed. São Paulo: Paz e Terra, 2000.

_____. *Mundos do Trabalho. Novos Estudos sobre a História Operária*. 3. ed., São Paulo: Paz e Terra, 2000.

HUMPHREYS, R. A., *Latin America and the Second World War*, v.2, 1942-1945, Londres, 1982.

HUNT, Michael H. *Ideology and U.S. Foreign Policy*. New Haven: Yale University Press, 2009.

HUGGINS, Martha K. *Polícia e política*: relações Estados Unidos/América Latina. São Paulo: Cortez, 1998.

IANNI, Octavio. *Imperialismo e cultura*. 2. ed., Petrópolis:Vozes, 1976.

LUNA, Félix . *Yrigoyen*. Buenos Aires: Desarrollo. 1964.

_____. *El 45*. Buenos Aires: Sudamericana.1971.

_____. *Argentina: de Perón a Lanusse* (1943-1973). Rio de Janeiro: Civilização Brasileira,1974.

_____. *Perón y su tiempo*. *v*. I. *La Argentina era una fiesta*, Buenos Aires: Sudamericana, 1984.

MACCANN Jr., Frank *The Brazilian-American alliance (1937-1945)*. Princeton: Princeton University Press,1973.

MARTI, José. Inside the monster. Philip S. Foner ed., New York: *Monthly Review Press*, 1975.

METHOL FERRÉ, Alberto. *Perón y la alianza argentino-brasileña*. Buenos Aires: Theoria Ediciones. 2000.

MOURA, Gerson. *Sucessos e Ilusões: Relações Internacionais do Brasil durante e após a Segunda Guerra Mundial*. Rio de Janeiro: Fundação Getúlio Vargas, 1991.

MURARD, Lion e ZYLBERMAN, Patrick (éd). *Le Soldat du Travail: Guerre, fascisme et taylorisme*. Recherches, 1978.

MURMIS, M. E portantiero, J.C. *Estudos sobre as Origens do peronismo*. São Paulo: Editora Brasiliense, 1973.

OLIVEIRA, Francisco de. *O elo perdido: classe e identidade de classe,* São Paulo: Brasiliense, 1987.

PAGE, Joseph. *Perón: una biografía*. Buenos Aires: Grijalbo. 1999.

POTASH, Robert A. *El ejército y la política en la Argentina; 1928-1945*. Buenos Aires: Sudamericana.1981.

PAZ, Otávio. *O labirinto da solidão e post scriptum*. Rio de Janeiro:Paz e Terra, 1976.

PERROT, Michelle. *Jeunesse de la greve: France, 1871-1890*, Paris: Seuil, 1984.

POTASH, Robert A. El ejército y la política en Argentina, 4 Tomos. Buenos Aires: Sudamericana. 1994, pag.289.

POULANTZAS, Nicos. *Poder político y clases sociales en el estado capitalista*. México: Siglo Veintiuno editores, 1970.

PRADO, Maria Ligia Coelho. *"Ser ou não ser um bom vizinho: América Latina e Estados Unidos durante a Guerra"* IN : Dossiê 50 anos de Final de Segunda Guerra. Revista USP , Junho/julho/agosto, 1995, n. 26. p.54-61.

RIBEIRO, Darcy. *As Américas e a civilização.* Petrópolis: Vozes,1979.

ROMUALDI, Serafino. *Presidents and Peons. Recollections of a Labor Ambassador in Latin America.* New York: Funk & Wagnalls. 1967.

SCENNA, Miguel A. *Braden y Perón,* Buenos Aires:Korrigan. 1974.

SCHLESINGER, Arthur M. Jr. (gen.editor). *The Dynamics of World Power: A Documentary History of United States Foreign Policy, 1945-1973,* 5 v., New York: Chelsea House Pub., 1973. v.3: Latin America.

SIGAL, Silvia: Intelectuales y peronismo en Nueva historia Argentina tomo VIII. Buenos Aires: Sudamericana, 2002.

SIMS, Beth. *Workers of the World Undermined : American Labor's Role in U.S. Foreign Policy.* Boston:South End Press. 1992.

SOBOLEV, A. et alii. *A Internacional Comunista* (3 vols.) Lisboa: Avante! 1976.

SPALDING JR., Hobart. *Solidarity Forever? Latin American Union and the International Labor Network.* Latin American Research Review. v. 24, n. 2 (1989), p 253-265.

SPRIANO, Paolo. *"O movimento comunista entre a guerra e o pós-guerra: 1938-1947",* IN: HOBSBAWN , Eric J. (org.) *História do marxismo.* Rio de Janeiro: Paz e Terra, v.10, 1987. p. 129-212.

STUART, Graham H.*"The United States and Brazil"* IN*: Latin America and United States.* 4 ed.,New York: D.Appleton-Century Campany. 1943.

THOMPSON, E.P. *A Formação da Classe Operária Inglesa. Volume I: A árvore da Liberdade,* Rio de Janeiro:Paz e Terra.1987.

_____. *A Formação da Classe Operária Inglesa. Volume II: A Maldição de Adão,* Rio de Janeiro:Paz e Terra.2001.

_____. *A Formação da Classe Operária Inglesa. Volume III: A Força dos Trabalhadores, 2ª ed.* Rio de Janeiro:Paz e Terra. 1989.

_____. *Tradición, revuelta y consciencia de clase: estudios sobre la crisis de la sociedad preindustrial.* Barcelona:Critica, 1989.

_____. *Costumes em comum. Estudos sobre a cultura popular tradicional.* São Paulo: Cia das Letras, 2005.

TRONCOSO, Oscar A. *La revolución del 4 de junio de 1943. El peronismo en el poder.* Buenos Aires: CEAL. 1976.

WELCH, Cliff. *"Labor Internationalism: U.S. Involvement in Brazilian Unions, 1945- 1965"* IN : Latin American Research Review, v. 30, n. 2. (1995), p. 61-89.

_____. *United States Labor Policy and The Politics of "Ordem e Progresso" in Brazil, 1945-1950*. Tese de Mestrado, Universidade de Maryland, 1987.

WINDMULLER, John P. American Labor and the International Labor Movement 1940 to 1953. Ithaca: Conernell University Press,1954.

ZANINI, Eduardo. *Hipolito Yrigoyen, a 150 de su nacimiento* (biografía). Quintana Ediciones, 2003.

4. Questões teóricas e técnicas.

ABREU, Alzira Alves de, et al. (coord.) *Dicionário histórico-biográfico brasileiro:* pós-1930. Rio de Janeiro: FGV, 2001.

ALMEIDA, Paulo Roberto de & ROGIDO, rancisco & BARBOSA, Rubens Antonio (org.). *Guia dos arquivos americanos sobre o Brasil: coleções documentais sobre o Brasil nos Estados Unidos.* Washington:Embaixada do Brasil, 2002.

BARBOSA, Rubens Antônio; EAKIN, Marshall C.; ALMEIDA, Paulo Roberto de. *O Brasil dos brasilianistas: um guia dos estudos sobre o Brasil nos Estados Unidos, 1945-2000.* São Paulo: Editora Paz e Terra, 2002.

CHESNEAUX, Jean. *Devemos fazer tábula rasa do passado? sobre a história e os historiadores,* São Paulo: Ática, 1995.

CHAUÍ, Marilena. *Cultura e Democracia – O discurso competente e outras falas.* São Paulo: Moderna. 2. ed., 1982.

CHAUÍ, Marilena & FRANCO, Maria Sylvia Carvalho. *Ideologia e mobilização popular.* Rio de Janeiro: CEDEC/Paz e Terra.1978.

FELISATTI, Antonio. *Hipólito Yrigoyen*, Buenos Aires:Pleamar,1984

FERNANDES, Florestan. *Sociedade de Classes e Subdesenvolvimento.* Zahar: RJ,1972.

FERREIRA, Aurélio Buarque de Holanda. *Novo Dicionário da Língua Portuguesa.* Rio de Janeiro: Nova Fronteira, s/d.

FERREIRA, Maria de Morais (coord.) *Entrevistas: abordagens e usos da história oral.* Rio de Janeiro: Editora da FGV, 1994.

FERREIRA, Marieta de Morais; AMADO, Janaína(org.) *Usos e abusos da história oral,* Rio de Janeiro: Editora da FGV, 1996.

FOUCAULT, Michel. *Microfísica do poder.* 6. ed., Rio de Janeiro: Graal, 1986.

GOODRICH, Leland M. & CARROLL, Marie J., (edit.). *Documents on American Foreign Relations.* Vol.VII july-1944/june-1945. The World Peace Foundation, Princeton University Press, 1947.

GOLDMANN, Lucien. *Ciências Humanas e filosofia*, 2. ed., São Paulo: DI-FEL, 1970.

GRAMSCI, Antonio. *Gli intellettuali e l'organizzazione della cultura*, Guilio Einaudi Editore: Torino, 1966.

_____. *Maquiavel, a Política e o Estado Moderno*. 4 ed., Rio de Janeiro: Civilização Brasileira, 1980.

_____. *Concepção Dialética da História*, 4. ed., Rio de Janeiro: Civilização Brasileira, 1981.

HALBWACHS, Maurice. *A memória coletiva*, São Paulo: Vértice, 1990.

HARRISON, John Parker. "The archives of United States diplomatic and consular posts in Latin America" *Hispanic American Historical Review*, v.33, feb., 1953, p.168-183.

HOBBES, Thomas. *Leviatã. Col. Os pensadores,* São Paulo: Nova Cultural. 1997.

LE GOFF, Jacques "História"; "Memória" e "Documento / Monumento" IN: *Enciclopédia Einaudi Memória-História,* Campinas: Editora da Universidade de Campinas, 1990.

_____. *A História do quotidiano,* In: DUBY, Georges *et. al. História e Nova História*, Lisboa: Teorema, 1986.

LUCAKS, Georg. *Historia y consciencia de clase*. Barcelona: Grijalbo, 1975.

LUXEMBURG, Rosa. *Textes.* Paris: Editions Sociales,1969.

MARX, Karl. *O Capital: crítica da economia política*. São Paulo: Abril Cultural, 1983. V. 1.

_____. *O 18 Brumário de Luís Bonaparte.* Os Pensadores. São Paulo: Abril, 1978.

_____. *Manuscritos econômicos-filosóficos e outros textos escolhidos.* Coleção Os Pensadores. São Paulo: Abril Cultural, 1978.

_____. *Para a crítica da economia política*. (Os economistas) São Paulo: Abril Cultural, 1983.

MARX, Karl e ENGELS, Friedrich. *Textos* São Paulo: Edições Sociais, 1977.

_____. *A ideologia alemã*, 2. ed., São Paulo: Ciências Humanas, 1979.

MÉSZAROS, István. *O poder da ideologia*. São Paulo: Boitempo, 2007.

POULANTZAS,Nicos. *As Classes Sociais no Capitalismo de Hoje*. Rio de Janeiro: Zahar, 1975.

SILVA, Marcos A. da. A história e seus limites, *Revista História e Perspectivas*, Uberlândia, Universidade Federal de Uberlândia - Curso de História, n. 6, p. 59-65, 1992 .

_____. *História: o prazer em ensino e pesquisa*, São Paulo: Brasiliense, 1995.

_____. (org.). *Repensando a história,* Rio de Janeiro: Marco Zero, 1984.

STAVENHAGEN, Rodolfo. "Estratificação social e Estrutura de Classe" IN: VELHO, Otávio Guilherme *et. alii. Estrutura de classes e estratificação social,* 6. ed., Rio de Janeiro: Zahar, 1976.

THOMPSON, E.P. "The politics of theory". *In:* SAMUEL, Raphael (Ed.). *People's history and socialist theory.* Routledge & Kegan Paul, London: 1981

_____. *A miséria da teoria ou um planetário de erros. Uma crítica ao pensamento de Althusser.* Rio de Janeiro: Zahar, 1981.

_____. *The long death of British labourism.* Londres: Pluto Press, 1993.

TRAGTENBERG, Maurício. *Burocracia e ideologia.* Coleção ensaios 9, São Paulo: Ática, 1980.

VESENTINI, Carlos Alberto. *A teia do fato.* São Paulo: Hucitec-História Social USP, 1997.

WEBER, Max. *Ciência e política: duas vocações.* Cultrix: São Paulo, 2005.

AeS

ABREVIATURAS E SIGLAS

ABC – Santo André, São Caetano e São Bernardo [1]

ABI – Associação Brasileira de Imprensa

ABP – Associação Brasileira de Propaganda

AFL – American Federation of Labor

AIFLD – American Institute for Free Labor Development

AP – Associated Press

AR – Annual Report

BIAA – Bureau of Inter-American Affairs

BIIP – Bureau of International Information Program

BNDE – Banco Nacional do Desenvolvimento Econômico

BIRD – Banco Internacional para Reconstrução e Desenvolvimento

BOI – Bureau of Investigation

B.R. – Biographic Register

CAPES – Coordenação de Aperfeiçoamento de Pessoal de Nível Superior

CD – Country Desk

CDF – Central Decimal File

CDO – Country Desk Officer

CEDEM – Centro de Documentação e Memória da UNESP

CGT – Confederación General de Trabajadores Chile

CGT – Confederación General del Trabajo de la República Argentina

CIA – Central Intelligence Agency

CIO – Congress of Industrial Organizations

CIT – Confederação Inter-Americana do Trabalho

---

1   Três cidades operárias no Estado de São Paulo.

CLT – Consolidação das Leis do Trabalho
CNI – Confederação Nacional da Indústria
CNT – Confederação Nacional dos Trabalhadores
CNTC – Confederação Nacional dos Trabalhadores no Comércio
CNTI – Confederação Nacional dos Trabalhadores na Indústria
COI – Coordinator of Information
CPDOC – Centro de Pesquisa e Documentação de História Contemporânea do Brasil
CPUSA – Communist Party of the United States
CTAL – Confederación de trabajadores de América Latina
CTB – Confederação dos Trabalhadores do Brasil
CNPq – Conselho Nacional de Pesquisa
CSN – Conselho de Segurança Nacional
DCS – Division of Central Service
DEIP – Departamentos Estaduais de Imprensa e Propaganda
DIP – Departamento de Imprensa e Propaganda
DOP – Departamento de Ordem Política e Social
DS – Department of State
ECA – Administração para a Cooperação Econômica
EMFA – Estado Maior das Forças Armadas
ERP – Programa de Recuperação Europeia
EXIMBANK – Export and Import Bank
FBI – Federal Bureau of Investigation
FEA. – Foreign Economical Administration
FERA – Federal Emergency Relief Administration
FIESP – Federação das Indústrias do Estado de São Paulo
FSA – Farm Security Administration
FSM – Federação Sindical Mundial
FTUC – Free Trade Union Committee
G-2 – War Department's Military Intelligence Division
GOU – Grupo de Oficiais Unidos
IAD – International Affairs Department
ICFTU – International Confederation of Free Trade Unions
ILGWU – The International Ladies' Garment Workers' Union

ILO – International Labor Organization
ITT – International Telephone & Telegraph
JLC – Jewish Labor Committee
MGM – Metro Goldwyn Mayer
MoMA – Museum of Modern Art
MPD – Motion Pictures Division
MPSA – Motion Picture Society for the Americas
MLR – Monthly Labor Report
MUT – Movimento Unificador dos Trabalhadores
NIRA – National Industrial Recovery Act
NLRA – National Labor Relations Act
NLRB – The National Labor Relations Board
NLU – The National Labor Union
NSA – National Security Act
NSC – National Security Council
OAS – Organization of American States
OCB – Operations Coordinating Board,
OCIAA – Office of the Coordinator of Inter-American Affairs
OCL – Office of Intelligence Coordination and Liaison
OEA – Organização dos Estados Americanos
ONI – Office of Naval Intelligence
OIAA – Office of Inter-American Affairs
OIT – Organização Internacional do Trabalho
ORIT – Organización Regional Interamericana de Trabajadores
OSS – Office of Strategic Services
OWI – Office of War Information
PCB – Partido Comunista do Brasil
PRI – Partido Revolucionário Institucional
PRM – Partido da Revolução Mexicana
PRN – Partido Nacional Revolucionário
PSD – Partido Social Democrático
PTB – Partido Trabalhista Brasileiro
PTN – Partido Trabalhista Nacional
RA – Resettlement Administration

RG59 – General Records of the Department of State

RG84 – Foreign Service Posts of the Department of State

RKO – Radio-Keith-Orpheum Pictures

SAA – Sociedade Amigos da América

SAPS – Serviço de Alimentação e Previdência Social

SENAI – Serviço Nacional de Aprendizagem Industrial

SESI – Serviço Social da Indústria

SIS – Special Intelligence Service

TIAR – Tratado InterAmericano de Assistência Recíproca

UAW – United Automobile Workers

UDN – União Democrática Nacional

UFA – Universum Film Aktiengesellschaft

UMW – United Mine Workers[2]

UNE – União Nacional dos Estudantes

UNRRA – United Nations Relief and Rehabilitation Administration

UPA – University Publications of America.

UPI – United Press International

URSS – União das Repúblicas Socialistas Soviéticas

USBOI – United States Bureau of Investigation

USIA – United States Information Agency

USIS – United States Information Service

USNA – United States National Archives

VR – Voluntary Reports

WFTU – World Federation of Trade Unions

---

2   Dos Estados Unidos da América do Norte.

ARQUIVOS

Fontes de Época

Diários manuscritos e Documentos Pessoais

1. Diário de Adolf A.Berle – 1937-71. 6 rolos de microfilmes
2. Franklin Delano Roosevelt Library, Hyde Park, NY, USA
3. Papers of Serafino Romualdi. Labor Management Documentation Center,
4. Martin P. Catherwood Library, Cornell Univ., Ithaca, NY,USA.
5. Lewis Graham Hines Papers - 1916 – 1959 – 13.800 itens
6. Leaders and Public Official – Taft-Hartley Act – Library of Congress, Washington, D.C. USA.
7. Papers of Harry S. Truman. Official File - Harry Truman Library – Independence – MO – USA

Documentos Oficiais Norte-Americanos e Ingleses

Documentos do Departamento de Estado dos Estados Unidos da América
Central Decimal Files, **Record Group 59** (1940-1955)
Post Files, **Record Group 84**, Embaixada dos Estados Unidos no Rio de Janeiro e Consulados dos Estados Unidos em São Paulo, Recife, Porto Alegre, Bahia, Brasil (1944 – 1955).
RG 299 – Office of Inter-American Affairs – Records of the Department of Information Regional Division Coordination Commitee for Brazil.
United States National Archives de Washington D.C. e College Park, MD, USA
Relatórios Secretos da O.S.S. – Office of Strategic Services
State Department Intelligence and Research Reports – Latin America – 1941-1961
Brazil – "Reel VI – CEDEM – UPA – University Publications of America.

Documentos diplomáticos norte-americanos – RG59 Departmente of State – AEL –UNICAMP

Documentos Diplomáticos referentes a política externa Norte-Americana na América Latina – Cuba, Venezuela, Brasil, Argentina, Uruguai, Bolívia, Colômbia, Costa Rica

United States Department of State / Foreign relations of the United States : diplomatic papers, 1944. The American Republics (1944). University of Wisconsin Digital Collections.

Documentos da AFL – 1943 - 1955 – Joel Lovestone e George Meany Papers – The George Meany Memorial Archives in the National Labor College, em Silver Spring, MD, USA.

Relatórios Mensais (Monthly Labour Reports) estritamente secretos da Embaixada Britânica no Rio de Janeiro para o Foreign Office e Ministry of Labour – 1943 – 1947 – FO-371 e LAB 13/498 – Public Record Office, National Archives, London , UK.

Documentos Públicos
U.S. Government Documents and Official Publications

U.S. Department of Labor, Office of International Labor Affairs. Biographic Register: U.S. Labor Attachés and Assistant Labor Attachés, January, 1959 – University of Maryland McKeldin Library Depository DR-242 e Department of Labor – Wirtz Labor Library

U.S. Department of State. The Biographic Register. 1960. – University of Maryland McKeldin Library Depository DR-242 e U.S. Department of State

U.S. Congressional Record. Vol. XCIII. 80th Cong., 1st Sess., 1947.

The Foreign Affairs Oral History Collection of the Association for Diplomatic Studies and Training. – American Memory – Frontline Diplomacy , Manuscript Division, Library of Congress, Washington , DC.

Library Of Congress – Library of Congress Information Bulletin, July 1952.

Presidential Speech Archive - Miller Center Public Affairs. University of Virginia.

Documentos Oficiais Brasileiros

Documentos da história do movimento operário – Boletins e artigos de jornais Operários Coleção Internationaal Instituut voor Sociale Geschiedenis – IISG, de Amsterdam. Archivio Storico del Movimento Operaio Brasiliano – ASMOB, de Milão. Arquivo Edgard Leuenroth – Centro de Pesquisa e Documentação Social

Atas das Reuniões do Comitê Central do PCB – Fundos Luiz Carlos Prestes (LCP) – História do PCB e da trajetória política brasileira – AEL--UNICAMP

Documentos do arquivo particular de Astrojildo Pereira – Cartas e artigos de jornais – CEDEM – Centro de Documentação e Memória da UNESP.

Documentos Oficiais Brasileiros arquivados no RG59 – Central Decimal Files, *Record Group 59* (1940-1955) – United States National Archives de Washington D.C. e College Park, MD, USA.

Documentos do DEOPS – Relatórios e fichas de suspeitos – Movimento Operário e Partido Comunista - Arquivo do DEOPS-SP (Arquivo Público do Estado de São Paulo – Setor DEOPS-SP)- (AE-D).

Jornais e Revistas de época – Arquivo Público do Estado de São Paulo

Documentos da Seção dos Processos do Tribunal de Segurança Nacional – Arquivo Nacional – Rio de Janeiro

Documentação sobre o Período Vargas – Boletins do DIP, Cartas , Relatórios, Memorandos, Documentos Diplomáticos – 1930-45 e 1951-54 - CPDOC/FGV/RJ

Documentação Diplomática: Cartas e Memorandos do Ministério das Relações Exteriores Arquivo Histórico do Itamaraty – Arquivo Macedo Soares

Revistas e Periódicos

Boletim do MUT – 1945 a 1947;

Classe Operária, A – 1947;

Correio da Manhã – 1945-1947;

Correio Paulistano – 1945-1947 ;

Dia, O – 1945 – 1947;

Diário de São Paulo – 1945-1947;

Diário Popular – 1945-1946;

Diretrizes – 1946;

Estado de São Paulo, O - 1945 a 1947;

Estudos CEBRAP – 1973;

Folha da Manhã – 1945 -1947;

Jornal de São Paulo – 1946;

Journal of American History, The – 1981;

Hispanic American Historical Review – 1953/1982 /1987/1988 /1990/2004;

Hoje – órgão do PCB – 1945-1947;

Hora, A – 1946;

Latin American Research Review – 1989/1995/2001;

Manhã, A – 1949;

Monthly Labor Review – 1947;

Noite, A – 1945 – 1946;

Public Administration Review – 1965;

Revista Brasileira de Estudos Políticos – 1956;

Revista USP – Junho/julho/agosto – 1995;

Revista de Cultura Contemporânea – 1978;

Revista História e Perspectivas – 1992;

Revista Patrimônio e Memória. UNESP – 2009;

Revista Projeto História – PUC – 2005 - 2006;

Revista Problemas –1947 a 1956

Revista do Acervo Histórico da Assembleia Legislativa de São Paulo – 2005;

The New York Times – 1943-1950;

Time Magazine – 1945-1951;

Tribuna Popular – 1946-1947;

Tribuna Trabalhista – 1947.

ANEXOS

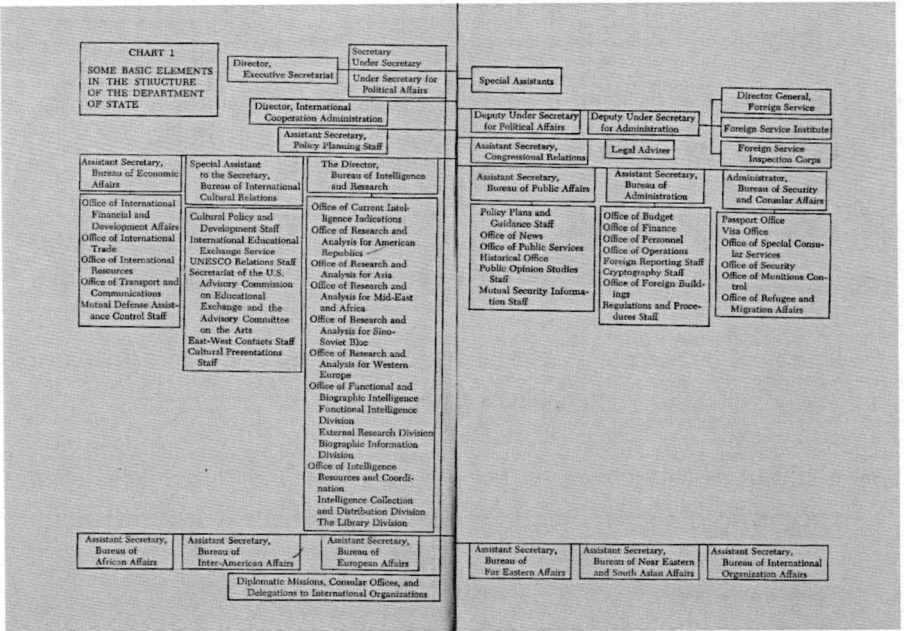

Alguns elementos básicos na estrutura do Departamento do Estado dos EUA.

Fonte: ELDER, Robert Ellsworth. *The policy machine: the Department of State and American Foreign Policy* , Syracuse University Press, 1960,p. 20 e 21.

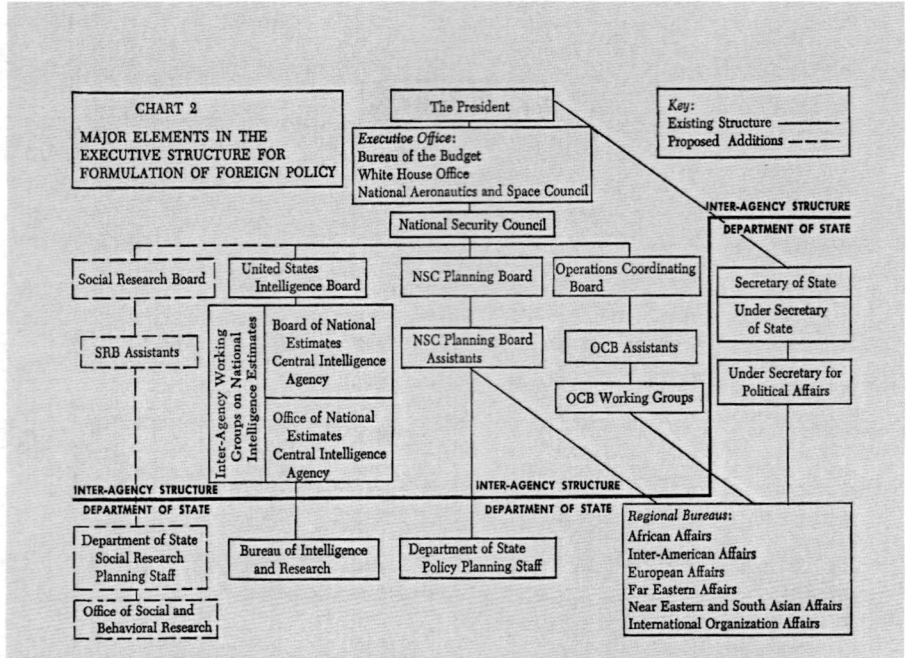

Elementos importantes na estrutura executiva para a formulação de uma política estrangeira

Fonte: ELDER, Robert Ellsworth. *The policy machine: The Department of State and american Foreign Policy*, Syracuse University Press, 1960, p. 178.

DOCUMENTOS

no.¹ 9⁵9   american embassy, Rio de Janeiro, Brazil
                                  October 20, 1944

AIR MAIL

UNRESTRICTED

MONTHLY LABOR REPORT, NUMBER THREE
(August 15 to September 15, 1944)

Prepared by Edward J. Rowell

SUMMARY

During the month of August-September, there were no
changes in the general manpower situation. Skilled and semi-
skilled labor was regarded as scarce but unskilled labor was
still available in good supply. The textile industry had
not yet begun to take advantage of the industrial mobilization
law but similar legislation was passed relative to certain
southern coal mines. State of Rio farmers complained of
labor pirating by private agents and one arrest was reported.
The Minister of Labor authorized the employment of women in
a munitions plant but restricted the occupations in which
they might be employed. The Economic Coordinator complained
of the number of able-bodied men who remained in idleness in
spite of the needs of the war effort.

Among the syndicates, a Congress of leaders of the
Textile Workers' Syndicates in the north and northeastern
sections of Brazil was held in Recife. The Congress considered the Textile Mobilization Law and recommended certain
changes giving the workers participation in its administration.
A collective agreement between the Salt Handlers' syndicate
and the Industrial Wholesale Foodstuffs Syndicate was extended
for an indefinite period on August 17. Fourteen syndical
elections were approved but two directors of the Syndicate of
Workers in the Port Service of Santos were removed from office
because of records on file with the Public Delegation for
Political and Social Order. Eight labor syndicate budgets
for 1945 and ten financial statements for 1944 were approved
by the Ministry of Labor. The Association of Agronomists in
the state of São Paulo were denied syndical status. A ruling
of the Ministry of Labor re-emphasized the syndical monopoly
of legal representation in matters of labor relations.

The Regional Minimum Wage Commission of the state of Rio
Grande do Sul approved a general increase in the minimum

                                          salary

Monthly Labor Report no.3 (15 de Agosto a 15 setembro de 1944)
p.1 – RG84. -850.4 LABOR Box 283 - PF-DS/USNA

- 2 -

salary schedules, representing the first general upward
break in the minimum scales established in 1943. Eighty
per cent of commercial workers were reported to earn less
than Cr$500.00 per month. Rulings of the Ministry of Labor
in two railway cases stressed the fact that collective dis-
putes may not exist in industries declared to be in the
military interest. In industries paid on a piece-rate basis,
the Ministry ruled that holiday pay could not be at a rate
lower than the legal minimum wage.

Costs of living appeared to be levelling off, at least
momentarily. However, a report from Rio Grande do Sul indicated that, between 1940 and 1944, for a substantial number
of consumption items prices had increased from 80 to 200 per
cent. Plans for the extension of SAPS commodity posts to
Minas Gerais and Rio Grande do Sul were announced. Housewives
were reported to be forming an association to help the administration in combating the high costs of living.

In respect to working conditions, the Ministry of Labor
released a report on accidents for 1943 showing a total of
67,036 cases reported by insurance agencies. The Workingmen's
Compensation Law is undergoing final revision and is scheduled
for release in November. The Division of Hygiene and Safety
reported that at least three-fourths of 28,296 minors examined
in 1943, prior to the issuance of work certificates, were
suffering from some physical defect. The Mica Medical Program
appeared to be making progress in providing medical care for
malarial, hookworm, and tetanus exposure in the mica regions.
Authority to extend the hours of work for minors was granted
in two additional industries.

Suggestive of possible general dietary deficiencies in
rural areas was a report released during the month on the
living conditions of cane workers in Bahia. The standard
diet of the families examined indicated a 50 per cent calorie-
intake deficiency and a general failure to consume vitamin-
yielding foods. The Pension and Retirement Institutes and the
Central do Brasil announced further plans for the development
of workers' housing. The Service for Workers' Recreation in
the Ministry of Labor initiated studies relating to the possibility of creating recreational centers for workers in Rio de
Janeiro.

Discussions of the application of reserves and the payment of benefits by the Retirement and Pension Institutes
and Funds continued at a high rate during the month. It was
claimed that the special Commission studying the application
of reserves had recommended an increase in benefits from 15
to 100 per cent. The need for such increases was illustrated
in the press by the citing of specific cases and the general
level of payments as recorded by the Institute for Public
Servants. In general it is to be noted that many retired
persons and pensioners in this class receive as little as
Cr$40.00 or Cr$50.00 per month and almost none receive in excess of Cr$200.00 per month.

The pre-project for the revision of the Law on Immigration
and Colonization is again being actively considered.

The Minister

Monthly Labor Report nº 3 (15 de agosto a 15 setembro de 1944)
p.2 – RG84. -850.4 LABOR Box 283 - PF-DS/USNA.

- 3 -

The Ministry of Labor announced the opening of Radió Mauá as a labor broadcasting station and the creation of a Center of Economic Studies for the purpose of providing factual material necessary to the further development of Brazilian social policy.

MANPOWER

There are no indications of material change in the general manpower situation since last month. Informal estimates of current employment in Rio de Janeiro and Niterói have been released and are as follows:

	Rio de Janeiro	Niterói
Total gainfully employed	610,000	60,000
Employed in industry only	202,340	24,379
Number of skilled workers	30,250	3,360

Unskilled labor is still reported to be available in ample supply but semi-skilled and skilled workers, particularly the latter, are regarded as inadequate for existing demand.

Textile Manpower

In the month of August-September, the textile industry had not yet begun to press the advantages of the Mobilization Law and only one or two cases were reported in which employers had requested extension of hours. This situation may change when the UNRRA orders and the French government textile purchases become firm.

Coal Mines

To further ease the labor situation in southern coal mines, the mining operations of Cia. Carbonifera de Butiá and the Cia. Estradas de Ferro e Minas de São Jeronymo were declared to be in the military interest on August 26. This action freezes labor to the job and permits an extension of hours at overtime rates. At the time the action was taken, the coal mines concerned worked a six-hour day from portal to portal.

Agriculture

Farmers in the state of Rio de Janeiro complained of private labor recruiters from São Paulo pirating their workers. One such agent was caught red-handed and placed under arrest. The grounds for his detention were not made clear.

Employment of Women in War Industries Extended

Broda & Meirelles, of Guaratinguetá, in São Paulo, proprietors of the Fabrica Reunidas Brasil Industrial, which has been designated as being in the military interest, requested authorization to employ women in its war efforts. The Minister of Labor agreed that such employment should be permitted.

Monthly Labor Report nº 3 (15 de agosto a 15 setembro de 1944) p.3 – RG84. -850.4 LABOR Box 283 - PF-DS/USNA.

- 4 -

subject to whatever restrictions the Division of Hygiene and Safety might regard as necessary. Furthermore, employment of women is specifically prohibited in the following occupations: handling of powder, dynamite or capsules, or any employment in the fulminating section.

Unemployment

Brazilian labor authorities stress the fact that there is no unemployment in Brazil. Moreover, the attitude toward the future is optimistic to a point that neither in the existing social security programs nor in the advance projects of the proposed organic revision of the social security law is provision made for unemployment insurance. However, from time to time doubts are cast on the precise meaning of the term unemployment. In this connection Colonel Anapio Gomes, the new Coordinator of Economic Mobilization, who is naturally concerned with the effective use of available labor, recently complained about the large number of apparently able-bodied persons seen frequenting the cinemas and parks during the afternoon or other times when they should be working in the war effort. Colonel Gomes did not attempt to measure the magnitude of this group but cautioned that work was not only a privilege but a social duty.

SYNDICATES

Textile Congress

The event of outstanding syndical interest in Brazil during the month of August 15 to September 15 was the holding of the Textile Workers' Congress in the city of Recife. Leaders of the Workers' Syndicates from all the textile manufacturing areas in the north and northeastern part of Brazil met to consider the Industrial Mobilization Law which was enacted on July 15. As a result of the meeting, which was held in the last week of August, the leaders of the Textile Workers' Unions petitioned the Brazilian President, through the Ministry of Labor, to amend the law so that it would provide for worker representation on the Executive Textile Commission. This was justified on the grounds that the existing Labor Code was abrogated by declaring the textile industry to be in the military interest and, therefore, labor should be represented in the administration of the law. The Congress also requested a general 25 per cent increase in salaries of textile workers and recommended that specific performance standards be established with respect to piece rates by joint labor-management committees. It was also recommended that standards of management efficiency be created. As yet the Ministry of Labor has not issued a formal reply to the petition of the workers' syndicates.

Salt Handlers' Agreement

Of less general importance was the signing of a collective agreement between the Salt Handlers' and Packers' Syndicate and the Industrial Wholesale Foodstuffs Syndicate of Employers in Rio de Janeiro. The agreement, which was undertaken on the

17th of

Monthly Labor Report nº 3 (15 de agosto a 15 setembro de 1944)
p.4 – RG84. -850.4 LABOR Box 283 - PF-DS/USNA

- 5 -

17th of August, extended a previous agreement of 1942 and
confirms the details of working conditions, including hours,
rates of pay, overtime, rest periods, etc. Among the
features which will be of particular interest to American
observers are the assumption by the Syndicate of responsibility for furnishing the necessary workers; the assumption by the Syndicate of financial responsibility for losses
from damage and theft, from failure to execute the work
properly, and from damage to equipment and apparatus; and
the fact that it has no termination date and no specific
provision for abrogation but is subject to amendment in
accordance with Articles 611 and 616 of the Consolidated
Labor Laws.

Syndical Elections

During the current month, fourteen syndical elections
were approved and none were rejected. Only in the case of
the Syndicate of Workers in the Port Service of Santos was
the right of the new directorate to hold office contested.
The charges leveled against the directorate were (1) mal-
administration of the Port Workers' Consumers Cooperative
in a manner prejudicial to the funds of the organization;
(2) disrespect of the Ministerial Portaria SCn-337 of
July 31, 1940, prohibiting campaigning in the vicinity of
voting places; and (3) two of the new directors were accused
of being entered in the police register. The technical
assistant of the Minister of Labor reviewing the case dis-
missed the first two charges and ruled that since the two
members of the directorate were, in fact, registered in the
social and political register of the Public Delegation for
Political and Social Order the names should be excluded from
the new directorate which was otherwise approved.

Syndical Budgets

Eight workers' syndicates received approval of their
1945 budgetary proposals from the Ministry of Labor during
the current month. These included the Syndicate of Teachers
of the First and Second Grades and of Arts in the state of
Rio Grande do Sul, the Syndicate of Customs Dispatch Workers
of Santos, the Commercial Hotel Workers in Porto Alegre, the
Spinning and Weaving Workers of Niterói, the Syndicate of
Workers in Urban Streetcar Enterprises of Rio de Janeiro,
the Syndicate of Odontologists of Porto Alegre, and the
Syndicate of Commercial Employees of Porto Alegre. Ten
workers' syndicates received approval of their 1944 financial
statements, which included the following: Syndicate of
Workers in the Spinning and Weaving Industry of Niterói,
Syndicate of Commercial Representatives of Rio de Janeiro,
Syndicate of the Industry of Rubber Manufacturers of São
Paulo, Syndicate of Employees of Commercial Hotels and Sim-
ilar Enterprises of João Pessôa, Syndicate of Workers in the
Meat Industry and Frozen By-products of José Bonifacio,
Syndicate of Teachers of the First and Second Grades of
Campinas, Syndicate of Schools for Road Vehicle Drivers of
Rio de Janeiro, Syndicate of Joiners and Workers in Wooden
Furniture Industry of Porto Alegre, Syndicate of Workers in
Graphic Industries of Porto Alegre, and Syndicate of Workers
in Metallurgical, Mechanical, and Electrical Equipment
Industries of Juiz de Fôra.

Syndical

Monthly Labor Report nº 3 (15 de agosto a 15 setembro de 1944)
p.5 – RG84. -850.4 LABOR Box 283 - PF-DS/USNA

- 6 -

Syndical Recognition

In September 1941 the Association of Agronomists in
the state of São Paulo, with headquarters in Piracicaba,
requested syndical recognition. In August 1944 the Ministry
of Labor ruled that the Association did not have an adequate
basis for syndical status, inasmuch as only 52 of the 360
original associates were not state employees. Syndical
recognition was granted to the Professional Association of
Commercial Employees of Jaboticabal under the name of
Syndicate of Commercial Employees of Jaboticabal.

Syndical Monopoly of Legal Representation

The Consolidation of the Labor Laws clearly states that
requests for legal interpretation of the Labor Laws or representation before the Labor Courts is a function of the
syndicates. As an indication that this requirement of the
Labor Code is effectively practiced, the Diario Oficial of
September 14, 1944 reported that a private citizen of Belem
upon making a request for an interpretation of the Consolidation of the Labor Laws was advised that the Ministry of
Labor could not respond to individual requests but that inquiries must be made through syndical representatives.

Doctors' Syndicate

Modest progress in solution of economic problems of
medical profession was made with the publication 1/ of an
administrative order of the Minister of Labor establishing
a Commission to study the matter and prepare appropriate
legislation. The president of the Syndicate was designated
as a member of the Commission which is under the presidency
of Oscar Saraiva, financial advisor of the Ministry of Labor,
Industry and Commerce.

WAGES

During the past month the Regional minimum wage Commission of the state of Rio Grande do Sul approved a general
increase in minimum salary schedules in that area. The details of the wage increase have not yet been announced.
Other than this revision, no general wage increases have been
reported. This represents the first broad upward revision
of the minima established in November 1943.

There is a general lack of studies or reports in Brasil
that deal with actual wage rates as distinguished from the
statutory minima imposed by law. However, as a partial indication of the going scale as distinguished from the legal
minimum, the Retirement and Pension Institute for Commercial

Workers

1/ Portaria No. 32 of July 11, 1944 published in the Diario
    Oficial, August 18, 1944.

Monthly Labor Report n° 3 (15 de agosto a 15 setembro de 1944)
p.6 – RG84. -850.4 LABOR Box 283 - PF-DS/USNA

workers released a statement during the first half of
September according to which 80 per cent of the commercial
workers in Brazil receive an income of less than Cr$500.00
per month.

Wage Demands in Industries of Military Interest

Recent rulings of the Ministry of Labor make it clear
that in industries declared to be in the military interest
the power of workers to negotiate over wages is removed
from their hands and is subordinated to the direct control
of appropriate authorities.1/ Where collective issues arise,
they do not proceed through normal channels of negotiation
but are immediately referred to the appropriate public
authority which resolves them in terms of the public interest.
Moreover, such issues may not even be raised unless the
syndical group concerned represents at least 50 per cent of
the workers in the single enterprise or industrial group
which is involved; and, unless, the majority of the registered associates decide in favor of presenting the issue.

In a ruling based on the above reasoning and sanctioned
by Decree-law No. 5821 of September 16, 1943, the Ministry
of Labor resolved a request for increased wages presented
by the Ilhéus Railway Workers' Syndicate. After deciding
the right of the Ministry to intervene directly and that the
petition was supported by proper majorities of the workers,
the Ministry ruled against the increase on the grounds that
the general increase in minimum salaries approved in November
of 1943 satisfied the demands of the workers and compensated
for increased living costs.

An identical finding was made in connection with a petition for salary increases made by the Leopoldina Railway
workers.

Holiday Pay

The question of holiday pay to piece workers was clar-
ified by a ruling of the Minister of Labor in connection with
a request for advice made by the Syndicate of Workers in the
Spinning and Weaving Industries of Porto Alegre.

The Ministry ruled that the holiday pay must be equal
at least to the minimum salary prevailing in the locality
since the right to holidays is a recognition of the "social
order" and must not be influenced by the individual earnings.

Downward Regional Wage Revision Denied

Subsequent to the general increase in minimum salaries
in November 1943, downward revisions were made in Pernambuco

in recognition

1/ Under varying circumstances the minister of labor and the
Coordinator of Economic Mobilization.

Monthly Labor Report nº3 (15 de agosto a 15 setembro de 1944)
p.7 – RG84. -850.4 LABOR Box 283 - PF-DS/USNA

- 8 -

in recognition of regional differentials that had prevailed
before the general increase. A similar downward adjustment
has been requested by the sugar industries in the state of
Alagoas. However, the Ministry of Labor ruled against this
revision on the grounds that the right to make such a
request had been lost by the passage of time.

Certain Bonuses Not Incorporated in Salaries or Wages

Pursuant to an inquiry by the Federation of Industry
of Minas Gerais, it was ruled that bonuses of a transitory
character paid only in accordance with the goodwill of the
employer did not become automatically incorporated into
salaries under the terms of Decree No. 3813 of 1941.
Identical ruling was made in the case of an inquiry from
the Syndicate of Coal Mining Industries. The point was held
to be covered by Article 457 of the Consolidation of Labor
Laws which states, "gratifications that have not been issued
to daily income (expenses) for travel and to the cost of
assistance are not included as salary". The law is held
to distinguish between gratifications which are issued to
certain costs or conditions and those that are distributed
spontaneously and gratuitously through the mere liberality
of the employer. In the latter case the salary is not an
integrated part of the wage and can be eliminated by the one
that concedes it.

COST OF LIVING

Current indices are still unavailable on costs of living
but it is the concensus that, momentarily at least, the
pressure of advancing prices has been halted. There were no
official upward adjustments in tabela prices during the past
month. In certain retail lines, particularly clothing, end-
of-the-season sales have brought substantial temporary re-
duction in prices. For the most part, such sales are tied
to dress goods currently out of season and in upper price
brackets, but this is not entirely the case and the cut prices
have been applied in some instances to lower cost clothing of
a non-seasonal character.

In reviewing the action of the Rio Grande do Sul Minimum
Salary Commission, in which an increase in minimum salaries
was approved, one Rio newspaper cited the following increases
in commodity prices between 1940 and 1944: "Of 30 articles
only 10 did not have their prices increased by more than 60
per cent. The other 20 increased from 80 to 200 per cent and
the average increase was well over 60 per cent. Some of the
typical percentage increases were: sugar - 80, rice - 140,
lard - 90, coffee - 68, beans - 50, soap - 150, meat - 60,
men's clothing - 150, and shoes - 125." The article indicated
that the Rio Grande do Sul action might be the first to bring
wages into line with prices again but that it would hardly
be the last. It urged the establishment of a current index
on the cost of items necessary to subsistence and a constant
adjustment of at least the minimum salary to that index.

Monthly Labor Report nº3 (15 de agosto a 15 setembro de 1944)
p.8 – RG84. -850.4 LABOR Box 283 - PF-DS/USNA

- 9 -

Extension of SAPS Activities

The SAPS program to aid workers in meeting the rising cost of living by establishing low-cost restaurants and commodity posts was also extended to Minas Gerais and to Rio Grande do Sul. The program announced by Sr. Adson Cavalcanti, director of SAPS, for Minas Gerais was as follows: "(a) within 30 days there would be completed the work of installation of a large supply store in Belo Horizonte; (b) that sub-distribution centers will be opened shortly in Cachoeirinha, Prado, Sabará, Gastão, Pedro Leopoldo, and Cedro; and (c) in cooperation with the syndicate of Textile Workers, two additional assistance posts would be opened approximate to the textile mills of Belo Horizonte." In considering the work of SAPS, one commentary noted that a large number of workers were unable to buy through the SAPS stores because they are carried through the month on private credit and after the monthly bill has been liquidated they are unable to begin buying on a cash basis.

Housewive's Association

Under the leadership of Nina Miranda, a Syndicate for Housewives (Sindicato das Donas de Casa) was organized in August for the purpose of assisting the administration in combating rising prices by protesting against abuses and exposing merchants or others who have violated the law. The Minister of Labor pointed out that an organization of the kind in question could not be a legal syndical organization within the meaning of the Labor Law, and as a consequence the name of the organization was changed to Association of Housewives.

Since the formation of the organization, there has been as yet no evidence of effective operation nor any release of figures on membership which indicates that the association might have secured a mass base. However, the press was quick to note that the attempt to start such an organization represented a sharp break with Brazilian tradition where women do not ordinarily participate in such affairs. The contrast with American customs was particularly noted in this connection. On the whole the press praised the purpose of the new organization.

WORKING CONDITIONS

Industrial Injuries in Rio, 1943

The July 1943 issue of the Boletim of the Ministry of Labor, Industry and Commerce carried figures on labor accidents in Rio de Janeiro for 1943. In the Boletim table, there are reported the cases of insurance companies, by months, what is apparently the number of claims paid. No frequency or severity rates are reported nor is there any classification of injuries by employments or types of injury. The following data

Monthly Labor Report nº3 (15 de agosto a 15 setembro de 1944)
p.9 – RG84. -850.4 LABOR Box 283 - PF-DS/USNA

data abstracts only the monthly and annual data as reported:

Period	No. of Accidents
January	5,400
February	5,861
March	5,972
April	5,271
May	5,646
June	5,817
July	5,764
August	5,285
September	5,557
October	5,742
November	5,263
December	5,458
Total 1943	67,036

Workmen's Compensation Law

The outlook on the proposed labor accident law is somewhat clouded at the moment. The period for public review and recommendations has passed and the law has been sent to a committee for final preparation. In the interim, however, the organic social security law has also been sent to the Brazilian President for consideration and in it is incorporated a provision for the inclusion of workmen's compensation insurance in the total social security scheme. In any event, it seems likely that the Brazilian government will enact in the near future legislation which will provide a very broad new work accident and occupational illness insurance program.

As now written, the law provides for premium payments by the employers, for gradual transference of insurance from private companies to the social security autarchies, and will cover all work disabilities whether traumatological or pathological.

The law in its final form is scheduled for publication in November.

Health Condition of Minors

The Division of Hygiene and Safety of the Department of Labor released health data covering 28,296 minors between 14 and 18 years of age who, as candidates for entrance into employment, were examined in 1943 by the Division. Of those examined, 21,688 (76 per cent) suffered from dental caries; 3,680 (13.50 per cent) were suffering from respiratory infections at the time of examination; 1,365 (5 per cent) were afflicted with skin diseases; 1,306 (4 per cent) were suffering from anemia; and 992 (3.5 per cent) were cardiac cases. No statistics were released indicating the extent to which there were duplications in morbidity.

The proportion of minors to whom the Division of Hygiene and Safety denied professional work cards (carteiras profissionais)

Monthly Labor Report nº3 (15 de agosto a 15 setembro de 1944)
p.10 – RG84. -850.4 LABOR Box 283 - PF-DS/USNA

- 11 -

Profissionais) because of poor health is not known. However, as the Brazilian press emphasizes, the data expose an additional problem facing Brazil. At the point of rejection for ill health, the youthful candidates for employment may not work, are for the most part ineligible for further schooling, and can only rely on the meager incomes of their immediate families for remedial assistance. The Brazilian press also expresses some concern that they might seek work offered them by unscrupulous employers, that would necessarily be outside of legally protected employments and might involve "incredible hours and bad conditions".

Campaign Against Disease in Mica Regions

Malaria, hookworm, and tetanus are reported to be so prevalent in the mica regions of the municipalities of Governador Valadares, Santa Maria, and Espera Feliz as to make it almost impossible to exploit the rich mica deposits which are present. The Mica Medical Program under the joint sponsorship of the Ministry of Education and the Institute of Inter-American Affairs is reported, however, to be making progress in combating the situation. Twelve dispensaries have been established in the three municipalities. Four are under the direct supervision of doctors and the other eight are entrusted to the direction of medical nurses supplemented by periodic visits by doctors. It is reported that the program has assisted materially in keeping men on the job.

Further Extensions of Hours of Minors

The firm of Industria e Comercio Assunção requested authority to extend the hours of work of minors on the grounds that its operations were connected with national defense. The director of the Regional Arsenal of the Isle of Cobras certified to this effect. The Ministry of Labor ruled that the request should be granted, subject to the conditions proposed by the Division of Safety, Hygiene and Labor as follows: (1) that it would rigorously observe the rules of labor, safety and hygiene; (2) that minors will be granted a 20 minute rest interval and free feeding, consisting of at least a glass of milk and bread before the extra hours are initiated; and (3) that the pay to minors for the extra hours be made at normal salary rates plus an overtime bonus of 20 per cent.

.. ..

The firm Industria Mecano-Técnica Exata Ltda. was declared to be in the military interest under the law of August 1, 1942 and now requests authority to extend the work schedule to 10 hours a day, the hours being from 7 to 11 and from 12 to 6, from Monday through Friday, and from 7 to 11 on Saturdays. This company has a contract with the Ministry of War at the present time and the request was granted, under the following conditions: (1) overtime to be paid at 20 per cent in excess of the regular time, (2) that to the extent minors are employed they will be under the regulations of the Health and Hygiene rules -- 20 minute lunch period will be granted before the

beginning

Monthly Labor Report nº3 (15 de agosto a 15 setembro de 1944)
p.11 – RG84. -850.4 LABOR Box 283 - PF-DS/USNA

- 12 -

beginning of overtime work.

Other modifications of normal work schedule

Cia. mineira de eletricidade requested extension of work from 8 to 10 hours, including Sundays, but guaranteed a weekly day of rest. The extension was approved and the overtime salary is to be 25 per cent above the standard rate.

.. ..

Rio de Janeiro Flour Mills and Granaries Ltda. was granted permission to engage in Sunday work in view of the fact that unloading and loading of vessels many times had to conform to military movements.

LIVING CONDITIONS

An interesting story appeared in the press dealing with living conditions of Bahian cane workers in the zone of Recôncavo. Cane workers were described as undernourished, relying principally on a dish composed of nine parts farinha and one part meat. Malnutrition has advanced to the point where tuberculosis has reached "alarming proportions". A typical day's feeding is described by Ruy Coutinho as follows: "Alimentation is extremely precarious. In the morning, or even at dawn, they take only coffee with crude sugar. At 9 o'clock they eat lunch, usually a piece of meat, at times replaced by a dish composed of farinha de mandioca, and some whose economic condition permits, add a few beans. In the evening the same meal is repeated." In the course of a week, a family of four is reported to have consumed 3 liters of beans, 20 liters of farinha, 500 grams of coffee, 1 kilo of xarque (dried meat), 500 grams of rice, 2 kilos of sugar, 3 kilos of fresh meat, 1 kilo of corn meal, 1 kilo of pork fat, and 100 grams of vegetables. The calorie-intake deficiency was estimated at 50 per cent in many cases. The people are not aware of vitamin requirements and even though oil of dendê is available and rich in vitamin A, not a single case was found among the working class where this oil was used.

Housing

The July Boletim of the Ministry of Labor, Industry and Commerce carried a report on the housing investments of the Retirement and Pension Institutes and Funds. Completed housing, as of June 30, 1943, amounted to 12,406 units; additional housing plans under construction amounted to 22,930 units. The Instituto dos Industriários, with 17,200 projected single housing units and 16 projected multiple dwelling units, had the most ambitious program in view.

In addition to the work of the Institutes, the Central do Brasil announced the immediate start of construction on

400 houses

Monthly Labor Report nº3 (15 de agosto a 15 setembro de 1944)
p.12 – RG84. -850.4 LABOR Box 283 - PF-DS/USNA

- 13 -

400 houses, a professional school, a crèche, stores, medical
facilities, and a moving picture theater for railroad workers
in São Francisco Xavier. An additional 600 units are planned
for Deodoro and an unspecified number for Engenho de Dentro.
The Deodoro housing units are to be at a cost of Cr$13,000.00
and will rent at Cr$90.00 per month. The São Francisco Xavier
and Engenho de Dentro units are to be of better quality. It
is to be noted, both in connection with the activities of the
Institutos and the Central do Brasil, emphasis is now being
placed on the construction of planned communities.

Recreation Centers

The newly organized Service for Workers' Recreation in
the Ministry of Labor is reported to be proceeding rapidly
with its studies relating to the possibility of creating,
in various parts of Rio de Janeiro, recreational centers for
workers. Thus far the Recreation Service has promoted an
inter-syndicate football league, but in general it is con-
fronted with an actual lack of facilities of either the play-
ground type or assembly type. In the more elaborate plans,
such as those of the Central do Brasil, libraries, cinemas,
and other services are included.

RETIREMENT AND PENSION INSTITUTES

As noted in earlier reports, the Retirement and Pension
Institutes have been subjected to sharp public criticism
because of over-investment in high-cost rental units and
because of the inadequacy of benefits and the length of time
it takes to secure them in some cases. The special Commission entrusted with preparing a new organic social security
law is reported to have submitted its findings to the Minister
of Labor and to the Brazilian President in the early part of
September. As of the 15th of September, no specific details
of the report were officially released. However, the press
carried stories to the effect that the Commission had recommended increases in benefits of from 15 to 100 per cent which
would affect at least 50,000 retired persons and 100,000
pensioners.

Among the "typical" IPASE cases recently decided was one
of a public servant with 30 years service, retired for old age
and physical disabilities, who received a retirement benefit
of Cr$92.22 a month. In another case, an associate of the
railroad fund died five years ago but no payments had been
received by his beneficiaries because the worker had previously
been associated with the Institute for Industrial Workers and
the Institute for Commercial Workers and the transfer of
contributions had never been properly decided. Other cases
were decided in which retired persons received as low as
Cr$40.00 and Cr$50.00 a month. Certain data relating to the
activities of the Institute for Public Servants indicated that
out of 2,827 pensions paid by the Institute only 69 had a
value of Cr$200.00 or more and 1,973 did not exceed Cr$50.00.

On the

Monthly Labor Report nº3 (15 de agosto a 15 setembro de 1944)
p.13 – RG84. -850.4 LABOR Box 283 - PF-DS/USNA

- 14 -

On the opposite side, the Institute of Commercial workers also released some statistics. It pointed out that it operated in 1,553 localities; that in 1943 Cr$62,613,000 were paid out in benefits; that it had earmarked Cr$330,000,000 for the construction of 12,000 additional houses; that it had expended Cr$5,000,000 for the installation of a free medical center and planned to establish 42 more centers of this type; and that its restaurant on Rua Mexico in Rio de Janeiro would distribute 5,000 meals daily at a price of Cr$2.50 per meal.

IMMIGRATION

According to a mid-August newspaper account, the Council for Immigration and Colonization has permitted the circulation of a pre-project of a law on immigration and colonization which has been under consideration by the Council since August 30, 1943. The accounts state that the text of the pre-project represents a step forward in the revision of the major lines of Brazilian immigration policy.

The pre-project is reported to include a quota system on a qualitative selection basis and to offer facilities for the immigration of industrial laborers and specialized operators as well as agricultural workers. Commentators who have had access to the pre-project express regret that it does not seem to be fully adjusted to the opportunities that will exist for securing competent labor supplies from devastated Europe in the postwar period, and that the cumbersome mechanisms which include registrations, inspections, revisions of cards, visas, etc. have not been simplified.

MISCELLANEOUS

Radió Maué

On August 26 the Minister of Labor announced that Radió Ipanema, which was taken over by the government because it was under the control of enemies of Brazil, was to be converted into Radió Maué and become a labor broadcasting station. The Minister indicated that the station would be used as an instrument of culture, recreation, and of union for the working population, and especially that section which could not benefit itself by reading books, newspapers or magazines. He added that the radio would be used "in an intensive campaign in favor of the development of an associated spirit among the working classes, realizing through it the stimulation of educative propaganda to the end of joining syndicates".

Center of Economic Studies

The Minister of Labor, on August 16, released a Portaria creating a Center of Economic Studies within the Ministry of Labor. A committee consisting of Srs. Marcall Dias Pequeno, Romulo de Almeida, and Numens Borba was created to study the

basis

Monthly Labor Report n°3 (15 de agosto a 15 setembro de 1944) p.14 – RG84. -850.4 LABOR Box 283 - PF-DS/USNA

- 15 -

basis for the creation of the Center. In announcing the
creation of the Center, the Minister of Labor noted that
the present social policy of the Brazilian administration
had been crystallized into institutions and it was now necessary to study their experience for the purpose of further
perfection and expansion of the social policy. He stated
that without accurate studies the generous ends of social
policy might be compromised.

In addition to analytical work, the Center of Economic
Studies will also implement Article 219 of the Statute of
Public Functionaries which provides for the training of
functionaries and Decree-law No. 6657 of July 4, 1944 which
created the career of economist in the Ministry of Labor.
This will involve both the canvassing of existing personnel
for economic skills and backgrounds and the preparation of
training programs to further the training and development of
employees in this category.

Approved:

Harold B. Tewell,   Edward J. Rowell,
First Secretary of Embassy.   Senior Economic Analyst.

File 850.4
EJR/gmb   (This is the third regular monthly report
                   prepared in accordance with Department's
                   Instruction No. 6062 of June 23, 1944.)

Hectograph to Department.

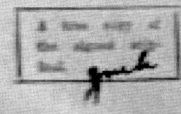

Monthly Labor Report nº3 (15 de agosto a 15 setembro de 1944)
p.15 – RG84. -850.4 LABOR Box 283 - PF-DS/USNA

MEMORANDUM

August 1, 1944.

To: Mr. Donnelly

From: Mr. Rowell

Subject: Introduction to the Minister of Labor.

The labor reporting functions will be facilitated when the cooperation of the Ministry of Labor is secured in connection with:

a) the assignment of a liaison officer in the Ministry to provide a basis for technical collaboration;

b) Ministerial or Departmental introductions to the heads of labor and employer syndicates;

c) Ministerial or Departmental assistance in observation of functioning of agency services and practices and of industrial and commercial labor relations and labor practices.

I have had the pleasure of meeting both the Legal Counsel to the Minister, Dr. Oscar Saraiva, and the new chief of the Department of Labor, Mr. Segadas Vianna. They have indicated that after I have paid my respects to the Minister they will be most willing to collaborate in the above actions.

Therefore I urge that, in accordance with our earlier conversations, you designate an early date for our proposed visit to the Minister of Labor, preferably within the next few days.

- - - - - -

EJR'mc

Memorando de 1/8/1944 de Edward J.Rowell para Walter J. Donnelly.
RG84. 850.4 - Box 283. Vol. XLVII - 1944 – PF - DS/USNA.

BHT 45.09.04

EMBASSY OF THE
UNITED STATES OF AMERICA

AIR MAIL

AMERICAN EMBASSY

Rio de Janeiro, Brazil
September 4, 1945

My dear Mr. President:

Some in Brazil, and possibly in the United States, suggest that the Embassy here should attack President Vargas as Braden has attacked Peron.

Vargas kept his obligation to the hemisphere and was our most active ally. Argentina and Peron did the opposite.

Vargas is a dictator. Under quiet encouragement from this Embassy, in February he made the press free; in March he pledged elections; in April he amnestied all political prisoners and exiles and proposed an election law; in May he revised the law in accord with public opinion and set elections for December 2, 1945, delaying the date because the opposition wanted it so. A political campaign is going forward with three parties and two candidates (the Communists making no nomination). Censorship has ended. Registration of voters is going forward peaceably and honestly. Any Brazilian can form a committee, hire a hall, get up a party, start a newspaper and campaign against the Government in safety. Vargas says he will not be a candidate.

Peron is running a brutal police state, going nowhere.

As long as Vargas keeps going in this direction, quiet encouragement towards democracy seems to me the best policy. If he changes course or does something violent we can re-examine the position.

There

The President,

The White House.

x366

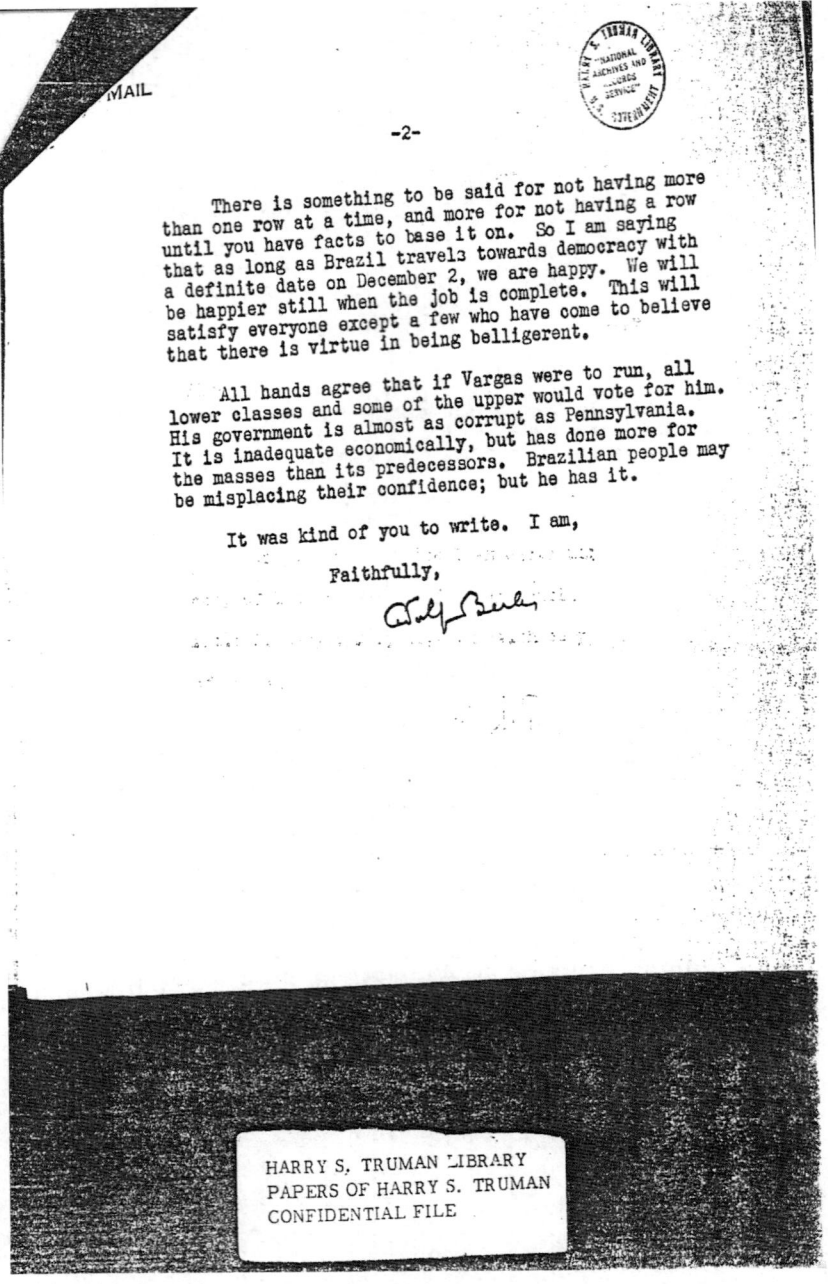

-2-

There is something to be said for not having more
than one row at a time, and more for not having a row
until you have facts to base it on. So I am saying
that as long as Brazil travels towards democracy with
a definite date on December 2, we are happy. We will
be happier still when the job is complete. This will
satisfy everyone except a few who have come to believe
that there is virtue in being belligerent.

All hands agree that if Vargas were to run, all
lower classes and some of the upper would vote for him.
His government is almost as corrupt as Pennsylvania.
It is inadequate economically, but has done more for
the masses than its predecessors. Brazilian people may
be misplacing their confidence; but he has it.

It was kind of you to write. I am,

Faithfully,

Harry S. Truman Library – Papers of Harry S. Truman – Confidential File –
BHT 45.09.04 pag.2

COPY

RESTRICTED

AIRGRAM

CIRCULAR

June 11, 1946
11:05 a.m.

To

Certain American Diplomatic Officers
in the other American Republics

Serafino Romualdi of the American Federation of
Labor is leaving Miami June 15 for a trip to several
American republics for a two-fold purpose: to attend
a meeting of pro-democratic Italian groups in Buenos
Aires opening on July 5, and to investigate and report
on the labor situation in Latin America for the AFL.

Mr. Romualdi has wide contacts in labor circles
in many Latin American countries, particularly those
where Italians are numerous. He has traveled frequently
in South America and during the war cooperated usefully
with this Government in regard to developments among
Italian groups, being active in the anti-Fascist,
Italia Libre movement.

In Buenos Aires Mr. Romualdi will be joined by
a representative of the Chilean Labor Federation and
by Belarmino Tomás, a Spanish exile now living in
Mexico who is traveling as a representative of the
International Federation of Miners. These three individuals will make a special study of the labor situation
in the Argentine and report thereon to the AFL on
Romualdi's return to the United States. Mr. Romualdi
has explained to the Department that the AFL wishes
to be fully prepared to take a positive position in regard to the Argentine labor federation (CGT) before the
meeting of the International Labor Organization in
September, when the question of the credentials of
Argentine labor delegates may again arise.

Mr. Romualdi will call at American Embassies in
the course of the visit. The Department believes it
will be useful for the Embassy to discuss with Mr.
Romualdi his observations with particular reference

to Italian

RG 84 - 850.4 - Box 370 – 1946 - pag. 1 - PF - DS/USNA.

- 2 -

to Italian groups and labor developments. The Embassy
is requested to extend appropriate informal assistance
to Romualdi in orienting himself, particularly in
those countries where he has not had previous direct
contact. It is important, of course, for the Embassy
to avoid any formal sponsorship of Mr. Romualdi's
activities which might give rise to charges that the
State Department is favoring AFL over Congress of
Industrial Organizations which has ties with CTAL.
For Embassy's information, Romualdi has at various
times been bitterly attacked by the CTAL which views
his efforts as being directed at the undermining of
Lombardo Toledano's and CTAL's influence in Latin
America.

Please report fully to the Department on Mr. Romualdi's visit. His proposed itinerary follows.

Byrnes

RESTRICTED

RG 84 - 850.4 - Box 370 – 1946 - pag. 2 - PF - DS/USNA.

Correio Paulistano 4/7/1946 -, p.12 Arquivo Público do
Estado de São Paulo

Diário de São Paulo - 4/7/1946 – p.8 - Arquivo Público do
Estado de São Paulo

Diário de São Paulo - 5/7/1946 - p.8 Arquivo Público do Estado de São Paulo

COMEMORAÇÃO DO "INDEPENDEN CE DAY" — Em comemoração ao 170.o aniversario da proclamação da independencia dos Estados Unidos, o sr. Cecil P. Cross, consul dessa nação nes ta capital, ofereceu ontem em sua residencia uma recepção a que compa receram os elementos mais represent ativos do mundo oficial e social de São Paulo. Estiveram presentes, entre outros, representantes do interventor federal, comandante da 2.a Região Militar, comandante da 4.a Zona Aér ea, presidente do Conselho Adminis trativo do Estado, secretarios de Estado, comandante da Escola Tecnica de Aviação, diretor geral do DEI, dire tor da Agencia Nacional e elementos ——— do corpo consular em São P aulo. No "cliché" vemos um grupo f ormado durante a recepção ———

Diário de São Paulo - 5/7/1946 – p.8 - Arquivo Público
do Estado de São Paulo

SecState   July 12, 1946 . 4 p.m.
Washington, D.C.   1255

Brown   Embassy

        Reference São Paulo CONTEL 220 July 10, 1946.
Embassy in full accord with Consulate General's position
that establishment of direct contacts between U.S. and
Brazilian labor organizations is urgent and desirable.
Embassy considers use U.S. funds questionable where
foreign labor missions have ex parte sponsorship such
as AFL alone. Neutral sponsorship or joint AFL-CIO
sponsorship most desirable as condition to U.S.
financial participation. In any event government participation should be kept in background.

        In view lack central syndicates in Brazil labor
missions strengthened if participation Rio and other
centers arranged.

        Repeat Embassy supports full government cooperation
and only qualifies financial participation as above.

        Repeated to São Paulo.

                                    PAWLEY

850.4
EJRowell/gmh

Original and four copies (1 - Mr. Rowell)
                        (1 - Mr. Egan)

*[handwritten:] Drafter and approved by the Ambassador
8 - 7/12/46*

RG 84 - 850.4 - Box 370 – 1946 - PF - DS/USNA.

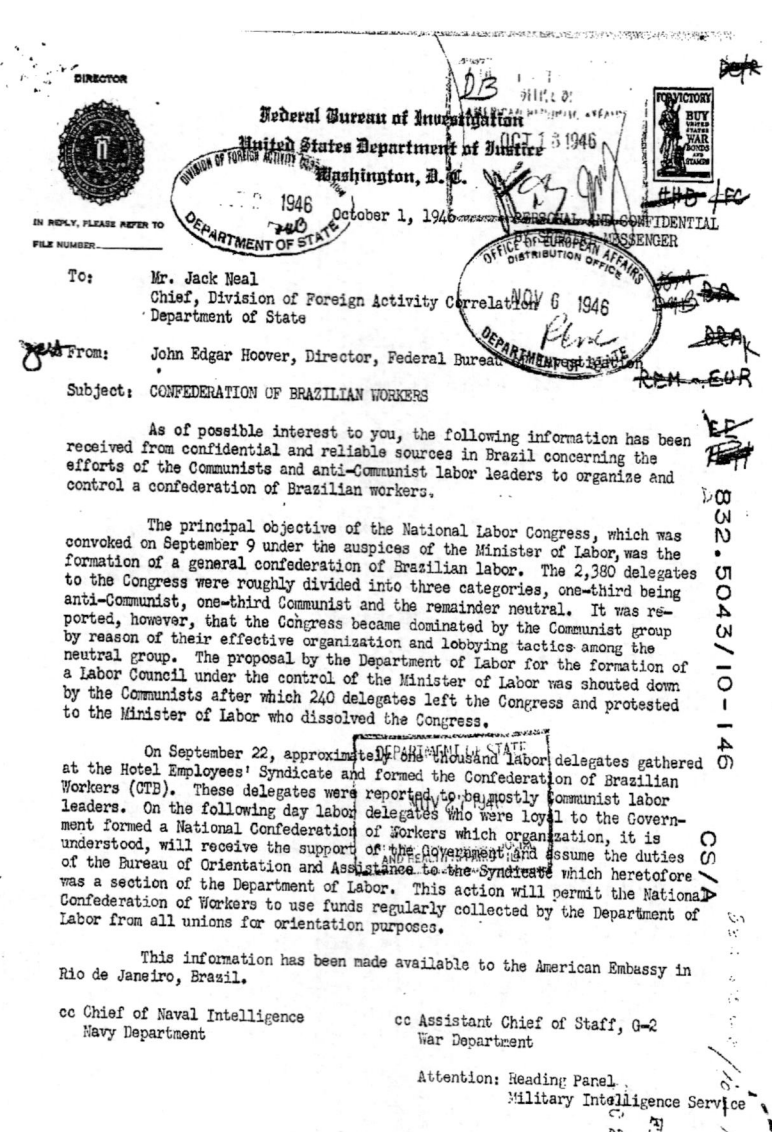

Federal Bureau of Investigation
United States Department of Justice
Washington, D. C.

October 1, 1946

IN REPLY, PLEASE REFER TO
FILE NUMBER

PERSONAL AND CONFIDENTIAL
BY MESSENGER

To: Mr. Jack Neal
        Chief, Division of Foreign Activity Correlation
        Department of State

From: John Edgar Hoover, Director, Federal Bureau of Investigation

Subject: CONFEDERATION OF BRAZILIAN WORKERS

As of possible interest to you, the following information has been received from confidential and reliable sources in Brazil concerning the efforts of the Communists and anti-Communist labor leaders to organize and control a confederation of Brazilian workers.

The principal objective of the National Labor Congress, which was convoked on September 9 under the auspices of the Minister of Labor, was the formation of a general confederation of Brazilian labor. The 2,380 delegates to the Congress were roughly divided into three categories, one-third being anti-Communist, one-third Communist and the remainder neutral. It was reported, however, that the Congress became dominated by the Communist group by reason of their effective organization and lobbying tactics among the neutral group. The proposal by the Department of Labor for the formation of a Labor Council under the control of the Minister of Labor was shouted down by the Communists after which 240 delegates left the Congress and protested to the Minister of Labor who dissolved the Congress.

On September 22, approximately one thousand labor delegates gathered at the Hotel Employees' Syndicate and formed the Confederation of Brazilian Workers (CTB). These delegates were reported to be mostly Communist labor leaders. On the following day labor delegates who were loyal to the Government formed a National Confederation of Workers which organization, it is understood, will receive the support of the Government and assume the duties of the Bureau of Orientation and Assistance to the Syndicate which heretofore was a section of the Department of Labor. This action will permit the National Confederation of Workers to use funds regularly collected by the Department of Labor from all unions for orientation purposes.

This information has been made available to the American Embassy in Rio de Janeiro, Brazil.

cc Chief of Naval Intelligence
   Navy Department

cc Assistant Chief of Staff, G-2
   War Department

Attention: Reading Panel
           Military Intelligence Service

TELEGRAM RECEIVED

From: AMERICAN CONSUL   Date: JULY 10, 10 a.m., 1946

SAO PAULO   No.:   139

Code BROWN   Received: 10th, 2:15 p.m.

                Completed: 10th, 2:40 p.m.

Following telegram sent to the Department 220

As a result of the visit to Sao Paulo of Serafino Romualdi of the American Federation of Labor, it seems urgent to again put forward the project outlined in my A-144 Sept 20, 1945 to send to the United States a party of five to ten Sao Paulo Labor leaders to establish contacts with American leaders and acquire first hand knowledge of non Communist labor programs.

The efforts of Russian fostered groups in Sao Paulo makes such action a matter of urgency.

The Consulate General ready suggestions as to suitable individuals.

It is understood funds are available from the Inter American Trade Union project of the Coordinators Office now directed by Survey Associates. The project warrants use of Govt funds if the fund referred to encounters difficulty over selection procedures.

An interpreter would be required but Romualdi promises full AFL cooperation in program and itinerary. Repeated to Embassy

MG   Cross

RG 84 - 850.4 - Box 370 – 1946 - PF - DS/USNA.

Eduardo José Afonso

Fls

800.2/844/
850.4
EJR/gmh

AMERICAN EMBASSY

Rio de Janeiro, Brazil, October 30, 1946

CONFIDENTIAL

Letter No. 323 - AIRMAIL

Cecil M. P. Cross, Esquire,
American Consul General,
São Paulo, São Paulo.

Sir:

A confidential biographic data memorandum is being prepared on the new Minister of Labor Morvan
Dias Figueiredo and, in view of the fact that Mr.
Figueiredo's career has been largely confined to the
State of São Paulo, the assistance of the Consulate
General in procuring the necessary information is requested. Information is particularly desired with
respect to his party affiliations, his knowledge of
foreign languages, his attitude towards and service
in the United States, and the miscellaneous type of
information which may be included under "remarks" and
which covers questions of race, religion, fraternal
affiliations, education, reputation, personality,
influence, attitude toward other nations, etc.

Any information which the Consulate General can
furnish with respect to the above will be greatly
appreciated.

Very truly yours,
For the Chargé d'Affaires a.i.:

Clarence C. Brooks
Counselor of Embassy for
Economic Affairs

RG 84 - 850.4 - Box 370 – 1946 - PF - DS/USNA.

312

Olhos e ouvidos dos EUA

In reply refer to
ILM

February 14 1947

Dear Bill:

I am writing to all our Chiefs of Mission in the
American republics concerning their reporting of labor
developments. I am much interested in this matter and
I shall appreciate it if you will give it your personal
attention.

A recent survey indicated the inadequacy of labor
reporting from many of the American republics. At a
time when the influence of organized workers is increasing
in all countries of this hemisphere, complete and current
knowledge of the more important aspects of the labor
situation is essential. I refer to such matters as the
relations between labor organizations and national or
international political or labor groups, the influence
of labor upon the choice of political leaders and the
development of political and economic programs; the
attitude of labor toward policies of nationalization,
full employment and tariff protection, and toward United
States firms operating in the country; and the views
expressed with respect to the foreign policy of the
United States and of other governments.

It seems to me essential that each of our diplomatic
posts in the American republics give special attention
to labor reporting. In the larger countries and in those
in which labor has acquired or is acquiring significant
influence at least one specially trained person should
be assigned to labor reporting. This person should be
able to report on labor developments not solely by virtue
of having read the newspapers and other published material

regularly,

The Honorable
William D. Pawley,
American Ambassador,
Rio de Janeiro.

RG 84 - 850.4 /123 - Box 394 – 1947 – Pag.1 - PF - DS/USNA.

313

- 2 -

regularly, but with the expertness which can come only
from extensive personal contacts with labor leaders and
groups, government officials and others concerned with
labor matters. The more radical groups should not be
excluded since their views are frequently of greatest
significance. The labor assignment will unquestionably
be difficult and will require the sympathetic cooperation
of the principal officers of the mission.

With special reference to Rio de Janeiro, I am
informed that the Labor Attaché, Mr. Edward J. Rowell,
has been doing work of a high order of excellence. His
analyses of the political significance of labor developments have been particularly helpful. I note that he
has recently lost the very able assistance of Mr. Richard
A. Godfrey, who has been assigned to other duties in the
Embassy. In view of the size and importance of Brasil
and of the political importance of its laboring classes,
it would seem that this loss would be a serious one. I
hope that it may soon be possible to return Mr. Godfrey
to labor reporting.

I would appreciate any observations on the adequacy
and possible improvement of the labor reporting from
Brasil.

                    Sincerely yours,

                    SPRUILLE BRADEN

                    Spruille Braden
                    Assistant Secretary

RG 84 - 850.4 /123 - Box 394 – 1947 – Pag.2 PF - DS/USNA.

Tribuna Trabalhista nº 4 p.1, - de 19 a 24/4/1947
RG 59 - 832.504 - CDF - DS/USNA - AEL - UNICAMP

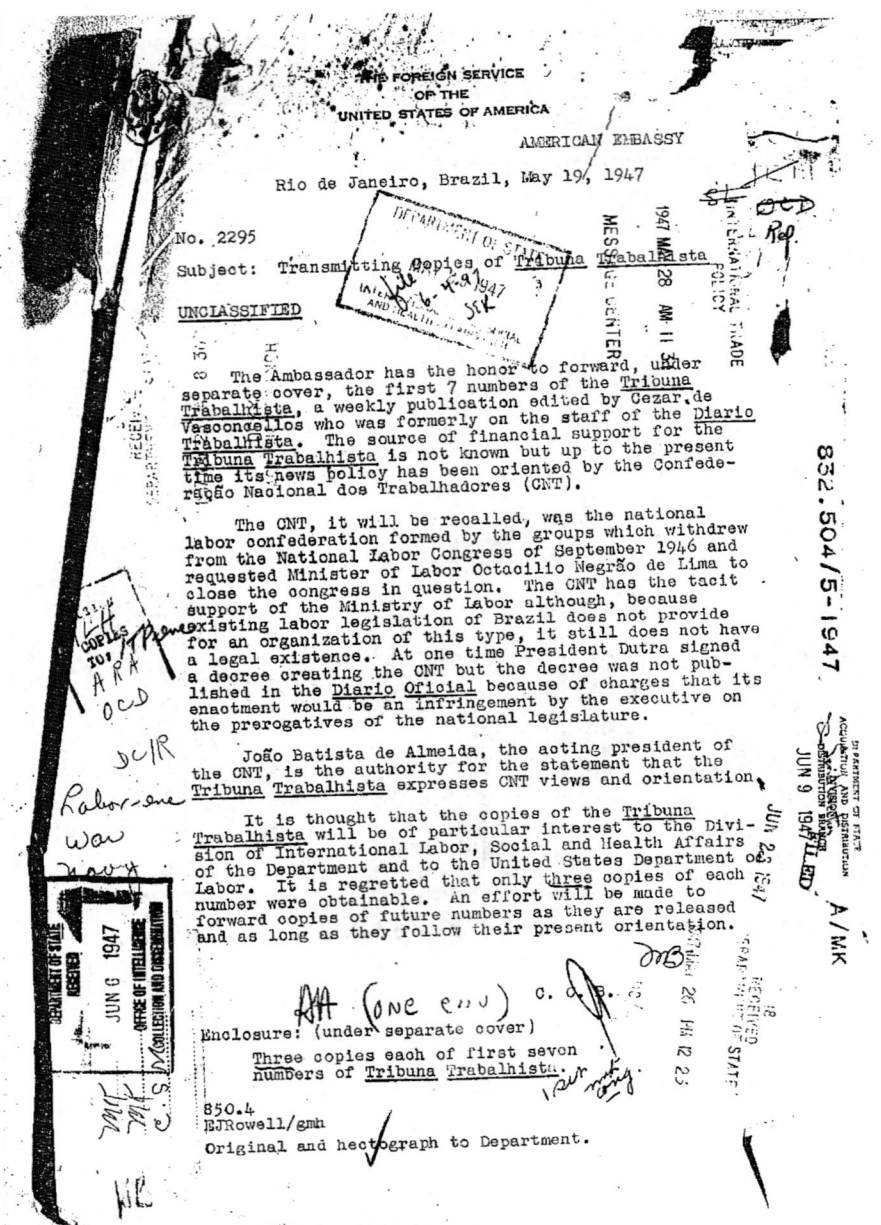

THE FOREIGN SERVICE
OF THE
UNITED STATES OF AMERICA

AMERICAN EMBASSY

Rio de Janeiro, Brazil, May 19, 1947

No. 2295

Subject: Transmitting Copies of Tribuna Trabalhista

UNCLASSIFIED

The Ambassador has the honor to forward, under separate cover, the first 7 numbers of the Tribuna Trabalhista, a weekly publication edited by Cezar de Vasconcellos who was formerly on the staff of the Diario Trabalhista. The source of financial support for the Tribuna Trabalhista is not known but up to the present time its news policy has been oriented by the Confederação Nacional dos Trabalhadores (CNT).

The CNT, it will be recalled, was the national labor confederation formed by the groups which withdrew from the National Labor Congress of September 1946 and requested Minister of Labor Octacilio Negrão de Lima to close the congress in question. The CNT has the tacit support of the Ministry of Labor although, existing labor legislation of Brazil does not provide for an organization of this type, it still does not have a legal existence. At one time President Dutra signed a decree creating the CNT but the decree was not published in the Diario Oficial because of charges that its enactment would be an infringement by the executive on the prerogatives of the national legislature.

João Batista de Almeida, the acting president of the CNT, is the authority for the statement that the Tribuna Trabalhista expresses CNT views and orientation.

It is thought that the copies of the Tribuna Trabalhista will be of particular interest to the Division of International Labor, Social and Health Affairs of the Department and to the United States Department of Labor. It is regretted that only three copies of each number were obtainable. An effort will be made to forward copies of future numbers as they are released and as long as they follow their present orientation.

Enclosure: (under separate cover)
Three copies each of first seven numbers of Tribuna Trabalhista.

850.4
EJRowell/gmh

Original and hectograph to Department.

850.4

UNCLASSIFIED

OPERATIONS MEMORANDUM

July 28, 1947.

To: The Department of State

From: AMEMBASSY, Rio de Janeiro

Subject: American publications: The request for copies
          of the so-called Taft-Hartley Labor Bill and
          President Truman's veto message.

        The Embassy has received a number of requests for
the recently enacted Taft-Hartley Labor Bill and for
the message of President Truman vetoing the same, from
both official and unofficial sources in Brazil. It
would be appreciated if 10 copies of each could be
forwarded to the Embassy as quickly as possible.

EJRowell/hc

RG 84 - 850.4 /123 - Box 394 – 1947 – PF - DS/USNA.

317

TELEGRAM RECEIVED

AMERICAN CONSUL   THXY AUGUST 1, 1947

SAO PAULO   (To Dept 173)

CLEAR   / August 1, 6:05 PM

                        COPIED: August 1, 6:10 PM

Pass Department

Increase of bonde and bus fares effective today

caused outbreak of disorder about noon in center of

city and industrial sections Mobs armed with sticks

are smashing and burning streetcars and buses and

interfering with firemen Police not much in evidence

but a few Army Cavalrymen are helping to control order

in a few areas Local public transport completely

stopped for time being.

                        CROSS

(Relayed to Dept Aug 1, 6:15)

(Original and 3 copies)

ajw

RG 84 - 850.4 /123 - Box 394 – 1947 – PF - DS/USNA.

CÂMARA DOS DEPUTADOS

Rio, 2 de dezembro de 1947

Senhor Embaixador

Na qualidade de membro da Comissao Mis
ta de Leis Complementares e relator do ante-pro
jeto de lei de greve, agradeceria a V.Excia se a
Embaixada Americana pudesse fazer vir dos Estados
Unidos um exemplar da lei Taft-Hartley, se possí
vel acompanhada dos debates do Congresso, quando
de sua discussao.

Agradecendo, antecipadamente, a V.Excia
a valiosa colaboraçao, subscrevo-me com toda es-
tima e consideraçao,

Gurgel do Amaral

Deputado Federal

RG 84 - 850.4 /123 - Box 394 – 1947 – PF - DS/USNA.

Rio de Janeiro
16 de Dezembro, 1947

Excelência:

Na ausência do Embaixador Pawley, tenho prazer em
responder á sua carta de 2 do corrente, em que V. Ex.
solicita á Embaixada providencias no sentido de obter
o texto da lei "Taft-Hartley", e bem assim dos debates
do Congresso relativos a essa lei.

Junto um exemplar do texto final da Lei Publica
101, 80ª Congresso, intitulada: "Labor Management
Relations Act, 1947", e que é comumente conhecida como
a lei "Taft-Hartley". Junto tambem um exemplar da
Mensagem do Presidente que vetou o referido Ato. A lei
final passou sobre o véto do Presidente.

A bibliotéca da Embaixada tem una coleção do
"Congressional Record" (Atos do Congresso), contendo os
debates tanto do Senado como da Câmara relativos á lei
em apreciação. Permita-me V.Ex. sugerir que V.Ex. se
comunique com o Sr. Edward Rowell, oficial desta
Embaixada, caso lhe interésse consultar as referidas
publicações.

Continuando sempre ao dispor de V.Ex. para
quaisquer outros dados de que necessite, aproveito
a oportunidade para cumprimentar-lhe muito cordial e
atenciosamente.

David McK. Key
Chargé d'Affaires ad interim

Anéxos:
Texto da Lei Publica 101
Mensagem do Presidente dos EE.UU.

Sua Excelência
Dr. Gurgel do Amaral,
DD Deputado Federal.

RG 84 - 850.4 /123 - Box 394 – 1947 – PF - DS/USNA.

INCOMING AIRGRAM

DEPARTMENT OF STATE   DIVISION OF COMMUNICATIONS AND RECORDS   **TELEGRAPH BRANCH**

OFFICE OF
POLICY

1948 JAN 2 PM 5 00

AIRGRAM
MESSAGE CENTER

LeF
Action: ITP
Info:
DC/R
U-E   CONFIDENTIAL
ARA
DC/L   The Secretary of State,
OOD   Washington, D.C.
CIA

From

Rio de Janeiro, Brazil,

December 17, 1947.
Sent: Dec. 18, 1947
Rec'd Jan. 2, 1948 10:12 AM

A-923, December 17, 1947.

Refer to Embassy despatch no. 3011, November 5, "Activity of Argentine Labor Attaché".

The Embassy has been informed by a reliable source that the Argentine Labor Attaché assigned to Rio de Janeiro, Mr. Cipriano Barreiro, is currently spreading the rumor in Brazilian labor circles that Mr. Bernardo Ibañez, Chilean labor representative, has been won over to the support of the Argentine proposal for a Latin American Labor Federation which will exclude participation by trade unions of the United States.

The same source reports that Mr. Barreiro claims that the Argentine now is assured of the support of its program at the proposed Lima Trade Union Congress by the representatives of labor organizations from Venezuela, Uruguay and Chile.

ITP/

ACTION	INFORMATION	
ITP	✓	
CP		✓
ILH	✓	
IR	✓	
PED		

701.1

Edward J. Rowell/ro

KEY

CONFIDENTIAL

832.504/12-1747

RG 59 - 832.504/12-1747 - CDF - DS/USNA - AEL - UNICAMP

MEMORANDUM OF CONVERSATION

DEPARTMENT OF STATE
OFFICE OF
AMERICAN REPUBLIC AFFAIRS

AUG 2 - 1949

July 25, 1949

RESTRICTED

Subject: Brazilian Labor.

Participants: Mr. Romeo José Fiori, Brazilian M.P.; National Treasurer of Brazilian Labor Party, and member of the Executive Committee of the National Confederation of Industrial Workers (of Brazil);

Mr. Serafino Romualdi, Latin American Representative, AFL;
Miss Lois Carlisle, DRA;
Mr. Ronald Hobbs, DRA;
Miss Elizabeth Roberts, IIS;
Mr. John Fishburn, IIS.

Copies to: BR
IA
DRA
ITP
IIS

Mr. Fiori began the discussion with a brief summary of Brazilian labor developments since 1920, highlighting relations with the government and international organizations.

Largely in response to specific questions, Mr. Fiori indicated the following:

1. Labor will have an important role in the 1950 Brazilian elections, though he cannot yet forecast probable roles. He added that there would probably be only two candidates, one of which is the Governor of São Paulo.

2. Communism has no strength in the Brazilian labor movement at this time; its back has been broken.

3. There is no connection between the Labor Party and the Communist Party, the objectives of the two groups are antipathetical.

4. Neither the former anti-Communist CNT (National Confederation of Labor) created by Dutra or the Communist-controlled CBT (Confederation of Brazilian Workers) is now functioning.

5. Dues-paying

RESTRICTED

-2-

5. Dues-paying union members were agreed to number around 700,000, a figure suggested by Miss Carlisle. However, the influence of trade unions, which bargain for all employees in their industries and companies, was calculated to be much larger, in the millions.

6. A proposed new labor code has passed one reading in the House, needs one more in the House, two in the Senate and the President's approval, all of which he expects it to receive by the end of 1949.

7. The provisions of the proposed new code would prevent the legal recognition of dual unions in the same company or industry.

8. The new code would permit Brazilian labor affiliations with private international trade union organizations, if the approval of the Labor Ministry is secured.

9. The proposed new law would prevent more than one-third of the leaders of a union being re-elected after one year's leadership, and no leader might be re-elected oftener than once. After a year's interval re-election is permissible. No such restrictions are made upon leadership in employer organizations, and labor objects to those upon its leaders. Mr. Fiori anticipated that trade union elections, suspended since Dutra took office, would be held by the end of 1949. He said that the Minister of Labor also held this view.

10. Mr. Fiori stated that the idea of paying seven days wages for six days of work is approved by some employers on the ground that it reduces absenteeism (the bonus is not paid until the end of the month and only if attendance at work was almost perfect). He stressed the low level of wages prevailing in Brazil, which are often 2-3 cents (US) per hour for unskilled work. He stated that the seven-day law was so new, it was not yet fully enforced.

11. Mr. Fiori is strongly in favor of the exchange of trade union leaders between the United States and Brazil, but stressed the financial inability of Brazilian trade unions to provide such exchange.

ITP:ILS:JTFishburn:apg
7/25/49

Int'l. Labor &
Social affairs Div.

RESTRICTED

CADERNO DE IMAGENS

Nelson Rockfeller chegando ao Rio de Janeiro em 1/9/1942
RG 229 AVB Photographs of American Officials in Brazil, compiled - 1942-
1945 – Office of Inter-American Affairs Records of The Departmente
Regional Division Coordination Comitee for Brazil - USNA

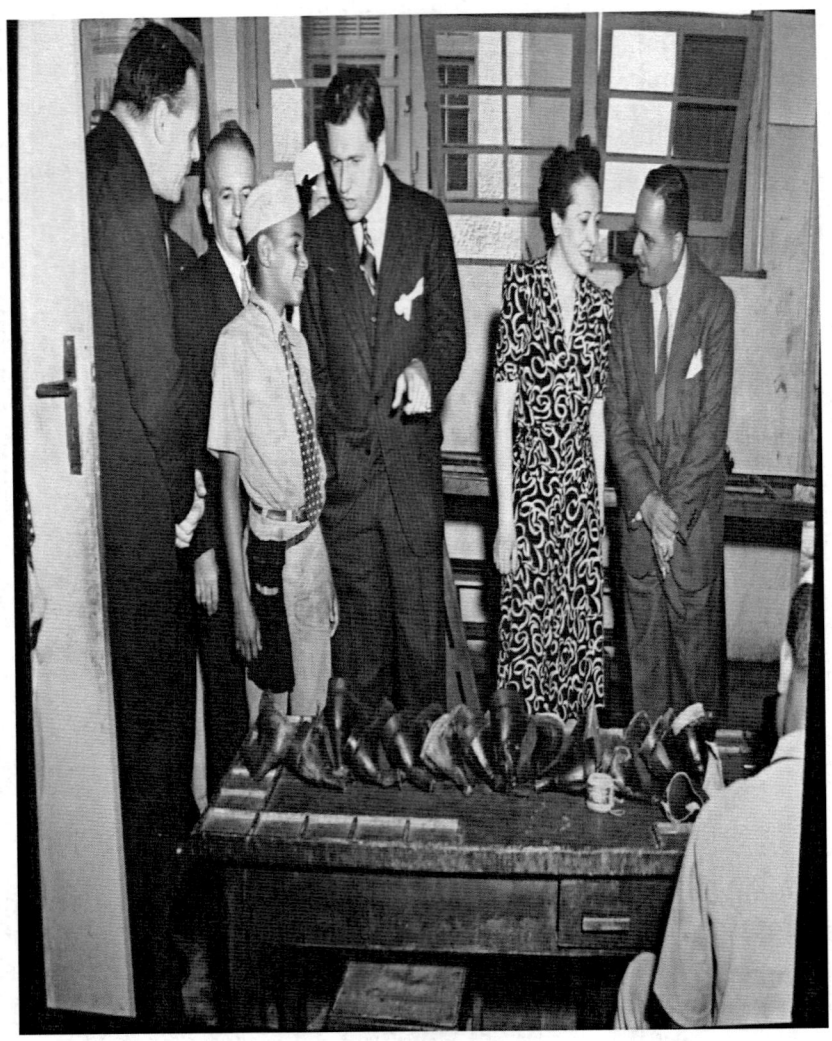

Nelson Rockfeller visita, acompanhado de Dona Darcy Vargas a Casa do
Pequeno Jornaleiro
RG 229 AVB Photographs of American Officials in Brazil, compiled - 1942-
1945 – Office of Inter-American Affairs Records of The Departmente
Regional Division Coordination Comitee for Brazil - USNA

Nelson Rockefeller, o Presidente Vargas e Dona Darcy na Parada do 7 de setembro de 1942 - B 469
RG 229 AVB Photographs of American Officials in Brazil, compiled - 1942-
1945 – Office of Inter-American Affairs Records of The Departmente
Regional Division Coordination Comitee for Brazil - USNA

Propaganda da *Revista em Guarda* – fotografias tomadas em Salvador,
Bahia - 1943
RG 229 Photographs of Office of Inter-American Affairs Records of The
Departmente Regional Division Coordination Comitee for Brazil –General
Records 05.1 Box 1280 - USNA

Propaganda da *Revista em Guarda* – fotografias tomadas em Salvador,
Bahia - 1943
RG 229 Photographs of Office of Inter-American Affairs Records of The
Departmente Regional Division Coordination Comitee for Brazil –General
Records 05.1 Box 1280 - USNA

Chegada do Embaixador Adolph Berle e Esposa ao Rio de Janeiro -
30/01/1945
RG 229 AVB Photographs of American Officials in Brazil, compiled - 1942-
1945 – Office of Inter-American Affairs Records of The Departmente
Regional Division Coordination Comitee for Brazil - USNA

O Embaixador Adolph A. Berle recebido pelo Presidente Vargas no
Palácio do Catete
RG 229 AVB Photographs of American Officials in Brazil, compiled - 1942-
1945 – Office of Inter-American Affairs Records of The Departmente
Regional Division Coordination Comitee for Brazil - USNA

O Bonde de São Januário – 1942 - foto de Genevieve Naylor
CORBIS Images

Estudantes em protesto contra as forças do Eixo
Foto Genevieve Naylor – Rio de Janeiro 1942
CORBIS Images

Vendedor de Sorvete no Rio de Janeiro, 1941 – Genevieve Naylor – CORBIS

Passageiros subindo nos bondes Rio de Janeiro, 1941 – Genevieve Naylor –
CORBIS

Eduardo José Afonso

Composição - Rio de Janeiro – 1942 - Genevieve Naylor - CORBIS

Truman sendo recebido por Dutra – Rio de Janeiro - setembro de 1947
– nº 58 – 790-04 – Harry S. Truman Library - BHT.

Presidente Truman e esposa no desfile do 7 de setembro sendo recebidos
por Dutra – Rio de Janeiro - Setembro de 1947 – no.58 – 790-36 – Harry S.
Truman Library - BHT.

Truman recebe Dutra na saída do avião em sua visita aos Estados Unidos –
18.5.1949
73.3063 - Harry S. Truman Library - BHT.

Dutra em Monte Vernon - 19.05.49 - 73-3078 - Harry S. Truman
Library - BHT.

Alameda nas redes sociais:

Site: www.alamedaeditorial.com.br
Facebook.com/alamedaeditorial/
Twitter.com/editoraalameda
Instagram.com/editora_alameda/

Esta obra foi impressa em São Paulo no inverno de 2017. No texto foi utilizada a fonte Georgia em corpo 10 e entrelinha de 15,5 pontos.